Integriertes Finanzmanagement

Finanzinnovationen und
Kapitaltheorie

Von
Rudolf Kreis
Professor für Betriebswirtschaftslehre

R. Oldenbourg Verlag München Wien

Die Deutsche Bibliothek — CIP-Einheitsaufnahme

Kreis, Rudolf:
Integriertes Finanzmanagement : Finanzinnovationen und
Kapitaltheorie / von Rudolf Kreis. — München ; Wien :
Oldenbourg, 1994
  ISBN 3-486-22914-1

© 1994 R. Oldenbourg Verlag GmbH, München

Das Werk einschließlich aller Abbildungen ist urheberrechtlich geschützt. Jede Verwertung
außerhalb der Grenzen des Urheberrechtsgesetzes ist ohne Zustimmung des Verlages unzulässig und strafbar. Das gilt insbesondere für Vervielfältigungen, Übersetzungen, Mikroverfilmungen und die Einspeicherung und Bearbeitung in elektronischen Systemen.

Druck: Grafik + Druck, München
Bindung: R. Oldenbourg Graphische Betriebe GmbH, München

ISBN 3-486-22914-1

Inhaltsverzeichnis

Vorwort XIII

1. Einleitung: Zielorientierung und Aufgabenstellung des Finanzmanagements 1

1.1 Ableitung der Finanzziele aus dem Zielsystem der Unternehmen . . . 1

1.1.1 Aufgaben und Bedeutung von Unternehmenszielen für das Finanzmanagement 1
1.1.2 Unternehmensziele in Theorie und Praxis 2
1.1.3 Bedeutung des Anspruchsniveaus für die betriebliche Entscheidungsfindung 3
1.1.4 Operationelles Zielsystem für den Betrieb 4
1.1.5 Operatives Finanzziel für das Unternehmen 5

1.2 Finanzziele im System der strategischen Unternehmungsplanung . . . 6

1.2.1 System der strategischen Unternehmensplanung 6
1.2.2 Adaptive Zielanpassung bei Kombizielen 7
1.2.3 Systemdurchlauf bei der strategischen Unternehmensplanung 8
1.2.4 Auswertung des Systemdurchlaufs bei der strategischen Unternehmensplanung 9

1.3 Aufgabenstellung von Finanzmanagement und betriebswirtschaftlicher Kapitaltheorie 11

2. Die Finanzierung der Unternehmung 12

2.1 Grundlagen des Kapitalbeschaffungs- und Finanzrisiko-Managements 12

2.1.1 Aufgaben des betrieblichen Finanzwesens 12
2.1.2 Funktionen und Risiken des Eigenkapitals 12
2.1.3 Funktionen, Risiken, Sicherung und Gliederung des Fremdkapitals . 13
2.1.3.1 Funktionen des Fremdkapitals 13
2.1.3.2 Risiken des Fremdkapitals 13
2.1.3.3 Sicherung des Fremdkapitals 14
2.1.3.4 Unterlagen der materiellen Kreditwürdigkeitsprüfung 15
2.1.3.5 Gliederung des Fremdkapitals und Übergänge zum Eigenkapital . . 15
2.1.4 Der Finanzierungszyklus der Unternehmung 16
2.1.4.1 Gründungsfinanzierung 16
2.1.4.2 Wachstumsfinanzierung 17
2.1.4.3 Sanierungsfinanzierung 18
2.1.4.4 Fusionsfinanzierung 19
2.1.4.5 Kapitalabwicklung bei der Liquidation 20

2.1.5	Die Finanzmärkte der Unternehmung	21
2.1.5.1	Börsen	21
2.1.5.2	Finanzierungsinstitute	22
2.1.5.3	Finanzmakler	23
2.1.5.4	Direktkapitalgeber	23
2.1.6	Neuere Finanzmärkte und Finanzinnovationen	23
2.1.6.1	Eurofinanzmärkte	23
2.1.6.2	Offshore-Zentren	24
2.1.6.3	Euro-Finanzplätze, -Währung und -Instrumente	25
2.1.6.4	Bilanzunwirksame Geschäfte: Termingeschäfte: Finanz-Swaps; Futures; Options	28
2.1.6.5	Risikomanagement im internationalen Finanzmanagement	36
2.1.7	Betriebswirtschaftlicher Rahmen für die Finanzierungsentscheidungen des Unternehmens	40
2.1.7.1	Betrieblicher Kapitalbedarf und betriebliche Finanzierungsarten	40
2.1.7.2	Finanzentscheidungskriterien	43
2.2	**Operationelle Abläufe bei der Eigenkapitalbeschaffung von Außen**	**45**
2.2.1	Eigenkapitalzuführung bei nichtemissionsfähigen Unternehmen	45
2.2.1.1	Eigenkapitalbeschaffung bei Einzelunternehmen	45
2.2.1.2	Eigenkapitalzuführung bei Personengesellschaften	46
2.2.1.3	Eigenkapitalzuführung bei der GmbH	48
2.2.2	Eigenkapitalzuführung bei der Aktiengesellschaft	48
2.2.2.1	Ausgestaltung der Aktie	48
2.2.2.2	Emissionsformen und -anlässe bei der Aktiengesellschaft	49
2.2.2.3	Kosten der Aktie	51
2.2.2.4	Auslandslisting und Euro-Equity	52
2.2.2.5	Aktienanalyse	53
2.2.3	Eigenkapitalergänzende Finanzierung (Subventionsfinanzierung)	55
2.2.3.1	Regierungsprogramme zur Unternehmensgründung	55
2.2.3.2	Kapitalbeteiligungsgesellschaften zur Fördrung der Unternehmensentwicklung	56
2.2.3.3	Management Buyout-Finanzierung	57
2.2.3.4	Öffentliche Finanzierung von Umweltschutzprojekten	57
2.2.4	Beteiligungsstrategien	59
2.2.4.1	Going Public	59
2.2.4.2	Going Private	59
2.2.5	Gewinnobligation (Gewinnschuldverschreibung)	60
2.2.5.1	Wesen und Formen der Gewinnobligation	60
2.2.5.2	Beurteilung der Gewinnobligation	60
2.3	**Operationelle Abläufe der Innenfinanzierung**	**60**
2.3.1	Kapitalerhöhung aus Gesellschaftsmitteln	60
2.3.2	Liquidation nichtbetriebsnotwendiger Vermögensteile	61
2.3.3	Finanzierung aus Rückstellungen	61
2.3.3.1	Gesetzliche und betriebswirtschaftliche Erwägungen	61
2.3.3.2	Berechnung von Pensionsrückstellungen und -rückzahlungen an einem Zahlenbeispiel	62

2.3.4	Finanzierung aus dem Cash-Flow	63
2.3.4.1	Lohmann-Ruchti-Effekt	63
2.3.4.2	Ausschüttungsstrategien der Unternehmung	64
2.3.4.3	Selbstfinanzierung	65
2.3.4.4	Beurteilung der Selbstfinanzierung	66
2.4	**Operationelle Abläufe der langfristigen Fremdfinanzierung**	**66**
2.4.1	Anleihefinanzierung (Obligationsfinanzierung)	66
2.4.1.1	Formen, Begebung und Sicherung der Anleihen	66
2.4.1.2	Effektivverzinsung der Anleihen	67
2.4.1.3	Neuere Anleiheemissionsformen	67
2.4.2	Schuldverschreibung mit Optionsmöglichkeiten	70
2.4.2.1	Wandelschuldverschreibungen	70
2.4.2.2	Optionsanleihen	71
2.4.3	Hypothekarkredit	72
2.4.3.1	Formen des Hypothekarkredits	72
2.4.3.2	Begebung des Hypothekarkredits	72
2.4.4	Schuldscheindarlehen	73
2.4.4.1	Begebung der Schuldscheindarlehen	73
2.4.4.2	Rechtliche Einordnung und betriebswirtschaftliche Beurteilung der Schuldscheindarlehen	73
2.5	**Operationelle Abläufe der mittelfristigen Fremdfinanzierung**	**74**
2.5.1	Objektbezogene Kredite	74
2.5.1.1	Ausstattungskredite	74
2.5.1.2	Teilzahlungskredite	74
2.5.1.3	Leasing	75
2.5.2	Mittelfristige Exportfinanzierung	77
2.5.2.1	Forfaitierung	77
2.5.2.2	Bestellerkrediete	78
2.6	**Operationelle Abläufe der kurzfristigen Finanzierung**	**79**
2.6.1	Kredite aus dem betrieblichen Umsatzprozeß	79
2.6.1.1	Lieferantenkredit	79
2.6.1.2	Kurz- und mittelfristiger Kundenkredit	80
2.6.2	Kurzfristige Bankenkredite	82
2.6.2.1	Diskontkredit	82
2.6.2.2	Lombardkredit	83
2.6.2.3	Kontokorrentkredit	84
2.6.2.4	Akzeptkredit	85
2.6.2.5	Avalkredit	86
2.6.3	Sonderformen der kurzfristigen Fremdfinanzierung	87
2.6.3.1	Factoring	87
2.6.3.2	Finanzierung aus kurzfristig freien Unternehmensmitteln: Industrieclearing; Pooling	88
2.6.4	Kurzfristige Exportfinanzierung	89
2.6.4.1	Rembourskredit (Akzeptkredit)	89
2.6.4.2	Negoziationskredit (Akkreditivkredit)	90
2.6.4.3	Privatdiskontkredit	91

2.6.4.4	Bankgarantien	91
2.6.5	Finanzierung durch Kompensationsgeschäfte	92
2.6.5.1	Wesen und Bedeutung der Kompensationsgeschäfte	92
2.6.5.2	Parallelgeschäfte	92
2.6.5.3	Bartergeschäfte	93
2.6.5.4	Sonstige Kompensationsgeschäfte	94

3. Die Investitionen der Unternehmung ... 95

3.1 Einleitende Bemerkungen zur Investition ... 95

3.1.1	Aufgaben und Umfang von betrieblichen Investitionen	95
3.1.2	Investitionsanlässe	95
3.1.3	Zeitliche und strategische Reichweite von Investitionsprojekten	96
3.1.4	Übersicht über die Investitionsbeurteilungsmethoden	97
3.1.5	Psychologische Aspekte bei Investitionsentscheidungen	98
3.1.6	Investitionskontrolle	98

3.2 Dynamische Methoden der Investitionsrechnung ... 99

3.2.1	Auf- und Abzinsungstechnik	99
3.2.1.1	Aufgaben der finanzmathematischen Methoden	99
3.2.1.2	Aufzinsung	99
3.2.1.3	Abzinsung	99
3.2.1.4	Rechenelemente der finanzmathematischen Methoden	101
3.2.2	Kapitalwertmethode	101
3.2.2.1	Aufstellung von Erklärungs-, Bestimmungs- und Zielfunktion	101
3.2.2.2	Beurteilung von Projekten mit Hilfe der Kapitalwertmethode	102
3.2.3	Interne-Zinsfuß-Methode	103
3.2.3.1	Aufstellung von Bestimmungs- und Zielfunktion	103
3.2.3.2	Alternativen zur Errechnung des internen Zinsfußes	103
3.2.4	Annuitätsmethode	104
3.2.4.1	Ausgangsüberlegungen	104
3.2.4.2	Operationeller Ablauf bei der Annuitätsmethode	105

3.3 Statische Methoden der Investitionsrechnung ... 105

3.3.1	Kostenvergleich	105
3.3.1.1	Kostenvergleich bei determinierter Produktionsmenge	105
3.3.1.2	Grenzstückzahlmethode	106
3.3.2	Gewinnvergleich	107
3.3.2.1	Gewinnvergleich bei determinierter Nachfrage	107
3.3.2.2	Nutzenschwellenanalyse als Durchschnittsrechnung	108
3.3.2.3	Nutzenschwellenanalyse als dynamische Rechnung	109
3.3.2.4	Plankalkulation für Preis und Gewinn	110
3.3.3	Rentabilitätsvergleich	110
3.3.3.1	Isolierte Projektrentabilität	110
3.3.3.2	Strategische Alternativrentabilität	112
3.3.3.3	Substrategische Differenzrentabilität	117
3.3.4	Amortisationsdauerrechnung	119
3.3.4.1	Ausgangspunkt	119
3.3.4.2	Referenzmodelle zur Errechnung der Amortisationsdauer	120

3.4	**Beurteilung der Investitionsrechnungsmethoden**	122
3.4.1	Beurteilung der finanzmathematischen Methoden	122
3.4.1.1	Nichtoperationalität der Interne-Zinsfuß-Methode	122
3.4.1.2	Schwachpunkte der Kapitalwert- wie Annuitätsmethode	122
3.4.1.3	Entscheidungslogisches Chaos bei der Wahl des Kalkulationszinsfußes	123
3.4.1.4	Vernachlässigung des Working Capitals	125
3.4.1.5	Verletzung der Ceteris-Paribus-Bedingung	125
3.4.2	Beurteilung der statischen Methoden der Wirtschaftlichkeitsrechnung	126
3.4.2.1	Betriebswirtschaftliche Relevanz der statischen Investitionsrechnungsmethoden	126
3.4.2.2	Doppeltes Entscheidungskriterium: Rentabilität – Amortisationsdauer	126
3.4.2.3	t_a/r_z-Indifferenz-Funktion in dynamischer Sicht	128
3.4.2.4	Risiko-Dekomposition	129
3.4.2.5	Drei-Faktoren-Risikoanalyse (3-FKRA)	132
3.4.2.6	Projekteinbindung in den Unternehmenszusammenhang: Projekt-Unternehmens-Konjunktion	133
3.4.2.7	Übergang zur „ewigen Rente"/Rentabilität bei unendlichen Investitionsketten	135
3.4.2.8	Informationsgehalt der Investitionsrechnungsmethoden	137
3.4.3	Betriebswirtschaftliche Schlußfolgerung: Paradigmawechsel von den finanzmathematischen Methoden zu den integrativen Reantabilitätsrechnungsmethoden	138
4.	**Entscheidungskonzepte für das Finanzmanagement**	139
4.1	**Konventionelles Finanzmanagement mit Finanzierungsregeln**	139
4.1.1	Auswirkungen der Kapitalstruktur auf Eigenkapitalrentabilität und Risiko	139
4.1.1.1	Leverage-Effekt	139
4.1.1.2	Optimaler Verschuldungsgrad	140
4.1.1.3	Leverage-Effekt und Kapitalrisiko	141
4.1.2	Arten von Finanzierungsregeln	141
4.1.2.1	Übersicht	141
4.1.2.2	Bilanzorientierte Finanzierungsregeln	142
4.1.2.3	Cash Flow-orientierte Finanzierungsregel	143
4.1.3	Finanzwirtschaftliches Optimum	143
4.1.3.1	Grundlagen des finanzwirtschaftlichen Optimums	143
4.1.3.2	Finanz-Audit im Unternehmen	144
4.1.3.3	Ermittlung der betrieblichen Verschuldungsreserve	145
4.1.3.4	Beurteilung des konventionellen Finanzmanagementskonzepts mit Finanzierungsregeln	147
4.2	**Kapitalentscheidungsmodelle für das Finanzmanagement des Unternehmens**	148
4.2.1	Kapitaltheoretische Modelle für das Finanzmanagement	148
4.2.1.1	Ziele und Übersicht über die Modelle der Kapitaltheorie	148

4.2.1.2	Portfolio-Selektion	148
4.2.1.3	Grundlagen der Kapitalmarktmodelle	149
4.2.1.4	Kapitalmarktlinie	150
4.2.1.5	Wertpapierlinie	151
4.2.1.6	Modigliani-Miller-Modell	152
4.2.1.7	Optionspreis-Modell	153
4.2.1.8	Beurteilung der Kapitalmarktmodelle	154
4.2.2	Capital Budgeting-Modelle	155
4.2.2.1	Statisches Capital Budgeting-Modell	155
4.2.2.2	Offenes (dynamisches) Capital Budgeting-Modell	156
4.2.2.3	Beurteilung der Capital Budgeting-Modelle	159
4.2.3	Betriebswirtschaftliche Schlußfolgerung: Paradigma-Wechsel von der Investitions-Finanzierungs-Separation zum integrierten Finanzmanagement	160
4.3	**Integriertes Finanzmanagement durch Investitions-Finanzierungs-Konjunktion – Grundzüge einer betriebswirtschaftlichen Kapitaltheorie**	161
4.3.1	Allgemeine Investitions-Finanzierungs-Konjunktionen	161
4.3.1.1	Investitions-Finanzierungs-Konjunktion strategischer Projekte	161
4.3.1.2	Investitions-Finanzierungs-Konjunktion substrategischer Projekte	163
4.3.2	Dynamische Kapitalbedarfs- und Finanzierungsfunktionen	163
4.3.2.1	Kapitalbedarfskategorien	163
4.3.2.2	Finanzierungsfunktionen	167
4.3.3	Alternative Investitions-Finanzierungs-Konjunktionen	168
4.3.3.1	Investititons-Finanzierungs-Konjunktion A: lineare Kapitalbedarfssteigerung und monotoner Kapitalrückfluß	168
4.3.3.2	Investitions-Finanzierungs-Konjunktion B: segmentierte Kapitalbedarfssteigerung und monotoner Kapitalrückfluß	170
4.3.3.3	Investitions-Finanzierungs-Konjunktion C: Kapitalbedarfsentwicklung mit zeitlich fixierbarem Wendepunkt und geometrisch sich entwickelndem Eigenmittelzufluß	172
4.3.3.4	Investitions-Finanzierungs-Konjunktion D: unregelmäßige Kapitalbedarfssteigerung und monotoner Kapitalrückfluß	176
4.3.4	Optimale Zwischenlage von vorübergehend nichtbenötigten Investitionsmitteln	177
4.3.4.1	Grundsätzliche Überlegungen	177
4.3.4.2	Deterministische Bedingungen	178
4.3.4.3	Stochastische Bedingungen	179
4.3.5	Beachtung von Finanzierungsgrenzen bei der Investitions-Finanzierungs-Konjunktion	180
4.3.6	Simultane Integration von Investition und Finanzierung strategischer Projekte mit Hilfe der Simplex-Methode	181
4.3.7	Abschließende kapitaltheoretische Beurteilungen	182
4.3.7.1	Fisher-Separation vs. Investitions-Finanzierungs-Konjunktion	182
4.3.7.2	Betriebswirtschaftliche Relevanz der mathematischen Simultanmodelle	182

4.4	Finanzmanagement durch Kapital-Hedging	183
4.4.1	Betriebswirtschaftliche Bedeutung des Kapital-Hedgings	183
4.4.1.1	Funktionsweise des Kapital-Hedgings	183
4.4.1.2	Empirischer Nachweis des Kapital-Hedgings	184
4.4.2	Dynamik des Kapital-Hedgings	186
4.4.2.1	Aufbau des Kapital-Hedging-Kalküls	186
4.4.2.2	Rentabilitätseffekte durch Kapital-Hedging in verschiedenen Konjunkturphasen	186
4.4.2.3	Dynamische Kapitalstrukturierung beim Kapital-Hedging in verschiedenen Konjunkturphasen	187
4.4.2.4	Betriebswirtschaftliche Beurteilung des Eigen-Hedgings	187
5.	**Praktische Fälle von Investitions-Finanzierungs-Konjunktion**	**188**
5.1	Substrategische Investitionsprojekte	188
5.1.1	Make or Buy? und die Umkehrung	188
5.1.1.1	Historie von Make or Buy-Entscheidungen	188
5.1.1.2	Integrations-Projekte	188
5.1.1.3	Investitions-Finanzierungs-Konjunktion	192
5.1.1.4	De-Integrations-Projekte	193
5.1.2	Ersatz- und Modernisierungsinvestitionen	195
5.1.2.1	Ersatzgründe	195
5.1.2.2	Beurteilungszeitraum	195
5.1.2.3	Vergleichskalkül	195
5.1.2.4	Investitions-Finanzierungs-Konjunktion	197
5.1.2.5	Beurteilung des Kalküls	197
5.2	Strategische Investitionsprojekte	197
5.2.1	Produkteliminierung	197
5.2.1.1	Aufbau des Kalküls	197
5.2.1.2	Zahlenbeispiel	198
5.2.2	Kombinierte Produktprogramm- und Kapazitätserweiterung	200
5.2.2.1	Inkrementale Kosten vs. Capacity carrying Cost	200
5.2.2.2	Vergleichskalkül: Kombinierte Produktprogramm- und Kapazitätserweiterung	200
5.2.2.3	Zahlenbeispiel	201
5.2.2.4	Investitions-Finanzierungs-Konjunktion	205
5.2.3	Wechsel des Distributionssystems	207
5.2.3.1	Aufbau des Kalküls	207
5.2.3.2	Zahlenbeispiel	207
6.	**Finanzplanung**	**210**
6.1	Langfristige Liquiditätsplanung und -kontrolle	210
6.1.1	Planbilanz und Plan-GuV als Ausgangspunkt der Planung	210

6.1.2	Aufbau der langfristigen Mittelherkunfts- und -verwendungs-Rechnung	211
6.1.3	Langfristige Liquiditätskontrolle als Ex-ante-Rechnung	213
6.2	**Mittelfristige Liquiditätsplanung und -kontrolle**	**214**
6.2.1	Aufbauformen für die mittelfristige Liquiditätsplanung	214
6.2.2	Mittelfristige Liquiditätsplanung auf der Basis von Einnahmen und Ausgaben	214
6.2.3	Mittelfristige Liquiditätskontrolle	215
6.3	**Kurzfristige Liquiditätsplanung und -kontrolle**	**216**
6.3.1	Kassenhaltungsmodelle	216
6.3.2	Betriebliches System der Kassenmittelsteuerung	218
6.3.3	Kontrolle der betrieblichen Außenstände	219
6.3.4	Geldanlagen in Form von Optionsgeschäften	220
6.3.4.1	Bedeutung und Begriffe von Optionsgeschäften	220
6.3.4.2	Alternativen bei den Optionsgeschäften	220
6.3.4.3	Optionsstrategien	222
6.3.4.4	Betriebswirtschaftliche Beurteilung von Optionsgeschäften	222
6.3.4.5	Währungsoptionen	223
6.4	**EDV-Hardware und -Software zur Unterstützung des Finanzmanagements**	**225**
6.4.1	Historie der Cash-Management-Systeme	225
6.4.2	Aufgaben von Cash-Management-Systemen	226
6.4.3	Anwendungsbeispiele von Cash-Management-Systemen	226

Anhang 229

A: Aufgabenprogramm 229

B: Literaturverzeichnis 245

C: Stichwortverzeichnis 247

Vorwort

Das vorliegende Buch über das Finanzmanagement der Unternehmung beruht auf Exzerpten aus dem vom Verfasser herausgebenen "Handbuch der Betriebswirtschaftslehre", die insbesondere in zwei Richtungen weiterentwickelt wurden:

- Es wurden verstärkt die sog. Finanzinnovationen wie Swaps, Futures und Options eingearbeitet, die zur Absicherung von Währungsrisiken dienen, welche wegen der starken Kursschwankungen des die internationalen Geschäfte beherrschenden Dollars selbst aus gut laufenden Geschäften beim Währungstausch nachträglich ein Verlustgeschäft machen können, aber auch zur Erzielung von Gewinnen, zumindest von Gewinnchancen. Diese Finanzinnovationen haben als "derivative Geschäfte" astronomisch zu nennende Ausmaße gewonnen und das betriebliche Finanzmanagement von exportorientierten bzw. internationalisierten Unternehmen ungemein bereichert. Sie werden wegen der zunehmenden Globalisierung von Unternehmen und Märkten eher noch an Bedeutung gewinnen. Wenngleich als eigentliche Gewinner dieser neuartigen Geschäfte bisher wohl die Banken anzusehen sind, welche aufgrund ihrer Monopolstellung in diesen Geschäften - ohne sie läuft nichts bei diesem 10 Billionen(!)-DM-Geschäft allein für Deutschland in 1993 - selbst im Krisenjahr 1993, in dem sogar "Sterne der deutschen Industrie" wie Daimler-Benz und Volkswagen Verluste in Milliarden DM Höhe einfuhren, Rekordgewinne meldeten, zumindes deutsche Banken.

- Es wurden die embryonalen kapitaltheoretischen Aspekte des Handbuches weiterentwickelt, und zwar in Richtung einer Integration von Investition, Finanzierung und Kassenhaltung, so daß ein finanzwirtschaftlicher Kompaktansatz entstand, der sich zum operationellen betrieblichen Einsatz eignet, im Gegensatz zu den bisher dominierenden Capital Asset Pricing-Modellen (CAPM), welche einseitig die betriebliche Finanzierungsseite betonen und dabei die an sich komplementäre, die Finanzierung eigentlich auslösende Investitionsseite völlig vernachlässigen. Deshalb besitzen die CAPM keine praktische betriebswirtschaftliche Relevanz, zumal sie nur für emissionsfähige Unternehmen in Frage kommen, welche es in den USA in Abundanz gibt, während sie in Deutschland relativ rar sind. Demnach sind die CAPM eher als eine amerikanische Spezialität anzusehen.

Allerdings konnte dabei auf die dynamischen produktions- und kostentheoretischen Grundlagen sowie auf das finanzwirtschaftliche Controlling nicht weiter eingegangen werden. Hier sei der Interessent auf das Handbuch der BWL des Verfassers verwiesen, in dem er diesbezüglich kohärente Systeme findet. Diese beruhen auf praktischen Erfahrungen des Verfassers in der Budgetabteilung der IBM Deutschland, in der Finanz- und Investitions-Analyse der Ford Werke und in der Auftraggeber-Management Organisation des deutsch-französischen Fernmeldesatelliten-Projekts Symphonie.

Mathematische Unterstützung fand der Verfasser bei cand. Dipl.-Ing. Andreas Ruß sowie bei Kollegen, bei Prof. Dr. -Ing. K. Finke und bei Prof. Dr. rer. nat. M. Wilmers, für die zu danken ist.

1. Einleitung: Zielorientierung und Aufgabenstellung des Finanzmanagements

1.1 Ableitung der Finanzziele aus dem Zielsystem der Unternehmung

1.1.1 Aufgaben und Bedeutung von Unternehmenszielen für das Finanzmanagement

Das Wort "Finanzen" stammt laut Duden aus dem Französischem und bedeutet soviel wie Geldwesen. Das betriebliche Geldwesen ist das Pendant zum betrieblichen Güterwesen derart, daß die Geldströme in entgegengesetzter Richtung zu den Güterströmen verlaufen - als deren Entgelte. Finanzierung kann in etwa gleichgesetzt werden mit Kapitalausstattung des Unternehmens. Die Finanzierung kann über den Zufluß von Barmitteln einschließlich Bankguthaben erfolgen, aber auch mit investivem Effekt direkt mit Kapitalgütern, die bei kleineren Unternehmen häufig eine Zwitterstellung zwischen Privat- und Betriebsnutzung einnehmen. Die Struktur der Kapitalausstattung findet auf der Passivseite der betrieblichen Bilanz ihren Niederschlag und die Kapitalverwendung auf der Aktivseite der Bilanz. Der Volkswirt Joseph A. Schumpeter (1883-1950) spricht dem Kapital in der Hand des Unternehmers eine "Hebelwirkung" im Sinne der Auslösung innovativer Produkte und Produktionsprozesse zu.

Aber auch die Geldseite kann Innovationen unterliegen; die letzten beiden Jahrzehnte haben der betrieblichen Finanzwirtschaft einen furiosen Innovationsschub mit neuen Finanz-"Produkten" beschert - teils mehr oder weniger spontan, teils als Ergebnis sorgfältiger Planung -, dessen Initialzündung aus dem angelsächsischen Bereich kam. Als Triebkräfte hierfür sind anzusehen
- die Internationalisierung und verstärkte gegenseitige Abhängigkeit der Waren- und Geldmärkte;
- die Computerisierung vieler bisher manuell betriebener Operationen;
- die Deregulation zahlreicher staatlicher Vorschriften und sonstiger Handelshemmnisse etwa im Rahmen des Gatt.

Relativ spontan entstanden sind
- neue Risikosicherungsinstrumente wie Swaps und Futures,
- neue Anleiheformen wie Junk Bonds, Index-linked Bonds, etc.
- neue Finanzmärkte wie die offshore-Zentren wie Cayman Islands, Panama, etc., für die den Außenstehenden unerklärliche Kürzel wie JOM, TIBOR, SIBOR, NYFE, etc. stehen.

Dagegen sind das Ergebnis ausgetüftelter Planung Systeme wie
- SWIFT, ein computerunterstütztes Leitungssystem zur weltweiten Informationsübermittlung und zum Transfer von Geld- und Devisengeschäften, das bereits 1968 von dem europäischen Bankenclub Société Financière Européenne initialisiert, aber erst 1973 von S.W.I.F.T (Society for Worldwide Interbank Financial Telecommunication) installiert wurde,
- DTB, die vollcomputerisierte Deutsche Terminbörse, welche auf einem verteilten Online-Transaktionssystem nach dem Client-Server-System basiert, mit 130 Marktteilnehmern, die über Token Ring vernetzt sind (vgl. LV 32 S. 494f.).

Diese neuen Finanzinstrumente und -systeme erleichtern und glätten viele Finanzoperationen in der deutschen stark exportverbundenen Wirtschaft, können aber andererseits durch ihre Vielfalt verwirren. Deshalb sind sie zu analysieren und betriebswirtschaftlich einzuordnen. Um sie auch betriebswirtschaftlich als Entscheidungsalternative beurteilen zu können, ist der Konnex mit dem betrieblichen Zielsystem herzustellen.

Damit stellt sich die Frage nach möglichen Unternehmenszielen. Welche allgemeine betriebswirtschaftliche Bedeutung besitzen sie? Vielleicht sollte mit der Fragestellung begonnen werden: Was sind allgemein Ziele? Hierauf ließe sich die Antwort finden: Unter Zielen sind projizierte allgemein erstrebenswerte bzw. oktroyierte (aufgezwungene) Zustände zu verstehen, wobei z.B. unter einem erstrebenswerten Zustand die Erzielung einer Unternehmensrendite von 20% und z.b. unter einem oktroyierten Zustand der schadstofflose Ausstoß eines Kohlekraftwerks zu verstehen wäre.

Die Erforschung des betrieblichen Zielsystems hat eine Doppelaufgabe:
- rationale Maßstäbe für die betriebliche Planung zu finden sowie daraus abgeleitet
- operationale Sollvorgaben für die Betriebssteuerung zu gewinnen.

Für die betriebliche Finanzmanagement bedeutet das Fehlen von konkreten Finanzzielen, daß die betriebliche Finanzplanung eine ungerichtete Abfolge von güter- und finanzirtschaftlichen Operationen bleibt, wie gewöhnlich in der Literatur zu beobachten ist (vgl. u.a. LV 49 S. 246, LV 44 S. 104). Da entsprechend kein Abgleich der Planungsergebnisse mit den Unternehmenszielen bzw. den betrieblichen Finanzzielen (= Sollvorgabe, wenn sich ein konkretes Zielausmaß gebildet hat) erfolgt, kann
- weder eine Verbesserung des Planungsvorgangs erreicht
- noch eine Finanzkontrolle durchgeführt werden; Kontrolle bedeutet bekanntlich Soll-Ist-Vergleich, so daß betriebswirtschaftliche Planung ohne betriebswirtschaftliche Zielvorgabe betriebswirtschaftlich sinnlos ist.

Lösen Sie Aufgabe Nr. 11-1 in der Anlage A!

1.1.2 Unternehmensziele in Theorie und Praxis

In der älteren Wirtschaftstheorie wird so einhellig von der Unternehmenszielsetzung der Gewinnmaximierung ausgegangen, daß diese Zielsetzung schon mit einem "Zauberschlüssel" zum Verständnis des Unternehmensverhaltens verglichen wurde. Zur Verfestigung dieser Vorstellung dürfte das schon um 1840 vorgestellte Cournotsche Theorem der Gewinnmaximierung beigetragen haben, das eine mathematisch elegante Lösung anbot, gleichzeitig aber auch eine monopolartige Position des Unternehmens am Markt voraussetzte, die in den heutigen Käufermärkten selten anzutreffen ist. Diese Cournotsche Lösung und damit die Gewinnmaximierung wurde nicht nur von volkswirtschaftlichen Autoren, sondern auch von betriebswirtschaftlichen Autoren wie E. Gutenberg (ehemals Universitätsprozessor in Köln, vgl. LV 19) und G. Wöhe (Professor an der Universität des Saarlandes, vgl. LV 65) akzeptiert. Neuere betriebswirtschaftliche Autoren wie E. Heinen (ehemals Universitätsprofessor in München, vgl. LV 22 S. 41) differenzieren das Bild, wenngleich die Gewinnmaximierung "eine gewisse Dominanz" aufweise. Als weitere Ziele werden u.a. Sicherheit, Sicherung der Liquidität bzw. des Unternehmungspotentials angeführt. Wie dargestellt werden kann, führt die Cournotsche Gewinnmaximierung bei Vorhandensein von sprungfixen Kosten zu einer Vielzahl von möglichen Entscheidungspunkten (W. Krelle) und dadurch einem entscheidungslogischen Chaos (vgl. LV 32 S. 35). Deshalb eignet sie sich kaum zur rationalen Unternehmenssteuerung.

Die Unternehmen verfolgen - je nach Trägerschaft - unterschiedliche Wirtschaftsprinzipien (vgl. LV 32 S. 17f.). Demnach kommt die Gewinnerzielung nur für die Unternehmen mit erwerbswirtschaftlichen Zielen in Frage - vorwiegend private Unternehmen; die öffentlichen Betriebe verfolgen eher das kostendeckende gemeinwirtschaftliche Prinzip und die Genossenschaften sind im allgemeinen auch nicht auf Gewinnerzielung ausgerichtet.

Welche konkreten empirischen Zielsetzungen für die erwerbswirtschaftlich ausgerichteten Unternehmen sind erkennbar? Eine Untersuchung von Kaplan-Dirlam-Lanzilotti (vgl. LV 27) in zwanzig großen amerikanischen Unternehmen förderte zutage, daß bei der "Preissetzung" zehn Unternehmen als primäres Ziel eine Rentabilität in bestimmter Höhe verfolgten, ein Unternehmen eine Umsatzrentabilität in bestimmter Höhe und fünf Unternehmen Marktanteilsziele. Als Sekundärziele verfolgten die Unternehmen die Förderung neuer Produkte, Preisstabilisierung, vor allem aber Marktanteilsziele, daneben auch Rentabilitätsziele in Ergänzung zu als primär genannten Marktanteilszielen. Spezifizierte Rentabilitätsziele haben in amerikanischen Unternehmen eine längere Tradition; so führte schon 1924 General Motors dieses Ziel bei sich ein, möglicherweise in Anlehnung an die schon früher entstandene Dupont-Formel (vgl. LV 32 S. 21f.). Eine breitere Untersuchung in den USA ergab, daß von 127 "gutgeleiteten" Unternehmen 116 Unternehmen bei Investitionsentscheidungen eine Art Renditerechnung verwandten, davon 59 Unternehmen die Kapitalrentabilität (vgl. LV 39).

Bei der "Preissetzung" geht es um die Leistungsverwertung, den letzten und entscheidenden unternehmerischen Akt, auf den auch die betriebliche Leistungserstellung ausgerichtet sein muß. Entsprechend ist zu folgern, daß die Preissetzungsziele im weiteren Sinne als die entscheidenden operationellen Ziele des Unternehmens anzusehen sind. Es fällt bei diesen empirischen Untersuchungsergebnissen auf, daß weder von Gewinnmaximierung noch von Rentabilitätsmaximierung die Rede ist. Wie ist dies zu erklären?

Lösen Sie Aufgabe Nr. 11-2 in der Anlage A!

1.1.3 Bedeutung des Anspruchsniveaus für die betriebliche Entscheidungsfindung

Wollten sich die Unternehmen streng an die Gewinn- oder Rentabilitätsmaximierung halten, müßten sie unter Beachtung der Zeitdimension solange warten, bis sie eine vollständige Übersicht über alle möglichen Alternativen besitzen. Da sich die betrieblichen Alternativen im Zeitablauf ändern, müßten die Unternehmen - theoretisch gesehen - unendlich lange warten, um dann die beste aller möglichen Alternativen zu realisieren. Damit sind aber Maximierungsziele in Form von nach oben offenen Zielen - wie auch die nach unten offenen Minimierungsziele (vgl. 3.4.2.1) - keine Zielsetzungen von operationellem Ansatz. Nur in statischen Modellen, die bisher von hoher Dominanz in der Betriebswirtschaftslehre waren - und es wohl noch sind, führt die Gewinnmaximierung zu einer Lösung, etwa nach Cournot. Jedoch ist zu beachten,
- daß gerade die Cournotsche Lösung zu einem entscheidungslogischem Chaos führt,
- daß die Gewinnmaximierung, wie schon verwiesen (vgl. 1.1.2), nicht zu einer Gewinn Kapitaleinsatz-Optimierung führt,
- daß es nicht Sinn der Betriebswirtschaftslehre sein kann, in Abhängigkeit von anderen Wissenschaften statische Modelle zu reproduzieren, wo nur dynamische Modelle prognosemächtig sind und deshalb nur sie einer Realwissenschaft wie der Betriebswirtschaftslehre angemessen erscheinen.

Nach Erkenntnissen der Psychologie handeln Organismen, Individuen wie Organisationen, sobald sie eine Alternative gefunden haben, die ihrem jeweiligen Anspruchsniveau genügt. Dies erklärt auch den empirischen Befund, daß die Unternehmen Ziele von bestimmter Mindesthöhe verfolgen, sog. satisfizierende Ziele, - sowohl bei den Rentabilitäts- wie auch bei den Marktanteilszielen; denn, wenn das Management eine Alternative gefunden hat, welche die Ansprüche dieses Mindestziels erfüllt, kann es handeln und es braucht nicht mehr zu warten. Außerdem braucht sich das Top-Management, wenn es gehandelt hat, nicht mehr von anderen, etwa von den Kapitaleignern (= Principals), vorwerfen zu lassen, zu früh gehandelt zu haben und nun keine finanziellen Reserven mehr für neue, bessere Alternativen zu besitzen. Demnach übt das **Anspruchsniveau** bei betrieblichen Entscheidungen im Rahmen der Principal-Agent-Beziehungen (vgl. 32 S. 374ff.) eine dreifache Funktion aus:
- **Entscheidungsfunktion:** es ermöglicht Entscheidungen zu satisfizierenden Bedingungen;
- **Schutzfunktion:** es schützt zugleich den Entscheidungsträger vor ungerechtfertigten Anschuldigungen des Kontrollorgans (= Principal), insbesondere dann, wenn dieses an der Formulierung der Ziele und der Höhe von deren Anspruchsniveau mitgewirkt hat.
- **Steuerungs- und Kontrollfunktion:** getroffene Entscheidungen sind zielgerecht und damit zur Zufriedenheit des Principals wie auch des Managements zu steuern.

Demnach bedeutet das Beachten und Verfolgen von satisfizierenden Zielen institutionalisiertes (Selbst-)Controlling des Managements. Während maximale Rationalität Selbstblockade zur Folge hat, führt begrenzte Rationalität in Form von satisfizierenden Zielen zur Operationalität.

Lösen Sie Aufgabe Nr. 11-3 in der Anlage A!

1.1.4 Operationelles Zielsystem für den Betrieb

Nach dem empirischen Befund verfolgen die Unternehmen neben satisfizierenden Rentabilitätszielen vor allem auch satisfizierende Marktanteilsziele (vgl. Abb. 11-1). Der Marktanteil ist für das Unternehmen von größter Bedeutung; einmal soll er mit dem verfolgten unternehmerischen Konzept eines engen oder breiten Leistungsangebots (Produktprogramms) korrespondieren und zum anderen spiegelt die Marktanteilsentwicklung sensibler die Konkurrenzlage wider als etwa die Rentabilitätsentwicklung, die sich z.B. durch Rationalisierungsmaßnahmen korrigieren läßt. Demnach eignet sich die Marktanteilsverfolgung als ein sensibles Frühwarnsystem (vgl. 32 S. 248ff.).

Daneben beeinflussen im zunehmenden Maße soziale Strömungen und rechtliche Normen zum Umwelt- und Arbeitsschutz das betriebliche Zielsystem. In den letzten Jahren werden ökologische Zielsetzungen nicht nur vom Gesetzgeber, sondern auch direkt von der Gesellschaft in die Betriebe getragen, etwa von Umweltschutzvereinigungen (vgl. 1.1.1.3). Sie tragen zur Erweiterung des betrieblichen Wertesystems bei, das bisher - zumindest in der betriebswirtschaftlichen Literatur - vornehmlich auf ökonomische Technizität ausgerichtet war. Dadurch wird auch eine Umgestaltung des betrieblichen Zielsystems erforderlich. Diese neuere Zielsetzungen lassen sich unter der Bezeichnung "öko-soziale Verträglichkeit" zusammenfassen. "Öko-soziale Verträglichkeit" läßt sich nicht so sehr wie Rentabilitäts- und Marktanteilsziele als quantitatives Ziel, sondern eher als eine mehr oder weniger streng zu beachtende Nebenbedingung bei Unternehmensentscheidungen definieren.

Abb. 11-1: Hauptzieldreieck des Unternehmens

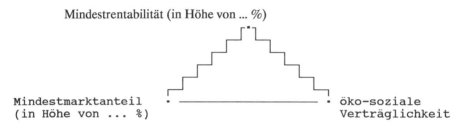

Weitere Nebenbedingungen wären z.B. die Erhaltung der betrieblichen Liquidität, die Erhaltung des betrieblichen Kapitals bzw. der betrieblichen Substanz (vgl. Abb. 11-2), die als substrukturelle Ziele zur Mindestrenatbilität anzusehen sind und die untereinander in gewisser Abhängigkeit stehen; so schließen sich z.B. maximale Eigenkapitalrentabilität und maximale Liquidität gegenseitig aus (vgl. 4.1.2.1). Eng verknüpft sind insbesondere Kapital- und Substanzerhaltung. Letztere besitzt eine mehr qualitative Dimension, welche bei ihrer Realisierung öko-soziale Postulate zu berücksichtigen hat.

Abb. 11-2: Substrukturelle Ziele zur Mindestrentabilität

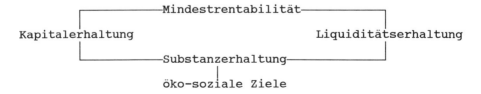

Lösen Sie Aufgabe Nr. 11-4 in der Anlage A!

1.1.5 Operatives Finanzziel für das Unternehmen

Anstelle von Gewinnmaximierung könnte es heißen: Gewinn in angemessener Höhe! Nun ändert sich aber der Kapitaleinsatz im Betrieb von Alternative zu Alternative, so daß von Projekt zu Projekt ein neuer "angemessener" Gewinn ermittelt werden müßte. Die Rentabilität verfolgt von sich aus als Quotient das Verhältnis von Gewinn und Kapitaleinsatz, so daß eine vorgegebene Mindestrendite (Zielrendite) als fester Maßstab zur Beurteilung aller Investitionsalternativen verwandt werden kann.

Die betriebliche Zielrendite als satisfizierendes Ziel kann der Höhe nach von folgenden Faktoren beeinflußt werden:
- von der Entwicklung der Höhe der betrieblichen Kapitalkosten;
- von der Entwicklung der Inflationsrate;
- von der Entwicklung der Höhe der Einkommenssteuerbelastung;
- von der Höhe des projektindividuellen Risikofaktors;
- von den betrieblichen Erfolgen in der Vergangenheit;
- von den Erfolgen von Referenzunternehmen, z.B. vom Branchenführer.

Insbesondere zwischen den ersten beiden Faktoren bestehen gewöhnlich Interdependenzen; der von den Kapitalgebern geforderte - nominelle - Zinsfuß steigt gewöhnlich mit sich erhöhender Inflation, und umgekehrt. Irving Fisher wies 1896 in seiner Aufsatzveröffentlichung "Appreciation and Interest" in: Publications of the American Economic Association, Vol. 11 darauf hin, daß die Inflationsrate voll im Marktzins überwälzt werde (vgl. LV 54 S. 377). Bei der Beurteilung künftiger Projekte kommt es beim Ansatz der adäquaten Zielrendite nicht nur auf die Investitionszeit, sondern auch den Zeitpunkt der Kapitalaufnahme an.

Die innenorientierte Mindestrendite = Zielrendite (rz) errechnet sich wie folgt (vgl. auch 3.3.3.1):

ϕp = gewichtete durchschnittliche Kosten der Kapitalüberlassung z.B. 8,5%
+ Kst = spezifische (Vermögens-)Steuerbelastung der Realinvestition z.B. 20% von ϕp;
+ Rs = Risikoaufschlag (Risiko-Slack) z.B. für normale Projekte von 50%
= Zielrendite (rz) von z.B. 15%:

$$(22\text{-}1) \quad rz = \phi p \cdot (1 + Kst/\phi p) \cdot (1 + Rs)$$
$$= 8,5 \cdot (1 + 0,20) \cdot (1 + 0,50) \approx 15\%.$$

Der Risikoaufschlag eine duale Bedeutung: Risikopuffer bzw. Selbstfinanzierungsmarge. Der Risikoaufschlag staffelt sich nach der Risikoklasse; so betragen die Rendite-Erwartungen in der - relativ risikoreichen - internationalen Erdölindustrie 20% bei - relativ risikolosen und relativ gering besteuerten - Bankrenditen von sechs bis sieben Prozent (vgl. Der Spiegel, 52/1991, S. 94), also etwa das Dreifache. Durch diesen Aufschlag wird ein sog. Organizational Slack, eine verfügungsfreie Reserve, institutionalisiert.
Hat nun das Unternehmen in den letzten Jahren ständig eine Rendite von 18% erwirtschaftet, wird es die Zielrendite eher an diesem höheren Wert orientieren; denn kein Organismus will seine Position verschlechtern: weder ein Individuum noch eine Organisation. Individuen wie Betriebe vergleichen sich auch gern mit Außenstehenden, insbesondere mit solchen, die Erfolg haben. Erreichte der Branchenführer eine Rendite von 22%, würde der sich vergleichende Betrieb zumindest auf längere Sicht eine Verzinsung in der Höhe dieses Referenzunternehmens zu erreichen versuchen.
Die Zielrendite fungiert praktisch als Verrechnungs- bzw. Lenkungspreis für die Verwendung von Betriebskapital bei (Anlage-)Investitionen.

Je nach Unternehmensform und -größe kann die **Steuerung der finanziellen Zielvorgabe** von innen oder von außen kommen:
- **Innensteuerung.** Bei kleineren Unternehmen dürfte die anzustrebende betriebliche Zielrendite auf das Kapital vom Einzelunternehmer oder von den Gesellschaftern wegen der in diesen Fällen engen geschäftlichen Kommunikation intern vorgegeben werden, wobei einkommenswirtschaftliche Zielsetzungen eine zusätzliche Rolle spielen können. Der Unternehmer wird sich dabei gemäß dem Opportunitätskostenprinzip an der Verzinsung anderer

Kapitalanlagemöglichkeiten orientieren,

- **Außensteuerung.** Bei größeren Aktiengesellschaften, bei den sog. Publikumsgesellschaften mit Hunderttausenden, wenn nicht Millionen Aktionären, besteht eine engere interne geschäftliche Kommunikation zwischen Principal und Agent nicht. Dafür unterliegen diese Unternehmen im besonderen Maße der Publizität. Infolgedessen üben die jährlichen Ankündigungen der Dividendensätze von üblicherweise 12 - 24% auf das Grundkapital einen gewissen Zugzwang aus; die Unternehmensleitungen können sich diesem meist branchentypischen Verhaltensmuster nicht ohne schwere Imageschädigung des eigenen Unternehmens entziehen, so daß diesen Unternehmen praktisch von außen eine Mindestrendite vorgegeben wird, wobei allerdings das Verhältnis Grundkapital zu Eigenkapital eine erhebliche Bedeutung besitzen kann (vgl. 4.1.2.2).

Von dem publikumsmäßig erforderlichen Dividendensatz (Ds, hier = 12%), der vom gesamten Eigenkapital zu erwirtschaften ist, läßt sich der zu erwirtschaftende "risikofreie" durchschnittliche außenorientierte Zielkapitalkostensatz $\emptyset z_p$ des (Gesamt-)Unternehmens ableiten, wenn Gesamtkapital (GK, hier = 100), der Eigenkapitalanteil (EK, hier = 60%), der Fremdkapitalanteil (FK, hier = 40%) und der Fremdkapitalzinssatz (FKz, hier = 7%) bekannt sind:

```
(22-2)  φzp = Ds · EK/GK + FKz · FK/GK
            = 12 · 60/100 + 7 · 40/100 = 7,2 + 2,8 = 10%.
```

Lösen Sie Aufgabe Nr. 11-5 in der Anlage A!

1.2 Finanzziele im System der strategischen Unternehmensplanung

1.2.1 System der strategischen Unternehmensplanung

Wie der Verfasser in der Betriebspraxis anhand einer Analyse der "Anforderungsbriefe" an die betrieblichen Fachabteilungen zur innerbetrieblichen Informationsanforderung bei strategischen Projekten in einem großen Autombilunternehmen beobachten konnte, gab es stets drei differenzierte zeitlich nacheinander folgende Informationscluster (vgl. Abb. 12-1):

Abb. 12-1: Ziele und Module der strategischen Unternehmensplanung (entn. LV 32 S. 884)

Unternehmensziele	Unternehmenspläne		
Marktanteilsziele ↑	1. Planungsmodul= PRODUKTMODUL: wann welche Produkte mit welchen Varianten und → mit welchen Leistungen zu welchen Preisen?	2. Planungsmodul= MENGENMODUL: Kapazitätsplan ← Lagerplan ← →Absatzplan	→Personalplan →Produktionsplan →Einkaufsplan
Rentabilitätsziele ←	3. Planungsmodul= FINANZMODUL: Rentabilitätsplan ← Kreditplan ← ↓ Liquiditätsplan: Einnahmen- und Ausgabenplan	Erlösplan ← Materialkostenplan← Abschreibungsplan← Personalkostenplan←	→Einnahmenplan →Materialausgabenplan →Investitionsplan →Personalausgabenplan

1. Informationscluster zur Gestaltung des Produktprogramms (-> Produktmodul);

2. Informationscluster zur Gestaltung/Abstimmung von Mengenplänen (-> Mengenmodul);

3. Informationscluster zur Gestaltung von Finanzplänen (-> Finanzmodul).

Insbesondere die logische Aufeinanderfolge von Mengen- und Finanzmodul ist leicht plausibel, da bekanntlich Kosten = Menge mal (Einkaufs-)Preis sind. Demnach baut das betriebliche Finanzmanagement auf konkreten betrieblichen Mengenplänen auf.

Die beiden wichtigsten Unternehmensziele - die Oberziele Rentabilität (ein Finanzziel) und Marktanteil (ein relativiertes Mengenziel) jeweils in bestimmter Höhe - stehen in Interdependenz zu einander; ihre gegenseitige Abstimmung auf einander ist jedoch nicht simultan möglich, da sie stets Änderungen des Unternehmensprogramms erfordern, so daß die Abstimmung sukzessiv in Durchläufen durch die drei Module des betrieblichen Planungssystems mit stufenweiser Annäherung erfolgt. Damit stellt sich die strategische Unternehmensplanung als ein kybernetisch-adaptives, unidirektional vernetztes und ziel-orientiertes Rotationssystem dar.

Lösen Sie Aufgabe Nr. 12-1 in der Anlage A!

1.2.2 Adaptive Zielanpassung bei Kombizielen

Der Durchlauf durch die drei Planungsmodule läuft über folgende zwei Stufen:
1. Stufe: Das Feld der Alternativen wird grob abgetastet, wobei Finanzierungsüberlegungen zunächst nur eine untergeordnete Rolle spielen.
2. Stufe: Bei der Grobalternative, die am erfolgreichsten erscheint, wird mittels Feinplanungen das Potential weiter ausgelotet, wobei Finanzierungsüberlegungen zunehmend akuter werden.

Um eine bestimmte Zielkombination (vgl. Abb. 12-2: hier verfolgt das Unternehmen das Kombi-Ziel 15% Unternehmensrentabilität und 20% Marktanteil) zu erreichen, sind gewöhnlich mehrere adaptive Durchläufe des Planungskonzepts durch das strategische Planungssystem erforderlich, wobei danach zu streben ist, durch entsprechende Variationen des Planungskonzepts die Amplitude der Abweichung vom Kombi-Ziel immer kleiner werden zu lassen.

Abb. 12-2: Adaptives Suchverhalten zur Abstimmung von Kombi-Zielen (entn. LV 32 S. 884)

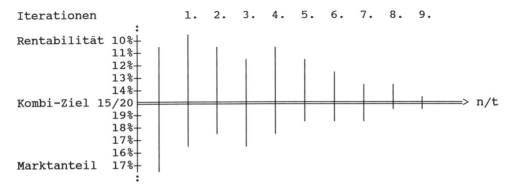

Bei diskontinuierlichen Variationen, die dazu dienen sollen, einen "schnellen Durchbruch" zu erzielen, kann es dabei leicht zu Rückschlägen kommen; nach Erfahrungen des Verfassers bei der Konfiguration eines neuen Produkts bzw. eines neuen Produktmodells waren stets 8

bis 10 Planungsiterationen erforderlich (vgl. Abb. 12-3). Diese Planungsiterationen sind sehr zeitaufwendig - jede Planungsiteration benötigte etwa einen Monat - , da bei strategi-schen Planungen stets das Produktprogramm mit betroffen ist, wodurch umfangreiche Abstimmungen mit den Kapazitäten, Absatzplänen, Kostenstandards, etc. erforderlich werden. Der effektivste Iterationszeitraum liegt zwischen der "Definition der Alternativen" und der "Wahl einer Alternative".

Abb. 12-3: Strategischer Produkt-Planungszyklus in der europäischen Automobilindustrie

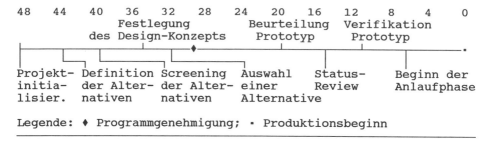

Legende: ♦ Programmgenehmigung; • Produktionsbeginn

Aus den Ausführungen folgt generell,
- daß sich einerseits die betrieblichen Oberziele wie Mindestrentabilität - ein Finanzziel - und Mindestmarktanteil - ein Mengenziel - unter Beachtung der begrenzten betrieblichen Ressourcen (Kapazitäten) auf einander abstimmen lassen,
- daß andererseits die in der betriebswirtschaftlichen Theorie vor allem der Sechziger Jahre geforderte **Simultanplanung** (vgl. 4.3.6) auf der höchsten strategischen Unternehmensebene auszuschließen ist.

Lösen Sie Aufgabe Nr. 12-2 in der Anlage A!

1.2.3 Systemdurchlauf bei der strategischen Unternehmensplanung

Welche Optionen besitzt z.B. ein Industrieunternehmen mit einen Ist-Marktanteil von 14% - Zielmarktanteil 20% - sowie bei einer Ist-Rendite von 12% nach Ertragssteuern - Zielrendite von 15% - , um den Unternehmenszielen näher zu kommen? Zur Klärung dieser Frage ist der **Durchlauf durch das System der strategischen Unternehmensplanung** erforderlich:

1. Planungsmodul: Produkt-/Leistungsprogramm

Nach dem Ablaufschema der strategischen Unternehmensplanung müßte es zunächst den Marktanteil zu ändern, und zwar in dieser Situation ihn zu erhöhen suchen. Bei der großen Soll-Ist-Differenz von 20 - 14% kann das Unternehmen nur inkremental, also schrittweise vorgehen, weil der Informations- und der Zeitbedarf der nachstehend aufgeführten strategischer Optionen ständig steigt:
- es kann "schnell" durch Preissenkungen den Kundenkreis zu vergrößern suchen, wobei die Konkurrenten zum Schutz ihre Marktanteils ebenso "schnell" reagieren werden;
- es kann die Qualität der angebotenen Produkte verbessern;
- durch Anbieten von mehr Produktvarianten läßt sich das Marktpotential des eingeführten Produktprogramms stärker ausschöpfen;
- es kann Kooperation mit einem fremden Unternehmen suchen;
- es kann eine zusätzliche Produktlinie entwickeln, dabei ist jedoch mit Substitutionseffekten zu rechnen.

Ähnliches gilt für Handels- und Dienstleistungsunternehmen; denn z.B. ein Unternehmen der Touristikbranche, das seinen Marktanteil erhöhen will, muß zusätzliche Reiseziele in sein Leistungsprogramm aufnehmen und ein Handelsunternehmen zusätzliche Artikel in sein

Verkaufsprogramm. Daneben können diese Unternehmen durch höhere Qualität und/oder niedrigere Preise ihren Marktanteil verbessern.

2. Planungsmodul: Mengenpläne

Jede Änderung des Produktprogramms zieht Änderungen in den Mengenplänen nach sich, zuerst und vor allem im Absatzplan. Im Absatzplan können sich sowohl die Mengen wie auch die Mengenrelationen der Produkte unter einander, der sog. Produktmix, ändern. Dann ist eine Abstimmung zwischen den primären Mengenplänen: Absatzplan; Kapazitätsplan; Produktionsplan und Lagerplan erforderlich:

```
Absatzplan z.B. 5.000 Einheiten (Endprodukte)
- Kapazität z.B. 4.500 Einheiten/Produktion von 4.500 Einheiten
= Lagerabnahme bzw. Zukauf = 500 Einheiten.
```

In zeitlicher Entsprechung setzt eine Lagerabnahme einen vorausgehenden Lagerauf-bau voraus.
Bilden sich Engpässe heraus, ist die Kapazität auf der einen oder anderen Produktionsstufe anzugleichen.
Auf diesen primären Mengenplänen bauen die sekundären Mengenpläne unter Zuhilfenehme von Stücklisten, Rezepturen, etc. auf: Teileproduktionspläne; Einkaufsplan; Personalplan etc.

3. Planungsmodul: Finanzpläne

Bei Kapazitätserhöhungen sind entsprechend Investitionen zu tätigen. Auch die anderen Mengenpläne spiegeln den erforderlichen Einsatz an Produktionsfaktoren wieder, um das geplante Unternehmensprogramm zu realisieren. Die erforderlichen Einsatzmengen an Produktionsfaktoren multipliziert mit den jeweiligen "Einkaufs"preisen und die Absatzmengen multipliziert mit den Verkaufspreisen ergeben die primären Finanzpläne: Erlösplan; Investitionsplan; Materialeinkaufsplan; etc.

Diese **primären Finanzpläne** sind zeitlich abzugrenzen: aus dem Investitionsplan leitet sich der Abschreibungsplan ab, aus dem Erlösplan der Einnahmenplan unter Berücksichtigung von Außenständen (Forderungen), etc. Diese **sekundären Finanzpläne** sind weiter zu Rentabilitäts- und Liquiditätsplänen zu "verdichten". Der Liquiditätsplan kann im Wege der Rückkopplung den Rentabilitätsplan beeinflussen; es sind nur solche Investitionen zu genehmigen, die sich auch finanzieren lassen. Dabei spielt der Kreditplan bei den Finanzplänen eine ähnlich puffernde Rolle wie der Lagerplan bei den Mengenplänen.

Lösen Sie Aufgabe Nr. 12-3 in der Anlage A!

1.2.4 Auswertung des Systemdurchlaufs bei der strategischen Unternehmensplanung

Die Rentabilitätsrechnung steht also immer am Ende einer Kette von Planungsoperationen. Unterschreitet die Programmrendite die betriebliche Zielrendite, besteht eine Ziellücke. Dann ist ein neuer Planungszyklus durchzuführen, um diese Ziellücke zumindest zu verkleinern. Diesmal könnte die Suche in die umgekehrte Richtung gehen: durch Preiserhöhungen und/oder Produkteliminierungen, etc. den Marktanteil und entsprechend den Kapazitäts- wie auch den Kapitalbedarf zu senken. Diese Durchläufe durch strategische Planungssystem des Betriebs simulieren Pro-Forma-Entscheidungen und sind deshalb wesentlicher Bestandteil des betrieblichen Ex-Ante-Controllings, wozu zunächst Kapitalbedarf und darauf aufbauende Finanzierungspläne/-entscheidungen eine untergeordnete Rolle, es sei denn, es ist evident, daß der voraussichtliche Kapitalbedarf der Entscheidungsalternative weit jenseits aller Unternehmensmöglichkeiten liegt.

Die verschiedenen Durchläufe von strategischen Entscheidungsalternativen müssen die situativen Verhältnisse, die Realität der betrieblichen, beachten. Sie werden deshalb nicht immer zu Wunschergebnissen d.h. zur Zielkonformität führen. Insbesondere bei schlechter Konjunktursituation oder bei verschärften Wettbewerbsverhältnissen können die Ziele nicht immer mit konventionellen Maßnahmen erreicht werden, so daß auch außergewöhnliche Lösungen z.B. Kooperationen ins Unternehmenskalkül einzubeziehen sind:

```
              Kombi-    Status  neue Produkt-  neue Pro-    Koopera-
              ziel      quo     varianten      duktlinie    tion
Marktanteil   20%       14%     15%            17%          22%
Rentabilität  15%       12%     11%            10%          14%
```

Die letztere Alternative kann zum Verlust der betrieblichen Selbständigkeit führen und deshalb erhebliche Konflikte in der Unternehmensleitung, im Principal-Agent-Verhältnis und in der Belegschaft auslösen.

Bezüglich des betrieblichen Kombiziels Mindesrendite/Mindestmarktanteil lassen sich zum teil kulturell bedingt **drei Grundtypen** (Topologien) unterscheiden (vgl. Abb. 12-4):
Kombiziel-Topologie I: Rentabilität-über-Marktanteil-Dominanz (RM-Dominanz): diese Topologie wird vor allem US-amerikanischen Unternehmen nachgesagt, die unter starken kurzfristigen Rentabilitätsdruck wegen ihrer institutionalisierten quartalsmäßigen Gewinnausweisungen in Form von Gewinnbeträgen pro Aktie stehen;
Kombiziel-Topologie II: Marktanteil-über-Rentabilität-Dominanz (MR-Dominanz): diese Topologie wird japanischen Unternehmen nachgesagt, die zumindest in der Anfangsphase der Marktpenetration häufig mit Niedrigpreisen ohne Rücksicht auf die Rentabilität nach großen Marktanteilen streben - um dann später nach Vernichtung wichtiger Konkurrenten die Preise kräftig zu erhöhen (vgl. LV 8.32 S. 319f.), gewöhnlich ist damit nach dem Prinzip: get big! ein Mindestmarktanteilsziel von 20% verbunden, um hinreichend aus den sog. Skalenvorteilen Nutzen zu ziehen, etwa um die "einmaligen" Entwicklungskosten auf eine möglichst große Zahl produzierter und verkaufter Produkte zu verteilen;
Kombiziel-Topologie III: Rentabilität-Marktanteil-Egalität (RM-Egalität): diese Topologie sucht ein zahlenmäßiges Gleichgewicht von Rentabilitäts- und Marktanteilsziel zu erreichen, die RM-Egalität steht auch hinter gewissen Portfolio-Selection-Vorstellung, wonach ein größerer Marktanteil auch höhere Rentabilität zur Folge habe (vgl. LV 32 S. 245ff.).

Abb. 12-4: Rentabilitäts-Marktanteils-Dominanz-Topologien

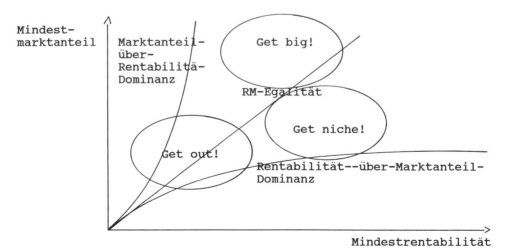

Lösen Sie Aufgabe Nr. 12-4 in der Anlage A!

1.3 Aufgabenstellung von Finanzmanagement und betriebswirtschaftlicher Kapitaltheorie

Die betriebliche Finanzwirtschaft reicht von der Rechnungslegung über die Kosten- und Leistungsrechnung bzw. Wirtschaftlichkeitsrechnung bis hin zur Finanzierung und zerfällt dabei in zwei größere Bestandtteile:
- in das Finanzwesen;
- in das Rechnungswesen, wobei hier in den weiteren Ausführungen die Rechnungslegung und die Leistungsrechnung ausgespart werden.

Das **Finanzmanagement des Unternehmens** ist zweidimensional ausgelegt:
- die **innerbetriebliche Dimension** verfolgt die Beziehungen zwischen dem Kapitalbedarf für den laufenden Betriebsprozeß sowie den Investitionen für neue Projekte und den betrieblichen Finanzierungsmöglichkeiten, hier als Investitions-Finanzierungs-Konjunktion (vgl. 4.2.3, 4.3.2, 5.1.1.3, 5.1.2.4, 5.2.2.3) bezeichnet;
- die **außerbetriebliche Dimension** verfolgt die Kapitalversorgung des Unternehmens zu den günstigsten Bedingungen liquiditäts- und kapitalkostenmäßiger Natur.

Gesteuert werden die inner- wie außerbetriebliche Dimension des Finanz-Managements mehr oder weniger stark durch den Komplex der Kapitalmacht im Unternehmen.

Beim Finanzmanagement ist insbesondere die existentielle Nebenbedingung der Wahrung der betrieblichen Liquidität zu verfolgen. Die Liquidität des Unternehmens ist gewahrt, solange es seinen Zahlungsverpflichtungen nachkommen kann. Zahlungsschwierigkeiten schädigen nicht nur den guten Ruf des Unternehmens, sondern sie führen auch leicht zum Konkurs des Unternehmens. Deshalb sollten sie schon im Ansatz durch eine betriebswirtschaftlich fundierte Liquiditätsplanung und -kontrolle vermieden werden.

Finanz- bzw. Liquiditätsplanung im Rahmen eines rationalen Finanzmanagements sollte sich auf theoretisch fundierten Grundlagen aufbauen. Zur Erfüllung dieser Aufgabenstellung ist eine **betriebswirtschaftliche Kapitaltheorie** zu entwickeln, welche die **Kapitalfunktionen** des Unternehmens konstruiert:
- die **Kapitalbedarfsfunktion** des ganzen Unternehmens sowie von Projekten;
- die **Finanzierungsfunktion** des ganzen Unternehmens sowie von Projekten;
- die **Kassenhaltungsfunktion** des ganzen Unternehmens sowie von Projekten als Differenzfunktion zwischen Kapitalbedarfs- und Finanzierungsfunktion.

Diese Kapitalfunktionen des Betriebs sind unter Beachtung der betriebsindividueller Finanzziele sowie allgemeiner institutioneller Regelungen (sog. Finanzierungsregel) zu gestalten und zu steuern. Es sind die für die **betrieblichen Kapitaldispositionen notwendigen Informationen** zu liefern:
- **zeitliche Informationen** in bezug auf **Kapitalaufnahme- und -rückzahlungsterminen** an den Schnittpunkten von Kapitalbedarfs- und Finanzierungsfunktion;
- **quantitative Informationen**
  - in bezug auf die **Höhe des benötigten Kapitals** an den Punkten der maximalen Diskrepanz zwischen diesen Punkten und
  - in bezug die **Zwischenanlagemöglichkeiten** von vorübergehend nicht benötigten Investitionsmitteln
    - zwischen Kapitalaufnahme und dem Punkt des maximalen Kapitalbedarfs einerseits und
    - zwischen dem Punkt des maximalen Kapitalbedarsf und Kapitalrückzahlung andererseits.

Lösen Sie Aufgabe Nr. 12-5 in der Anlage A!

2. Die Finanzierung des Unternehmens

2.1 Grundlagen des Kapitalbeschaffungs- und Finanzrisiko-Managements

2.1.1 Aufgaben des betrieblichen Finanzwesens

Das Finanzwesen hat zur Aufgabe, den Finanzbedarf aufgrund der betrieblichen Investitionserfordernisse mit den Finanzierungsmöglichkeiten optimal aufeinander abzustimmen. Dabei erfüllt das Finanzwesen eine **Beschaffungsfunktion** ähnlich dem Materialeinkauf und dem Personalwesen. Analog zur strategischen Plazierung der Investitionen (vgl. 4.4.5.3/4) sollte auch das betriebliche Kapital strategisch plaziert sein. Das auf der Passivseite der Bilanz stehende Kapital dient der Finanzierung der Vermögensteile auf der Aktivseite der Bilanz und zerfällt in zwei große Gruppen mit funktionellen Unterschieden:
- das Eigenkapital;
- das Fremdkapital.

Das betriebliche Finanzwesen trägt - indirekt - zur betrieblichen Wertschöpfung bei,
- indem es kostengünstig Kapital zur Finanzierung der laufenden betrieblichen Operationen bereitstellt und
- indem es die Finanzmittel für Erweiterungsinvestitionen beim betrieblichen Produkt- und Kapazitätsprogramm mit zusätzlicher Wertschöpfung besorgt.

Internationale Finanzoperationen bringen wegen der Konstanz der Wechselkursschwankungen ein zusätzliches Unsicherheitsmoment in das Finanzmanagement. Diesen internationalen Finanzoperationen ist besondere Aufmerksamkeit zu widmen
- wegen der zunehmenden Globalisierung der Güter- und Finanzmärkte im Allgemeinen und
- wegen der starken Exportorientierung der deutschen Wirtschaft im Besonderen.

2.1.2 Funktionen und Risiken des Eigenkapitals

Dem Eigenkapital lassen sich im Unternehmen folgende **Funktionen** zuordnen:

1. Haftungsfunktion.
1.1 Unbeschränkte Haftungsfunktion für die betrieblichen Verbindlichkeiten gilt für den Einzelunternehmer, für den OHG-Gesellschafter, für den Komplementär, für den BGB-Gesellschafter;
1.2 beschränkte Haftung für den Kommanditisten, für den GmbH-Gesellschafter, für den Aktionär.

2. Mitsprache- und Machtfunktion.
Mehr oder weniger stark mit der Art Haftungsfunktion und dem jeweiligen Kapitalanteil verbunden erhält der Eigenkapitalgeber ein entsprechend großes Mitspracherecht im Betrieb. Durch Kapitalverschachtelungen kann die Mitsprache- und Machtfunktion auf fremde Unternehmen ausgedehnt werden; so können im Wege des sog. Upstreaming Anteile an Zulieferanten erworben werden: zur Stabilisierung seiner Lean Production hält Toyota zum Aufbau seines Lieferanten-Keiretsus z.B. 22% des Eigenkapitals von Nippondenso, einem Hersteller von elektrischen Komponenten und Motorcomputern, 19% des Eigenkapitals von Koito, das Innenaustattung, Polsterungen und Plastikteile herstellt, 14% von Toyoda Gosei, das Sitze und Kabelbäume fertigt, 12% des Eigenkapitals von Aishin Seiki, das Motorteile herstellt (vgl. LV 867 S. 67).

3. Funktion der Basisfinanzierung mit abgestufter Mobilität.
Mit dem Eigenkapital steht dem Betrieb ein gewisser Mindestkapitalfonds dauernd zur Verfügung; die einzelnen Unternehmensformen kennen nur eine abgestufte Mobilität des Eigenkapitals: am leichtesten ist sie bei börsennotierten Anteilen, am schwersten bei Einzelunternehmen.

Mit der Kapitalüberlassung an das Unternehmen geht der Unternehmer (Principal) das sog. **Agency-Risiko** ein, das aus dem möglichen, im Laufe der Zeit immer weniger vertragsgerechten Verhalten (Moral Hazard) des von ihm eingesetzten Agent (= Top-Management) in Unternehmen resultiert, das der Principal nicht direkt leitet (vgl. LV 48 S. 476):
- Der Agent nutzt seinen Informationsvorsprung aus internen Kenntnissen bei Vertragsverhandlungen zur Kapitalerhöhung aus, spiegelt eine günstige Ertragslage vor und erhält so Geldmittel, welche der Principal bei Kenntnis der wahren Unternehmenslage nicht gewährt hätte.
- Der Agent nutzt die erhaltenen Geldmittel entgegen der Verabredung zu riskanten Spekulationen.
- Der Agent benutzt das erhaltene Eigenkapital, um darauf die Kreditbasis und so den Aktionsspielraum über Gebühr zu erweitern.

Einen Mißbrauch ihrer Befugnisse betrieb z.B. das Top-Management der Herstatt Bank, als es Verluste aus dem operativen Bankgeschäft durch gewagte spekulative Devisengeschäfte zu kompensieren suchte und dabei Devisengeschäfte in vielen Mrd. DM Höhe tätigte.

Lösen Sie Aufgabe Nr. 21-1 in der Anlage A!

2.1.3 Funktionen, Risiken, Sicherung und Gliederung des Fremdkapitals

2.1.3.1 Funktionen des Fremdkapitals

Das Fremdkapital besitzt für das Unternehmen eine **doppelte Finanzierungsfunktion**:
1. es trägt - vor allem in Form des langfristigen Fremdkapitals - zusammen mit dem Eigenkapital zur Basisfinanzierung des Unternehmens bei;
2. es trägt - vor allem in Form des kurzfristigen Fremdkapitals - zur Finanzierung von kurzfristigen Bedarfsspitzen bei, z.T. ergibt sich dies automatisch; wenn die betrieblichen Vorräte aufgestockt werden, erhöhen sich parallel dazu die Lieferantverbindlichkeiten, ebenso bei einigen Unternehmen/Branchen die Kundenvorauszahlungen z.b. im Maschinenbau.

Das **Fremdkapital** steht dem Unternehmen **nur temporär** zur Verfügung; es muß stets wieder zurückgezahlt werden. Durch "Revolving", d.h. durch ständige Erneuerung von Krediten, und durch Substitution von Kreditgebern kann der Betrieb einen erreichten Kreditplafond halten. Kredite haben zwar den Nachteil, daß neben den Tilgungen ständig der Höhe nach festliegende Zinszahlungen zu leisten sind, was in konjunkturellen Tiefs als besonders drückend empfunden werden kann, und zwar ums mehr, je höher der Verschuldungsgrad des Unternehmens ist. Dafür haben die Kreditgeber aber gewöhnlich keine Mitspracherechte im Unternehmen, und im Konkursfall kommt es auf die Unternehmensform an, ob sie sich über die betriebliche Konkursmasse hinaus schadlos halten können am Privatvermögen des Unternehmers bzw. der Gesellschafter. Bei Insolvenz können die Gläubiger wegen finanzieller Forderungen die Existenz des Unternehmens bedrohen mit der Folge von Liquidation oder Konkurs. Fremdkapital ist jedoch relativ kostengünstig; Kreditzinsen mindern den steuerlichen Gewinn und müssen nicht wie der Gewinn versteuert werden.

Lösen Sie Aufgabe Nr. 21-2 in der Anlage A!

2.1.3.2 Risiken des Fremdkapitals

Beim Fremdkapital kann es zu einem "verlängerten Agency-Risiko" kommen, wenn nämlich das Top-Management - eventuell im Einvernehmen mit dem Principal, das ergäbe ein "qualifiziertes Agency-Risiko" - das erhaltene Fremdkapital in besonders riskanter Weise einsetzt, so daß der rationale Fremdkapitalgeber sich nicht auf das Rückzahlungsversprechen, die Kredittilgung aus den Finanzüberschüssen (Cash-flow) des Unternehmens zu erhalten, als primäre Sicherung verläßt, sondern eine sekundäre Sicherung in Form von (Bank-)Bürgschaften, Sicherungsübereignungen, Hypotheken, etc. verlangt. P. Swoboda widmet diesem Aspekt besondere Aufmerksamkeit: "Die Gläubiger tragen...nicht nur das Risiko, durch Konkurs oder durch Vergleich ihre Forderungen teilweise oder zur Gänze zu verlieren. Sie können auch durch Änderungen in der betrieblichen Investitionspolitik benachteiligt werden. So kann die Unternehmung nach einer Kreditaufnahme die Investitionspolitik insofern anpasssen, als nun nicht mehr in relativ sicheren, sondern in sehr riskanten Vorhaben investiert wird. Eine solche Politik mag für die Anteilseigner, die sowohl an den Chancen als auch an den Risiken teilnehmen, von Vorteil sein. Sie mag aber für die Gläubiger, die nicht an den Chancewn beteiligt sind und nun für ihr höheres Risiko keine entschädigung erhalten, nachteilig sein. Auch besteht für die Gläubiger das Risiko, daß ihre Position durch teilweise Liquidation der Vermögensgegenstände der Unternehmung und Ausschüttung der Mittel...verschlechtert wird" (LV 61 S. 32f.).

Lösen Sie Aufgabe Nr. 21-3 in der Anlage A!

2.1.3.3 Sicherung des Fremdkapitals

Absicherungsstrategien

Um ein eventuelles Verlustrisiko zu vermeiden, besitzen die Kreditgeber folgende Absicherungsstrategien (vgl. insb. LV 48, 3. Aufl., S. 202ff., LV 61 S. 95ff.):

- **Durchführung einer Kreditwürdigkeitsprüfung**
  - in bezug auf **Kreditfähigkeit**, worunter die rechtliche Fähigkeit zu verstehen ist, als Kreditnehmer auftreten zu können;
  - in bezug auf **persönliche Kreditwürdigkeit**, worunter die persönliche Vertrauenswürdigkeit des Kreditnehmers zu verstehen ist;
  - in bezug auf **wirtschaftliche Kreditwürdigkeit**, worunter die Ertragskraft bzw. die Qualität der Sicherheiten des Kreditnehmers zu verstehen sind.

- **Durchführung einer Kreditbesicherung,**
  welche in Frage kommen als Personalsicherheiten, denen schuldrechtliche Ansprüche zugrundeliegen bzw. als Realsicherheiten, denen sachenrechtliche Ansprüche zugrundeliegen.
  - in Form der **Bürgschaft**, bei der sich gemäß §§ 765ff. BGB der Bürge gegenüber dem Gläubiger des Dritten verpflichtet, für Verbindlichkeiten des Dritten einzustehen, wobei Kreditinstitute gewöhnlich eine selbstschuldnerische Bürgschaft verlangen, bei der der Bürge auf die Einrede der Vorausklage verzichtet;
  - in Form der **Garantie**, bei der sich der Garantiegeber - ohne daß eine Gesetzesgrundlage besteht - sich verpflichtet, für einen bestimmten künftigen Erfolg einzustehen, etwa als Zahlungsgarantien oder als Gewährleistungsgarantien;
  - in Form der **Wechselsicherung**, die abstrakter Natur ist, d.h. losgelöst vom zugrunde liegenden Geschäft, wobei durch Indossierung - eventuell auch durch Dritte, diese sich zur Zahlung der Wechselsumme bei Vorlage eines fälligen Wechsels verpflichten;
  - in Form der **Verpfändung** von Rechten bzw. von beweglichen Sachen, wobei gemäß §§ 1204ff. BGB (Regelung der Verpfändung von übertragbaren Rechten wie Grundpfandrechte, Geschäftsanteile in § 1274 BGB, der von Forderungen in §§ 1279ff. BGB) der Gläubiger berechtigt wird, eine Befriedigung aus dem Pfand zu suchen, das normalerweise zu übergeben ist;
  - in Form der **Sicherungsübereignung**, die sich ohne explizite Gesetzesgrundlage als besondere Rechtskonstruktion aus der Beleihungspraxis entwickelt hat, wobei im Wege eines sog. Besitzkonstituts (Leihe, Pacht, Verwahrung) das verpfändete Objekt z.B. eine Maschine durch einen Doppelvertrag: Übereignungs- und Besitzmittlungsvertrag im unmittelbaren Besitz des Schuldners bleibt, um durch normale Geschäftsaktivitäten die Mittel zur Schuldtilgung aufzubringen, dabei ist das fremde Eigentum beim Schuldner deutlich erkennbar und bei Konkurs aussonderbar zu machen etwa durch eine Aufschrift;
  - in Form der **Sicherungsabtretung** als "stille" Zession - d.h. ohne Benachrichtigung des Schuldners - oder "offene" Zession - d.h. bei Benachrichtigung des Schuldners - von Forderungen an Kunden, von Rechten aus Gesellschaftsverhältnissen, aus Lohn- und Gehaltsforderungen, wobei die Abtretung auch ohne Benachrichtigung des Schuldners von der Zession wirksam wird.

2.1.3.4 Unterlagen der materiellen Kreditwürdigkeitsprüfung

Die Finanzierungsinstitute haben typische Kriterien herausgebildet, um die Kreditwürdigkeit eines potentiellen Schuldners im langfristigen Kreditgeschäft zu beurteilen. Sie stützen sich dabei auf folgende Unterlagen (vgl. LV 14 S. 170):

- die **letzten Jahresabschlüsse**, eventuell ergänzt durch Konzernabschlüsse oder Weltbilanzen, sowie nach Möglichkeit erläuternde Geschäftsberichte oder Berichte des Wirtschaftsprüfers;
- eine **zeitnahe Zwischenbilanz** oder ein **Kreditstatus** zum Zeitpunkt des Kreditantrags;
- ein **Handelsregisterauszug**, der **Gesellschaftsvertrag** bzw. die **Satzung**;
- Einblick in eventuell bestehende Unternehmensverträge (Beherrschungsverträge, Gewinnabführungsverträge, Organschaftsverträge);
- ein **Vermögensverzeichnis** zu Zeitwerten bezüglich des Anlagevermögens (Wertschätzung über Anlagevermögen: Liegenschaften; Maschinenpark);
- Zahlen über die **aktuelle Umsatzabwicklung** und die **Umsatzstruktur (Inland/Ausland)**, den Auftragsbestand und die Investitionstätigkeit;
- Angaben über bereits bestehende **Darlehens- und Kreditverhältnisse** (einschließlich Besicherung); Leasingverträge und langfristige Bezugs- bzw. Lieferverträge;
- **Finanzpläne**;
- ein Verzeichnis der zur Verfügung stehenden **Sicherheiten**.

Lösen Sie Aufgabe Nr. 21-4 in der Anlage A!

2.1.3.5 Gliederung des Fremdkapitals und Übergänge zum Eigenkapital

Zeitlich definierte Kreditformen

In zeitlicher Sicht lassen sich folgende Kreditformen unterscheiden:

Kurzfristige Kredite

Sie besitzen eine Laufzeit bis zu sechs Monaten. Hierzu zählen Lieferantenverbindlichkeiten, Kundenanzahlungen und Kontokorrentkredite. Letztere allerdings nur dann, wenn sie von Zeit zu Zeit abgebaut werden; besitzt z.B. ein Unternehmen eine Kreditlinie von 40.000,-DM und wird eine "Überziehung" in Höhe von 23.000,-DM nie unterschritten, so ist dieser Betrag de facto langfristiger Natur.

Mittelfristige Kredite

Sie besitzen eine Laufzeit von sechs Monaten bis fünf Jahre. Darunter fallen entsprechende Bankkredite, Ausstattungskredite, das Finance-Lease, etc.

Langfristige Kredite

Sie besitzen eine Laufzeit von mehr als 5 Jahren. Hierzu zählen die gewöhnlich hypothekarisch gesicherten Anleihen, deren Leihdauer in den letzten Jahrzehnten laufend gesunken ist.

Übergänge zwischen Eigen- und Fremdfinanzierung

Bei der Finanzierung unter dem Gesichtspunkt der Beteiligung d.h. der Beherrschung der Unternehmung gibt es verschiedene Übergangsformen zwischen den Extremen:

Eigenfinanzierung - vollständige Beherrschung

Fremdfinanzierung - reine Kreditgewährung.

Zwischenformen der Finanzierung, die einer differenzierten Interessenlage bei unübersichtlichen Kapitalmärkten bzw. unsicheren Zukunftserwartungen entspringen, kann der Kapitalgeber erzielen (vgl. auch LV 58 S. 380ff.)
- durch Ausgestaltung der mit Finanzierung verbundenen Rechte etwa stimmrechtslose Vorzugsaktien zu dividendenbenachteiligte Mehrstimmrechtsaktien, partiarisches d.h. von der Gewinnhöhe abhängiges Darlehen zu festverzinsliches Darlehen;
- durch Einräumung von Wahlrechtmöglichkeiten etwa durch Erwerb von Wandelschuldverschreibungen oder Optionsanleihen.

Lösen Sie Aufgabe Nr. 21-5 in der Anlage A!

2.1.4 Der Finanzierungszyklus der Unternehmung

2.1.4.1 Gründungsfinanzierung

Bei der Gründungsfinanzierung geht es vornehmlich um die sog. Anschubfinanzierung, bei der der finanzielle Grundstock für die Ingangsetzung des neuen Unternehmens bereitzustellen ist, nicht aber schon den Kapitalbedarf für den weiteren Unternehmensausbau. In dieser Phase kommen drei **Finanzierungsquellen** in Betracht:

1. das **Eigenkapital**, d.h. die gesparten, ererbten oder sonstwie überlassenen Finanzmittel des Unternehmers, falls es sich um eine Einzelunternehmung handelt, eventuell auch in Form einer GmbH oder einer Aktiengesellschaft, oder die Finanzmittel des Kollektiv von Unternehmern, gewöhnlich Gesellschafter genannt;

2. die **Kreditfinanzierung** einer Bank, die sich damit schon im Statu nascendi (Geburtsstadium) als "Hausbank" eines potentiell sich gut entwickelnden Unternehmens andient, gewöhnlich aber Sicherheiten dafür verlangt;

3. die **Subventionsfinanzierung** des Staates bzw. bestimmter bankabhängiger Institutionen), die dabei langfristige Ziele verfolgen, der Staat z.B. die "Erzeugung" von neuen Steuerzahlern.

Die "Hausbank" wird dabei Planungsdienste leisten, um die Finanzierungsquellen zu bündeln und um so einen Ausgleich zwischen Kapitalbedarf und Finanzierungsmöglichkeiten herbeizuführen. Dabei kann eine Orientierung an Finanzierungsbeispielen erfolgen wie etwa an die **"Existenzgründung"** der Stadtsparkasse Köln (vgl. Tab. 21-1).

Tab. 21-1: Finanzplan für eine gewerbliche Existenzgründung

```
                              Betrag
Kapitalbedarf:
Maschinen und Fahrzeuge       70.000,-DM
+Warenlager                   30.000,-DM
+Betriebsmittel               50.000,-DM
+Mietkaution                   9.000,-DM
= Total Kapitalbedarf        159.000,-DM

Finanzierungsplan:                        Laufzeit    tilgungsfrei
Eigenkapital                  12.000,-DM
+Eigenkapitalhilfe des Bundes 18.000,-DM  20 Jahre    10 Jahre
+Mittelstandskredit des Landes 30.000,-DM 15 Jahre     3 Jahre
+Kredit des ERP-Programms     30.000,-DM  10 Jahre     2 Jahre
+Stadtsparkasse Sonderkredit
  für Existenzgründungen      60.000,-DM  10 Jahre     2 Jahre
+Bürgschaft der Stadtspark.    9.000,-DM
= Total Finanzierung         159.000,-DM
```

Als Sicherheiten kommen in Frage: Bürgschaft der Kreditgemeinschaft für Industrie, Großhandel, Verkehr und sonstiges Gewerbe in Nordrhein-Westfalen; Übereignung der angeschafften Gegenstände; Abschluß einer (Risiko-)Lebensversicherung. Dabei geht der "Service" der Stadtsparkasse über die eigentliche Finanzierungsleistung hinaus:
1. umfassende Finanzierungsberatung;
2. Vermittlung von weitergehenden Betriebswirtschaftlichen Beratungen;
3. Unterstützung bei der Standortsuche;
4. Information über die Branchensituation.

Lösen Sie Aufgabe Nr. 21-6 in der Anlage A!

2.1.4.2 Wachstumsfinanzierung

Kann das Unternehmen wegen marktkonformer Leistungen expandieren, ist eine Wachstumsfinanzierung erforderlich. Hierzu wird sich die "Hausbank" anbieten wie z.B. die Stadtsparkasse Köln mit ihrem Beispiel der **"Expansionsfinanzierung"** (vgl. Tab. 21-2).

Tab. 21-2: Finanzplan für eine Unternehmensexpansion

```
                              Betrag
Kapitalbedarf:               ─────────
Kosten der Baumaßnahme       500.000,-DM
+Einrichtung und neue Masch. 250.000,-DM
+Umzug und Reserve            75.000,-DM
=  Total Kapitalbedarf       825.000,-DM

Finanzierungsplan                         Laufzeit    Verwendung
Rücklagen des Firmeninhabers  150.000,-DM
+Investitionskredit der Stspk. 400.000,-   18 Jahre
+Leasing mit Erneuerungsoption 200.000,-   54 Monate
+Kontokorrentkredit der Stspk.  25.000,-DM             |für Betriebs-
+Wechselkredit der Stspk.       50.000,-DM             |mittel
=  Total Finanzierung          825.000,-DM
```

Übersteigt der erforderliche Kapitalbedarf für die Expansionsfinanzierung die internen Mittel z.B. aus Finanzüberschüssen wie die Möglichkeiten der Hausbank, wird eine "Stückelung der Finanzierung" erforderlich. Dies kann in zwei Richtungen geschehen:
▪ durch Erhöhung des Eigenkapitals
  - durch Zuschüsse des Unternehmers bzw. der Gesellschafter,
  - durch Aufnahme weiterer Gesellschafter, eventuell im Wege der Umfinanzierung durch Änderung der Rechtsform etwa von der Personengesellschaft oder GmbH zur Aktiengesellschaft - denn anders vor allem in den USA erfolgt die Begebung von Aktien in Deutschland kaum zur Originalfinanzierung eines Unternehmens, sondern erst im zweiten Stadium zur Wachstumsfinanzierung - ;
▪ durch Erhöhung des Fremdkapitals
  - durch Einschaltung zusätzlicher Banken,
  - durch Anzahlungen von Kunden etwa im Maschinen- und Anlagenbau,
  - durch Emission von Anleihen.

Geht das Unternehmen an den Kapitalmarkt etwa bei Aktien- und Anleiheemissionen, ist eventuell eine Umwandlung der Unternehmesform zur Aktiengesellschaft hin erforderlich.

Verläuft die Unternehmensexpansion über Unternehmenszusammenschlüsse z.B. über den Aufkauf fremder Unternehmen, ist eventuell eine Fusionsfinanzierung erforderlich (vgl. 2.1.4.4).

Lösen Sie Aufgabe Nr. 21-7 in der Anlage A!

2.1.4.3 Sanierungsfinanzierung

Sanierungsgründe

Der Begriff Sanierung stammt von dem lateinischen Wort "sanare" und bedeutet soviel wie heilen, gesunden. Eine "Heilung" der Unternehmung ist erforderlich, wenn sich im Laufe der Unternehmensentwicklung Wildwuchs eingestellt und Verlustquellen nicht abgestellt wurden. Das kann in finanzieller Hinsicht zu mangelnder Liquidität und zu Überschuldung führen - letztere ist gegeben, wenn die Schulden das Vermögen übersteigen - , welche beide einen Konkursgrund abgeben. Entsprechend muß eine Sanierung in drei Richtungen zielen:
- sofortige Mobilisierung von Finanzquellen, um Illiquidität/Überschuldung zu vermeiden;
- langfristiger angelegte Reorganisationsmaßnahmen zur Verbesserung der Unternehmensrentabilität wie Verkauf von unrentablen Betriebsteilen, Aufnahme gewinnträchtiger Produkte ins Unternehmensprogramm, "schlanke" Produktion und "schlankes" Management;
- buchtechnische/finanzielle Maßnahmen zur Wiederherstellung einer "gesunden" d.h. ausgeglichenen Bilanz.

Die Sanierungsfinanzierung der Aktiengesellschaft ist in den §§ 229 - 236 AktG geregelt und dient
- zum Ausgleich von Wertminderungen,
- zum Ausgleich von sonstigen Verlusten,
- zur Einstellung in die gesetzliche Rücklage.

Sanierungsformen

Eine Sanierungsfinanzierung ist in verschiedenen Formen möglich, die sich finanztechnisch auf zwei Grundformen reduzieren lassen (vgl. auch LV 48 S. 219ff.):

1.) Buchmäßige Sanierung durch Kapitalherabsetzung

Dies kann geschehen
- durch eine "reine" Sanierung
  - in Form der Herabsetzung des Nominalwertes der Anteile oder
  - in Form der Zusammenlegung der Anteile,
- durch den Rückkauf von Aktien unter pari (§§ 237 - 239 AktG)
  - in Form des freien Rückkaufs am Markt oder
  - in Form zwangsweisen Einzugs laut Satzung,
- durch Herabsetzung, eventuell nur Stundung der Verbindlichkeiten der Gläubiger.

Voraussetzung für ihre Durchführung ist,
- daß kein Gewinnvortrag vorhanden ist,
- daß die freien Rücklagen schon aufgelöst (und verwendet) sind,
- daß die gesetzliche Rücklage nach der Kapitalherabsetzung nicht höher als 10% des Grundkapitals ist.

Beispiel:
Um einen Verlustvortrag von 350.000,-DM zu tilgen und eine Rücklage wieder aufzubauen, soll das Grundkapital um 40% herabgesetzt werden (400.000,- · 0,4 = 160.000,-DM):

Aktiva	Ausgangsbilanz	Passiva	
Vermögen	800.000,-	Grundkapital	400.000,-
Verlust-		gesetzliche	
vortrag	120.000,-	Rücklage	0,-
		Fremdkapital	520.000,-
Bilanzsumme	920.000,-	Bilanzsumme	920.000,-

Dabei ist der Sanierungsgewinn von 160.000,- - 120.000,- = 40.000,-DM in die gesetzliche Rücklage einzustellen:

Aktiva		sanierte Bilanz	Passiva	
Vermögen	800.000,-	Grundkapital	240.000,-	
		gesetzliche Rücklage	40.000,-	
		Fremdkapital	520.000,-	
Bilanzsumme	800.000,-	Bilanzsumme	800.000,-	

Gewinne dürfen nach diesem Verfahren erst dann wieder ausgeschüttet werden, wenn die gesetzliche Rücklage 10% des Grundkapitals beträgt.

2.) Sanierung durch Kapitalzuführung

Zur Kapitalzuführung sind vor allem die Eigentümer, eventuell auch die Gläubiger aufgerufen:
- Sanierung durch Zuzahlung der bisherigen Gesellschafter
  - ohne Gegenleistungen der Gesellschaft oder
  - bei Gegenleistungen der Gesellschaft wie Einräumung von Vorrechten in der Unternehmensverwaltung, bei der Verteilung eines eventuellen Liquidationserlöses, Einräumung von Genußscheinen,
- Sanierung durch Kapitalherabsetzung und anschließender Kapitalerhöhung
  - in Form der Eigenkapitalerhöhung durch Ausgabe neuer Gesellschaftsanteile oder
  - in Form der Fremdkapitalerhöhung etwa durch Ausgabe von Anleihen (Obligationen).

Da hierbei dem Unternehmen zur Beseitigung des Verlustvortrags Geldmittel zugeführt werden, erhöht sich - anders als bei der buchmäßigen Sanierung - das Vermögen. Diese Sanierung durch Zuzahlung ist für Aktiengesellschaften in § 54 AktG geregelt.

3.) Sanierung durch Mischformen der Kapitalherabsetzung und Kapitalzuführung

Lösen Sie Aufgabe Nr. 21-8 in der Anlage A!

2.1.4.4 Fusionsfinanzierung

Bei der Fusion (vgl. LV 66 S. 107ff., LV 64 S. 469ff.) verschmelzen zwei oder mehr Unternehmen zu einer neuen wirtschaftlich-rechtlichen Entität (Gesamtheit).

Wesen und Gründe der Fusion

Fusion bedeutet Konzentration und soll der Erzielung von Synergieeffekten dienen. Fusion ist ein spezieler Fall der Akquisitionsstrategie des Unternehmens d.h. des Erwerbs von Unternehmen durch Unternehmen und kann alternativ wie kumulativ
- dem Unternehmenswachstum wie auch
- der Unternehmenssanierung dienen;
Nach der Fusion stoßen die Unternehmen oft Betriebsteile ab, die nicht als ertragreich gelten, und konzentrieren sich auf sog. Kernbereiche.

Als Fusionsgründe kommen im Einzelnen u.a. in Frage:
- Absicherung des Beschaffungsmarkt beim sog. Upstreaming, wenn z.B. ein Stahlwerk ein logistisch vorgelagertes Hüttenwerk oder Bergwerk mit Produkten niederer Ordnung erwirbt und es durch Fusion einverleibt (sog. vertikale Fusion);
- Absicherung des Absatzmarkts durch sog. Downstreaming, wenn z.B. ein Massengüterfabrik ein Unternehmen mit Gütern höherer Ordnung erwirbt und es durch Fusion einverleibt, um den Absatz seiner Rohprodukte zu sichern (sog. vertikale Fusion);

- Rationalisierung von Entwicklung und Produktion, um durch Zusammenlegung die Kosten zu senken und wettbewerbsfähig zu bleiben, wenn die Produkte wegen niedrigen Innovationsgehalts nur noch "über den Preis" d.h. zu niedrigen Preisen abgesetzt werden können (sog. horizontale Fusion);
- Erreichen einer hinreichenden Unternehmensgröße in der Massenproduktion gemäß dem Ausspruch: Get big get Niche, or get out! um von den Skalenvorteilen zu profitieren;
- Erweiterung der Kredit- und Kapitalbasis wie durch Poolen von beleihungsfähigen Grundstücken.

Fusionsformen

Als zwei grundsätzliche Fusionsformen kommen in Betracht die Verschmelzung
- im Wege der Einzelrechtsnachfolge durch Übertragung des Vermögens, die für alle Unternehmen möglich ist, und
- im Wege der Gesamtrechtsnachfolge, die nur für Kapitalgesellschaften und Genossenschaften gilt (vgl. §§ 339 - 361 AktG, §§ 19 - 35 GmbHG, §§ 93ff. GenG in Verbindung mit dem Kapitalerhöhungsgesetz), und zwar in den Unterformen
  - der Verschmelzung durch Aufnahme, wobei das Vermögen des übertragenden Unternehmens als Ganzes auf das übernehmende Unternehmen bei Hingabe von Aktien dieses Unternehmens übertragen wird, und
  - der Verschmelzung durch Neubildung einer Aktiengesellschaft, welche beide Unternehmensvermögen übernimmt.

Fusionsabgeltung

Bei der Fusion entstehen Bewertungsprobleme sowohl
- bei der Einzelrechtsnachfolge, bei Vermögensteile und Schulden einzeln zu bewerten und zu verrechnen sind, wie auch
- bei der Gesamtrechtsnachfolge, bei der ein Umtauschverhältnis für die Aktienhingabe zu ermitteln ist.

Das Umtauschverhältnis kann errechnet werden
- auf der Basis des buchmäßigen Reinvermögens, wobei eventuell Unterbewertungen (sog. Stille Reserven) zu berücksichtigen, oder
- auf der Basis der Börsenkurse, die jedoch bewußt manipuliert sein können.

Der Ausgleich kann erzielt werden
- allein über das Tauschverhältnis oder über
- die Kombination von Tauschverhältnis und Zuzahlungen (nach § 344 Abs. 2 AktG ist eine Zuzahlung bis zu 10% des Gesamtnennbetrages der gewährten Aktien möglich).

Beispiel A: reines Tauschverhältnis. Stellt sich z.B. der innere Wert einer Aktie der aufnehmenden Gesellschaft X im Nennwert von 50,-DM auf 120,-DM und beträgt der innere Wert der übertragenden Gesellschaft Y 80,-DM bei einem Nennwert von 50,-DM, dann beläuft sich das Tauschverhältnis auf 2:3; $2 \cdot 120 = 240$ und $3 \cdot 80 = 240$. Das bedeutet, daß ein Aktionär von Y drei seiner Aktien hingeben muß, zwei Aktien von X zu erhalten.

Beispiel B: Kombination von Tauschverhältnis und Zuzahlung. Beträgt der innere Wert der X-Aktie 120,-DM und der innere Wert der Y-Achse 83,-DM, dann erhält der Inhaber der Y-Aktie für jede Aktie, die er hingibt, zusätzlich zu den Aktien 3,-DM pro hingegebene Aktie.

Lösen Sie Aufgabe Nr. 21-9 in der Anlage A!

2.1.4.5 Kapitalabwicklung bei der Liquidation

Bei der Liquidation erfolgt eine De-Investition des ursprünglichen Unternehmenskapitals und zwar in Form einer Total- oder Teilliquidation. Die Liquidation kann grundsätzlich in zwei **Formen** erfolgen

- auf **freiwilliger Basis**, etwa wenn kein Nachfolger für den alternden Unternehmer in Sicht ist,
- durch **Zwangsliquidation**, etwa wenn gerichtlich der Konkurs eröffnet wurde.

Der Veräußerungsgewinn bzw. -verlust bei der Liquidation, der zu versteuern ist, läßt sich wie folgt ermitteln:

```
Veräußerungspreis
- Veräußerungskosten
- Wert des Betriebsvermögens
```
= Veräußerungsgewinn bzw. -verlust.

Lösen Sie Aufgabe Nr. 21-10 in der Anlage A!

2.1.5 Die Finanzmärkte des Unternehmens

Will das Unternehmen die benötigten Finanzmittel in richtiger Höhe zur richtigen Zeit erhalten, sollte es eine gründliche Kenntnis der in Frage kommenden Finanzmärkte besitzen (vgl. vor allem LV 21 S. 63ff.), um zur richtigen Zeit die richtigen Finanzkontakte anknüpfen zu können. Dazu bedarf es der richtigen Personen, im Zweifels Falle Bankkaufleute; denn nur sie besitzen in dieser sensiblen Branche den "richtigen Stallgeruch", um auch in einer kritischen Unternehmensphase den Zugang zu den benötigten Finanzmitteln zu erhalten.

Die Finanzmärkte zerfallen in
- einen geregelten Kapitalmarkt, der sich an den Börsen abwickelt, und in
- einen ungeregelten Kapitalmarkt, der von Banken, Anlegern, Unternehmen und Finanzmaklern außerhalb der Börse (s. außerbörslicher Handel) abgewickelt wird.

2.1.5.1 Börsen

Der **börsliche Handel** - nicht nur für Aktien, sondern auch für Schuldverschreibungen - läßt sich gliedern in (vgl. LV 44 S. 197)
- **amtlicher Handel für Aktien**, die - bei strengen Anforderungen des Börsengestzes - an der Börse zugelassen sind und für die amtliche Makler den amtlichen Kurs ermitteln;
- **geregelter Markt für Aktien** mit erleichterten Zugangsvoraussetzungen und geringeren Publizitätsanforderungen für kleinere und mittlere Aktiengesellschaften;
- **geregelter Freiverkehr** für Aktien, deren Handel an der Börse zugelassen ist, wobei das Handelsverfahren erleichtert ist und wobei freie Makler den Kurs für einzelne Geschäfte feststellen;
- **außerbörslicher Handel**, wobei notierte wie unnotierte Werte zwischen Kreditinstituten untereinander bzw. Großanlegern telefonisch oder fernschriftlich abgewickelt werden

Bezüglich der zeitlichen Dimension der **Kapitaldispositionen** an den Wertpapierbörsen wird unterschieden
- zwischen **Kassamarkt**, auf dem die Kapitaldispositionen sofort d.h. innerhalb von zwei Tagen nach Vertragsabschluß abgewickelt werden, und
- zwischen **Terminmarkt**, auf dem die Kapitaldispositionen etwa bei Optionsgeschäften zu einem späteren, bei Vertragsabschluß bereits fixierten Zeitpunkt abgewickelt werden.

Die Kurse für die Wertpapiere regulieren sich nach Angebot und Nachfrage, wobei verschiedene Einflußfaktoren die Höhe der Börsenkurse mitbestimmen (vgl. ebenda):
- gesamtwirtschaftliche Lage z.B. Auf- und Abschwung der Konjunktur;
- Liquiditätslage, häufig von der Bundesbank mit Zielrichtung der Geldwertstabilität gegen die Inflation gesteuert;
- politische Einflüsse bezüglich der Änderung der wirtschaftlichen Rahmenbedingungen etwa

in Richtung höheren - und teueren - Umweltschutz, kriegerische Verwicklungen in wichtigen Rohstoff- bzw. Importländern, Sperrung von wichtigen Verkehrswegen z.B. Suezkanal;
- außenwirtschaftliche Einflüsse etwa Einströmen ausländischer Spekulationsgelder;
- psychologische Einflüsse wie optimistische bzw. pessimistische Stimmungen in der Wirtschaft.

Ob die Nachfrage nach Wertpapieren das Angebot übersteigt, und umgekehrt, schlägt sich in den **Zusätzen bei den veröffentlichten Kursen** nieder:
- b (oder Kurs ohne Zusatz) = alle Kauf- und Verkauf-Aufträge konnten ausgeführt werden.
- bG = bezahlt und Geld = die Nachfrage ging über das Angebot hinaus.
- bB = bezahlt und Brief = das Angebot ging über die Nachfrage hinaus.
- ebG = etwas bezahlt und Geld = die zum festgestellten Kurs limitierten Aufträge konnten nur zum geringen Teil ausgeführt werden.
- ebB = etwas bezahlt und Brief = die zum festen Kurs limitierten Verkaufsaufträge konnten nur zum geringen Teil ausgeführt werden.
- * = kleine Beträge konnten nicht gehandelt werden.
- G = Geld = zu diesem Preis bestand nur Nachfrage.
- B = Brief = zu diesem Preis bestand nur Angebot.
- - = gestrichen = ein Kurs konnte nicht festgestellt werden.
- -T = gestrichen Taxe = der Kurs wurde geschätzt.
- ex D = ex Dividende = Notierung nach Abschlag der Dividende.
- ex BR = ohne Bezugsrecht = Notierung nach Abschlag des Bezugsrechts.

2.1.5.2 Finanzierungsinstitute

Die meisten deutschen Unternehmen halten sich zu klein, um an die Börse zu gehen, im Gegensatz z.B. zu den USA, wo auch eine Vielzahl von kleineren Unternehmen Aktien emittiert hat. Deshalb besitzen andere Finanzierungsinstitute, insbesondere das Bankensystem für deutsche Unternehmen erhöhte Bedeutung:
- **Universalbanken**, welche sämtliche Bankleistungen anbieten:
  - Kreditgewährung;
  - Entgegennahme von Einlagen;
  - Durchführung des bargeldlosen Zahlungsverkehrs;
  - Effektenhandel und -verwaltung.
 Dabei sind im deutschen Bereich drei Bankengruppen zu unterscheiden:
  - Kreditbanken, darunter Großbanken mit 2.500 Filialen;
  - Sparkassenorganisation in drei Stufen;
  - genossenschaftliche Banken.
- **Spezialbanken für den langfristigen Kredit**, vor allem
  - Hypothekenbanken;
  - Bausparkassen;
  - Industriekreditbank, Düsseldorf, welche eigene Obligationen emittiert und die so erhaltenen Mittel an kleinere und mittlere Industrieunternehmen ausleiht.
- **Spezialbanken für kurzfristige Kredite**:
  - Teilzahlungsbanken
    - A-Geschäfte zur Kreditgewährung an Konsumenten, seit einiger Zeit häufig auch von den Universalbanken durchgeführt,
    - B-Geschäfte zur Bevorschussung von Buchforderungen,
    - C-Geschäfte zur Diskontierung von Teilzahlungswechsel
    (B- und C-Geschäfte dienen also zur Re-Finanzierung von Händlergeschäften);
  - Factorbanken;
  - Bauzwischenfinanzierung;
  - Pfandkreditanstalten, sog. Leihhäuser.
- **Institute der Kreditleihe als Kreditgarantiegemeinschaften**
  - der Bundesländer,
  - des Handwerks, des Einzelhandels, des Hotel- und Gaststättengewerbes mit Bürgschaften von Bund und Ländern als Rückendeckung,
  - als Akkreditierungsinstitute in Form der Kreditkartenclubs.

- **Beteiligungsgesellschaften** (vgl. 2.2.3.2)
- **Versicherungsunternehmen**, insb. die Lebensversicherungen bieten an
  - Schuldscheindarlehen;
  - Hypothekarkredite;
  - Police-Darlehen.

2.1.5.3 Finanzmakler

Finanzmakler vermitteln zwischen Kapitalgeber und -nehmer, wobei diese Finanzierungsvermittlung zwar nicht ausdrücklich unter die "Gegenstände des Handelsverkehrs" gemäß § 93 HGB nicht aufgenommen, jedoch inzwischen durch höchstrichterliche Rechtsprechung (RG 76, 252) abgedeckt wurde. Finanzmakler treten auf
- als Organe der Individualfinanzierung etwa
  - von Direktdarlehen,
  - von Beteiligungen,
  - von ganzen Unternehmen;
- als Absatzorgane von Banken - meistens nebenberuflich -
  - als Versicherungsagenten und
  - Verkäufer von Investmentzertifikaten;
- als Organe der Kapitalbeschaffung als sog. "Hypothekenmakler" eingesetzt
  - von Wohnungsunternehmen und
  - von Bauträgerunternehmen;
- als Makler von Schuldscheindarlehen, etwa in den Fünfziger Jahren von Rudolf Münemann, inzwischen ist diese Funktion von den Banken übernommen worden;
- als sittenwidrige Finanzierungs-Vermittlung von sog. Kredit-Haien etwa zur unseriösen "Umschuldung" oder zur Kleinkreditvermittlung.

2.1.5.4 Direktkapitalgeber

Hierzu zählen
- die Gründer bzw. deren Rechtsnachfolger;
- die Interessenten etwa aus dem Bekannten- und Verwandtenkreis, über Inserate;
- die Geschäftspartner der Unternehmung wie Lieferanten (zum Lieferantenkredit) und Kunden (zur Kundenanzahlung);
- die Arbeitnehmer durch Einkommensstundung bis zum Lohn- bzw. Gehaltszahlungstermin, durch Ausgabe von - vergünstigten - Belegschaftsaktien, durch Kooptierung zu Mitunternehmern mit eventuellen Einkommensverzichten in Unternehmenskrisen.

Lösen Sie Aufgabe Nr. 21-11 in der Anlage A!

2.1.6 Neuere Finanzmärkte und Finanzinnovationen

2.1.6.1 Eurofinanzmärkte

Im Rahmen der allgemein zu beobachtenden Internationalisierung haben sich auch die Finanzmärkte internationalisiert. Dabei haben die angelsächsischen Länder gewisse Vorreiterrolle übernommen in bezug
- auf Währung,
- auf Finanzplätze und
- auf Geldinstrumente.

Euromarkt

Zusätzlich zu den Märkten in nationalen Währungen entstand in Europa der Eurodollarmarkt, auf dem Dollareinlagen d.h. bei einer amerikanischen Bank eingelegten abtretbaren Dollarguthaben zunächst nur unter Europäern gehandelt wurden. Der Eurodollarmarkt ent-

stand dadurch,
- daß die USA ständig Zahlungsbilanzdefizite aufwiesen, die durch Verrechnungen auszugleichen waren,
- daß es international starke Zins- und Liquiditätsgefälle gab, die ebenfalls auszugleichen waren,
- daß der Dollar als internationale Leitwährung ein hohes Prestige besaß und deshalb allgemein akzeptiert wurde.

Inzwischen werden auch erhebliche Beträge in Deutscher Mark und in Schweizer Franken gehandelt, so daß eine Umwandlung in einen allgemeinen Euromarkt statt fand. Am Handel beteiligen sich nunmehr auch außereuropäische Länder wie die Golfstaaten und Japan, welche eine Anlage für ihre Außenhandelsüberschüsse suchen. Der Euromarkt konzentriert sich jedoch nicht auf einen einzigen Bankplatz, vielmehr verstreut sich Angebot und Nachfrage in Europa vor allem auf London, Paris, Frankfurt, Amsterdam, Zürich, Genf, Mailand und in Außereuropa vor allem auf Toronto, Montreal, Tokio, Singapur, Hongkong.

Nach H.E. Büschgen (Professor für Betriebswirtschaftslehre an der Universität Köln) kann der Euromarkt als ein "internationaler Finanzmarkt bezeichnet werden, auf dem Währungen außerhalb ihres Währungsgebietes gehandelt werden und auf dem es keine unmittelbare geldpolitische Steuerung oder bankenaufsichtsrechtliche Kontrolle gibt" (LV 8 S. 135, im Original gesperrt gedruckt). Entsprechend weichen die größeren europäischen Unternehmen zunehmend mit sog. Großhandelsbankgeschäften (wholesale banking) in der Größenordnung von mindestens 250.000,-DM bis zu mehreren Mio. DM auf den Euromarkt mit wichtigen Plätzen in London, Luxemburg, Frankfurt/M und in Zürich aus,
- um die Quellensteuer zu sparen,
- um die Mehrwertsteuer auf den Golderwerb zu sparen,
- um zentralbankmäßige Kreditrestriktionen und Kreditverteuerungen zu entgehen, etc.

In der Literatur (vgl. LV 48, 3. Aufl., S. 249) wird der Eurogeldmarkt aufgeteilt
- in einen Eurogeldmarkt mit Kreditlaufzeiten bis zu 360 Tagen,
- in einen mittelfristigen Kreditmarkt mit Kreditlaufzeiten darüber hinaus bis zu 5 Jahre,
- in einen Eurokapitalmarkt mit Kreditlaufzeiten darüber hinaus bis zu 15 Jahre.

Lösen Sie Aufgabe Nr. 21-12 in der Anlage A!

Asien-Dollar-Markt

Ostasien als der gegenwärtig am stärksten expandierende Großwirtschaftsraum der Welt besitzt in den japanischen onshore-Banken die größten Banken der Welt. Es hat sich der **Asien-Dollar-Markt** herausgebildet, den die vom Euro-Markt bekannten Anleiheformen beherrschen. Daneben werden gehandelt (vgl. LV 8 S. 197)
- **Einlagenzertifikate und ACP** (Asian commercial paper), Solawechsel erstklassiger Diskonthäuser mit Laufzeiten von drei bis sechs Monaten und
- **variabel verzinsliche Einlagenzertifikate (FRCD** = floating rate certificates of deposit) mit Laufzeiten von drei bis fünf Jahren mit periodischen Zinsanpassungen in im voraus festgelegten Zeiträumen nach dem Geldhandelszinssatz unter Banken LIBOR (London) und SIBOR (Singapur).

2.1.6.2 Offshore-Zentren

Voraussetzungen für die Bildung von Offshore-Zentren

Neben dem schon weltweiten Euromarkt haben sich sog. offshore-Zentren (offshore = weg von der Küste oder weg im Hinterland) entwickelt, welche unter **besonderen Rahmenbedingungen** entstehen (vgl. LV 8 S. 147):
- **politische Stabilität des jeweiligen Landes**, da durch die Einschaltung eines offshore-Platzes in ein bilaterales Geschäft zusätzlich das Länderrisiko trete;

- **steuerliche Attraktivität**, wobei die zu entrichtende Einkommen- bzw. Körperschaftsteuer, der Verzicht auf Quellensteuer wie auch günstige Doppelbesteuerungsabkommen von Relevanz seien;
- **liberales Aufsichtsrecht** in bezug auf liberale Devisenbeschränkungen, Eigenkapitalregelungen und Mindestreservevorschriften.

Lokalitäten der Offshore-Zentren

Zu den **amerikanischen offshore-Zentren** zählen
- die Bahamas mit Hauptstadt Nassau, auf denen
  - Einlagen in offshore-Währungen von jeglicher Mindestreserve befreit sind,
  - keine Steuern auf Gewinne oder sonstige Einkommen zu zahlen sind,
  - keine Quellensteuern auf Zinserträge und Dividendenzahlungen berechnet werden;
- die Cayman Islands, die als englische Kronkolonie das Recht besitzen, eigene Gesetze zu erlassen und die dieses Recht dazu benutzen "maßgeschneiderte Gesetze" für internationale Geschäfte zu erlassen;
- Panama, das eine geographisch zentrale Lage zwischen Nord- und Südamerika besitzt, dazu existiert keine Zentralnotenbank und es gibt keine Kapitalverkehrskontrollen;
- New York, das zwar nicht offshore liegt, aber aufgrund der 1981 eingeführten "International banking facilities"
  - von den inländischen Mindestreservevorschriften und
  - von den Staats- und Stadtsteuern, nicht jedoch von der Bundessteuer befreit ist.

Ostasien hat ebenfalls **offshore-Zentren** entwickelt:
- der <u>J</u>apan <u>O</u>ffshore <u>M</u>arket (JOM) in Tokio, an dem sich der TIBOR (<u>T</u>okyo <u>i</u>nterbank <u>o</u>ffered <u>r</u>ate) als Referenzzinssatz durchsetzte, wurde nach dem New Yorker offshore-Vorbild konzipiert und wurde am 1.12.1986 eröffnet, dabei wurde allerdings JOM weniger gut ausgestattet,
  - weil die Japanische Zentralbank die Kontrolle über diesen nahegelegenen Finanzplatz nicht aus den Händen geben wollte und
  - weil das Einschleusen von billigen Euro-Yen in den japanischen Binnenmarkt verhindert werden sollte,
  so daß entsprechend weniger Kundengeschäfte auf dem JOM als vielmehr vornehmlich Interbankengeschäfte abgewickelt werden;
- bei den in Hongkong und in Singapur abgewickelten offshore-Geschäften dominiert inzwischen der Yen, in Hongkong haben sich viele ausländische Banken angesiedelt, welche Transaktionen mit (Festland-)China abwickeln, das in seinen freien Wirtschaftszonen dynamische Märkte besitzt.

2.1.6.3 Euro-Finanzplätze, -Währung und -Instrumente

Euro-Finanzplätze

In der Anfangsphase des Euromarkts nahm London einen wichtigen Finanzplatz ein. Die dortigen Banken übernahmen eine wichtige Mittler- und Transformation ein; sie ließen die Kredite über eine Reihe von Kreditinstituten laufen, transformierten dabei die Fristigkeiten und nahmen eine Abschlußsicherung vor. Zur Abschlußsicherung schufen die Londoner Banken das "London Certificate of Deposit", das von Londoner Brokern am Markt gehandelt wird und kurzfristigen Anlage- und Ausleihzwecken dient. Als Geldreferenzzinssatz dient längere Zeit die LIBOR (<u>L</u>ondon <u>I</u>nterbank <u>O</u>ffered <u>R</u>ate), für deutsche Anleihen in Form der sog. Londonfurter, bis für die neuen Floater FIBOR in Frage kam. FIBOR (<u>F</u>rankfurt <u>I</u>nterbank <u>O</u>ffered <u>R</u>ate) wird von der Frankfurter Privatdiskont AG aus den Durchschnittsgeldmarktsätzen von zwölf deutschen Kreditinstituten ermittelt.

Ein Großteil von Londons weltweiter Finanz-Relevanz ist in den letzten Jahren von London nach Frankfurt/M abgewandert, das vom weltweiten Renommé der Bundesbank profitiert. Außerdem wurde eine Reihe von Gesetzen erlassen, um Deutschland, insbesondere Frankfurt/M als Bankplatz international wettbewerbsfähig und attraktiv zu machen - mit dem

Nebenerfolg, daß Frankfurt/M 1993 von der EU (Europäische Union) zum Sitz des zentraleuropäischen Währungsinstituts gemacht wurde - (Quelle: Bundesbankbericht von März 1992 S.29):
- 1984 (Dezember) Steuerbereinigungsgesetz: Abschaffung der Couponsteuer auf Zinseinkünfte von Ausländern aus ausländischen Rentenwerten;
- 1986 (Mai) Zweites Gesetz zur Bekämpfung der Wirtschaftskriminalität:
  - neuer Tatbestand des Kapitalanlagebetrugs nach § 264a StGB,
  - Neufassung der börsenrechtlichen Straftatbestände Kurs- und Prospektbetrug, Verleitung zur Börsenspekulation (§§ 88, 89 BörsG);
- 1986 (Dezember)
  Börsenzulassungsgesetz unter Umsetzung von EG-Richtlinien:
  - Einführung des geregelten Marktes,
  - Umsetzung der EG-Börsenzulassungsrichtlinie,
  - Umsetzung der EG-Börsenzulassungsprospektrichtlinie,
  - Umsetzung der EG-Zwischenberichtsrichtlinie;
  Gesetz zur Verbesserung der Rahmenbedingungen für institutionelle Anleger;
  Gesetz über Unternehmensbeteiligungsgesellschaften zur Verbesserung der Eigenkapitalausstattung nichtbörsennotierter Unternehmen;
- 1989 (Juli) Gesetz zur Änderung des Börsengesetzes
  - Neuordnung terminrechtlicher Regelungen,
  - zur Ermöglichung des elektronischen Börsenhandels,
  - zur Neuregelung der Börsenaufsicht über freie und Kursmakler,
  - Ermöglichung der Notierung von Wertpapieren in ausländischer Währung oder in einer Rechnungseinheit,
  - Ums. der EG-Richtlinie zur gegenseitigen Anerkennung der Börsenzulassungsprospekte;
- 1990 (Februar) Finanzmarktförderungsgesetz:
  - Abschaffung der Börsenumsatzsteuer, Gesellschaftsteuer und Wechselsteuer,
  - Zulassung zum Optionshandel mit Aktien und Rentenwerten und zum Abschluß von Finanzterminkontrakten, etc.;
- 1990 (Dezember) Wertpapier-Verkaufsprospektgesetz
  - zur Vereinfachung der Ausgabe von Schuldverschreibungen;
  - zur Veränderung versicherungsrechtlicher Vorschriften zur Erweiterung der Anlagemöglichkeiten für Versicherungen.

Luxemburg hat sich mit über hundert Banken, darunter Filialen aller namhaften deutschen Banken, in ein für Deutschland wichtiges Euromarkt-Zentrum entwickelt, weil es nicht nur geographisch nahe liegt, sondern vor allem wegen seiner besonderen währungspolitischen Rahmenbedingungen:
- freier Kapitalverkehr;
- keine Pflicht für Banken, Mindesteinlagen für Euroeinlagen zu unterhalten;
- relativ niedrige Steuern, die Körperschaftsteuer beträgt z.B. nur 36%;
- auf Zinserträge wird keine Quellesteuer erhoben;
- auf Goldkäufe wird keine Mehrwertsteuer erhoben.

Euro-Währung

Im Rahmen des europäischen Währungssystem wurde eine **vorläufige europäische Währung** geschaffen, der sog ECU (European Currency Unit), der auf auf einem Währungskorb beruht, in dem alle Währungen der EG-Staaten vertreten sind. Der ECU hat folgende Bedeutung für die Mitgliedstaaten der EG (vgl. LV 48 3. Aufl. S. 251):
- Bezugsgröße für die Wechselkurse;
- Indikator für Wechselkursabeichungen;
- Rechengröße für Forderungen und Verbindlichkeiten in der EWS (europäische Währungsschlange);
- Zahlungsmittel und Reserveinstrument der EG-Zentralbanken.

In ECU wurde schon eine Reihe von Anleihen plaziert.

Lösen Sie Aufgabe Nr. 21-13 in der Anlage A!

Eurokapitalmarkt-Instrumente

Die Emissionsumsätze auf dem Eurokapitalmarkt nehmen einen bedeutsamen Umfang ein, wie sich statistisch nachweisen läßt (vgl. Tab. 21-3), und zwar vorwiegend in Dollars; erst im weiten Abstand folgen Yen und DM. Als wichtigste **Instrumente des Euromarkts** gelten (vgl. LV 8 S. 158):

- **Eurokredite** in Form von Festsatzkrediten oder roll-over-Krediten aller Fristigkeiten von Eurobanken an Regierungen und Unternehmen;

- **Eurobonds** in Form von Straight Bonds, Floating rate notes (FRNs), Convertible Bonds, Zero Bonds als mittel- bzw. langfristige Finanzierung von institutionellen Anlegern (z.B. Versicherungen), Banken und Privatpersonen an Sonderinstitute, Regierungen und Unternehmen;

- **Certificates of deposit** (CDs) in Form von fix rate CDs oder floating rate CDs als kurz- und mittelfristige Finanzierung von institutionellen Anlegern und Privaten nur an Eurobanken;

- **Euro-commercial-papers** als kurzfristige Finanzierung von Banken und institutionellen Anlegern an Unternehmen;

- **Depositen** in Form von Fest- oder Kündigungsgeldern zur kurzfristigen Finanzierung von Privaten und Zentralbanken nur an Eurobanken.

Tab. 21-3: Emissionen am Eurokapitalmarkt (Netto-Neuemissionen in Mrd. US-Dollars) (Quelle: Jahresberichte der Bank für internationalen Zahlungsausgleich (BIZ), zitiert nach LV 8 S. 174)

Emissionsart	1987	1988	1989	1990	1991	1992
festverz. Emissionen	68,0	99,0	89,7	80,5	142,7	113,5
Floating rate notes	1,0	5,1	11,0	28,3	3,2	23,7
eigenkapitalbezogene Emissionen	38,0	34,1	74,8	23,1	25,2	-19,8

Euro-Anleihen sind dadurch gekennzeichnet, daß Währung, Schuldner- und Begebungsland auseinanderfallen. Für Euro-Anleihen ist eine Quellensteuer nicht zu zahlen, wenn das Land, in dem der Schuldner seinen Sitz hat, diese nicht erhebt.

Die Autoren H. Fastrich (Berater der McKinsey & Company, Inc., Deutschland) - St. Hepp (bei Morgan Stanley in London tätig) verweisen zusätzlich auf die "klassische" Euronote (vgl. LV 17 S. 338ff.)

- **Note Issuance Facility (NIF)**, welche von einem sog. Tender Panel erworben und anschliessend am Markt plaziert werden, wobei durch ein underwriting commitment dieses panel verpflichtet ist, notfalls nichtplazierte Stücke selbst zu übernehmen

und auf neuere Euronote-Formen, wobei der Emittent meist auf die Einschaltung von Eurobanken verzichtet und sich stattdessen direkt an die Investoren wendet, wie

- **Revolving Underwriting Facility (RUF)**, wobei anders als bei der NIF Zeichnung und Emission von einander getrennt werden und wobei der Konsortialführer die eigentliche Plazierung vornimmt - dabei bleiben die anderen underwriter in Unsicherheit, ob und in welchem Umfang ihnen RUFs zugeteilt werden;

- **Transferable Revolving Underwriting Facility (TRUF)**, welche als Besonderheit des RUF dem underwriter erlaubt, die Kreditlinie auf andere Banken zu überwälzen, um so die Reservepflicht zu mindern;
- **Short Term Note Issuance Facility (SNIF)**, welche als kurzfristige RUF über ein Tender Panel plaziert wird;
- **Multiple Component Facility (MCF)**, bei der die Notes in verschiedenen Währungen zu jeweils festgelegten Konditionen emittiert werden.

Die Weiterentwicklung der Euronotes als Finanzinnovationen zeigt,
- daß einerseits das Finanzierungspotentials durch ständige Lockerung der institutionellen Beschränkungen erweitert wird,
- daß aber andererseits dadurch - komplementär - das Finanzierungsrisiko ständig steigt.

Lösen Sie Aufgabe Nr. 21-14 in der Anlage A!

2.1.6.4 Bilanzunwirksame Geschäfte: Termingeschäfte; Finanz-Swaps; Futures; Options

Umfang, Ziele und Beurteilung der bilanzunwirksamen Geschäfte

Unter den **bilanzunwirksamen Geschäften** (vgl. Bundesbankbericht Oktober 1993) d.h. Geschäfte, die nicht als Verbindlichkeiten ausgewiesen werden, aber dennoch zu Zahlungen führen können, sind zu verstehen
- **Termingeschäfte im weitesten Sinne** wie auch
- **"derivative" Geschäfte** d.h. von einem anderen Finanz"produkt" (Basisgeschäft) abgeleitete Geschäfte wie Finanz-Swaps, Futures und Optionen, welche unter der Bezeichnung "Finanzinnovationen" popularisiert werden, eine Art "Luftgeschäfte" zur Absicherung bestehender Positionen, wobei der Wert/Preis des derivativen Instruments beeinflußt wird vom Wert/Preis des Basisgeschäfts.

Die derivativen Geschäfte können zum **Ziel** haben
- eine **Arbitrage** d.h. einen Ausgleich von Risiken,
- eine **Spekulation** und
- die **Kombination: Arbitrage + Spekulation**.

H. Fastrich - St. Hepp führen die **Finanzinnovationen**, welche der internationale Finanzwelt im Wege des Financial Engineerings eine ständige steigende Zahl von Finanz"produkten" beschert, auf folgende **Ursachen** zurück (vgl. LV 17 S. 34f.):
- Entstehung großer Transaktionsvolumina und starker Wechselkursschwankungen aufgrund des ständig uns stark wachsenden Welthandels;
- Deregulationen durch Reduktion von tarifären und nicht-tarifären Zutrittsbarrieren zu den Inlandsmärkten;
- zunehmende Angleichung der bankenaufsichtsrechtlichen Verordnungen;
- Erleichterung des (Finanz-)Marktzutritts durch Steuersenkungen;
- Integration der Finanzmärkte;
- Tendenz zu Kapitalmarktfinanzierungen.

Dies habe zu folgenden **Technologien für das Währungsmanagement** geführt:
- Währungsfutures und Währungsoptionen;
- abgeleitete Produkte aus Währungsoptionen;
- Swaps;
- internationales Cash-Management;
- Fremdwährungsfinanzierungen.

Die Bundesbank beurteilt diese Finanzinnovationen wie folgt (vgl. Bundesbankbericht Oktober 1993 S. 49ff.):
- die Instrumente ermöglichten ein flexibleres Asset- und Liability-Management;
- dadurch habe eine Stabilisierung der Finanzinstitute/Finanzmärkte stattgefunden;

- das weltweit zu beobachtende Wachstum der Derivate ließe sich nicht mehr hauptsächlich mit einem Nachholbedarf bei der Absicherung von Devisen-, Zins- und anderen Risiken begründen;
- die Instrumente würden deshalb im großen Umfang zur Spekulation eingesetzt, welche durch die Volatilität der Finanzmärkte begünstigt würde;
- da die Termingeschäfte mit einem geringen Kapitaleinsatz geschlossen würden, ginge von ihnen eine Hebelwirkung (Leverage-Effekt) aus;
- wenn mit den Geschäften offene Positionen geschlossen werden, entstünde für die Kontraktpartner (Vertragspartner) verschiedene Marktrisiken wie Fremdwährungs, Zins-, Aktienkurs-, Index- und Commodity-Preisrisiken (Commodity englisch = Waren);
- sogar bei zunächst geschlossenen Positionen, sog. Hedge-Positionen, könnten bei Ausfall eines Partners Verluste eintreten, wenn die dann wieder offene Position nur zu schlechteren Konditionen geschlosen werden kann;
- vorhandene Risiken könnten durch derivative Geschäfte auf andere Marktteilnehmer übertragen und damit für eine einzelne Bank eliminiert, ohne insgesamt ausgelöscht zu werden;
- schon von der Aufteilung der Risiken auf verschiedene Marktteilnehmer könne ein stabilisierender Effekt auf das Finanzsystem ausgehen;
- die sog. Over-The-Counter-Geschäfte könnten mit Hilfe standardisierter Verträge, den sog. Master Agreements, abgewickelt und dadurch könne ein Beitrag zur Risikoreduzierung verschiedener derivativer Geschäfte beigetragen werden;
- durch Vereinbarung von sog. Nettingklauseln (Aufrechnungsklauseln) könnten die zwischen zwei Partnern im Zeitablauf aufbauende Bruttovolumina und die darin enthaltenen Adressenrisiken auf einen Saldo reduziert werden für den Fall, daß es zu Zahlungsstörungen kommt;
- eine verantwortungsvolle Geschäftsabwicklung sei nur hier möglich, wenn diese Geschäfte eine auf ihre Eigenart abgestellte besondere Risikomessung und -erfassung erhielten.

Die derivativen Geschäfte im Vergleich zu deren Geschäftsvolumen (Deutschland bis Ende Juni 1993) einschließlich Avale besitzen eine überaus große Streubreite von 0,5% bei den Kreditgenossenschaften über 1,7% bei den Sparkassenerreichen zu 182,8% bei den Großbanken (vgl. Tab. 21-4).

Tab. 21-4: Derivative Geschäfte Deutscher Banken in Vergleich zu deren Geschäftsvolumen (entn. Deutsche Bundesbank Monatsbericht Oktober 1993, S. 53)

in Mio. DM, Stand: Ende Juni 1993

Bankengruppe	1 Derivat. Geschäfte	2 Geschäftsvolumen	1 in % von 2
Großbanken	1.552.429	849.083	182,8%
Regionalbanken	1.042.855	949.758	109,8%
Ausl. Banken	67.970	88.119	77,1%
Privatbankiers	84.810	70.395	120,5%
Girozentralen	555.252	1.218.684	45,6%
Sparkassen	21.752	1.283.994	1,7%
Gen. Zentralb.	60.540	214.019	28,3%
Kreditgenoss.	3.424	728.702	0,5%
übrige Banken	190.536	1.364.504	14,0%

Die Geschäfte selbst teilen sich 1993 bis Mitte des Jahres mit deren Volumen nach Geschäftsarten in Mrd. DM wie folgt auf:
- Devisentermingeschäfte 2.512
- Derivative Geschäfte
  - Futures, FRAs, Swaps u.ä. 995
  - Optionsgeschäfte 1.215
  - Finanz-Swaps 1.370
  total derivative Geschäfte 3.580

Finanz-Swaps

Bei Finanz-Swaps, die ursprünglich mit Kapitalmarkttransaktionen eng verbunden waren, schließen zwei Parteien eine (neue) Vereinbarung über den Austausch von Finanzströmen. Banken übernehmen zur Ausnutzung komparativer Vorteile einzelner Teilmärkte aufgrund unterschiedlicher Marktzutrittschancen bzw. unterschiedlicher Marktbeschränkungen bei Swap-Geschäften entweder
- reine Maklerfunktionen ohne Risiko durch Zusammenführung von zwei Partnern oder
- Intermediary-Funktionen durch Abschluß separater Verträge mit zwei Swap-Partner unter Übernahme des Kredit- und Positionsrisikos.

Am häufigsten kommen Finanz-Swaps vor
- in Form von Zinsswaps, bei denen variable gegen feste Zinszahlungen getauscht werden:
- in Form von Währungsswaps, bei denen Währungen einschließlich der damit verbundenen Zinszahlungen getauscht werden: H. Fastrich - St. Hepp betrachten den Währungs-Swap "als ein Portfolio von Termingeschäften mit verschiedenen Laufzeiten..." (LV 17 S. 35).

Die Währungs-Swaps entstanden aus den Parallelkrediten von zwei multinationalen Unternehmen, auch back-to-back-Kredite genannt (vgl. Abb. 21-1). Diese werden in folgenden Schritten abgewickelt (vgl LV 8 S. 235f.):
1. Schritt: zwei Mutterunternehmen unterschiedlicher Nationalität z.B. von Frankreich und Deutschland gewähren ihren jeweiligen Töchtern in Deutschland und Frankreich Kredite;
2. Schritt: beide Dachgesellschaften vereinbaren, einen wert- und laufzeitmäßig gleichartigen Kredit in der jeweiligen Landeswährung jeweils der Tochtergesellschaft des Vertragspartners überkreuz zur Verfügung zu stellen;
3. Schritt: bei Fälligkeit zahlen die Töchter jeweils in der Landeswährung wieder zurück.

Abb. 21-1: Funktionsabläufe von Parallelkrediten (verändert entn. LV 8 S. 235)

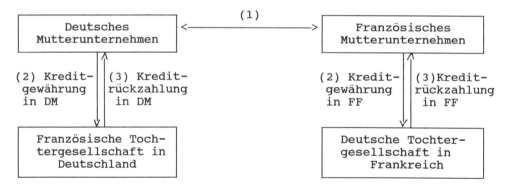

Bei den Währungs-Swaps geht es gewöhnlich um eine Doppelsicherung:
- um Währungsrisikosicherung der Ausleihbeträge und
- um Absicherung von Zinsänderungsrisiken.

Diese Doppelsicherung kann durch sog. Cross currency interest swaps erfolgen, welche über folgende Schritte ablaufen (vgl. LV 8 S. 237, vgl. Abb. 21-2):
1. Schritt: zwei Unternehmen parallelisieren ihre Finanzoperationen, z.B. ein deutsches Unternehmen begibt eine DM-Euroanleihe als Floating Rate mit Verzinsung nach Maßgabe des LIBOR plus Marge und ein US-amerikanisches Unternehmen emittiert eine US-amerikanische Dollar-Euroanleihe in festverzinslicher Form;
2. Schritt: beide Unternehmen tauschen die in ihrer Heimat aufgenommenen Kapitalbeträge, obwohl sie Fremdwährung benötigen;
3. Schritt: das US-amerikanische Unternehmen zahlt regelmäßig über die Einschaltung von

Banken bzw. des Swap-Partners die variablen Zinsen in DM für die Zeichner der DM-Anleihe und das deutsche Unternehmen die vereinbarte Verzinsung für die Dollar-Anleihe an deren Inhaber;
4. Schritt: am Laufzeitende der Swap-Transaktion tauschen die Unternehmen die Verbindlichkeiten zum vorher vereinbarten Wechselkurs zurück;
5. Schritt: jedes Unternehmen tilgt am Ende der Laufzeit die von ihm begebene Anleihe.

Abb. 21-2: Funktionsabläufe beim Währungs-Swap, hier als Cross currency interest rate swap (entn. LV 8 S. 237)

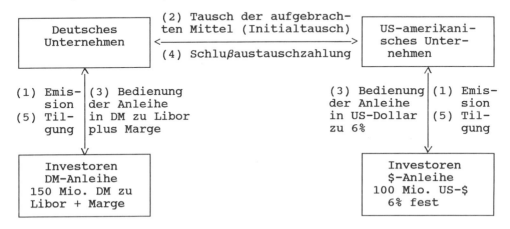

Parallel mit der Expansion der Export- und Akquisitionsaktivitäten (Auslands-Akquisition hier im Sinne von Kauf ganzer Unternehmen in fremden Ländern) vieler Unternehmen in den Achziger Jahren nahmen auch deren Finanzaktivitäten zu, bei der Finanzierung über die Landesgrenzen hinaus vorzustoßen mit der Absicht eventuelle Währungsrisiken dadurch auszuschließen. Verlockend war auch, in den Swap-Verträgen von den günstigeren Finanzierungskonditionen in anderen Ländern zu profitieren. Hinzukamen institutionelle Anleger wie Pensionskassen und Lebensversicherungen, welche Swaps, insbesondere Zins-Swaps, benutzten, um Währungsrisiken von Obligationenportfolios abzusichern.

Die **wichtigsten Bestandteile** bei der Ausgestaltung **derartiger auszuhandelnder Swap-Verträge**, die bei den einzelnen Ländern unterschiedlich ausfallen können, sind folgende (vgl. LV 17 S. 242):

■ **Preisbestimmung und Gebühren.**
Die Provisionen stehen in Relation zu den Zinsdifferenzen zwischen den Währungen. Bei der Gebührenfestsetzung spielen politische Risiken, Kapitalmarktliquidität, Kapitalnachfrage wie Kurserwartungen eine Rolle. Entweder wird die Gebühr, die gewöhnlich von dem Geschäftsteilnehmer gezahlt wird, der während der Laufzeit des Swaps die Währung mit der höheren Rendite hält, jährlich zur Anrechnung gebracht oder sie wird in dem Wechselkurs am Ende der Laufzeit des Swaps berücksichtigt.

■ **Zukünftige Verpflichtung.**
Die beiden Parteien verpflichten sich, festgestzte Währungsbeträge an einem bestimmten künftigen Zeitpunkt auszutauschen. Erfüllt ein Geschäftsteilnehmer nicht die Verpflichtung, ist der andere ebenfalls seiner Verpflichtung enthoben, wobei allerdings der Geschädigte den erlittenen Schaden beim anderen einklagen kann.

■ **Beschleunigung.**
Eine Beschleunigungsklausel in Swap-Verträgen regelt gewöhnlich ihre vorzeitige Beendi-

gung für den Fall der Nichteinhaltung:
- sei es, daß ein Geschäftsteilnehmer nicht in der Lage ist, die Rückzahlung zu leisten,
- sei es, daß er den jährlichen Zahlungen nicht nachkommt.

Zum Finanzmanagement sind vor Verwendung von Währungs-Swaps Vor- und Nachteile dieser Finanzinnovation abzuwägen (vgl. ebenda S. 262f.):

Als **Vorteile von Währungs-Swaps** werden vor allem angesehen,
- Zins- und Wechselkursrisiken von langfristig wiederkehrenden Zahlungsströmen zu steuern, so daß es sich besonders zum Währungsrisikomanagement von Fremdwährungsverbindlichkeiten eigne,
- die Währungszusammensetzung von Obligationenportfolios sehr kosteneffizient an Zins- und Wechselkurserwartungen anzupassen, ohne diese Anpassungen alternativ durch Kauf und Verkauf der zugrundeliegenden Obligationen vorzunehmen,
- die Fremdfinanzierung von Unternehmensaktivitäten durch Finanzierungsvorteile in verschiedenen Finanzmärkten ohne Beeinträchtigung durch Wechselkursschwankungen ausnutzen zu können,
- Swaps als Alternative zu sog. rolling forward hedges sowohl zum Cash-Management im Unternehmen wie auch im Portfoliomanagement einsetzen zu können,
- die Opportunitätskosten von Währungs-Swaps in Perioden vorteilhafter Wechselkursentwicklungen reduzieren zu können.

Den **Währungs-Swaps** werden folgende **Nachteile** angelastet:
- Es herrsche mangelnde Markttransparenz und schwankende Sekundärmarktliquidität vor allem bei komplizierten Swaps.
- Swaps erzeugten Kreditrisiken, die nicht exakt bestimmt werden könnten.
- Die Rechtssicherheit von Swap-Vereinbarungen läge noch immer unter denen anderer Finanzkontrakte.
- Die Kosten insbesondere für Swap-Positionen mit langer Laufzeit sei relativ hoch; die Auflösung einer Swap-position belaufe sich auf ca. 10 Basispunkte für jedes Jahr Laufzeit.

Financial Futures

Financial Futures, meistens kurz und bündig Futures genannt, entstanden in den USA als das Bretton-Wood-System nmit seinen festen Wechselkursen zusammenbrach und stärkere Wechselkursschwankungen aufkammen und diese abgefangen werden mußten. Dazu gründee die <u>C</u>hicago <u>M</u>ercantiel <u>E</u>xchange (CME) 1972 den <u>I</u>nternational <u>M</u>onetary <u>M</u>arket (IMM) den Handel von Futures, den sie auch heute noch durchführt. Daneben werden Financial Futures gehandelt an der <u>N</u>ew <u>Y</u>ork <u>F</u>utures <u>E</u>xchange (NYFE) und an der <u>L</u>ondon <u>I</u>nternational <u>F</u>inancial <u>F</u>utures <u>E</u>xchange (LIFFE). Devisen-Futures sind standardisiert in Kontraktgrößen wie 125.000,-DM oder 250.000 französische Francs.

Futures ist ein Sammelbegriff für börsenmäßig gehandelte Finanztermikontrakte, die sich vor allem auf verzinsliche Wertpapiere bzw. Zinssätze (Zins-Futures), Indices (Aktienindex-Futures, Zinsindex-Futures) oder Fremdwährungen (Currency Futures) beziehen. Die vertragliche Regelung sieht dann gewöhnlich vor, daß eine bestimmte (standardisierte) Menge des Kontraktgegenstandes zu einem bestimmten Zeitpunkt (Liefertag) zu einem bei Vertragsabschluß festgelegten Preis kaufen (Long Position) oder zu verkaufen (Short Position) ist. Beide Vertragsparteien gehen dabei eine bindende Liefer- bzw. Abnahmeverpflichtung ein. Da Finanzterminkontrakte gewöhnlich nicht physisch erfüllt werden - sie ist z.B. bei Index-Futures gar nicht möglich - kommt es in aller Regel nur Zahlung der Differenz zwischen Marktpreis des Basisinstruments und dem vereinbarten Preis.

Futures stehen in Konkurrenz zu den klassischen Devisentermingeschäften, mit denen sie sich inhaltlich weitgehend überschneiden, von denen sie aber auch in gewissen Punkten unterscheiden (vgl. Tab. 21-5). Während die Devisentermingeschäften ganz überwiegend realisiert werden, erfolgt bei Futures gewöhnlich eine Glattstellung durch ein Gegengeschäft vor der Fälligkeit.

Tab. 21-5: Vergleich von Devisentermin- und Futures-Märkten
(verkürzt und leicht geändert entn. LV 17 S. 229)

Merkmal	Devisentermingeschäfte	Futures
Kontraktgröße	individuell zugeschn.	standardisiert
Abrechnungstag	individuell zugeschn.	standardisiert
Marktteilnehmer	Banken, Broker, multinationale Unernehmen; kein Spekulationsmarkt	Banken, Broker, multinationale Unternehmen; auch Spekulationsmarkt
Sicherheiten	nur kompensierende Bankguthaben oder Kreditlinie	kleine Sicherheitseinlage als Margin erforderlich
Clearing Corporation	keine zentralen Clearing-Stellen	Clearing House an der Börse, tägliche Anpassung an den Marktpreis
Handelsort	weltweit per Telefon	zentrale Börse mit weltweiten Verbind.
Ausübung	meistens am Verfalltag, vorher gegen Gebühr möglich	meistens Glattstellung selten am Verfalltag
Aufsicht	Selbstüberwachung	Commoditiy Futures Trading Commission
Transaktionskosten	Entstehen aufgrund des Spreads zwischen Bid- und Ask-Preis der Bank	ausgehandelte Broker-Gebühr für Kauf und Verkauf

Futures weisen positive und negative Effekte im Vergleich mit den klassischen Termingeschäften auf (vgl. LV 8 S. 241f., vgl. auch LV 17 S. 228ff.).

Der **Vorteil der Futures** liege darin,
- daß sie flexibel Positionen absichern können, die hinsichtlich ihrer Höhe und ihrer Bestandsdauer Veränderungen im Zeitablauf unterworfen sind, weil sie kontinuierliche Anpassungen der Kontraktzahl sowie die jederzeitige Glattstellung erlaubten;
- daß sie sich unter Rentabilitätsgesichtspunkten zur Erzielung von Spekulationsgewinnen insbesondere auf volatilen Märkten eigneten.

Als **nachteilig** sei bei den Futures anzusehen,
- daß ihre Standardisierung die kompensatorische Anpassung an die abzusichernde offene Währungsposition erschweren kann,
- daß die Futures-Märkte einer höheren Volatilität unterliegen, wobei unter Volatilität nach H. Fastrich - St. Hepp das Risiko für Finanzanlagen zu verstehen ist gemessen an der Standardabweichung d.h. dem Bereich, in dem mit ca. 60% Wahrscheinlichkeitdie Beobachtungen einer normalverteilten Beobachtungsserie liegen (vgl. 17 S. 497ff.),
- daß die Einschußverpflichtung Mittel binden kann und dadurch Opportunitätskosten verursacht, ein Vorgang, der insbesondere für bonitätsmäßig einwandfreie Unternehmen von Nachteil sei.

Options

Option bedeutet das Recht, aber nicht die Verpflichtung, eine bestimmte Menge eines Basiswerts (Underlying) entweder zu einem bestimmten Zeitpunkt (bei der sog. europäischen Option) oder während eines bestimmten Zeitraums (bei der sog. amerikanischen Option) zu einem vorher vereinbarten Preis - Ausübungspreis, Basispreis oder Strike-Preis genannt - zu kaufen (Call-Option) oder zu verkaufen (Put-Call). Als Basiswerte kommen in Betracht: Aktien (Aktienoptionen), Aktienindices (Indexoptionen), festverzinsliche Wertpapiere

(Zinsoptionen), Fremdwährungen (Devisenoptionen), Futures (Future-Optionen), Finanz-Swaps (Swaptions) und Optionen selbst (Optionen auf Optionen). Die Preis- und Optionsermittlung erfolgt durch komplexe mathematische Formeln, den sog. Optionspreismodellen.

Optionen werden gehandelt
- in standardisierter Form an den Börsen oder
- in maßgeschneiderter Form (OTC = over the counter) außerbörslich.

Optionsscheine (Warants) sind fungible Wertpapiere, welche eine Option verbriefen,
- in Form von Anleihen (Optionsanleihen), bei denen das Recht in einem bestimmten Kupon verbrieft (rechtlich gesichert) ist, oder
- in Form von "nackten Optionsscheinen (naked warrants)", für die beim deutschen Kassenverein eine Globalurkunde hinterlegt wird, in der die Gesamtsumme der Warrant-Emission verbrieft ist.

Nach der Options Clearing Corporation (1987) unterliegen Währungsoptionen folgenden Bestimmungsfaktoren (zitiert nach LV 17 S. 268):
1. Devisenkurs, zu dem die Option ausgeübt werden kann (Ausübungspreis, strike rate);
2. Prämie (Premium, Optionspreis):
3. Laufzeit, Verfalltag (exercise date);
4. Ausübungsrecht (exercise): europäische Option: nur am Verfalltag, amerikanische Option: während der gesamten Laufzeit;
5. zugrundeliegende Währung (underlying currency, Basiswährung);
6. zugrundeliegender Währungsbetrag (Kontraktgröße);
7. zugrundeliegendes Finanzaktivum (Devisen oder Devisen-futures).

Eine Währungsoption läuft mit unterschiedlichen Konsequenzen ab (vgl. LV 17 S. 270):
1. Beim Kauf der Option wird der Basis-/Ausübungspreis (strike price) festgelegt, zu dem der Optionsinhaber am Verfalltag (Ende der Laufzeit) Devisen kaufen oder verkaufen kann.
2. Ist der Kassakurs bei Ausübung der Option in etwa identisch mit dem Ausübungspreis, gilt die Option als "at-the-money".
3. Liegt der Kassakurs unter(über) dem Ausübungspreis, ist eine Calloption(Putoption) "out-of-the-money" und ist deshalb nicht auszuüben.
4. Liegt der Kassakurs über(unter) dem Ausübungspreis, ist sie als "in-the-money" mit Gewinn auszuüben.

Auf diese Weise kann der Investor mit einem auf die Prämie begrenzten Risiko nach oben und nach unten auf Gewinne durch künftige Wechselkursentwicklungen spekulieren.

Währungsoptionen, die in den Achziger einen großen Umfang angenommen haben, dienen als Hedginginstrumente (Absicherungsinstrumente). Nach H. Fastrich - St. Hepp liegt die Besonderheit im folgenden: "Im Gegensatz zu den Termingeschäften und Währungsfutures erlauben Währungsoptionen eine einseitige Absicherung des Kursverlustrisikos, ohne dabei das Gewinnpotential zu schmälern. Diese Versicherungsfunktion der Option erfordert jedoch eine Prämienleistung, welche den Verkäufer der Option für den Risikotransfer entschädigt" (LV 17 S. 265). Optionsgeschäfte unterschieden sich von den Termingeschäfen wie For-wards und Futures dadurch, "daß sie keine absolute Preisfixierung anstreben. Der Käufer einer Option transferiert lediglich das Risiko unerwünschter Preisveränderungen. Optionen gleichen deshalb ihrer Natur nach eher Versicherungsgeschäften. Währungsoptionskontrakte ermöglichen einen Risikotransfer zwischen Marktteilnehmern, eine Tatsache, die besonders bei unvollständigen Kapitalmärkten von grosser Bedeutung ist" (ebenda S. 267). Durch die Standardisierung der Optionskontrakte komme es zu einer ökonomisch effizienten Marktpreisbildung mit großer Markttransparenz, da nur eine begrenzte Zahl von Kontrakten zu beobachten sei. Der Wettbewerb der "Market Makers" erhöhe die Sekundärmarktliquidität und sorge zudem für einen geringen Bid-Ask-Spread (vgl. ebenda S. 269).

Dabei sei die Entwicklung nicht auf einer Stufe stehen geblieben, vielmehr ließen sich **drei Generationen der Entwicklung von Hedginginstumenten** unterscheiden:
1. Generation: klassische Devisentermingeschäfte;
2. Generation: standardisierte Devisenoptionen und Währungs-futures;

3. Generation: OTC-Devisenoptionen in hybriden Formen d.h. in Produktkombinationen und -ableitungen. Diese hybriden Optionsformen haben zu einer Vielzahl schwer durchschaubarer Optionsformen geführt, welche sich auf folgende Grundformen reduzieren lassen:
- **deferred premium options** (Optionsprodukt mit aufgeschobener Prämienzahlung,
- **zero premium options** (Optionsprodukte ohne Prämienzahlung,
- **tender to contract insurance** (Optionsprodukte zum Hedging bei der Beteiligung an internationalen Ausschreibungen.

In der Schweiz wurden ab 1982 von Großbanken Währungskontrakte OTC im Interbankenverkehr gehandelt. Ab 1982/83 führte die Philadelphia Stock Exchange (PHLX) als erste Börse der Welt den Handel mit standardisierten Währungsoptionskontrakten für verschiedene Basiswährungen ein und andere Börsen folgten mit eigenen Währungskontrakten.

Deutsche Terminbörse (DTB)

Die **Deutsche Terminbörse** wurde als Computerbörse für Finanzterminkontrakte mit integrierter Clearingorganisation konzipiert. Die gesetzlichen Grundlagen hierfür wurden 1989 geschaffen (vgl. oben). Schon vorher, 1988, war die Deutsche Terminbörse GmbH als Trägergesellschaft der Börse und als Clearinggesellschaft mit einem Stammkapital von 10 Mio. DM gegründet worden (vgl. LV 43 S. 72ff.). Als Gesellschafter fungieren: Deutsche Bank; Dresdner Bank; Commerzbank; DG-Bank; DGZ-Bank; Bayerische Hypothekenbank; Bayerische Vereinsbank; Berliner Bank; BHF-Bank; Trinkaus und Burckhardt; Vereins- und Westbank; Hauck & Sohn; Metzler Seel.; Oppenheim; Delbrück; Merck/Fink; Warburg Brinckmann Wirtz.

Mitglieder der Börse sind
- Kreditinstitute, welche sowohl zum Handel für eigene und für Kundenpositionen wie auch als Market Maker tätig werden,
- Makler, welche sowohl zum Handel für eigene Rechnung wie auch als Market Maker tätig werden.

Es werden zwei Arten von Clearingmitgliedern unterschieden:
- General Clearing-Mitglieder, welche Geschäfte für die eigene Rechnung, für ihre Kunden und für Nicht-Clearing-Mitglieder ausführen;
- Direct Clearing-Mitglieder, welche keine Geschäfte für Nicht-Clearing-Mitglieder abwickeln kann, sondern nur für eigene Rechnung und für Kunden.

Bei der DTB werden Aufträge und Angebote
- automatisch zusammengeführt,
- automatisch sortiert,
- automatisch gegenüber gestellt,
- automatisch ausgeführt und
- automatisch die Abschlüsse an die Clearingstelle weitergeleitet.

Das Handelssystem
- bringt Anzeigen der besten verfügbaren Angebote am gesamten Markt,
- führt automatisch die Aufträge
  - auf Basis des günstigsten Preises bzw.
  - auf Basis der höchsten Zeitpriorität.

Das System der DTB nimmt folgende Aufträge an:
- Bestens/Billigst-Aufträge;
- limitierte Aufträge;
- kombinierte Aufträge in folgenden Formen (vgl. auch 6.3.4):
  - Bull-Spreads wie Bear-Spreads = Calls und Puts,
  - Bullish Time-Spreads = nur Calls,
  - Bearish Time-Spreads = nur Puts,
  - Straddles und Strangles.

Die DTB weist folgende Besonderheiten auf:
- sie sorgt gemäß dem Market Maker-System für einen liquiden Markt;
- sie ist verpflichtet, verbindliche Geld- und Brief-Kurse zu stellen und so jederzeit verbindliche Geschäftsabschlüsse zu ermöglichen;
- sie benutzt ihr eigenens Clearingsystem als Abwicklungs- und Verrechnungsstelle im Verhältnis zu den Börsenmitgliedern und schützt so Käufer und Verkäufer vor Finanziellen Verlusten, die aus der Nichterfüllung von Kontrakten entstehen, eine derartige Clearingstelle ist internationaler Standard, wobei die Clearingstelle als Kontraktpartner für jedes Geschäft auftritt und die Voraussetzung für einen liquiden Zweitmarkt schafft;
- sie bewertet gemäß dem Market to Market-Prinzip täglich alle Positionen, wobei die Clearingstelle die Höhe der Deckungserfordernisse danach festsetzt, für die Beträge in bar vor Beginn des Handels am nächsten Tag zur Verfügung zu stellen sind;
- sie besitzt bestimmte Handelszeiten: vorbörsliche Orientierungsphase; Eröffnungsphase; Handel: nachbörsliche Orientierungsphase;
- sie funktioniert als standortunabhängiges System, bei dem die Börsenmitglieder per EDV-Terminals ihre Kauf- und Verkauforders eingeben (vgl. LV 32 S. 494f.).

An der DTB werden gegenwärtig (1993) folgende Kontrakte von Futures und Optionen gehandelt (vgl. Statistische Beihefte zu den Monatsberichten der Deutschen Bundesbank, Reihe 2, Wertpapierstatistik 12/1993 S. 56):
- **DAX-Futures**: Der Wert eines Kontrakts beträgt 100,-DM, multipliziert mit der Zahl der Indexpunkte des DAX (Deutscher Aktien-Index). Die Erfüllung der DAX-Future-Kontrakte ist nur durch Barausgleich möglich. Liegt der aus den Eröffnungskursen der DAX-Werte am Schlußrechnungskurstag ermittelte Abrechnungspreis über (bzw. unter) dem Preis bei Geschäftsabschluß, so ist der Verkäufer (bzw. Käufer) verpflichtet, dem Käufer (bzw. Verkäufer) die Differenz auszuzahlen.
- **Bund-Futures**: Ein DTB-Bund-Future-Kontrakt ist eine Vereinbarung, zum Liefertag einen Nominalwert von 250.000,-DM einer idealtypischen deutschen Bundesanleihe mit einer Nominalverzinsung von 6% zu dem bei Geschäftsabschluß vereinbarten Preis zu liefern (Verkäufer) bzw. abzunehmen (Käufer). Für die Lieferung des langfristigen Bund-Future kommen alle Anleihen des Bundes sowie des Fonds "Deutsche Einheit" mit einer Restlaufzeit von 8,5 bis 10 Jahren in Frage, für den mittelfristigen Bund-Future alle Bundesobligationen und Bundesschatzanweisungen mit einer Restlaufzeit von 3,5 bis 5 Jahren und einem Mindestemissionsvolumen von 4 Mrd. DM. Die von der idealtypischen 6%-Anleihe abweichenden Kupons der lieferbaren Anleihen werden jeweils über einen Umrechnungsfaktor bei der Ermittlung des Schlußabrechnungspreises ermittelt.
- **Aktienoptionen**. Es werden 15 deutsche Standardaktien geboten, wobei sich ein Aktienoptionskontrakt sich im Regelfall auf 50 Aktien einer bestimmten Gesellschaft bezieht.
- **DAX-Optionen**: Der Wert eines Kontrakts ergibt sich aus dem mit 10,-DM je Indexpunkt bewerteten aktuellen Stand des DAX. Der Käufer einer DAX-Kaufoption (bzw. Verkaufsoption) erwirbt das Recht, sich die Differenz, um die der Indexstand bei Ausübung den vereinbarten Basispreis übersteigt (unterschreitet), multipliziert mit 10,-DM, auszahlen zu lassen.
- **Optionen auf den DAX-Future**: Die Optionen beziehen sich jeweils auf einen der zur gleichen Zeit an der DTB handelbaren DAX-Future-Kontrakte.
- **Optionen auf den langfristigen Bund-Future**: Die Optionskontrakte beziehen sich jeweils auf einen zur gleichen Zeit an der DTB handelbaren Bund-Futures-Kontrakte.

Lösen Sie Aufgabe Nr. 21-15 in der Anlage A!

2.1.6.5 Risiko-Management im internationalen Finanzmanagement

Risikokomponenten

H.E. Büschgen diagnostiziert **drei Risiko-Komponenten**: das Länderrisiko; das Wechselkursrisiko; das Zinsänderungsrisiko, welche das internationalen Finanzrisiko maßgeblich beeinflussen und gibt dazu passende Lösungsmöglichkeiten für das risiko-orientierte internationale Finanzmanagement an (vgl. LV 8 S. 205ff., vgl. auch LV 17 S. 133ff.).

I. Länderrisiko

Das Länderrisiko teile sich auf
- in das **wirtschaftliche Länderrisiko**, das darin bestehe, daß der betreffende Staat nicht seinen Zahlungsverpflichtungen nachkommen können, und
- in das **politische Länderrisiko**, das in potentiellen Einschränkungen von Aktivitäten von fremden Tochtergesellschaften oder Beteiligungsunternehmen (Joint Venture) bestehe.

Zur Beurteilung des Länderrisikos sind verschiedene Indices entwickelt worden wie der Euromoney-Index, der Beri-Index (vgl. auch LV 32 S. 252f.), wobei der Beri-Index die Länder der Welt in **Risikoklassen** mit bestimmten Empfehlungen für das risiko-orientierte Finanz-Management einteilt:
- **stabiles Klima:** typisches Industrieland: für Investitionen geeignet;
- **mäßiges Risiko:** Geschäfte ohne ernste Komplikationen: langfristige Aktivitäten möglich, jedoch nur geringer Eigenmitteleinsatz zu empfehlen;
- **hohes Risiko:** Geschäfte nur in Ausnahmefällen sinnvoll: nur Handel;
- **nichtakzeptable Verhältnisse** für ausländische Unternehmen: keine geschäftlichen Transaktionen zu empfehlen.

Als **Instrumente zur Absicherung gegen Länderrisiken** kommen in Frage
- bei der **Absicherung im internationalen Zahlungsverkehr** u.a.
  - Akkreditive,
  - Garantien von Banken,
  - Exportkreditversicherungen;
- bei der **Absicherung von ausländischen Direktinvestitionen**
  - Kapitalschutzabkommen,
  - Finanzierung über den lokalen Finanzmarkt,
  - Rechtsmittel gegen Enteignungen;
- bei der **Absicherung im internationalen Kreditgeschäft**
  - Strukturierung des Kreditportfeuilles mit Hilfe der Risiko-Rendite-Relation,
  - Verteilung größerer Kreditbeträge auf mehrere Konsortialbanken,
  - Befragung von Evidenzzentralen etwa das Institute of International Finance, Washington, D.C., USA.

II. Wechselkursrisiko

Das Wechselkursrisiko, auch Währungsrisiko genannt, läßt sich als ± Abweichung vom erwarteten Mittelwert bei offenen Positionen in fremder Währung definieren. Die Schwankungsbreite entsteht durch die Wertänderungen im Verhältnis einer "starken" zu einer "schwachen" Währung, während das Währungsrisiko selbst auf drei **Ursachen** zurückgeführt wird (vgl. LV 17 S. 7f., vgl. auch LV 8 S. 225ff.):
- **ökonomisches Wechselkursrisiko** (economic risk),
  - das sich auf die mittel- bis langfristigen Tendenzen der Währungsentwicklung als Ausdruck sich ändernder, relativer Wettbewerbspositionen eines Unternehmens beziehe und seine Kosten- und Ertragsstruktur und seine Stellung im Markt beeinflusse,
  - das deshalb eine strategische Bedeutung für das Unternehmen besitze,
  - das die langfristigen, international ausgerichteten Anlageentscheidungen (global asset allocation) beeinflusse;
- **Währungskonversionsrisiko** (translation risk),
  das zu - buchhalterischen - Verlustausweisen
  - bei der Konsolidierung von Unternehmensabschlüssen und
  - bei Jahresabschlüssen von Wertpapierportfolios führen kann;
- **Währungstransaktionsrisiko** (transaction risk),
  das zu - realisierten - Verlusten zum Zeitpunkt der Transaktion im Vergleich zum Ausgangszeitpunkt führen kann.

Die Instrumente zur Absicherung des Wechselkursrisikos lassen sich unterteilen in Instrumente zur Risikovermeidung und zur Risikoabsicherung (vgl. LV 8 S. 225ff., vgl. auch LV 17 S. 195ff).

Die **Instrumente zur Absicherung des Wechselkursrisikos** bestehen
- in der **Wahl der Fakturierungswährung**, wobei allgemein die Wahl der eigenen Währung als das beste Sicherungsmittel angesehen wird,
- in der **Vereinbarung von Kurssicherungs- oder Währungsklauseln**, wodurch es möglich sei, das Währungsrisiko beliebig auf die Export- oder Importseite zu verteilen,
- in Parallelfinanzierungen und Währungs-swaps.

Gelingt die Absicherung des Wechselkursrisikos nicht, können alternativ **risikokompensierende Maßnahmen** im Exportgeschäft zum Zuge kommen:
- **Devisentermingeschäfte**
  - in Form der traditionellen Termingeschäfte oder
  - in Form der neueren Devisen-futures;
- **Devisenoptionen**
  - in Form des fixed Hedging, wenn angenommen wird, das sich Optionspreis und Wechselkurs im Verhältnis 1:1 ändern,
  - in Form des Delta Hedgings, bei der der Delta-Faktor die Zahl der Optionen angibt, welche für eine verbesserte Sicherung der Kassaposition notwendig sind, etc.;
- **Leading** und **Lagging**, wodurch Fremdwährungszahlungen beschleunigt (Leading), etwa, wenn der Importeur eine Abwertung seiner eigenen Währung befürchtet, oder verzögert werden (Lagging), etwa wenn der Importeur die Abwertung der Fremdwährung erwartet:

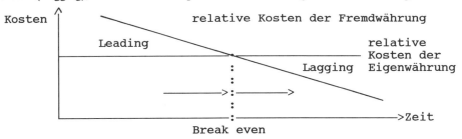

wobei letzteres problematisch ist, weil es zu einer Vertragsverletzung führt;
- **Währungsoptionsrechte und -scheine**, wodurch gleichzeitig gegen Wechselkursrisiken abgesichert und etwaige Wechselkursgewinne erzielt werden können;
- **Financial Hedging** durch Aufbau einer der offenen Devisenposition in Währung, Volumen und Aufbau genau entgegengesetzten Position durch Fremdwährungskreditaufnahmen und -festgeldanlagen;
- **Forderungsverkäufe**, wobei die Banken (rediskontfähige) Wechsel ankaufen, deren diskontierten Gegenwert der eingeräumte Lieferantenkredit abgedeckt werden kann, eventuell auch in der Form der regreßlosen Forfaitierung;
- **Wechselkursversicherungen**, welche von den Regierungen verschiedener Industrieländer zur Exportförderung angeboten werden, die in Deutschland über die Hermes-Kredit-Versicherungs-AG und über die Treuarbeit AG vermittelt werden;
- **Internationales Leasing** durch Einschaltung einer Leasing-Gesellschaft, welcher an den Bezieher von Investitionsgütern vermietet und eventuell dabei das Wechselkursrisiko trägt.

Daneben können die Unternehmen auch zu **risikoreduzierenden Maßnahmen** greifen,
- indem sie **Voraus-, An- und Teilzahlungen** verlangen, bzw.
- indem die Verträge in **Korbwährungen**, etwa dem ECU, abgeschlossen werden.

III. Zinsänderungsrisiko

Während der Abwicklung von internationalen Geschäften kann die effektive Zinsentwicklung von der bei Vertragsabschluß antizipierten Zinsentwicklung entfernen. Geschieht dies potentiell in negativer Weise liegt Zinsänderungsrisiko vor. Als Instrumente zur **Absicherung des Zinsänderungsrisikos** kommen sowohl risikovermeidende wie risikokompensierende Maßnahmen zur Verfügung (vgl. LV 8 S. 259ff., vgl. auch LV 17 S. 195ff.).

Risikovermeidende Maßnahmen bestehen
- in der **Wahl der Zinsbindung** durch Aufbau von zinsorientierten Gegenpositionen und
- in der **Vereinbarung von Zins-swaps**, bei denen gegenseitig Zinszahlungsverbindlichkeiten wie -forderungen von jeweils dem anderen Partner übernommen werden
  - in Form der einfachen Zins-swaps (coupon swap, plain vanilla swap) aus unterschiedlichen Mittelaufnahmen - eine Seite fester Zinssatz, die andere Seite variabler Zinssatz - oder
  - in Form der Basis-swaps (floating to floating swaps), bei denen zwei variable Positionen getauscht werden.

Als **risikokompensierende Maßnahmen beim Zinsänderungsrisiko** kommen in Frage
- **Forward forward**, bei dem Zinssätze für künftige Perioden durch eine laufzeitinkongruente gleichzeitige Mittelaufnahme und -anlage im voraus festgeschrieben werden, wodurch allerdings eine Bilanzverlängerung stattfindet, weil gewöhnlich ein Partner zu einem gewissen Zeitpunkt mit einem bei Vertragsabschluß festgelegten Zinssatz eine kredit aufnimmt;
- **Forward rate agreement** (FRA), auch Future rate agreement genannt, bezeichnet ein individuelles zwischen zwei Partnern ausgehandeltes Zinstermingeschäft auf der Basis eines Einlagentermingeschäfts, bei dem keine Kapitalbewegungen erfolgen, sondern nur die Differenzen ausgetauscht werden;
- **Zins-futures**, bei dem vertraglich ein standardisiertes Kapitalmarktpapier zu einem im voraus festgelegten Preis an einem künftigen Erfüllungstermin entweder anzunehmen (Kauf des Zins-futures) oder zu liefern (Verkauf des Zins-futures) ist;
- **Zinsoptionen**, wobei
  - festverzinsliche Kapitalmarkttitel bzw. Depositen (interest rate options) oder
  - Zins-futures (interest rate futures options) in Frage kommen, allerdings kommt ist der Verkauf von Zinsoptionen (short-Position) nicht geeignet, da als kompensatorischer Gewinn nur die Optionsprämie anfällt, wohingegen die Verlustmöglichkeiten unbegrenzt sind;
- **Caps** (interest rate caps), bei denen zwei Partner zeitraumbezogen Ausgleichszahlungen vereinbaren für den Fall, daß die Marktzinsen festgelegt im LIBOR oder FIBOR den vereinbarten Zinssatz (strike price) beim Cap unterschreiten oder beim Floor überschreiten;
- **Floors** als Vereinbarungen von Zinsuntergrenzen variabel verzinslicher Forderungen;
- **Collars** (floor ceiling agreement) als Kombination von Cap und Floor zur Begrenzung einer variablen Zinsverpflichtung sowohl nach oben wie nach unten, bei einem sog. **Zero cost collar** gleichen sich die Prämienzahlung für das Cap und ein etwaiger Prämienerhalt beim floor aus;
- **Zinsoptionsscheine**.

Instrumente des strategischen Währungsmanagements

Zur Trendantizipation der Wechselkursentwicklung und zur Anpassung der Finanzierungsstruktur stehen dem Unternehmen verschiedene Implementierungsinstrumente (Realisierungsinstrumente) zur Verfügung (vgl LV 17 S. 412ff.):

I. Analysetechniken wie
- Fundamentalanalyse, worunter eine ökonomische Analyse zu verstehen ist, welche die Wechselkursänderungen durch makroökonomische Prozesse zu erklären versucht,
- mathematisch-statische Analyse,
- Chartanalyse, worunter eine Technik zu verstehen ist, welche künftige Kurstendenzen aufgrund historischer Daten zu erkennen versucht,
- Wertbewerbsanalyse;

II. Hedginginstrumente
- Forwards/Futures,
- Optionsstrategien,
- Swaps,
- Swap-Optionen;

III. Finanzierungsinstrumente
- Fremdwährungsfinanzierungen,
- kündbare Obligationen,
- Multiple Currency Facilities,
- Auslandlisting und Euro-Equity,
- Währungsindexierung;

IV. Cash-Management-Instrumente
- Leading - Lagging,
- Netting zur Minimierung der unternehmensinternen Zahlungsströme durch Saldierung,
- Reinvoicing zur Überwachung der Zahlungsgewohnheiten von Tochterunternehmen,
- Abbau interner Liquiditätsreserven durch Cash-Pooling;

V. Instrumente zur Anpassung der Geschäftsstruktur wie
- flexible interne Transaktionspreise,
- Foreign Sourcing,
- Margenerhöhung durch Segmentierung.

Implementierung des strategischen Währungsmanagements

H. Fastrich - St. Hepp schlagen ein **3-Phasen-Konzept** (wohl eher als Schichtenkonzept zu bezeichnen, an denen sich jeweils die Bedeutung und zeitliche Wirksamkeit der Maßnahmen ablesen läßt) mit unterschiedlich strukturierten Maßnahmen zur Implementierung des strategischen Währungsmanagements vor (vgl. ebenda S. 415f.), wobei zeitlich gesehen bei einem realexistierenden Unternehmen - je nach Dringlichkeit - diese Schichten ineinander greifen dürften:

I. Schicht: Strukturelle Maßnahmen
- Geschäftsstruktur
- langfristige Finanzierungen
- Systeme
- Strukturen

II. Schicht: laufende Maßnahmen
- Hedging
- Cash-Management, kurzfristige Finanzierungen
- Anpassung von Transaktionspreisen

III. Schicht: Sondermaßnahmen
- Anpassung von Produkt-/Marktstrategien
- Kündigung von Obligationen
- Refinanzierung von Verbindlichkeiten
- Sale-/Lease-Verträge.

Lösen Sie Aufgabe Nr. 21-16 in der Anlage A!

2.1.7 Betriebswirtschaftlicher Rahmen für die Finanzierungsentscheidungen des Unternehmens

2.1.7.1 Betrieblicher Kapitalbedarf und betriebliche Finanzierungsarten

Quellen des betrieblichen Kapitalbedarfs

Betriebliche Finanzierungsentscheidungen werden vom betrieblichen Finanzbedarf ausgelöst. Der **betriebliche Kapitalbedarf** rührt sowohl von Operationen auf der Vermögensseite wie von Operationen auf der Kapitalseite der Bilanz her, teilweise sind die Operationen synchronisiert, denn z.B. beim Kauf von Rohstoffen auf Ziel (gegen Kredit) erhöht sich das Vermögen und gleichzeitig das Kapital:

I. Kapitalbedarf von der Vermögensseite her
- durch Investitionen ins materielle Anlagevermögen bei Kapazitätserweiterungen, bei der Einführung neuer Produkte,
- durch parallele Erhöhung des Umlaufvermögens wegen vergrößerter Geschäftstätigkeit,
- durch Investitionen im immateriellen Anlagevermögen u.a. bei Erwerb von Beteiligungen, Patenten, Rechten,
- durch Investitionen im Vorratsvermögen u.a. spekulativer Art,
- durch Verlängerung der Materialdurchlaufzeiten = Erhöhung der Vorräte, etwa beim Übergang zur kostengünstigen Teilefertigung in sog. Billiglohnländern,
- durch Verlängerung der Forderungsziele = Erhöhung der Forderungen, etwa bei Erhöhung des Exportmarktanteils,
- durch Liquiditätsvorsorge u.a. durch Bildung von Bankguthaben.

II. Kapitalbedarf von der Kapitalseite her
- durch Kredittilgungen und Zinszahlungen an die Kreditgeber,
- durch Inanspruchnahme bei Bürgschaften, Wechselrückgriff, etc.,
- durch Auszahlungerfordernisse an Teilhaber,
- durch Auszahlungserfordernisse an den Fiskus.

Übersicht über die Finanzierungsarten

Das benötigte Kapital kann dem Betrieb von Außen zugeführt wie im Innern generiert (erzeugt) werden (vgl. Abb. 21-3):

I. Zur **Außenfinanzierung** zählen unter der Bezeichnung "Fremdfinanzierung" die Darlehen und Kredite seitens der Geldinstitute, aber auch die zinslosen Naturalleistungen der Lieferanten (Lieferantenkredite) sowie die Kundenanzahlungen. Die von Außen zugeführten Einlagen des Unternehmers bzw. der Gesellschafter - in der Literatur häufig Beteiligungsfinanzierung genannt - gehören zur Eigenfinanzierung. Die Einlagen können auch in Naturaleinlagen bestehen, etwa durch Einbringung von Grundstücken, Gebäuden, Maschinen und Rechten in den Betrieb. Dann sind Finanzierung und Investition synchronisiert wie schon bei den Lieferantenkrediten, aber auch bei Mieten und Pachten (Leasing) von Betriebsanlagen. Bei Überpari-Emissionen von Aktienkapital werden die Nennwerte dem Grundkapital zugeschlagen, die Überpari-Werte (Agio) nach Abzug der Auslagen den Rücklagen.

Abb. 21-3: Übersicht über die betrieblichen Finanzierungsarten

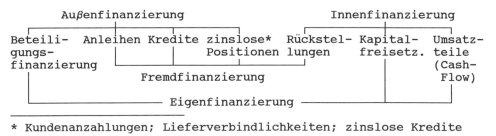

* Kundenanzahlungen; Lieferverbindlichkeiten; zinslose Kredite

Dem Unternehmen können auch "verdeckte Einlagen" gewährt werden; diese liegen nach ständiger Rechtsprechung des BFH (Bundesfinanzhofs) vor, wenn Gesellschafter dem Beteiligungsunternehmen Vorteile zuwenden, welche ein Nichtgesellschafter bei Anwendung der Sorgfalt eines ordentlichen Kaufmanns dem Unternehmen nicht zukommen lassen. Nach Pankow/Gutike (in: Beck'scher Bilanz Kommentar, München 1986 S. 628) können "verdeckte Einlagen" in folgenden Formen an das Beteiligungsunternehmen gewährt werden:

- unentgeltliche Zuwendungen der Gesellschafter in Form von Barzuschüssen bzw. in Form von Forderungsverzichten;
- Lieferungen bzw. Leistungen der Gesellschafter in Form von unangemessen niedrigen Preisen;
- Lieferungen bzw. Leistungen der Gesellschaft an die Gesellschafter zu unangemessen hohen Preisen.

Die Bundesbank hat in ihrem Monatsbericht Oktober 1993 die Jahresabschlüsse mittelständischer Unternehmen - Unternehmen des Verarbeitenden Gewerbes, Baugewerbes und des Handels mit Umsätzen bis zu 50 Mio. DM - nach unterschiedlichen Rechtsformen analysiert und kommt zu der Feststellung (vgl. Tab. 21-4),
- daß die Einzelkaufleute auf der Aktivseite der Bilanz die relativ höchsten Sachanlagen aufweisen,
- daß die Einzelkaufleute andererseits auf der Passivseite der Bilanz die relativ geringste Eigenkapitalquote besitzen.

Die Nichtkapitalgesellschaften besitzen nach Ansicht der Deutschen Bundesbank eine ungünstige Eigenmittelbasis, da sie ihre Investitionen vornehmlich mit Bankkrediten finanzierten, während die Kapitalgesellschaften ihren Bedarf an langfristigen Finanzmitteln weitgehend weitgehend aus Gewinnen, verdienten Abschreibungen und Rückstellungen deckten (vgl. Tab. 21-5). Allerdings würde Eigenkapital-Fremdkapital-Struktur bei Personengesellschaften auch dadurch beeinflußt, daß Entnahmen der beschränkt haftenden Gesellschafter (Kommanditisten) oft wieder in Darlehensform und damit als Fremdkapital zur Verfügung gestellt würde. Die Zuführungen zu den Rückstellungen fallen bei Einzelkaufleuten und Personengesellschaften deshalb relativ niedrig aus, weil die Rückstellungen bei den Kapitalgesellschaften auch Beträge für die Alterfürsorge der Firmenleitungen einschließen, während ein derartiger Aufwand für Gesellschafter oder Eigentümer bei Einzelkaufleuten und Personengesellschaften nicht geltend gemacht werden können.

Tab. 21-4: Vermögens- und Kapitalstruktur ausgewählter (Mittelstands-)Unternehmen (entn. Monatsberichte der Bundesbank Oktober 1993 S. 35)

Durchschnitt der Jahre 1988 bis 1991 in % der Bilanzsumme[1])

	Einzelkaufleute	Personengesellschaften	Kapitalgesellschaften
Sachanlagen[2])	33,2%	28,9%	20,0%
Vorräte	33,2%	30,2%	32,3%
Kassenmittel[3])	3,2%	4,8%	6,0%
Forderungen[2])	29,0%	33,8%	38,9%
davon kurzfristig	[28,0%]	[31,5%]	[37,1%]
Wertpapiere	0,1%	0,3%	0,4%
Beteiligungen	0,7%	1,6%	1,9%
Eigenmittel[4)5])	8,7%	10,0%	15,5%
Verbindlichkeiten	87,2%	81,4%	71,4%
davon kurzfristig	[60,2%]	[52,55]	[57,6%]
Rückstellungen	3,9%	8,5%	13,1%
Zahl der Unternehmen	4.732	9.275	10.974

Legende:1) Abzügl. Berichtigungsposten zum Eigenkapital und Wertberichtigungen 2) Abzüglich Wertberichtigungen 3) Kasse, Bank und Postgiroguthaben 4) Einlagen bzw. gezeichnetes Kapital, Rücklagen sowie Gewinnvortrag abzüglich Berichtigungsposten zum Eigenkapital 5) Einschließlich anteiliger Sonderposten mit Rücklageanteil

II. Zur **Innenfinanzierung** zählen die einbehaltenen Gewinne, die das Eigenkapital erhöhen, sowie "verdiente" Abschreibungen, also gewisse Umsatzteile (vgl. Tab. 21-6), dazu Beträge aus der Veräußerung von Vermögensteilen und aus Pensionsrückstellungen.

Lösen Sie Aufgabe Nr. 21-17 in der Anlage A!

Tab. 21-5: Innen- und Außenfinanzierung ausgewählter Unternehmen des verarbeitenden Gewerbes (entn. Monatsberichte der Bundesbank Oktober 1993 S. 44)

Durchschnitt der Jahre 1988 bis 1991 in % des Mittelaufkommens

	Einzelkaufleute	Personengesellschaften	Kapitalgesellschaften
Innenfinanzierung	59,3%	63,4%	53,7%
- Nettoveränderung der Kapitalkonten	-0,4%	1,6%	
- nichtentnommene Gewinne			4,2%
- Abschreibungen	53,8%	51,0%	40,8%
- Zuführung zu den Rückstellungen	3,1%	4,0%	7,7%
- übrige Innenfin.	2,8%	6,9%	1,0%
Außenfinanzierung	40,7%	36,6%	46,3%
- Kapitalerhöhung			13,3%
- Erhöhung der Verbindlichkeiten	40,7%	36,6%	33,0%
davon Bankverb.	[23,5%]	[17,1%]	[15,1%]

2.1.7.2 Finanzentscheidungskriterien

Bei Finanzierungsentscheidungen wird sich das Unternehmen an bestimmten Kriterien orientieren, um sie jederzeit betriebswirtschaftlich rational begründen zu können. Diese Forderung gilt im besonderen Maße für die Unternehmen, die nicht von Unternehmern, sondern von Managern geleitet werden, bei denen ein sog. Principal-Agent-Verhältnis besteht; hier besteht für gewöhnlich dauernd eine Gegenposition des Unternehmers, der mißtrauisch Mittelaufnahme und Mittelverwendung "seines" Unternehmens verfolgt.

Verbesserung der Rentabilität

Als wichtigstes Kriterium der Kapitalaufnahme dürfte die **Kostenhöhe** sein; je höher die betrieblichen Kapitalkosten, die abfließen, um so geringer der Spielraum der Unternehmung, sich aus selbst verdienten Mitteln zu finanzieren und so eine gewisse Autonomie zu erringen. Für die Finanzbeschaffung gilt die generelle Beschaffungsmaxime: Was im Einkauf gespart werden kann, braucht im Vertrieb nicht verdient zu werden! Bei den Kapitalkosten ist generell zwischen den einmaligen Kosten der Kapitalbeschaffung, den sog. Transaktionskosten, und den laufenden Kosten zu unterscheiden, wobei letzere nichts mit den Kapitaltilgungen zu tun haben, dennoch bei sog. Annuitätenzahlungen zusammengefaßt werden.
Abfließende Kapitalkosten beeinflussen zwar nicht die Gesamtkapitalrentabilität, so doch die Eigenkapitalrentabilität; je geringer der Kapitalkostenabfluß (für Fremdkapital), um so höher der Gewinn, der dem Eigenkapital zufällt, ein Aspekt, der noch beim sog. Leverage-Effekt genauer zu untersuchen ist.

Tab. 21-6: Einflußfaktoren der Innenfinanzierung ausgewählter Unternehmen des verarbeitenden Gewerbes (entn. Monatsberichte der Bundesbank Oktober 1993 S. 39)

Durchschnitt der Jahre 1988 bis 1991 in % der Gesamtleistung

	Einzelkaufleute	Personengesellschaften	Kapitalgesellschaften
Umsatz in Mrd. DM	25,25	130,75	133,38
Gesamtleistung	100,5%	100,7%	100,7%
- Personalaufwand	15,1%	22,5%	21,6%
- Materialaufwand	69,4%	60,0%	62,7%
- Abschreibungen	3,1%	3,6%	2,7%
- Zinsaufwand	2,2%	1,9%	1,4%
+ Zinsertrag	0,2%	0,3%	0,3%
- übriger Aufwand	8,5%	10,7%	11,5%
+ übriger Ertrag	1,4%	1,8%	1,9%
- Beteiligungsaufw.	0,0%	0,1%	0,4%
+ Beteiligungsertrag	0,1%	0,3%	0,4%
- Steuern	0,7%	1,0%	1,7%
davon Betriebsst.	[0,2%]	[0,2%]	[0,2%]
= Jahresüberschuß	3,2%	3,2%	1,0%
Jahresüberschuß	3,2%	3,2%	1,0%
- Saldo aus Entnahmen und Einlagen/Ausschüttungen	0,0%	0,2%	0,3%
+ Zuführung zu den Rückstellungen	0,2%	0,3%	0,6%
+ Abschreibungen	3,1%	3,6%	2,7%
+ Saldo sonstiger finanzunwirksamer Aufwend./Erträge	0,5%	0,6%	0,9%
- Gewinnausschüttung für das Vorjahr		0,1%	0,7%
= Innenfinanzierung	3,8%	4,6%	3,8%

Wahrung der Liquidität

Ein weiteres wichtiges Kriterium ist die **Liquiditätsbelastung**. Eine langsame Tilgung wirkt sich im allgemeinen weniger belastend aus als eine schnelle Tilgung mit hohen Rückzahlungsbeträgen. Und wenn auf die "Bedienung" der Kapitalgeber in Form von Ausschüttungen (Dividenden) in gewinnlosen Zeiten verzichtet werden kann, so ist dies auch liquiditätsgünstiger als fest terminierte Zinszahlungen, für die es selten ein Moratorium gibt. Gelegentlich wird die Unternehmensleitung aber das Kostenkriterium zugunsten der Wahrung der Liquidität hintanstellen und eventuell die - teueren - Skontofristen überziehen; denn Zahlungsunfähigkeit ist ein Konkursgrund und bedroht so die Erhaltung des Unternehmens.

Streben nach finanzieller Autonomie

Geldmacht kann sich in Leitungsmacht umsetzen. Jedes Unternehmen sucht jedoch für sich eine gewisse **Autonomieposition** zu wahren. Deshalb ist auch bei jeder - größeren - Kapitalaufnahme zu fragen, ob sich nicht durch eine bestimmte Finanzierungsart die Machtverhältnisse für das Unternehmen ändern. Das kann im positiv wie im negativ angesehenen Sinne geschehen. Im Zweifels Falle sollte die Kapitalaufnahme machtneutral sein, damit das Unternehmen seine Unabhängigkeit bewahrt. Aber auch hier kann es Zielkonflikte mit anderen Beurteilungskriterien geben. Soll z.B. das Unternehmen für seine Expansion eine potente Gesellschafter aufnehmen, der bei Liquiditätsengpässen auf seine Ausschüttung verzichten wird, oder einen größeren Kredit von der Hausbank? Möglicherweise befindet sich dann das Unternehmen wie einstmals Odysseus zwischen Scylla und Garypta.

Aus Sicherheitsgründen tendieren Kapitalgeber bei kleineren und mittleren Unternehmen, die gewöhnlich keine hinreichenden dinglichen Sicherheiten bieten können, dahin, sich in deren unternehmerischen Dispositionen einzumischen und starken Einfluß auf die Kapitalverwendung zu nehmen. Dabei bauen sich eventuell **Finanzbarrieren** für das Unternehmen auf,
- die dem Unternehmen den Zugang zu den Finanzmärkten erschweren können und
- die dadurch die Autonomie des Unternehmens beeinträchtigen können.

Hierzu lassen sich verschiedene praktische Beispiele (aus amerikanischen Unternehmen) anführen (vgl. LV 21 S. 686f.):
- Verbot der Pfändung oder Belastung irgendwelcher Teile des betrieblichen Vermögens bei neuer Schuldaufnahme - was eventuell eine neue Kapitalaufnahme unmöglich macht.
- Verbot einer Fusion - durch Aufnahme oder Neugründung - ohne Einwilligung der Bank.
- Beschränkung der Neuaufnahme von Fremdkapital in jeder Form.
- Verbot der Übernahme von Garantien für Schulden dritter Gesellschaften.
- Festlegung der Kreditverwendung.
- Verbot oder Begrenzung von Emissionen neuen Eigenkapitals durch Tochtergesellschaften.
- Verbot der Verpfändung von Kundenforderungen mit Rückgriffsrecht des Pfandnehmers.
- Verpflichtung, die Rechtsform und die wirtschaftliche Einheit der Gesellschaft zu wahren.

Dem Autonomiestreben der Unternehmen kommt eine möglichst breite Streuung der Finanzierungsquellen entgegen. Wie der Verfasser aus Beobachtungen bei einem großen Automobilunternehmen weiß, nahm dieses Unternehmen kaum Kredite mit einem Betrag von über 10 Mill. DM auf. Bei einem Kreditbedarf von mehreren 100 Mill. DM wurden deshalb mehr als 50 Kredite aufgenommen bei fast ebenso vielen Kreditinstituten. Dabei flossen schon Mitte der Sechziger Jahre diesem Unternehmen Finanzmittel von den Cayman Inseln zu.

Lösen Sie Aufgabe Nr. 21-18 in der Anlage A!

2.2 Operationelle Abläufe bei der Eigenkapitalbeschaffung von Außen

2.2.1 Eigenkapitalzuführung bei nichtemissionsfähigen Unternehmen

2.2.1.1 Eigenkapitalbeschaffung bei Einzelunternehmen

Finanziert der Unternehmer allein das Unternehmen, ist die Finanzierung der betrieblichen Operationen weitgehend durch dessen persönliche Vermögensbasis begrenzt. Häufig kann der Unternehmer auf Geldmittel von Freunden und Verwandten, insbesondere des Ehegatten, zurückgreifen, ohne das dies äußerlich in Erscheinung tritt. Das Eigenkapital der Einzelunternehmung variiert ständig, da der Unternehmer ihm laufend Mittel zu konsumtiven Zwecken entnimmt, andererseits aus dem Privatvermögen Mittel zuführt, wenn eine Liquiditätsanspannung besteht. Die Mittelzuführung kann informeller Natur sein, wenn der Unternehmer z.B. Auslieferungen mit seinem privaten Pkw durchführt. Demnach besteht bei der Einzelunternehmung in finanzieller Hinsicht eine enge Konjunktion (Verklammerung) zwischen Firmen- und Privatvermögen des Inhabers. Das gilt auch für die Schulden, so daß H.E. Büschgen zu Recht sagt: "Im Grunde muß man wegen seiner alleinigen und unbeschränkten Haftung für die Schulden seiner Unternehmung sagen, daß Vermögen und Eigenkapital des Inhabers des Inhabers der Einzelunternehmung praktisch identisch sind" (LV 7 S. 139). will der Unternehmer das Vermögen seines Ehepartners aus dieser Haftungsmasse heraushalten, bedarf es dazu einer notariell beglaubigten Gütertrennung.

Auch die **Einlage eines Stillen Gesellschafters** geht nach §§ 335-342 HGB in das Vermögen des Geschäftsinhabers über, wird aber getrennt als "Stille Einlage" ausgewiesen und ist demnach juristisch gesehen Fremdkapital. Falls nichts anders vereinbart, bekommt der Stille Gesellschafter bei der sog. Typischen Stillen Gesellschaft einen angemessenen Anteil am Gewinn, ist jedoch nicht am Verlust beteiligt. Ähnliches gilt für das "partiarische Darlehen", wo der Darlehensgeber am Gewinn beteiligt ist. Anders sieht es bei der sog. Atypischen Stillen Gesellschaft aus; hier ist der Stille Gesellschafter sowohl am Gewinn wie auch am Verlust und zudem an den Stillen Reserven beteiligt, so daß er steuerrechtlich als Mitunternehmer angesehen wird. Der Geschäftsinhaber hat 25% des Gewinns des Stillen Gesellschafters einzubehalten und an das Finanzamt abzuführen (§ 43 EStG).

Die **Liquiditätslage** der Einzelunternehmung ist dadurch gekennzeichnet, daß der Geschäftsinhaber dem Unternehmen Geld bzw. Güter als Gewinnentnahmen entzieht. Ist jedoch die Liquiditätslage angespannt, wird er weitgehend darauf verzichten, so daß liquiditätsmäßig eine gewisse Flexibilität vorhanden ist. Eher können unerwartete Abrufe von Verwandten- oder Ehegattenbeteiligungen, etwa bei einer Scheidung, die betriebliche Liquiditätslage strapazieren. Andererseits können in Krisen unerwartete Liquiditätszuschüsse von dieser Seite kommen, so daß Einzelunternehmen sich manchmal in Krisen als ungewöhnlich stark resistent erweisen.

Lösen Sie Aufgabe Nr. 22-1 in der Anlage A!

2.2.1.2 Eigenkapitalzuführung bei Personengesellschaften

Gesellschaft bürgerlichen Rechts

Der Prototyp der Personengesellschaften ist die Gesellschaft bürgerlichen Rechts, die sog. BGB-Gesellschaft. Diese ist höchst flexibel im Aufbau; bei ihr können sich natürliche wie auch juristische Personen zusammenschließen. Gewöhnlich erfolgt die Bildung einer BGB-Gesellschaft nur für eine bestimmte Zeit etwa zum Aufbau eines Konsortiums für einen bestimmten Zweck wie Anleiheemissionen oder zum Projekt Management großer technischer Vorhaben, so daß die Kapitalaufbringung sekundärer Natur ist. Gleichwohl haften die BGB-Gesellschafter gesamtschuldnerisch, persönlich und unbeschränkt, so daß sie ein eingegangenes Geschäft streng überwachen müssen.

Offene Handelsgesellschaft und Kommanditgesellschaft

Offene Handelsgesellschaft (OHG) und Kommanditgesellschaft (KG) unterscheiden sich bekanntlich dadurch, daß es bei der OHG nur Vollhafter und bei der KG auch Teilhafter gibt; die Haftung des sog. Kommanditisten ist auf seine Einlage beschränkt. Durch diese Haftungsbeschränkung erweitert sich die Kapitalbeschaffungsbasis der KG; sie ist dadurch eher in der Lage - zusätzliche - Gesellschafter zu finden, die zudem mehr an einer Kapitalanlage als an einer täglichen Mitarbeit in der Gesellschaft interessiert sind. In beiden Gesellschaften gewinnen die Gesellschafter entweder durch Bareinlage oder durch Sacheinlage in Form von Wirtschaftsgütern Teilhabe an der Personengesellschaft und finanzieren so den Betrieb. Während der Anlaufphase braucht gewöhnlich nur ein Teil der Einlage eingezahlt werden. Zur Finanzierung der Unternehmensexpansion durch Eigenmittelzuführung von außen stehen den Personengesellschaften folgende Alternativen zur Verfügung:
1. die bisherigen Gesellschafter erhöhen ihre Einlagen;
2. es treten zusätzliche Gesellschafter in das Unternehmen ein.

zu 1.) Die Kapitalerhöhung der Gesellschafter ist solange unproblematisch, wie die Gesellschafter das Kapital im bisherigen Verhältnis erhöhen; dann brauchen die Stillen Reserven, d.h. das nicht offen ausgewiesene Eigenkapital, nicht besonders berücksichtigt zu werden, da jeder den gleichen Anteil daran behält (vgl. Tab. 22-1). Sollen dem Betrieb z.B. 120.000,-DM an Eigenmittel zugeführt werden, müßte Gesellschafter A 80.000,-DM einlegen und Gesellschafter B 40.000,-DM. Kann jedoch ein Gesellschafter bei der Kapitalerhöhung wegen Geldmangels nicht - voll - mithalten, verschlechtert sich sein Kapitalanteil, hier von 33 auf 28,6%.

Tab. 22-1: Kapitalerhöhung in Personengesellschaften

Gesell-schafter	altes Kapital total	in %	Stille Rücklagen	Kapital-erhöhung	neues Kapital total	in %
A	200.000	67%	60.000	100.000	300.000	71,4%
B	100.000	33%	30.000	20.000	120.000	28,6%
Total	300.000	100%	90.000	120.000	420.000	100,0%

zu 2.) Ähnliches gilt für die Aufnahme eines weiteren Gesellschafters C, der sich mit 100.000,- DM beteiligt, so daß sich das ausgewiesene Kapital auf 400.000,-DM erhöht. Ohne Berücksichtigung der Stillen Reserven wäre C nun mit 25% am Kapital und entsprechend am Gewinn beteiligt. Unter Berücksichtigung der Stillen Reserven ist ihm nur 100.000,- von 490.000,-DM = 20,4% als Kapitalanteil gutzuschreiben.

Bei Personengesellschaften können sich Liquiditätsschwierigkeiten dadurch ergeben,
- daß die Gesellschafter auch bei schlechter Liquiditätslage auf eine Gewinnausschüttung bestehen, die, falls nicht vertraglich anderes vereinbart ist, gesetzlich vorsieht, daß das vorhandene Kapital zu 4% verzinst wird und der Rest nach der Gesellschafterzahl verteilt wird,
- daß Gesellschafter unerwartet ihr Kapital wieder aus dem Betrieb abberufen; nach § 132 HGB steht es jedem Gesellschafter frei, mit einer Kündigungsfrist von 6 Monaten jeweils zum Ende des Geschäftsjahrs seinen Anteil zu kündigen, es sei denn, es sind längere Kündigungsfristen vertraglich vereinbart, ebenfalls liquiditätsmäßig günstig dürfte die vertragliche Vereinbarung einer ratenweise Auszahlung des Kapitalanteils sein.

Kapitalanteile an Personengesellschaften sind gewöhnlich wenig fungibel, d.h. sie können nur schlecht veräußert werden,
- da der Zugang zum Kapitalmarkt verwehrt ist und
- weil sich die übrigen Gesellschafter gewöhnlicherweise ein Mitspracherecht bei der Veräußerung ausbedingen.

Bei einem Ausscheiden kann der betreffende Gesellschafter eine Abfindung für ein umfangreiches Kapitalspektrum verlangen (vgl. LV 44 S. 220):
- bilanzierter Geschäftsanteil;
- Anteil an den bilanzierten Rücklagen;
- Anteil an Stillen Reserven;
- Anteil am Firmenwert;
- Anteil an noch schwebenden Geschäften.

Ein derartig breites Kapitalspektrum, von dem nur die ersten beiden Elemente nominell faßbar sind, erschwert die Bewertung von Geschäftsanteilen und mindert entsprechend noch weiter ihre Fungibilität.

Die Kapitalerhöhung durch Gesellschafter kann auch verdeckt durch sog. Gesellschafterdarlehen vonstatten gehen. Dies ist steuerlich günstiger, da nur 50% der Kreditzinsen beim Gewerbeertrag berücksichtigt werden. § 32a GmbHG weitet jedoch im Konkursfall die Haftungsfunktion aus, indem solche Darlehen zum Eigenkapital gezählt werden, wenn sie zu einem Zeitpunkt gewährt wurden, zu dem "ordentliche Kaufleute Eigenkapital zugeführt hätten", so daß diese Darlehen nicht als Konkursforderung geltend gemacht werden können.

Lösen Sie Aufgabe Nr. 22-2 in der Anlage A!

2.2.1.3 Eigenkapitalzuführung bei der GmbH

Bei der GmbH werden die Gesellschaftsanteile nicht börsenbmäßig gehandelt, da ihre Mobilität durch die Vorschrift der gerichtlichen und notariellen Beurkundung der Übertragung erschwert ist, so daß sich neue Gesellschafter nicht so leicht finden lassen. Nach § 26 GmbHG können der GmbH durch Gesellschaftsvertrag weitere "Nachschüsse" zugesichert werden, die jedoch eventuell zurückzuzahlen sind (§ 30 GmbHG). Gemäß § 53 Abs. 3 GmbHG kann eine Nachschußpflicht auch nachträglich mit Zustimmung aller beteiligter Gesellschafter beschlossen werden. Das Wort "beteiligt" deutet darauf hin, daß sich nicht alle Gesellschafter einer Nachschußpflicht unterziehen müssen.

Die GmbH kann auch sog. Genußscheine ausgeben, ohne das Stammkapital zu erhöhen. Diese Genußscheine sichern eine eine bevorzugte Gewinnbeteiligung oder Beteiligung am Liquidationserlös im Falle der Auflösung der GmbH.

2.2.2 Eigenkapitalzuführung bei der Aktiengesellschaft

2.2.2.1 Ausgestaltung der Aktie

Das Aktiengesetz hat für diese Gesellschaftsform ein breites Spektrum der Kapitalzuführungsmöglichkeiten geschaffen, wobei die Aktie ein Wertpapier darstellt und

- aus einem "Mantel", der eigentlichen Aktie,

- aus einem "Bogen" mit den Dividendenscheinen (Coupons) und

- aus einem (Bogen-)Erneuerungsschein (Talon) besteht:

Quoten- bzw. Nennwertaktien
Während die in Deutschland nicht zugelassenen Quotenaktien auf einen bestimmten Anteil am Reinvermögen der Gesellschaft belaufen, beziehen sich die Nennwertaktien auf einen bestimmten Betrag. Allerdings kommt gewöhnlich zum Nennwert noch ein Aufpreis (Agio) bei den sog. Überpari-Emissionen hinzu. Der Nennwert muß mindestens zu 25% eingezahlt werden. Erfolgt keine volle Einzahlung, können die Aktien nur in Form der Namensaktie emittiert werden, dabei sind die Aktionäre in ein Aktienbuch der Gesellschaft einzutragen.

Stammaktien
Diese Aktien besitzen keine Sonderrechte, sondern sie gewähren neben gleichem Stimmrecht gleiches Recht auf Dividende und Liquidationserlös sowie - bei Kapitalerhöhungen - gleiches Bezugsrecht.

Vinkulierte Namensaktie
Bei dieser Aktie, die auf den Namen lautet, macht die Gesellschaft zur gezielten Gesellschaftersteuerung ihre Veräußerung von einer Zustimmung abhängig. Vinkulierte Aktien werden bei sog. Nebenleistungs-Aktiengesellschaften eingeführt, bei denen die Aktionäre neben den Zahlungen auf das Grundkapital ständige wiederkehrende Leistungen zu erbringen haben z.B. Lieferung von Milch oder Zuckerrüben.

Vorzugsaktien
Diese Aktien sind mit bestimmten Sonderrechten ausgestattet, häufig eine gewisse Dividendengarantie - um die Unterbringung der Aktie auf einem trägen Kapitalmarkt oder dunklen Erfolgsaussichten der Unternehmung zu erleichtern, die allerdings zu Lasten des Stimmrechts bei der Aktie gehen kann; die kumulative Vorzugsaktie ist die einzige Aktie in Deutschland, bei der das Stimmrecht ausgeschlossen werden kann. Eine kumulative Vorzugsaktie z.B. besitzt den Anspruch auf Nachzahlung der nicht voll gezahlten (Mindest-)Dividende. Wird jedoch bei stimmrechtslosen Aktien für zwei Jahre die Dividendengarantie nicht voll erfüllt, so steht ihr ein Stimmrecht zu. Mehrstimmrechtaktien sind jedoch in Deutschland nicht zulässig. Bei limitierten Vorzugsaktien kann ein Teil des Gewinn den Stammaktien zufallen.

2. Die Finanzierung der Unternehmung

Aktien auf Optionsbasis

Bei einer Aktienoption besitzt der Inhaber das Recht, nicht aber die Verpflichtung, eine bestimmte Anzahl von Aktien innerhalb einer bestimmten Optionsfrist zu einem im voraus festgesetzten Strikepreis zu kaufen (Call) oder zu verkaufen (Put). Als Gegenleistung zahlt der Optionskäufer einen Optionspreis (Aufpreis). Diese Option selbst ist gewöhnlich nicht dividendenberechtigt.

Lösen Sie Aufgabe Nr. 22-3 in der Anlage A!

2.2.2.2 Emissionsformen und -anlässe bei der Aktiengesellschaft

Bei Aktienemissionen müssen sich die Unternehmen davor hüten, daß die Emissionskonsortien die Aktien unter dem wirklichen Wert veräußern, um so im Wege des "Underpricing" die übernommenen Aktien ohne eigenes Risiko vollzählig am Markt unterzubringen. Aktien werden in verschiedenen Emissionsformen und zu verschiedenen Emissionsanlässen ausgegeben:

Kapitalzuführung durch Bar- oder Sachgründung

Nach § 7 AktG beläuft sich der Mindestnennbetrag des Aktienkapitals auf DM 100.000,-, der Mindestnennbetrag der einzelnen Aktie auf 50,-DM. Aus Gläubigerschutz muß das Mindestkapital erreicht werden, so daß Unterpari-Emissionen nicht gestattet sind. Bei Überpari-Emissionen ist das Aufgeld (Agio) in der Bilanz neben dem Grundkapital als Rücklage auszuweisen. Während die Bargründung praktisch bedeutungslos geworden ist, ist mit Sachgründungen in Form von Umwandlungen von Personengesellschaften oder einer GmbH in Aktiengesellschaften eher zu rechnen.

Ordentliche Kapitalerhöhung (§§ 182-191 AktG)

Unternehmensexpansion, insb. institutionelle Regelungen wie die Kreditrichtsätze bei den Banken, können ein Kapitalerhöhung durch Mittelzuführung von Außen erforderlich machen. Dabei steht den Aktionären ein Bezugsrecht zu,
- um die bisherigen Kapitalverhältnisse zu wahren und
- um eventuelle Vermögensnachteile für die bisherigen Aktionäre auszugleichen, wenn diese sich nicht an der Kapitalerhöhung beteiligen, da sich nach der Kapitalerhöhung häufig ein niedrigerer Kurs bildet, etwa weil die Aktie "leichterer" geworden ist, wenngleich in der Praxis diese niedrigeren Kurse gewöhnlich bald wieder nach oben bewegen.

Der Ausschluß des Bezugsrechts kann aber gleichzeitig mit dem Beschluß über die Kapitalerhöhung auf der Hauptversammlung der Aktionäre beschlossen werden. Nach Beginn der Bezugsfrist handelt die Börse die alten Aktien "ex Bezugsrecht", d.h. sie kürzt den letzten Börsenkurs vor der Bezugsfrist um die erste Kursnotiz des Bezugsrechts. Dabei ergibt sich ein Kurs, der in etwa dem neuen Durchschnittskurs der alten Aktien entspricht. Der Wert des Bezugsrechts (BRW) errechnet sich:

```
(22-1) BRW = (Ka - Kn)/(m/n + 1)
           = (350 - 260)/(10/5 + 1) = 90/3 = 30,-DM.
```

```
m  = Grundkapital vor der Kapitalerhöhung     = 10 Mill. DM
Ka = Börsenkurs der alten Aktien              = 350
n  = Betrag der Kapitalerhöhung               = 5 Mill. DM
Kn = Bezugskurs der jungen (neuen) Aktien     = 260.
```

Gelegentlich sollen im Laufe des Geschäftsjahrs emittierte Aktien nicht voll an der nächsten Dividende partizipieren. Sie erhalten dadurch einen sog. Dividendennachteil (d) etwa aus dem Verhältnis (v) des Dividendenberechtigungszeitraums der neuen Aktien (tnA) zum - vollen - Dividendenberechtigungszeitraum der alten Aktien (taA).

Dann beträgt z.B. bei einem Dividendenberechtigungszeitraum der neuen Aktien von acht Monaten:

(22-2) v = (tnA)/(taA) = 8/12 = 0,67.

Dieser Faktor ist auf die zu zahlende Dividende D z,B. 16,-DM anzuwenden. Dann ist

(22-3) d = D · (1 - v) = 16 · (1 - 0,67) = 5,28 DM.

Jetzt stellt sich der Wert des Bezugsrechts mit dem Dividendennachteil wie folgt:

(22-4) BRWd = (Ka - Kn - d)/(m/n+1)
             = (350 - 260 - 5,28)/(10/5+1) = 90/3 = 28,24 DM.

Bedingte Kapitalerhöhung (§§ 192-201 AktG)

Diese Kapitalerhöhung ist kann nur mit einer qualifizierten Mehrheit, d.h. mit Dreiviertelmehrheit, von der Aktionärsversamlung genehmigt werden. Sie darf die Hälfte des Nennwerts des Grundkapitals nicht überschreiten und ist zweckgebunden:
a) zur Gewährung von Umtausch- oder Bezugsrechten an Gläubiger von Wechselschuldverschreibungen;
b) zur Vorbereitung von Fusionen;
c) zur Gewährung von Bezugsrechten an Arbeitnehmer der Gesellschaft.

Die Besonderheit dieser Sonderform der Aktienemission besteht darin, daß "im Gegensatz zur ordentlichen Kapitalerhöhung...die bedingte Kapitalerhöhung bereits mit der Ausgabe der Aktien und nicht erst mit der Eintragung der Durchführung wirksam" wird (LV 66 S. 81.).

Genehmigtes Kapital (§§ 202-206 AktG)

Da die "ordentliche" Kapitalerhöhung ein umständlicher Akt ist, lassen sich die Vorstände der Aktiengesellschaften gelegentlich ermächtigen, das Kapital mit Zustimmung des Aufsichtsrats bei günstigen Aktienkursen zu erhöhen. Dieses "genehmigte" Kapital darf sich maximal auf 50% des Nennbetrags des Grundkapitals belaufen. Diese Ermächtigung gilt nur für fünf Jahre.

Auch hier kann die Hauptversammlung der Aktionäre den Vorstand ermächtigen, mit Zustimmung des Aufsichtsrats die bisherigen Aktionären vom Bezugsrecht auszuschließen. Hierzu können folgende Gründe vorliegen:
- die jungen Aktien sollen an die Mitarbeiter im Unternehmen ausgegeben werden;
- die jungen Aktien sollen zum Erwerb von Beteiligungen an anderen Unternehmen eingesetzt werden.

Interimsscheine

Diese Papiere werden als Namenspapiere zum späteren Austausch gegen Aktien ausgegeben,
- wenn die Aktien noch nicht gedruckt sind bzw.
- wenn die Inhaberaktien noch nicht voll eingezahlt sind.

Genußscheine

Genußscheine als verbriefte Wertpapiere gewähren einen (prozentualen) Anteil am Reingewinn bzw. am Liquidationserlös, so daß sie eine Art "stimmrechtsloser Aktien" darstellen. Der rechtliche Charakter von Genußscheine ist jedoch gesetzlich nicht definiert, obwohl sie schon seit längerem am Markt sind; E. Schmalenbach führt sie schon 1915 in seiner Buchveröffentlichung "Finanzierungen" an (vgl. LV 58 S. 261). Von der Emission von Genußscheinen wird in Deutschland nicht sonderlich viel Gebrauch gemacht, eher schon in der Schweiz, wo sie unter der Bezeichnung "Partizipationsscheine" häufiger emittiert werden. Voraussetzung für ihre Ausgabe ist eine qualifizierte Mehrheit der Hauptversammlung der Aktionäre. Genußscheine besitzen keine Stimmrecht und geben dem Inhaber auch sonst kein Mitgliedsrecht, sondern nur ein Gläubigerrecht. Sie können allerdings die Mittelzufuhr etwa bei einer Sanierung stimulieren. Die Lebensdauer von Genußscheinen ist gewöhnlich begrenzt; sie enden durch Fristablauf, Kündigung oder Rückzahlung.

Als Anlässe für die Ausgabe von Genußscheinen kommen in Frage (vgl. LV 44 S. 200):

- Honorierung von besonderen Leistungen etwa bei der Unternehmensgründung;

- Verlustausgleich für Aktionäre aufgrund früherer Kapitalherabsetzungen;

- Zusatzleistungen an Aktionären bei außergewöhnlich gutem Geschäftsgang neben der "Standarddividende" (dieser Vorgang kann - auch unter der Bezeichnung "Bonus" - dazu dienen, überdurchschnittlich hohe Dividendenzahlungen an die Aktionäre zu kaschieren, um nicht die Gewerkschaften deswegen zu höheren Lohnforderungen zu reizen).

Genußscheine weisen für das emittierende Unternehmen **verschiedene Vorteile** auf (vgl. LV 58 S. 260f.):
- die darauf entfallenden Ausschüttungen gelten als Betriebsausgaben und sie sind deshalb steuerlich abzugfähig, solange der Genußschein nicht bzw. höchstens mit dem Nominalwert am Liquidationserlös partizipiert;
- die Eigentumverhältnisse am Unternehmen verändern sich nicht (nur Gläubigerrecht);
- Genußscheine lassen sich je nach Bedarf freigestalten, so daß sie besser oder schlechter als die Aktien - etwa mit einem Nachholrecht für gewinnlose Jahre, mit der Ablösbarkeit gegen Zahlung des Nennbetrags, etc. - ausgestattet werden können;
- auch die Laufzeit, Kündbarkeit, Übertragbarkeit kann vom emittierenden Unternehmen frei gestaltet werden;
- unkündbar gestaltetes Genußscheinkapital wird von den Banken als vollwertiges Eigenkapital anerkannt und erhöht so die Kreditbasis des Unternehmens;
- im Gegensatz zu den stimmrechtslosen Vorzugsaktien ist der Betrag der Genußrechte nicht limitiert;
- die Ausgabe von Genußscheinen ist nicht an eine bestimmte Rechtsform gebunden;
- Unternehmen aller Rechtsformen können deshalb Genußscheine zur Mitarbeiterbeteiligung verwenden;
- besitzt das emittierende Unternehmen eine hinreichende Ertragskraft, sind Genußscheine börsenfähig.

Lösen Sie Aufgabe Nr. 22-4 in der Anlage A!

2.2.2.3 Kosten der Aktien

Das Kostenspektrum der Aktiengesellschaft erstreckt sich auf einmalige wie laufende Kosten:

Einmalige Kosten (Transaktionskosten)

Die Aktienfinanzierung erfolgt vornehmlich über Bankenkonsortien, die einerseits für eine breite Streuung der Aktien sorgen, andererseits für die "Aktienpflege" erhebliche Kosten ansetzen, etwa 9-10% des Emissionsbetrags.

Laufende Kosten

Zur Risikovorsorge sind Teile des Gewinns in gesetzlichen Rücklagen zu thesaurieren, worauf die Aktionäre keine Dividende erhalten, so daß dieser Kapitalteil dem Unternehmen "kostenlos" zur Verfügung steht. Insbesondere der einbehaltene Gewinn ist mit einem beträchtlichen Körperschaftssteuersatz belastet (gegenwärtig in Deutschland mit einem Steuersatz von 50%), während der ausgeschüttete Gewinn zwar mit einem Steuersatz von 36% belastet ist, jedoch erhält der Aktionär zur steuerlichen Entlastung der Rechtsform der Kapitalgesellschaft seit 1977 mit der Dividende darauf eine entsprechende Steuergutschrift, die er gegen seine Einkommensteuerschuld verrechnen lassen kann. Die Aktionäre selbst erwarten eine hohe branchenübliche Dividende, die normalerweise bei Gewinnlosigkeit entfällt. Um nicht durch Dividendenausfall wegen Gewinnlosigkeit im operativen Unternehmensgeschäft einen möglicherweise irreparablen Rufschaden zu erleiden, greifen die Vorstände der Aktiengesellschaften - meistens mit Rückendeckung durch den Aufsichtsrat - zu dem Mittel, dem Unternehmen Gewinne zu Ausschüttungszwecken durch außergewöhnlich Geschäfte zu verschaff2en wie durch Verkauf von Unternehmensteilen, wobei insbesondere in der Bilanz niedrigbewertete Grundstücke leicht einen hohen "außerordentlichen Ertrag" erbringen können. Demnach können Dividenden durchaus an der Unternehmenssubstanz zehren.

Lösen Sie Aufgabe Nr. 22-5 in der Anlage A!

2.2.2.4 Auslandslisting und Euro-Equity

Auslandslisting

Insbesondere sog. multinationale Unternehmen mit Produktionsstätten und Verkaufsniederlassungen in verschiedenen Staaten streben danach, an den Börsen in der ganzen Welt notiert zu werden. Als erstes deutsches Unternehmen ging Daimler Benz an die New Yorker Börse. Um dort als ausländisches Unternehmen "gelistet" zu werden, muß es nicht nur
- den Anforderungen der jeweiligen Börse genügen, sondern auch
- den Anforderungen der Securities and Exchange Commission.

Das erforderte z.B. für Daimler Benz die gesonderte Herausgabe einer an amerikanischen Maßstäben orientierte Handelsbilanz mit entsprechenden Kosten. Um die Kosten dieses Mehrfachlistings zu vermeiden, können z.B. deutsche Aktien indirekt in Form von American Depository Receipts (ADRs) in den USA vertrieben werden,
- wobei die Aktien bei einer amerikanischen Bank hinterlegt werden und
- wobei diese Bank dann Anteilsscheine, die genannten ADRs, emittiert und sie an der Börse listet.

Als **Gründe für ein Auslandslisting** lassen sich vor allem anführen (vgl. LV 17 S. 369f.):
- **breitere Streuung des Aktienbesitzes** zur Diversifikation der Eigentumsverhältnisse insbesondere bei den multinationalen Unternehmen;
- **größere Nähe zum Investor**, da vor allem private Investoren zur besseren Kursverfolgung eine lokale Notierung bevorzugen;
- **verbesserte Refinanzierungsmöglichkeiten**, da vor allem die direkte Präsenz an verschiedenen Kapitalmärkten die Durchführung größerer Eigenkapitalbeschaffungsmaßnahmen erleichtert, wobei auch das Konversionsrisiko und die Anwendung kostspieliger Swaptechniken entfällt, wenn das Kapital in dem betreffenden Land investiert werden soll;
- **verbesserte Produkterkennung**, da sich mit der Börseneinführung indirekt der Bekanntheitsgrad der Produkte in dem betreffenden Land erhöht und sich entsprechend die Absatzchancen verbessern;
- verbesserte Liquidität und Diversifikation der Aktie, da der Handel an mehreren Börsen zusätzliche Liquidität verschafft, zudem können attraktive lokale Sonderformen der Finanzierung genutzt werden, wodurch die geforderte Rendite gesenkt und - komplementär - Eigenkapitalrendite des Unternehmens erhöht werden kann.

Euro-Equity (Euro-Eigenkapital)

Aktien-Emissionen am Euro-Markt haben in den letzten Jahren einen erheblichen Aufschwung genommen (vgl. LV 17 S. 370ff.);
- der Euro-Markt erlaubt Aktien-Emissionen in größeren Dimensionen als in vielen nationalen Kapitalmärkten,
- es können so Tranchen, die für andere Länder bestimmt waren, leichter international plaziert werden,
- es können so - parallel - die Kosten des Mehrfachlisting vermieden werden,

- es kann dem Unternehmen Eigenkapital in den gewünschten Fremdwährungen zugeführt werden, ohne daß Verbindlichkeiten mit entsprechenden Rückzahlungsverpflichtungen entstehen.

Bei Euro-Equity-Emissionen entsteht jedoch ein höheres (Informations-)Risiko:
- da es bei ihnen keine besonderen Bilanzierungs- und Informationspflichten gibt, kann es zu Informationsdefiziten im Vergleich zu den lokalen Informationen des Investors kommen;
- ebenso dadurch, daß die Anleger nicht so gut die Kursentwicklung wie bei international plazierten Anleihen verfolgen können.

Lösen Sie Aufgabe Nr. 22-6 in der Anlage A!

2.2.2.5 Aktienanalyse

Ziele der Aktienanalyse

Die Aktienanalyse ist von konträren Interessenstandpunkten geprägt:
- potentielle Aktienkäufer, welche ihr Wertpapierportfolio um bestimmte Aktien ergänzen wollen, um es risikoresistenter zu machen, oder welche eine Beteiligung am Unternehmen aufbauen wollen, um Macht über das Unternehmen zu erringen, sind an einem möglichst günstigen d.h. niedrigen Aktienkurs interessiert;
- potentielle Aktienverkäufer z.B. ein Aktienkonsortium, welche neue Aktien am Fianzmarkt absetzen will, sind ebenfalls an einem günstigen Aktienkurs interessiert, doch dieses Mal soll es ein möglichst hoher Aktienkurs sein.

L. Perridon - M. Steiner machen sich deshalb einen eingeschränkten Standpunkt zu eigen, wenn sie die Aktienanalyse nur unter dem Blickwinkel der bereits emittierten Aktien sehen und deshalb als Zweck der Aktienanalyse ansehen, "die Kaufwürdigkeit von Aktien im Hinblick auf zu erwartende Kursgewinne festzustellen oder größere finanzielle Verlustrisiken durch die Suche nach günstigem oder rechtzeitigem Verkaufstiming zu vermeiden" (LV 48 3. Aufl. S. 131).
In Deutschland besitzt die Aktienanalyse eine relativ geringe Bedeutung; der Aktienmarkt ist relativ eng, da die Aktienbesitzer - wie in Japan - sich im Durchschnitt erst sieben Jahre nach dem Kauf von ihrer Aktie wieder trennen. Anders sieht es dagegen in den USA aus; dort trennen sich die Aktienbesitzer im durch schnitt schon nach drei Jahren von ihren Käufen (vgl. 1.4.2.1). Außerdem machen in den USA die Unternehmen viel häufiger von der Aktie als Finanzierungsmittel Gebrauch.

Formen der Aktienanalyse

Entsprechend der relativ hohen Bedeutung der Aktienfinanzierung in den USA wurde dort eine reichhaltige Palette an Methoden der Aktienanalyse entwickelt, und zwar schon recht frühzeitig (vgl. insb. LV 48 3. Aufl. S. 132ff.). Diese Methoden lassen sich in die - älteren marktorientierten Methoden unterscheiden, welche gewöhnlich ihre Ergebnisse auf Charts etwa den Hoppenstedt Charts visualisieren - dabei wird u.a. mit Begriffen operiert wie "Widerstandslinie", wenn erreichte Höchstkurse weitere Kurssteigerungen blockieren und "Unterstützungslinie", wenn sich bestimmte Kursminima unverhältnismäßig lange behaupten und dabei weitere Kurssteigerungen verhindern - , und den individuellen Methoden der Aktienanalyse, welche zu rechnerischen Nachweisen gelangen.

1.) Klassische Dow-Theorie

Die Dow-Theorie geht davon aus, daß der gemittelte Kursverlauf ausgewählter Aktien eine Aussage über die Gesamtaktienmarktentwicklung erlaubt. Durch verfeinerte Analyse und Prognose des Primärtrends wird versucht, rechtzeitig Wendepunkte der Kursentwicklung zu erkennen. Daraus werden dann Kaufempfehlungen bei einer erwarteten Hausse gegeben und Verkaufempfehlungen bei bevorstehender Beendigung der Hausse. Hierzu wurden speziell der Dow-Jones-Industrial-Index und Dow-Jones-Transportation-Index entwickelt.

2.) Advance-and-Decline-Methode (A-D-Linie)

Bei der ADL-Methode werden auf einem frei wählbaren Basisniveau die kumulierten täglichen Differenzen zwischen gestiegenen und gefallenen Aktien eingetragen. Durch parallelen Vergleich der ADL mit dem Indexkursverlauf können dann Trendänderungen des Index erkannt werden, welche allein durch Beobachtung des Index-Verlaufs nicht erkennbar wären.

3.) Gleitende Durchschnitte

Werden die prognostischen Kurvenverläufe und Wendepunkte der vorstehenden beiden Methoden subjektiv ermittelt mit der Gefahr einer Verzerrung der Tatsachen durch Wunschdenken, soll mit Hilfe statistischer Methoden etwa der Methode der gleitenden Durchschnitte eine Objektivierung der Aktienanalyse erreicht werden. Bei der Methode gleitender Durchschnittswerte werden laufend die neuesten Kurswerte verarbeitet, wobei ständig ältere Informationen fallen gelassen werden. Dabei kann willkürlich ein bestimmter Betrachtungszeitraum gewählt werden. Gebräuchlich sind langfristig der gleitende 200-Tage-Durchschnitt und der Zwöf-Monate-Durchschnitt sowie kurzfristig der 30-, 60- oder 90-Tage-Durchschnitt.

4.) Present-Value-Theorie

In Anlehnung an der Investitionstheorie vorherrschenden finanzmathematischen Methoden der Abzinsung mit Zinseszinseffekten wird der zu zahlende Kurs an den Gegenwartswert, den sog. Kapitalwert künftiger Aktienerträge gebunden. Dabei tauchen jedoch zwei Schwierigkeiten auf:
- wegen der zu unterstellenden "ewigen" Unternehmensdauer kommt eine Abzinsung technisch nicht in Frage, vielmehr ist der Kapitalisierungsfaktor der Ewigen Rente" heranzuziehen (vgl. 3.4.2.7), und dann egibt sich die Frage nach der angemessenen Höhe des Kapitalisierungsfaktors, welche wiederum maßgebend die höhe des Ertragswerts und damit die Höhe des anzusetzenden Kurswerts beeinflußt;
- die Wahl des zugrundelegenden Ertragsfaktors des Unternehmens, wobei sowohl der Gewinn wie die Dividende in Frage kommt, auch der Cash-Flow spiegelt die ertragskraft des Unternehmens wider, manchmal angemessener als der Gewinn, der durch Abschreibungen und Wertberichtigungen insbesondere in Deutschland gern manipuliert wird.

5.) Price-Earnings-Ratio-Analyse (PER)

Die PER-Analyse dient wie die Present-Value-Methode der individuellen Beurteilung von Aktien im Gegensatz zur marktorientierten Beurteilung der Aktie bei der Dow-Theorie, bei Advance-and-Decline-Methode und bei der Methode der gleitenden Durchschnitte. Bei der PER-Analyse werden Kurs und Gewinn ins Verhältnis zu einander gesetzt:

(22-5) PER = Kurs/Gewinn.

Die PER ändert sich laufend im Jahresablauf, da der Gewinn konstant bleibt, aber der Kurs sich ständig ändert. Der Kurs von Aktien mit gleichem Gewinn kann jedoch unterschiedlich hoch ausfallen. Dies deutet auf unterschiedliche Gewinnerwartungen für die Zukunft hin, so daß nicht so sehr der Vergangenheitsgewinn als vielmehr der künftige Geinn die die Entwicklung der PER beeinflußt. Die Aktienanalyse versucht, durch Vergleich der PERs verschiedener Aktien herauszufinden, ob eine bestimmte Aktie unter- oder überbewertet ist, und baut darauf Kauf- bzw. Verkaufsempfehlungen auf.

Lösen Sie Aufgabe Nr. 22-7 in der Anlage A!

2.2.3 Eigenkapitalergänzende Finanzierung (Subventionsfinanzierung)

2.2.3.1 Regierungsprogramme zur Unternehmensgründung

Formen der Subventionsfinanzierung

Jungunternehmen können anstelle von eigenem Kapital öffentliche Mittel über die Hausbank beantragen, die aus Mitteln der EG, des Bundes oder der Länder zur Existenzgründung bereit gestellt und subventioniert werden, bzw. Mittel von Kapitalbeteiligungsgesellschaften beziehen:

Eigenkapitalhilfedarlehen (bis Dezember 1991)
Die Laufzeit dieser Darlehen beträgt 20 Jahre und sie können sich auf maximal 25% der Investitionssumme belaufen. Sie erfordern keine Zinszahlungen in den ersten zwei Jahren. Im dritten Jahr sind 2% Zinsen, im 4. Jahr 3% Zinsen und im fünften Jahr 4% Zinsen jeweils mit einer Verwaltungsgebühr von 0,5% der Darlehenssssumme zu zahlen. Vom 6. bis zum 10. Jahr sind 9 bis 10% Zinsen zu zahlen, danach marktübliche Zinsen. Vom 10. Jahr an beginnt die Tilgung. Von einer gewissen Zeit an kann der Unternehmer dieses Darlehen ablösen. Eine Bearbeitungsgebühr von zwei Prozent wird als Disagio von der Auszahlungssumme abgezogen. Anbieter ist die Deutsche Ausgleichsbank (DAB), Bonn.

Beschäftigungsförderungsdarlehen
Auch hier können maximal 25% der Investitionssumme beantragt werden. Die Laufzeit beträgt 12 Jahre, bei Baumaßnahmen verlängert sie sich auf 15 Jahre. Die ersten zwei Jahre sind tilgungsfrei, anschließend beginnt eine sich steigernde Tilgung. Der feste Zinssatz beträgt 7,75% bei einer zusätzlichen Bearbeitungsgebühr von 1%.

ERP-Darlehen (European Recovery Program)
Hier können maximal 50% der Investitionssumme beantragt werden. Die Laufzeit beträgt 10 Jahre, bei Baumaßnahmen 15 Jahre. Die Auszahlung erfolgt zu 100% zu einem Zinssatz von 8,5%. Die Tilgung beginnt ab dem 4. Jahr in gleichen Raten. Die Kombination mit anderen DAB-Programmen ist möglich.

DAB-Ergänzungsprogramm I
Dieses Darlehen dient zur Existenzgründung, zur Standortsicherung, zur gründung von neuen Filialen, zur Einführung neuer Produkte bzw. neuer Verfahren, zur Übernahme eines Betriebs, wobei maximal 50% der erforderlichen Investitionen finanziert werden. Der Zinssatz beträgt 8,5% p.a., die Auszahlung 96%. Maximal zwei tilgungsfreie Jahre bei einer Laufzeit von maximal 10 Jahren. Dieses Programm ist kombinierbar mit verschiedenen anderen Programmen.

Technologiebeteiligungsprogramm (bis Dezember 1994)
Dieses Programm soll die Eigenkapitalbasis von kleinen Unternehmen der gewerblichen Wirtschaft stärken, die nicht älter als drei Jahre sind und dient der Förderung von Forschungs- und Entwicklungsvorhaben sowie Anpassungsentwicklungen wie auch der Vorbereitung der Produktion einschließlich der Markteinführung. Die Beteiligungsdauer beträgt bis zu 10 Jahre, das Entgelt ist im Einzelnen zu vereinbaren, die Bearbeitungsgebühr beträgt 1% p.a., der Höchstbetrag 1 Mill. DM. Der Anbieter ist die Kreditanstalt für Wiederaufbau (KfW), Frankfurt/M. Dieses Programm ist nur kombinierbar mit dem KfW-Mittelstandsprogramm.

KfW-Mittelstandsprogramm
Dieses Programm soll kleineren und mittleren Unternehmen der gewerblichen Wirtschaft, aber auch Freiberuflern die Leistungs- und Wettbewerbsfähigkeit nachhaltig stärken durch Finanzierung von Investitionen und Innovationen. Der Zinssatz beträgt 8,5% und bei Risikofinanzierung 9,5%, die Auszahlung 96%, die Laufzeit maximal 10 Jahre, tilgungsfreijahre maximal 2 Jahre, Höchstbetrag 10 Mill. DM, Förderhöhe maximal 75% der Investitionssumme, kombinierbar mit verschiedenen ERP- und KfW-Programmen.

Zuschuß zu den Beratungskosten
Der Zentralverband des Deutschen Handwerks, Bonn, gewährt rechtlich selbständigen Unternehmen der gewerblichen Wirtschaft wie auch freiberuflich Tätigen einen Gesamtzuschuß bis zu 6.000,-DM an der Existenzgründungs-, Existenzaufbau-, Energiespar- und Umweltschutzberatung sowie zur allgemeinen Beratung. Der Antragsteller erhält die Mittel, wenn er die Rechnung schon bezahlt hat.

Voraussetzungen für die Darlehensvergabe

Der Bezug dieser Darlehen bzw. Beteiligungen ist an eine Reihe von Voraussetzungen geknüpft:
- Es dürfen noch keine Beschaffungsverträge unterzeichnet worden sein, sondern lediglich Absprachen getroffen worden sein.
- Es müssen Qualifikationsunterlagen vorliegen u.a. fachliche Qualifikation, Zeugnisse von Arbeitgebern, Lebenslauf, Vorhabensbeschreibung einschließlich der Beschreibung der Erwartungen sowie Vorlage einer Rentabilitätsvorschau.
- Es müssen Eigenmittel in Höhe von 15% der Investitionssumme als vorhanden nachgewiesen werden. Die Investitionssumme umfaßt die geplanten betrieblichen Investitionsausgaben für das erste Jahr plus einen Kontokorrentkredit in Höhe von einem geplanten Monatsumsatz. Bei günstiger Geschäftsentwicklung können später zusätzliche Mittel für die Existenzfestigung beantragt werden, wenn Kapazitätserweiterungen notwendig sind. Das Investitionsvolumen sollte wegen der hohen Bearbeitungskosten mindestens 60.000,-DM betragen.
- Es müssen Sicherheiten vorliegen: Banksicherheiten; selbstschuldnerische Bürgschaften von Dritten; Abtretung von Lebensversicherungen; Ausfallbürgschaften von Kreditgemeinschaften. Bei Eigenkapitalhilfedarlehen hat der Ehepartner mitzuhaften. Bei Vorliegen einer Gesellschaft haftet der Unternehmer doppelt: durch Bürgschaft und über die Gesellschaft.
- Es sollen gewisse persönliche Voraussetzungen vorliegen:
  - Der Bewerber soll eine ausreichende fachliche, eventuell auch kaufmännische Qualifikation nachweisen, letzteres falls dieses üblicherweise im angestrebten Beruf verlangt wird.
  - Der Bewerber soll eine tragfähige Vollexistenz anstreben.

Durchführung der Kreditvergabe

Der Kreditabruf hat unmittelbar vor einer Investition zu erfolgen, die Abruffristen betragen ein halb bis dreiviertel Jahr.

Die Darlehensvergabe wird entsprechend gekürzt, wenn der Unternehmer mehr als 15% der Investitionssumme selbst aufbringen kann. Andererseits kann er bei mehrfacher Antragsstellung mit einer Kapitalkumulation rechnen: 15% eigenes Kapital + 25% für I. = 40% + 25% für II. = 65% + 35% für III. = 100% der Investitionssumme.

Lösen Sie Aufgabe Nr. 22-8 in der Anlage A!

2.2.3.2 Kapitalbeteiligungsgesellschaften zur Förderung der Unternehmensentwicklung

O. Hahn (vgl. LV 21 S. 76ff.) unterscheidet drei **Typen von Kapitalbeteiligungsgesellschaften**:

Holding-Gesellschaft

Sie erwirbt Beteiligungen, um durch sie die betreffenden Unternehmen zu beherrschen.

Investment-Gesellschaft

Sie sucht durch breitgestreute Beteiligungen bei Unternehmen von unter 5% eine Risikostreuung des eigenen Kapitals zu erreichen. Die Kapitalanteile müssen börsennotiert sein.

Finanzierungsgesellschaft

Sie sucht weder das Unternehmen zu beherrschen wie die Holding-Gesellschaft noch eine Dauerkapitalanlage wie die Investment-Gesellschaft, sondern sie stößt ihren Anteil wieder ab, wenn sich das Unternehmen selbst trägt und eine Rückzahlung des Kapitals möglich ist. Eine typische (Finanzierungs-)Kapitalbeteiligungsgesellschaft (KBG) bietet den nichtemissionsfähigen kleineren und mittleren Unternehmen Kapitalbeteiligungen an, deren Anteil auf höchstens 25% des betrieblichen Eigenkapitals, deren Mindestanteil auf 0,5 Mill. DM und deren Höchstanteil auf 5 Mill. DM belaufen soll. Die KBG beteiligt sich an Unternehmen mit guten Zukunftschancen, Neugründungen und Sanierungen kommen nicht in Betracht. Dafür verlangt die KBG weitgehende Informations- und Kontrollrechte, u.a. die Steuerbilanz durch Wirtschaftsprüfer zu kontrollieren, einen Beirat mit wichtigen Befugnissen zu bilden und in ihm vertreten zu sein.

Lösen Sie Aufgabe Nr. 22-9 in der Anlage A!

2.2.3.3 Management Buyout-Finanzierung

Manager, die von den Eigentümern das Unternehmen erwerben wollen, streben gewöhnlich nach einer Kapitalmehrheit von mindestens 51% des Grundkapitals, um nicht von kapitalkräftigeren Unternehmenskäufern majorisiert zu werden. Da die Manager beim Management-Buyout meistens nur geringes Eigenkapital aufbringen können, müssen sie sich durch Personalkredite hochgradig verschulden bei Banken, die bereit sind, Venture-Kapital bereitzustellen. Die Manager können dann nur hoffen, durch Entrümpelung des übernommenen Unternehmens möglichst viele Finanzmittel freizusetzen, um sich von der Schulden- und Zinsenlast möglichst schnell wieder zu befreien.

Die vier Manager, welche 1985 das Kronacher Elektronikunternehmen Loewe-Opta mit 1.500 Beschäftigten übernahmen, erhielten von der Dresdner Bank AG die entsprechenden Kredite zur Verfügung gestellt, um die Übernahme zu finanzieren. Zum Leistungsanreiz zur schnellen Tilgung des Junior-Kredits wurde ein Wandelrecht eingeräumt, falls dieser Kredit nicht nach 5 Jahren getilgt sein sollte. Im Falle der Wandlung erhielte die Bank einen Anteil von 15% des Grundkapitals. Der Finanzierungsplan (in Mill. DM) sah dann wie folgt aus (vgl. Management Wissen 2/1989 S. 22):

```
Management - Eigenkapital    1,5
Matuschka Venture Kapital    3,5
Seniorkredit                35,8  zu 7% Zinsen abges. durch d. Aktiva
Juniorkredit                23,0  zu 9,5% Zinsen für maximal 10 Jahre
Wandelanleihe                5,0  zu 2% Zinsen

Total                       68,8
```

Lösen Sie Aufgabe Nr. 22-10 in der Anlage A!

2.2.3.4 Öffentliche Subventionsfinanzierung von Umweltschutzprojekten

Der Staat sucht durch finanzielle und steuerliche (Sonderabschreibungen nach § 7d EStG) Vergünstigungen den Unternehmen die Bürde der Umweltauflagen zu erleichtern, nicht zuletzt deswegen, weil sich die Umweltinvestitionen eher für die Volkswirtschaft als Ganzem und nicht so sehr für die einzelnen Betriebe auszahlen, es sei denn, es läßt sich mit ihnen z.B. eine Energieeinsparung verbinden. Die Vorteile dieser staatlichen Förderungsprogramme sind je nach ökologischer Leistung der betrieblichen (und kommunalen) Vorhaben gestaffelt:

- "Sofern diese nur gerade eben behördliche Anforderungen erfüllen und am Ende des Produktionsprozesses als nachgeschaltete Umweltschutztechnik geplant ist, bestehen wenig Chancen, mehr als leicht zinsverbilligte Darlehen zu erhalten."
- "Der Einsatz sogenannter integrierter Umweltschutzmaßnahmen, also von umweltschonen-

den Produktionsverfahren oder die spezielle Weiterentwicklung von Umweltschutztechniken in Gestalt von Modellanlagen, bieten dagegen Chancen auf eine größere Förderung."
- "Sofern die geplante Maßnahme nicht nur Demonstrationscharakter hat, sondern als Forschungsvorhaben zu bewerten ist, werden fast immer Investitionszuschüsse die Regel sein" (H. Langer (Hrsg.): Investitionshilfen im Umweltschutz, Bundesanzeiger 1991 S. 6).

Als Förderprogramme des Staates gibt es neben dem übernationalen Umweltschutzprogramm der Europäischen Investitionsbank (EIB) die spezielle Programme einzelner Bundesländer (vgl. ebenda S. 14ff.) das zentrale Programm des Bundes (vgl. ebenda S. 8ff.):

- Investitionsprogramm zur Verminderung von Umweltbelastungen mit Investitionszuschüssen bis höchstens zu 50% für
  - Anlagen mit einem fortschrittlichen Stand der Technik zur Verminderung von Umweltbelastungen,
  - fortschrittliche Verfahren zur Vermeidung von Umweltbelastungen,
  - umweltverträgliche Produkte und umweltschonende Substitutionsstoffe.

- Fachprogramm Umweltforschung und -technologie des Bundesministers für Forschung und Technologie (BMFT) mit Investitionszuschüssen bis höchstens zu 50% für Projekte
  - zur Aufklärung von Ursachen/Wirkungenzusammenhängen,
  - zur Entwicklung von Technologien zur Vermeidung, Verminderung und Verwertung umwelt-belastender Stoffe,
  - zur Entwicklung umweltentlastender Sanierungstechnologien.

- KfW-Umweltprogramm mit zinsgünstigen Darlehen bis zu 10 Mio. DM, eventuell ergänzend zu ERP-Krediten und anderen öffentlichen Fördermitteln mit einem Finanzierungsanteil bis zu zwei Drittel des Investitionsbetrags (drei Viertel bei Unternehmen mit weniger als 100 Mio. DM Jahresumsatz) für Investitionen
  - zur Beseitigung oder Vermeidung von Luftverschmutzungen,
  - zur Verminderung von Geruchsemissionen, Lärm und Erschütterungen,
  - zur Verbesserung der Abwasserreinigung, Abfallbeseitigung und -behandlung.

- Ergänzungsprogramm (ED) III der Deutschen Ausgleichbank (DAB) als Herstellerförderprogramm mit zinsgünstigen Darlehen von langer Laufzeit ohne Höchstbetrag für
  - Investitionen zur Herstellung umweltfreundlicher Produktionsanlagen,
  - Investitionen zur Herstellung umweltfreundlicher Produkte.

- Umweltschutzbürgschaftsprogramm: Haftungsfreistellung bei Ergänzungsdarlehen III zur Förderung von Herstellern präventiver Umweltschutztechnik mit Haftungsfreistellungen in Höhe bis zu 80% des Kreditbetrags mit Haftungsbegrenzung auf 50% der Investitionssumme für Investitionen zur Herstellung von innovativen umweltfreundlichen Produkten und Produktionsanlagen.

- Gemeinschaftsaufgabe "Verbesserung der regionalen Wirtschaftsstruktur" von Bund/Länder mit Investitionszuschüssen bis zu 18% der Investitionssumme für Vorhaben
  - zur Verbesserung der regionalen Wirtschaftsstruktur u.a für Energieversorgungsanlagen, Abwasser- und Abfallbeseitigungsanlagen, Altlastensanierung.

- Finanzielle Förderung der wirtschaftsnahen Infrastruktur auf dem Gebiet der fünf neuen Bundesländer zur Verbesserung der regionalen Wirtschaftsstruktur mit Investitionszuschüssen bis zu 23% der förderfähigen Kosten zur Errichtung oder Ausbau
  - von Energie- und Wasserversorgungsleitungen und -verteilungsanlagen,
  - von Anlagen für die Beseitigung/Reinigung von Abwasser und Entsorgung von Abfall.

Lösen Sie Aufgabe Nr. 22-11 in der Anlage A!

2.2.4 Beteiligungsstrategien: Going Public - Going Private

2.2.4.1 Going Public

Eine Reihe von Aktiengesellschaften hält ihr Kapital im engen, z.T. im familiären Kreis. Geht eine dieser Aktiengesellschaften dann doch an die Börse, um das Familienunternehmen in eine Publikumsgesellschaft umzuwandeln und um Kapital breiter zu streuen, wird dieser Vorgang in den USA als "Going Public" bezeichnet oder auch als "Initial Public Offering" (vgl. hierzu vor allem J.-P. Thommen LV 63a S. 467ff.).

Die dispergierende (streuende) Beteiligungsstrategie des Going Public kann das Unternehmen aus verschiedenen Gründen verfolgen:
- es will die Kapitalbasis verbreitern, vor allem dann, wenn es eine größere betriebliche Expansion anstrebt;
- es sollen Familienangehörige, die sich vom Unternehmen zurückziehen wollen, abgefunden werden;
- es soll die Risikobasis erweitert werden;
- es soll die die Fungibilität der Kapitalanteile erhöht werden (Fungibilität gibt den Grad der Liquidierbarkeit = Wiederverwertung von Finanzanlagen an);
- es soll dem Unternehmen eine größere Publizität zuteil werden.

Beim Going Public müssen die Käufer von Anteilspapieren eventuell mit negativen Überraschungen bei der Kursentwicklung rechnen, wenn die emittierenden Unternehmen noch jung und deshalb noch nicht fest etabliert sind; so verloren z.B. die Aktien der Firma Sartorius, von der CoBank zum Kurs von 620 emittiert, in relativ kurzer Zeit 67% des Kurs wertes und auf ähnlicher Höhe bewegten sich die Kursverluste der Firma Schön & Cie, ebenfalls von der CoBank emittiert.

Mit dem Going to Public konnten beim Computerhersteller Nixdorf gleich zwei Effekte bewirkt werden:
- es konnte eine rechtzeitige Loslösung vom Firmengründer bzw. von dessen Erben durchgeführt und
- es konnte gleichzeitig eine Reorganisation im größeren Rahmen (zusammen mit Siemens) vorbereitet werden.

2.2.4.2 Going Private

Dagegen bezeichnet das Going Private eine konzentrierende Beteiligungsstrategie, die vor allem in den USA verfolgt wird und die die Umwandlung einer Publikumsgesellschaft in ein von einer Person oder in ein von einer kleinen Gruppe von Personen beherrschtes Unternehmen zum Ziel hat. Dabei kauft eventuell eine private Aktiengesellschaft die Publikumsgesellschaft auf. Beim sog. Leveraged Buyout geschieht dies vornehmlich mit Hilfe von Bankkrediten, die - bei schmalem Eigenkapital - zu hohen Zinsbelastungen führen können.

Für das Going Private können verschiedene Beweggründe ausschlaggebend sein:
- das Unternehmen soll sich befreit vom Öffentlichkeitsdruck organisch entwickeln können;
- die leitenden Angestellten wollen im Rahmen eines sog. Management Buyouts die Macht in "ihrem" Unternehmen übernehmen;
- vor allem bei sog. "Schläferunternehmen" mit niedrigen Börsenkursen können sich stark unterbewertete Grundstücke befinden, welche die Übernehmer, die an dem eigentlichen Betrieb desinteressiert sind, zu hohen Preisen verkaufen und welche so das Unternehmen "ausschlachten".

Lösen Sie Aufgabe Nr. 22-12 in der Anlage A!

2.2.5 Gewinnobligation (Gewinnschuldverschreibung)

2.2.5.1 Wesen und Formen der Gewinnobligation

Eine Übergangsposition zum Fremdkapital nimmt die Gewinnobligation ein, welche in §§ 221ff. AktG geregelt ist. Durch die Gewinnobligation wird der Kapitalgeber wie beim partiarischen Darlehen Gläubiger (Kreditgeber) und nicht Miteigentümer. Die Gewinnobligation gibt es in zwei Formen:
- bestimmter Gewinnanteil;
- fester Zinssatz plus mit der Dividende gekoppelter Gewinnanspruch.

Ausstattungsmäßig kann die Gewinnobligation herausgegeben werden
- als Orderpapier,
- als Namenspapier und
- als Inhaberpapier.

2.2.5.2 Beurteilung der Gewinnobligation

Während das partiarische Darlehen auf einzelnen Verträgen zwischen Kapitalgeber und Kapitalnehmer beruht, wird die Gewinnobligation verbrieft, d.h. kann sie einem breiten anonymen Kapitalgeberkreis angeboten und auch an der Börse gehandelt werden. Ist der Kapitalgeber nicht geneigt, dem Unternehmen Fremdmittel zuzuführen, etwa weil die Zinsentwicklung unübersichtlich ist, kann er eventuell durch die Zusage der zusätzlichen Gewinnbeteiligung über den Zinssatz hinaus ernsthaft interessiert und zu einer Kapitalüberlassung veranlaßt werden, da er dann einkommensmäßig gut abgesichert ist. Erhält dagegen der Gewinnobligationär nur eine Gewinnzusage, kann er leer ausgehen,
- wenn das Unternehmen gewinnlos bleibt,
- wenn die Unternehmensleitung etwa durch überhöhte Abschreibung eine Gewinneinbehaltungspolitik (sog. Gewinnthesaurierung) betreibt.

Lösen Sie Aufgabe Nr. 22-13 in der Anlage A!

2.3 Operationelle Abläufe der Innenfinanzierung

2.3.1 Kapitalerhöhung aus Gesellschaftsmitteln

Bei der in den §§ 207 - 220 des Aktiengesetzes geregelten Grundkapitalerhöhung aus eigenen Mitteln - vorwiegend einbehaltene Gewinne - handelt es sich nicht um eine Finanzierung im eigentlichen Sinne, sondern nur um eine Finanzdisposition in Form einer Kapitalumschichtung. Das Unternehmen kann dabei alle freien Rücklagen - ausgenommen die gemäß § 208 Abs. 2 AktG - sowie alle gesetzlichen Rücklagen, soweit sie 10% des bisherigen Grundkapitals übersteigen, in Grundkapital umwandeln. Die Anteilseigner erhalten dabei sog. Gratisaktien. Einmal lassen sich nun zu demselben Dividendensatz mehr Dividenden ausschütten und zum anderen wird dadurch der Aktienkurs "erleichtert", weil sich der Unternehmensgewinn nun auf eine größere Aktienzahl verteilt.

Beispiel:
Bisher entfielen auf 5 Aktien 100,-DM Gewinn = 100/5 = 20,-DM Gewinn pro Aktie. Auf diese fünf Aktien soll eine Gratisaktie gewährt werden, dann entwickelt sich der Gewinn pro Aktie: 100/6 = 16,7.

Durch diesen Vorgang sinkt möglicherweise die sog. Price-Earnings-Ratio (PER), wodurch sich die Verkäuflichkeit der Aktie erhöht:

```
(23-1) PER = Preis (Kurs) je Aktie/Gewinn je Aktie.
```

Beispiel früher: (37-2) PER = 500/20,0 = 25
         jetzt: (37-2) PER = 400/16,7 = 24.

Lösen Sie Aufgabe Nr. 23-1 in der Anlage A!

2.3.2 Liquidation nichtbetriebsnotwendiger Vermögensteile

Vor allem in Krisenzeiten stoßen Unternehmen Vermögensteile ab, die dann nicht mehr als betriebsnotwendig angesehen werden, z.B. unbebaute Grundstücke, Reserveanlagen, aber auch ganze Betriebsteile, eventuell auch Beteiligungen an anderen Unternehmen. Betriebsgebäude, Fabrikhallen wie Verwaltungsgebäude, können bei angespannter Liquiditätslage verkauft und sogleich zurückgemietet werden (Sale-Leaseback). Das Sale-Leaseback bringt nur vorübergehend Liquiditätserleichterung, da mit der Rückmiete laufend feste Pachtraten fällig werden.

Vor allem aus Rationalisierungsgründen geben die Unternehmen eigene Fertigungen zugunsten des Bezugs von fertigen Leistungen auf (sog. De-Integrationsentscheidungen vgl. 5.1.1.3). Dabei wird gleichzeitig Kapital freigesetzt:
- bestimmte Betriebsmittel werden nicht mehr benötigt und werden deshalb verkauft;
- Vorräte für Rohmaterial und unfertige Erzeugnisse werden abgebaut.

Zu einem einmaligen Kapitalfreisetzungseffekt führen auch die Kürzung von Prozeßdauern:
- Kürzung von Materialdurchlaufzeiten etwa im Rahmen der Just-in-Time-Anlieferung;
- Kürzung von Forderungszielen.

Unternehmen halten gelegentlich spekulative Lager für bestimmte Güter, um einer Verknappung und/oder Verteuerung vorzubeugen. Durch Abbau von spekulativen Beständen kommt es ebenfalls zu einem einmaligen Kapitalfreisetzungseffekt.

Lösen Sie Aufgabe Nr. 23-2 in der Anlage A!

2.3.3 Finanzierung aus Rückstellungen

2.3.3.1 Gesetzliche und betriebswirtschaftliche Erwägungen

Nach § 249 HGB haben die Unternehmen für bestimmte Fälle - gewinnmindernd - Rückstellungen zu bilden. Solange diese Beträge noch nicht in Anspruch genommen worden sind bzw. solange die Rücklagen noch nicht wieder aufgelöst worden sind, stehen sie den Unternehmen zur Finanzierung ihrer Geschäftstätigkeiten zur Verfügung.
Gelegentlich verpflichten sich Unternehmen vertraglich, dem Mitarbeiter eine Alters-, Invaliden- oder Hinterbliebenenversorgung zu gewähren. Die hierfür erforderlichen jährlichen Rückstellungen sind nach versicherungsmathematischen Grundsätzen zu ermitteln, um steuerlich absetzbar zu sein. Da diese Pensionsrückstellungen den tatsächlichen Auszahlungen an die Mitarbeiter oft Jahrzehnte vorweglaufen, kann der Betrieb sie zwischenzeitlich zur Finanzierung von betrieblichen Vorhaben nutzen, vorausgesetzt,
- es ist ein durch die Pensionszusagen sich mindernder Gewinn vorhanden und
- diese Finanzmittel werden nicht in eine betriebsexterne Pensionskasse eingezahlt.

Für die Pensionsrückstellungen erhält der Betrieb steuerliche Vergünstigungen, die er ebenfalls zur Finanzierung benutzen kann (vgl. im Einzelnen LV 49 S. 572ff.).

Nach P. Swoboda sind folgende betriebswirtschaftliche Erwägungen bei Pensionszusagen anzustellen (vgl. LV 8.57 S. 124):
- Es kann die Gewährung von Pensionszusagen zu einer Ersparnis von laufenden Gehältern führen; so erhalten leitende Angestellte anstelle einer Gehaltserhöhung eine Pensionszusage.
- Die Pensionszusagen wirken sich steuermindernd aus.

- Die Pensionszusage wird mit hoher Wahrscheinlichkeit später zu Pensionszahlungen führen.
- Durch die Pensionszahlungen kann das Kreditrisiko der Gläubiger steigen, so daß diese eventuell mit höheren Zinsforderungen bzw. mit einer Senkung der Kreditbeträge reagieren.

2.3.3.2 Berechnung von Pensionsrückstellungen und -zahlungen an einem Zahlenbeispiel

Bei der Berechnung der praktischen finanzwirtschaftlichen Auswirkungen einer Pensionszusage (vgl. Tab. 23-1) sind insbesondere zu berücksichtigen
- der gesetzliche Mindestzinsfuß (hier: 5,5%), wobei hier Rundungen die an sich gleichmäßige Rückstellungsdotierung beeinflussen,
- das Alter des Begünstigten, welches die Höhe der Rückstellungsdotierung beeinflußt,
- der Ertragsteuersatz auf die Ersparnisse (hier: 60%, z.B. 339 · 0,6 = 203,-DM),
- die Pensionszahlungen von 1.200,-DM sind ebenfalls in Höhe 60% zu versteuern (hier: 0,4 · 1.200 = 480,-DM).

Tab. 23-1: Finanzimplikationen einer Pensionszusage (entn. LV 8.61 S. 126ff.)

Geschäfts-jahr	Alter des Begünst.	Rückstell. dotierung	Rückstellung	Steuer-ersparn.	Pensions-zahlungen
1	46	339	339	203	
2	47	361	700	217	
3	48	371	1.071	223	
4	49	350	1.421	210	
5	50	437	1.858	262	
6	51	438	2.296	262	
7	52	437	2.733	262	
8	53	437	3.170	262	
9	54	437	3.607	262	
10	55	438	4.045	262	
11	56	546	4.591	328	
12	57	438	5.029	262	
13	58	546	5.575	328	
14	59	547	6.122	328	
15	60	547	6.669	328	
16	61	655	7.324	393	
17	62	656	7.980	393	
18	63	875	8.855	525	
19	64	874	9.729	525	
20	65	1.203	10.932	722	
21	66	-360	10.572	-216	-480
22	67	-360	10.212	-216	-480
23	68	-372	9.840	-223	-480
24	69	-360	9.480	-216	-480
25	70	-372	9.108	-223	-480
26	71	-360	8.748	-216	-480
27	72	-360	8.388	-216	-480
28	73	-360	8.028	-216	-480
29	74	-348	7.680	-209	-480
30	75	-7.680	0	-4.608	-480

Resümierend folgt P. Swoboda aus der Beurteilung des praktischen Beispiels, "daß in vielen Fällen die durch die Pensionszusage bewirkten Pensionszahlungen aus den Zinsen auf die während der Rückstellungsdauer erzielten Steuerminderungen bezahlt werden können. Die Vorteilhaftigkeit der Pensionszusage würde noch wachsen, wenn durch die Pensionszusage der laufende Personalaufwand gemindert werden kann oder positive Wirkungen auf den Arbeitseinsatz bzw. die Betriebstreue der Dienstnehmer erzielt werden können" (ebenda S. 126).

Lösen Sie Aufgabe Nr. 23-3 in der Anlage A!

2.3.4 Finanzierung aus dem Cash-Flow

2.3.4.1 Lohmann-Ruchti-Effekt

Die Unternehmen können sich auch von innen durch Überschüsse aus dem laufenden Betriebsprozeß finanzieren. Finanzüberschüsse, im Angelsächsischen Cash-Flow genannt, sind die Umsatzteile, die nicht zu Kassenabflüssen führen. Die betriebswirtschaftliche Literatur spricht hier unter der Bezeichnung "Selbstfinanzierung" von Finanzierung aus einbehaltenem Gewinn und aus Abschreibungen, die Residuen der betrieblichen Wertschöpfung darstellen.

Den Abschreibungen ist unter bestimmten Umständen sogar ein "Kapazitätserweiterungseffekt" nachzuweisen - in der betriebswirtschaftlichen Literatur unter der Bezeichnung "Lohmann-Ruchti-Effekt" bekannt, d.h. Finanzüberschüsse in Höhe der Abschreibungen eines neubeschafften Anlagegegenstandes dienen - temporär - zur Finanzierung betrieblicher Anlagen und damit zur Ausweitung der betrieblichen Kapazität (vgl. Tab. 23-2). Die in den einzelnen Abrechnungsperioden kontinuierlich anfallenden und sich kumulierenden Abschreibungsbeträge können zwischenzeitlich bis zur Reinvestition nur unter bestimmten Voraussetzungen zur Beschaffung zusätzlicher Anlagen verwandt werden:
- die Abschreibungen sind voll "verdient" und nicht mehr oder weniger stark durch Anlaufverluste aufgezehrt;
- die Abschreibungen werden auch nicht von dem Projekt zur Ausweitung des Umlaufvermögens (genauer: Working Capitals, vgl. Abb. 61-4) benötigt, weil eine Strategie der Kapitalvollfinanzierung betrieben wurde (vgl. 4.2.2.2);
- das zur Erstinvestition benötigte Kapital steht ständig zur Verfügung; bei einem Kredit dienen die Abschreibungen eventuell nur zur Tilgungsfinanzierung.

Tab. 23-2: Temporäre Kapazitätserweiterung durch Abschreibungen

Periode		Abschreibungen pro Periode	Abschreibungen kumuliert = temporäre Inv.
1	Erstinvestition 500.000,-DM	125.000,-DM	125.000,-DM
2		125.000,-DM	250.000,-DM
3		125.000,-DM	375.000,-DM
4		125.000,-DM	500.000,-DM
5	Reinvestition 500.000,-DM	125.000,-DM	125.000,-DM etc.

Bei mehreren zeitlich versetzten Investitionsprojekten können ständig Finanzierungsmittel aus Abschreibungen für Investitionen mit Kapazitätserweiterungseffekt bereitstehen.

Die Selbstfinanzierung aus einbehaltenem Gewinn ist zum Teil institutionell bedingt. So müssen Aktiengesellschaften gemäß § 150 AktG solange 5% des erwirtschafteten jährlichen Gewinns - nach Abzug eines eventuellen Verlustvortrags - der gesetzlichen Rücklage zuführen, bis 10% des Grundkapitals erreicht sind. Darüber hinaus besitzen gemäß § 58 AktG Vorstand und Aufsichtsrat das Recht, bis zu 50% des jährlichen Gewinns in die freien Rücklagen einzustellen. Nur über den Restgewinn können die Aktionäre verfügen - eventuell zum Aufbau weiterer Rücklagen.

Lösen Sie Aufgabe Nr. 23-4 in der Anlage A!

2.3.4.2 Ausschüttungsstrategien der Unternehmen

Die offene Selbstfinanzierung steht in Abhängigkeit zur gewählten Ausschüttungsstrategie:

Strategie der Dividendenstabilität

Stabile Dividenden erwecken einerseits den Anschein von Seriosität, wodurch Vertrauen für das Unternehmen entsteht, andererseits sind sie aus Vorsichtsgründen auf einem relativ niedrigen Niveau zu stabilisieren. Entsprechend ist komplementär die Selbstfinanzierungsquote relativ hoch. Stabilisiert sich die (branchen-)übliche Dividende auf einem relativ hohen Niveau, führt dies zu einer starken Gewinnabschöpfung und entprechend niedrigen Gewinnthesaurierung (Gewinnhortung).

Strategie der gewinnabhängigen Ausschüttung

Hierbei folgt das Unternehmen bei der Ausschüttung geschmeidig der Gewinnentwicklung, es wird eventuell ausgefallene Dividenden nachzahlen. Entsprechend ist die Höhe der Selbstfinanzierung durch Gewinnthesaurierung starken Schwankungen ausgesetzt.

Schütt' aus - Hol' wieder - Strategie

Diese Strategie verbessert das Unternehmensimage durch reichliche Dividendenzahlungen. Durch das gleichzeitige Angebot der Aktienzeichnung bleibt bei Inanspruchnahme der Liquiditätsentzugseffekt gering. Zwar stammen diese Finanzierungsbeträge aus selbst erzeugten Mitteln, rechtlich gesehen handelt es sich jedoch um Außenfinanzierung und damit nicht um Selbstfinanzierung durch Gewinnthesaurierung.

Die Schütt' aus - Hol' wieder - Strategie kann insbesondere bei hohen Steuersätzen für einbehaltene Gewinne betriebswirtschaftlich sinnvoll sein, wie dies H. Schierenbeck anhand eines Zahlenbeispiels nachweist (vgl. Tab. 23-3).

Tab. 23-3: Selbstfinanzierungseffekt unterschiedlichen Ausschüttungsverhaltens
(entn. LV 50 S. 461, in DM)

```
Vollständige Gewinnausschüttung:      Vollständige Gewinneinbehaltung:

Körperschaftst.     Gewinn 100,-      Körperschaftst. Gewinn      100,-
- Körperschaftsteuer (36%)  36,-      - Körperschaftssteuer (50%)  50,-
= Bruttobarausschüttung     64,-      = Selbstfinanzierungsbetrag  50,-
- Kapitalertragst.  (25%)   16,-
= Nettobarausschüttung      48,-
+ Steueranrech.: 36 + 16 =  52,-
= steuerpfl. Bruttoertrag  100,-
- Einkommensteuer   (30%)   30,-
= Nettoertrag nach Steuern  70,-
= potentielle Finanzierung  70,-
```

Stockdividendenstrategie

Einige Unternehmen deklarieren sich als Wachstumsunternehmen und thesaurieren alle Gewinne. Den Aktionären offerieren sie anstelle der Dividende "Gratis-"Aktien, auch Berichtigungsaktien genannt, welche die Aktionäre bei Geldbedarf verkaufen können. Dies kann auch steuerlich für die Aktionäre günstig sein. Zur Ausgabe dieser "Stockdividende" ist in Aktiengesellschaften eine "Kapitalerhöhung aus Gesellschaftsmitteln" gemäß §§ 207 - 220 AktG erforderlich, bei der Rücklagen in Grundkapital umzuwandeln sind. Dies bedeutet maximale Selbstfinanzierung durch maximale Gewinnthesaurierung.

Lösen Sie Aufgabe Nr. 23-5 in der Anlage A!

2.3.4.3 Selbstfinanzierung

Verdeckte oder stille Selbstfinanzierung

Sie erfolgt durch Bildung sog. Stiller Reserven (vgl. LV 66 S. 264f.)

- durch Unterbewertung von Aktivposten der Bilanz etwa durch überhöhte Abschreibungen von Anlagegütern - im Vergleich zur eingetretenen Wertminderung - oder durch zu niedrige Bewertung der unfertigen und fertigen Erzeugnissen nur in Höhe der Herstellkosten,

- durch Überbewertung von Passivposten der Bilanz etwa durch überhöhten Ansatz von Rückstellungen,

- durch Nichtaktivierung aktivierungsfähiger Wirtschaftsgüter etwa durch Sofortabschreibung sog. geringwertiger Wirtschaftsgüter,

- durch Unterlassen der Zuschreibung von Wertsteigerungen etwa schon abgeschriebenen Wirtschaftsgütern.

Offene Selbstfinanzierung

Sie ist über eine positiven Cash Flow möglich. Höhere Abschreibungen, etwa durch den Übergang von der linearen zur degressiven Abschreibung, erhöhen nicht gleich den Cash Flow wegen der Komplementarität zum einbehaltenen Gewinn. Lediglich, wenn sich aufgrund der Gewinnminderung die Ertragssteuern und/oder die Ausschüttungen an die Kapitaleigner senken lassen, erhöht sich auch der Cash Flow. Der Cash Flow kann erheblich zur Unternehmensfinanzierung beitragen. Zu seiner mittelfristigen Planung ist der Jahresgewinn (vgl. Tab. 61-2 Planjahr 19+0) mit 60% Ertragssteuern zu belegen: 17,815 · 0,4 = 7,126 Mio. DM Nettogewinn nach gesamte Steuern, der quartalsweise gemäß der Absatzplanung aufzubrechen ist (vgl. Tab. 23-4). Die Gewinnausschüttung erfolgt gewöhnlich im 2. Quartal. Die Abschreibungen im ersten Planjahr der Tabelle zur Planung von Abschreibungen und Anlagevermögen (Tab. 61-3 = 3,268 Mill. DM) sind gleichmäßig zu verteilen.

Tab. 23-4: Finanzmittel aus dem Cash-Flow (in Mill. DM)

	I.Qu.	II.Qu.	III.Qu.	IV.Qu.	Total
Absatz in %	31,5%	30,9%	11,3%	26,3%	100%
versteuerter Reingewinn	2,245	2,202	0,805	1,874	7,126
- Gewinnausschüttung	-	4,000	-	-	4,000
+ Abschreibungen	0,817	0,817	0,817	0,817	3,268
= Cash-Flow	3,062	-0,981	1,622	2,691	6,394
kumulierter Cash-Flow	3,062	2,081	3,703	6,394	-

Lösen Sie Aufgabe Nr. 23-6 in der Anlage A!

2.3.4.4 Beurteilung der Selbstfinanzierung

Die Selbstfinanzierung aus dem Cash-Flow wirkt sich für das Unternehmen vorwiegend positiv aus:
- sie stärkt die Kreditfähigkeit des Unternehmens;
- es lassen sich beim Ansatz überhöhter Abschreibungen temporär Steuern sparen;
- die Selbstfinanzierungsbeiträge unterliegen keiner Zweckbindung;
- es müssen dafür keine Zinsen bzw. Ausschüttungen gezahlt werden;
- es macht deshalb in Konjunkturtiefs die Unternehmen resistenter;
- es verschieben sich nicht durch Selbstfinanzierung die Kapitalteile der Gesellschafter.

Hieraus läßt sich folgern, daß die optimale Selbstfinanzierungsquote gleichbedeutend mit maximaler Selbstfinanzierung ist, allerdings unter folgenden Voraussetzungen,
- daß die Kapitaleigner mit der Ausschüttungsquote zufrieden sind, so daß sie bei dringendem Kapitalbedarf bereit sind, dem Unternehmen weitere Finanzmittel zur Verfügung zu stellen,
- daß an das aus Selbstfinanzierung stammende Kapital dieselben strengen Beurteilungsmaßstäbe gelegt werden wie beim anderen Kapital.

Lösen Sie Aufgabe Nr. 23-7 in der Anlage A!

2.4 Operationelle Abläufe der langfristigen Fremdfinanzierung

2.4.1 Anleihefinanzierung (Obligationsfinanzierung)

2.4.1.1 Formen, Begebung und Sicherung der Anleihen

Formen und Begebung der Anleihen

Anleihen sind der Rechtsform nach Darlehen, die in Teilforderungen aufgeteilt und wertpapiermäßig in Form von Teilschuldverschreibungen oder Obligationen verbrieft sind. Diese bestehen aus dem sog. Mantel und dem Zinsscheinbogen mit dem Erneuerungsschein. § 795 BGB macht die staatliche Genehmigung von Inhaberschuldverschreibungen erforderlich, § 808a BGB das gleiche für Orderschuldverschreibungen. Für Industrieanleihen besteht Prospektzwang, d.h. im Prospekt sind die wirtschaftlichen Verhältnisse des Unternehmens darzulegen, außerdem müssen sich die Unternehmen dem Börsenzulassungsverfahren unterwerfen. Der zentrale Kapitalmarktlenkungsausschuß stimmt Angebot und Nachfrage beim langfristigen Kapitalbedarf ab und sorgt für die Dosierung der Anleihen. Nur große Kapitalgesellschaften gelten als emisssionsfähig.

Die Emission besorgen Banken und Sparkassen, die sich an Sparer, Bausparkassen, Investmentgesellschaften etc. wenden. Die Papiere sind klein gestückelt, so daß die Anleihefinanzierung der Aktienfinanzierung ähnelt. Dieser Eindruck wird noch durch die Einräumung von 5 - 6 tilgungsfreien Jahren zu Anfang verstärkt.

Sicherung von Anleihen

Obligationen sind durch die Belastung von Grundstücken in Form einer Hypothek oder einer Grundschuld zu sichern - wobei sich die Grundschuld wegen ihrer abstrakten Natur und der daraus resultierenden größeren Beweglichkeit durchgesetzt hat - , zumindest durch die Negativklausel, d.h. das Unternehmen darf die Grundstücke nicht für andere Zwecke belasten bzw. es darf andere Gläubiger nicht besser stellen. Auch beachtliche Bürgschaften werden akzeptiert, etwa von Dachgesellschaften grosser Konzerne für Anleihen von Tochtergesellschaften oder von Bund, Ländern und Gemeinden für Unternehmen, die von der öffentlichen Hand beherrscht werden. Bei größeren Unternehmen werden alle Gläubiger in einem sog. Gleichrangrahmen zusammengefaßt, wobei ein Großgläubiger dafür sorgt, daß das schuldnerische Unternehmen die Beleihungsgrenzen einhält. Beträgt die Beleihung (q) z.B. 40% des Objektwerts, lassen sich in abnehmender Reihe Beleihungswerte (BLW) erzeugen:

$$(24\text{-}1)\ BLW = 100/(1 - q) - 100 =$$
$$\text{z.B. } 100/(1 - 0{,}4) - 100 = 167 - 100 = 67\%.$$

2.4.1.2 Effektivverzinsung von Anleihen

Die Effektverzinsung von Anleihen läßt sich nach einer Faustformel errechnen:

$$(24\text{-}2)\ EVA1 = JZs + [(RK - AK)/n]/AK \cdot 100$$
$$= 8 + [(102 - 98{,}5)/5]/98{,}5 \cdot 100$$
$$= (8 + 0{,}7)/98{,}5 \cdot 100 = 8{,}8324\%$$

Dabei sind:
$EVA1$ = Effektivverzinsung nach Faustformel,
JZs = Jahreszinssatz z.B. 8%,
RK = Rückzahlungskurs z.B. z.B. 102,
AK = Ausgabekurs z.B. 98,5,
n = Laufzeit z.B. 5 Jahre.

Fallen bei der Anleiheemission im beachtlichen Umfang einmalige Kosten (EKA) für Bankenprovisionen, Register- und Notariatskosten, Bereitstellungsprovisionen, Börsenzulassungsgebühr, etc. an, die 5% des Emissionsbetrags verzehren können (vgl. LV 8.31 S. 354f.), dann gilt die erweiterte Formel:

$$(24\text{-}3)\ EVA2 = [Z + [EKA \cdot AK/100 + (RK - AK)/n]]/AK \cdot 100$$
$$= [8 + [5 \cdot 98{,}5/100 + (102 - 98{,}5)/5]]/98{,}5 \cdot 100$$
$$= [8 + (4{,}925 + 3{,}5)/5]/98{,}5 \cdot 100$$
$$= (8 + 1{,}685)/98{,}5 \cdot 100 = 9{,}8324\%.$$

Lösen Sie Aufgabe Nr. 24-1 in der Anlage A!

2.4.1.3 Neuere Anleiheformen (Anleihe-Finanzinnovationen: Euro-Anleihen)

Anleihen haben sich den ständig sich ändernden Kapitalmarktbedingungen insbesondere im Zeichen zunehmender Internationalisierung anzupassen, so daß sich ständig neue Anleiheemissionsformen herausbilden, die ebenfalls unter der Bezeichnung Finanzinnovationen "vermarktet" werden (vgl. LV 48 S. 243ff., LV 17 S. 355ff., LV 50 S. 410, LV 8 S. 179ff.). Die neueren Anleihetypen werden auf allen internationalen Finanzmärkten emittiert, der EuroMarkt gilt aber als der aktivste Markt auf dem Anleihesektor. Anlegern wie Emittenten steht ein reichhaltiges Anleihe-"Menü" praktisch für jeden Kapitalbedarf und für jede Anleihesituation mit "maßgeschneiderten" Auswahlmöglichkeiten auch zu spekulativen Zwecken zur Verfügung:

Zerobonds

Unter Zerobonds sind Null-Kupon-Anleihen verstehen, d.h. Anleihen, die ohne laufende Zinszahlung ausgestattet sind, wobei die Zinszahlung entweder zu Anfang durch Diskontierung oder erst am Laufzeitende zusammen mit der Anleihetilgung erfolgt. Dies führt zu folgenden Varianten der Zerobonds:
- Zuwachsanleihe (Zinssammler), bei der eine Emission zum Kurs von Hundert erfolgt und die Rückzahlung zu einem Kurs, der Tilgung, Zins und Zinseszins enthät;
- echte Null-Kupon-Anleihe, bei der der Rückzahlungskurs Hundert beträgt und der Ausgabepreis mit einem Diskontabschlag weit unter dem Nominalwert für Zins und Zinseszins erfolgt, da sie eine Laufzeit bis zu 40 Jahre besitzen kann.

Bei Zerobonds entfällt für den Anleihegläubiger die Notwendigkeit der Anlage laufender Zinserträge.

Index-linked-Bonds

Ihr Coupon oder ihr Nominalwert ist an den Goldpreis, an den Aktienmarktindex, an den Energiekosten oder anderern Indices gebunden. Als einen Unterfall sind die an einen Aktienindex gebundenen **Bull and Bear-Anleihen** anzusehen, die in zwei Tranchen zerfallen:
- bei der Bull-Tranche steigt die Rendite;
- bei der Bear-Tranche fällt die Rendite - parallel zu den Aktienkursen.

Straight Bonds mit Call- und/oder Put-Optionen

Diese Bonds können frühzeitig zurückgezahlt werden, wobei der Anleihehalter oder der Emittent den Preis festlegt.

Austauschbare Straight Bonds

Sie können nach Wahl des Anleihehalters oder des Emittenten gegen Floating Rate Notes ausgetauscht werden.

Straight Bonds mit Optionsschein

Der Optionsschein gibt ein Anrecht auf Bonds mit vergleichbaren Konditionen und auf andere Vermögenswerte (Bond Warrants).

Step-up/Step-down Bonds

Bei diesen Staffelanleihen werden die Zinserträge nach einem festgelegten Zeitplan nach oben und nach unten verändert.

Junk Bonds

Bei ihnen steht ein sehr hoher fixer Coupon einem hohen Ausfallrisiko gegenüber, da diese Anleihen - vornehmlich in den Achziger Jahren - dazu benutzt wurden, um Unternehmensübernahmen mit hohem, risikoreichen Fremdkapitalanteil der Emittenten zu finanzieren.

Deep Discount Bonds

Hierbei liegt der Zinssatz weit unter dem Marktzinssatz, dafür wird ein entsprechend niedriger Ausgabepreis gefordert.

Deferred Coupon Bonds

Bei ihnen werden die Zinszahlungen vor allem aus steuerlichen Gründen auf einen späteren Zeitpunkt verschoben.

Liquid Yield Option Notes

Hierbei wird ein Zero-Coupon Bond mit einem Convertible Bond (Wandelanleihe) kombiniert, wodurch der Anleger die Möglichkeit erhält, am Ende der Laufzeit in ein Straight Bond zu wandeln.

Floating Rate Notes

Floating Rate Notes (FRN) sind Anleihen mit Stückelungen ab 1.000 Dollars, mit variabler Verzinsung und mit Laufzeiten von 7 - 13 Jahren. Bei ihnen erfolgt in drei- bis sechsmonatigen Abständen eine Neufestsetzung der Verzinsung mit Hilfe eines Referenzzinssatzes. Letzterer ist ein ausgewählter Geldmarktzinssatz, der um einen im voraus festgelegten Abschlag bzw. Zuschlag korrigiert wird. Als Geldmarktreferenzzinssatz für die ersten deutschen Floater wurde zunächst an LIBOR und dann an FIBOR orientiert. Sie werden vorwiegend in Luxemburg bzw. London emittiert und gehandelt. Häufig wird eine Minimumverzinsung (floor rate) garantiert.

Da die Floating Rate Notes auch Risiken enthalten können, sind Varianten mit unterschiedlichen risikomindernden Modalitäten entwickelt worden:
- Drop-Lock Floating Rate Notes, welche dem Anleger einen fixierten Mindestzins einräumen, sobald ein bestimmter Zins unterschritten wird,
- Convertible Floating Rate Notes, bei denen der Anleger ein Wahlrecht besitzt, den variablen in einen festen Zins zu tauschen,
- Mini-Max Floating Rate Notes, die mit einem Mindest- und einem Höchstzins ausgestattet sind,
- Ewige Floating Rate Notes, die mit unbegrenzter Laufzeit ausgegeben werden, die der Anleger jedoch in eine begrenzte Laufzeit umwandeln kann, wobei er einen geringeren Zins in Kauf nehmen muß.

Multi Currency Notes

Unter Multi Currency Notes (Multiple Currency Clause Bonds) sind Doppelwährungsanleihen (dual currency issues bzw. multiple Währungsanleihen) zu verstehen,
- bei denen Mittelaufbringung und Rückzahlung in unterschiedlichen (multiplen) Währungen erfolgen und
- bei denen die Zinszahlung in einer der beiden (in multiplen) Währungen vereinbart wird.
Der Kurs solcher Doppelwährungsanleihen (multiplen Währungsanleihen) wird beeinflußt
- von dem Marktzinsins dieser Währungsländer wie auch
- von der Wechselkursentwicklung zwischen Auszahlung- und Rückzahlungstermin.
Bei Währungsoptionsanleihen kann der Geldgeber aus einem vorgegebenen Währungskorb die Rückzahlungswährung auswählen. Doppelwährungsanleihen am deutschen Kapitalmarkt sind mit den Modalitäten ausgestattet, daß Einzahlung und Zinszahlung in DM und die Rückzahlung in US Dollars erfolgt.
Ein Unterfall der Doppelwährungsanleihen sind **Heaven and Hell Bonds**, bei denen der Rückzahlungsbetrrag zwischen 0% und 200% des Nennwertes liegen kann.

Anleihen mit Zins-Swaps

Generell dienen Swaps dazu, relative Vorteile zwischen Partnern an den Finanzmärkten auszugleichen. Bei Zinsswaps können z.B. eine zinsvariable Verbindlichkeit in eine zinsfixe Verbindlichkeit umgewandelt werden, und umgekehrt, mit der Folge, daß beide Partner - z.B. eine Bank und ein Industrieunternehmen - Vorteile daraus haben (vgl. auch 2.1.6.4 Finanz-Swaps):
- die Bank gewinnt eine günstigere Refinanzierungsbasis am Euro-Markt für ihre Roll-over-Kredite;
- das Industrieunternehmen bekommt anstelle einer Festzinsanleihe niedriger verzinsliche Floating Rate Notes mit anschließendem Swap.

Anleihen mit Währungs-Swaps

Beim Währungs-Swap werden werden Kapitalsumme und Zinsverpflichtung in einer anderen Währung ausgetauscht, wenn beide Tauschpartner
- unterschiedliche Währungen benötigen,
- gleichzeitig gleichen Kapitalbedarf mit entsprechenden Laufzeiten besitzen.

Anleihen in Basket Currencies

Bei diesen Anleihen wird eine Kunstwährung als Währungskombination zugrunde gelegt, vor allem der ECU.

Lösen Sie Aufgabe Nr. 24-2 in der Anlage A!

2.4.2 Schuldverschreibungen mit Optionsmöglichkeiten

2.4.2.1 Wandelschuldverschreibungen

Technik der Begebung

Die Wandelschuldverschreibung ist der in den USA entwickelten Convertible Bond nachgebildet. Institutionell ist ihre Ausgabe in § 221 AktG geregelt. Sie gewährt dem Anleihegläubiger das Recht, die Anleihe gegen Aktien zu tauschen (Wandelanleihe). Zum im voraus bei der Begebung festgelegten Optionszeitpunkt muß dann der Gläubiger der Wandelschuldverschreibung entscheiden,

- ob er weiterhin Inhaber einer Schuldverschreibung bleiben will, die früher oder später zur Rückzahlung kommt und damit als Wertpapier verfällt, oder

- ob er sich als Gesellschafter am Unternehmen beteiligen soll mit einem beständigen Wertpapier, zumindest für den Inhaber solange, bis er es veräußert.

Für das die Wandelschuldverschreibung emittierende Unternehmen bedeutet das, daß es bis zum Optionszeitpunkt nicht die volle Höhe seines Eigenkapitals kennt.

Da durch eine Wandelobligation die Kapitalbeteiligung der jetzigen Aktionäre verwässert werden kann, sollte den bisherigen Aktionären ein Bezugsrecht eingeräumt werden. Jedoch muß dieses Recht den bisherigen Aktionären im Hauptversammlungsbeschluß ausdrücklich eingeräumt werden. Eine andere Möglichkeit besteht darin, den Wandlungspreis entsprechend der eingetretenen Kapitalveränderung nach folgender international gebräuchlichen Formel zu ermäßigen (vgl. LV 13 S. 194f.):

$$(24\text{-}4) \quad P = (W \cdot K + w \cdot k)/(K + k).$$

Dabei bedeuten:

```
P = der ermäßigte Wandlungspreis für eine aus der Wandlung hervor-
    gehende Aktie im Nennwert von nominal 100,-DM;
W = jeweiliger Wandlungspreis vor der Kapitalerhöhung oder der
    Schaffung neuen bedingten Kapitals für eine aus der Wandlung
    hervorgehende Aktie im Nennbetrag von 100,-DM;
K = Betrag des Grundkapitals, der am Tag vor der Beschlussfassung
    über eine Kapitalerhöhung im Handelsregister eingetragen ist;
w = Bezugspreis für eine aus der Kapitalerhöhung hervorgehende Ak-
    tie im Nennbetrag von 100,-DM;
k = Nennbetrag der Kapitalerhöhung.
```

Zielrichtungen der Emission

Bei der Wandelschuldverschreibung sind schon im Zeitpunkt der Begebung die Umtauschmodalitäten entsprechend den Zielrichtungen festzulegen:
- die Mannesmann-Anleihe von 1955 strebte eine späte Umwandlung an, da erst eine Wandlung nach sieben Jahren mit Jahr für Jahr sich senkenden Zuzahlungsbeträgen möglich war;
- die Wandelanleihe der AEG von 1966 mit Jahr für Jahr steigenden Zuzahlungen strebte offensichtlich eine frühe Wandlung an.

Wandelanleihen besitzen ein stark spekulatives Element für den Erwerber und werden in Deutschland nur bei großer Kapitalknappheit aufgelegt wie in den Fünfziger Jahren, als die Wandelanleihen einen Großteil der Emissionen ausmachten; in normalen Zeiten haben sie offensichtlich keine große praktische Bedeutung.

Lösen Sie Aufgabe Nr. 24-3 in der Anlage A!

2.4.2.2 Optionsanleihen

Begebung von Optionsanleihen

Die Optionsanleihe ist eine Schuldverschreibung mit beigefügtem Optionsschein (Warrant), der auf einen x-beliebigen Basiswert lauten, abgetrennt und selbständig gehandelt werden kann. Im Fall der - seltenen - Bezugsrechtobligation (= Optionsanleihe, auch Optionsschuldverschreibung genannt) kann der Gläubiger wie bei der Wandelschuldverschreibung Aktien zu erwerben. Während dies bei der Wandelschuldverschreibung nur alternativ möglich ist, kann der Besitzer von Optionsschuldverschreibungen dies additiv tun, so daß Optionsanleihen nicht in Zahlung gegeben werden, sondern die Aktie tritt im Erwerbsfall neben die Anleihe. Während also bei der Wandelschuldverschreibung bei der Wahrnehmung der Option ein Kapitaltausch ohne Kassenmitteleffekt stattfindet, kommt es bei der Realisierung der Optionsschuldverschreibung zu einer Eigen-Kapitalextension verbunden mit einem Kassenmittelzufluß für das Unternehmen.

Bei der Emission von Optionsanleihen kommt es zu Kassenmitteleffekten in **Phasen**, allerdings mit unterschiedlicher Zwangsläufigkeit und Wahrscheinlichkeit sowie mit unterschiedlicher Bedeutung für die Entwicklung der Herrschaftsverhältnisse im Unternehmen:

1. Phase: Emissionsphase. Es kommen Kassenmittel in Höhe der aufgelegten Anleihen abzüglich der Emissionskosten durch das Konsortium herein, und zwar mit hoher Wahrscheinlichkeit, da die Anleihe gewöhnlich attraktiv genug ausgestattet ist, um genügend Käufer anzuziehen, im Notfall bleiben Anleihestücke beim Konsortium "hängen". Da es sich ausschließlich um Zufuhr von Fremdkapital handelt, ändert sich die Eigenkapitalstruktur nicht im Unternehmen und ebenso nicht die Machtverhältnisse im Unternehmen.

2. Phase: Optionsphase. Nach der Emission der Optionsanleihe werden die beiden Papiere - Anleihe und Warrant (Optionsschein) - getrennt an der Börse gehandelt:
- als Anleihe mit Warrant (cum);
- als Anleihe ohne Warrant (ex);
- als Warrant.

Es hängt dann von der Kursentwicklung ab, ob der Optionsinhaber die Aktie zudem vorher festgelegten Kurs erwirbt. Dies kann das Unternehmen von sich aus kaum noch direkt steuern, so daß Ungewißheit besteht,
- in welchem Umfang ein zweites Mal Kassenmittel - diesmal durch Aktienkauf - dem Unternehmen zufließen und
- in welchem Maße sich eventuell dadurch die Eigenkapitalstruktur und damit die Machtstruktur im Unternehmen ändert.

Deshalb steht auch bei der Optionsanleihe für das emittierende Unternehmen bis zum Optionszeitpunkt nicht die volle Höhe seines Eigenkapitals fest, so daß auch hier ein stark spekulatives Element die Emission begleitet.

Ausstattung bei der Optionsanleihe

Die Deutsche Bank legte 1987 eine Optionsanleihe auf, bei dem der Optionspreis, zu dem der Optionsscheininhaber eine Aktie der Deutschen Bank Ende 1992 erwerben konnte, deren Preis im voraus auf 680,-DM festgelegt wurde.

Gemäß dem Siemens-Geschäftsbericht '92 (S. 49) wurden der am 2. Juni 1992 von der Siemens Capital Corporation, USA, emittierten Optionsanleihe über 1 Mrd. US-Dollars 3 Mio. Inhaber-Optionsscheine beigelegt, welche in dem Zeitraum vom 4. August 1992 - 2. Juni 1998 zum Bezug von Siemens-Stammaktien zu einem Optionspreis von 693,-DM berechtigen. Dabei wird die Optionsfrist maximal um zwei Jahre verlängert, falls der Kurs der Siemens-Aktie innerhalb von jeweils 10 Werktagen vor dem 2. Mai 1998 bzw. 2. Mai 1999 unter dem Optionspreis liegt. Aus dieser Optionsanleihe gab es einen Liquiditätszufluß von 1,32 Mrd. US-$, der teilweise zur Tilgung höher verzinslicher Fremdmittel sowie auch zur währungskongruenten Finanzierung des USA-Geschäfts eingesetzt wurde.

Wertentwicklung bei der Optionsanleihe

Warrants werden im allgemeinen dann gekauft, wenn der jeweilige Aktienkurs (AK) z.B. 340,-DM über den im voraus festgelegten Bezugskurs der Aktie (BKA) z.B. 280,-DM steigt, wobei sich der innere Wert des Warrants ohne Berücksichtigung der Transaktionskosten des Erwerbs aus der Differenz zwischen jeweiligen Aktienkurs und Bezugskurs der Aktie ergibt. Da der Optionspreis (OP) relativ stärker steigen kann als der Aktienkurs z.B. von 60,-DM auf 80,-DM ist für den Erwerb einer Aktie mit Hilfe des Optionsscheins eine Prämie (P) zu zahlen, die als Prozentsatz des jeweiligen Aktienkurses ausdrücken läßt (vgl. LV 66 S. 185):

(24-5) P = (BKA + OP - AK)/AK = (280 + 80 - 340)/340 = 5,9%.

Diese ungleiche Entwicklung läßt sich mit der sog. Hebelwirkung erklären; "zwischen dem Kurs der Aktie und dem Kurs des Optionscheins besteht insofern eine Verbindung, als der Kurs des Optionsscheins bei Schwankungen des Aktienkurses prozentual stärker schwanken kann als der Kurs der Aktie selbst" (ebenda S. 186). Dies ließe sich nachweisen, wenn die Prämienformel nach dem Kurs des Optionsscheins (KO) aufgelöst wird:

(24-6) KO = (1 + p) · AK - BKA
          = (1 + 5,9) · 340 - 280 = 1,059 · 340 - 280 = 80,-DM.

Während die Kurssteigerung von z.B. 300 auf 340 sich prozentual auf 13,3% beläuft, kann die Optionspreissteigerung von 60 auf 80 prozentual 33,3% betragen. Zurückführen läßt sich wohl diese Diskrepanz, daß die stückbezogene Wertsteigerung bei Aktie und Warrant auf unterschiedlich große Basiswerte stößt.

Lösen Sie Aufgabe Nr. 24-4 in der Anlage A!

2.4.3 Hypothekarkredit

2.4.3.1 Formen des Hypothekarkredits

Beim Hypothekarkredit wird eine Forderung durch ein Grundpfandrecht gesichert. Dabei kommen zwei Formen in Betracht:
- Briefhypothek, bei der gemäß § 1116 Abs. 1 BGB ein Hypothekenbrief erteilt wird;
- Buchhypothek, bei der gemäß § 116 Abs. 2 BGB eine Eintragung ins Grundbuch erfolgt.

Dabei besitzt die Briefhypothek den Vorteil der größeren Verkehrsfähigkeit, da es zu ihrer Übertragung keiner Eintragung ins Grundbuch bedarf; es genügt zu ihrer Übertragung Einigung und Übergabe des Briefs.

2.4.3.2 Begebung des Hypothekarkredits

Hypothekarkredite spielen bei der Baufinanzierung eine Rolle: bei der Errichtung gemischt privat/gewerblich genutzte Gebäude; bei leicht verkäuflichen Wohngebäuden; bei vielseitig nutzbaren Objekten. Dabei übernimmt zunächst in der Bauphase eine Bank die Zwischenfinanzierung. Sie läßt sich aber einen Revers beibringen, in dem sich eine Hypothekenbank verpflichtet, später die Schuld zu übernehmen. Nach der Fertigstellung des Baus oder einzelner Bauabschnitte löst die Hypothekenbank die Schuld in Form einer normalen Verkehrshypothek ab. Dabei beleiht sie Bauten nur innerhalb gewisser Beleihungsgrenzen, dem Mittelwert zwischen Substanzwert (SW) und Ertragswert. Der Substanzwert orientiert sich an den Baukosten des Normaljahrs 1914, die mit Hilfe von Bauindices auf den neuesten Stand gebracht werden. Für den Ertragswert (EW), der sich am nachhaltigen Jahresgewinn des Unternehmens (G) und der Zielrendite des Käufers (rz) orientiert, gilt generell die Formel:

(24-7) EW = G · 100/rz.

Praktisch wird der Ertragswert durch Multiplikation der jährlichen Bruttomieterträge des Gebäudes (BM) mit einem Kapitalisierungsfaktor (KF) ermittelt:

(24-8) EW = BM · KF, wobei

(24-9) KF = 100/ZR ist.

Der Beleihungswert (BW) ist der Mittelwert (MW) aus Substanzwert und Ertragswert:

(24-10) BW = MW = (SW + EW)/2.

Nach der Faustregel beträgt der Beleihungswert 70 - 85% der Gestehungskosten.

Lösen Sie Aufgabe Nr. 24-5 in der Anlage A!

2.4.4 Schuldscheindarlehen

2.4.4.1 Begebung der Schuldscheindarlehen

Schuldscheindarlehen beruhen auf Individualforderungen, die ohne Zwischenschaltung von Börsen und Banken von den sog. Kapitalsammelstellen der Wirtschaft wie Versicherungen und Pensionskassen an Betriebe und an die öffentliche Hand vergeben werden. Dabei sorgen Makler für das Revolvieren der eigentlich nur kurzfristig verfügbaren Kreditbeträge. Schuldscheindarlehen sind eine Kombination aus Darlehen gemäß § 607 BGB und aus Schuldschein gemäß § 808a BGB. Schuldscheindarlehen sind keine Wertpapiere. Die Mindeststückelung beträgt 100.000,-DM, die Laufzeit maximal 15 Jahre bei 2 - 5 Jahren tilgungsfreier Zeit. Schuldscheindarlehen sind erststellig im Grundbuch zu sichern. Die Beleihung beträgt maximal 30% des Bauwerts. Es kommen nur erste Industrieadressen für Schuldscheindarlehen in Frage.

2.4.4.2 Rechtliche Einordnung und betriebswirtschaftliche Beurteilung der Schuldscheindarlehen

Während die Obligation als Forderung an die Urkunde gebunden ist gemäß dem Prinzip: das Recht am Papier folgt dem Recht aus dem Papier, und deshalb als Recht nicht ohne die Urkunde geltend gemacht werden kann, hat beim Schuldscheindarlehen die Urkunde nur eine Beweisfunktion. Dadurch wird die Beweislast vom Gläubiger auf den Schuldner übertragen; legt der Gläubiger den Schuldschein vor, muß der Schuldner zahlen und ist er abhanden gekommen, kann der Gläubiger andere Beweise vorbringen.

Die Obligation (Anleihe) besitzt auf Grund ihres rechtlichen Charakters eine höhere Fungibilität als das Schuldscheindarlehen; die Obligation wird nach dem Sachenrecht ohne Unterschrift, also anonym übertragen, so daß ein Dritter das Wertpapier auch gutgläubig vom Besitzer erwerben kann. Der Dritterwerber eines Schuldscheins besitzt dagegen die Einrede des guten Glaubens nicht, da der Schuldschein nach dem Schuldrecht "persönlich" durch Abtretung mit Unterschrift übertragen wird, so daß ihm das Eigentum an dem Schuldschein zusteht gemäß dem Prinzip: dem Recht an der Forderung folgt das Recht am Schuldschein. Wenn auch formalrechtlich das Schuldscheindarlehen einen stärker persönliches Kreditverhältnis begründet, so kommt diese Individualität bei den Kreditverhandlungen mit den großen Unternehmen kaum zum Zuge (vgl. LV 21 S. 657f.).

Im Rahmen eines betriebswirtschaftlichen Vergleichs mit der normalen Anleihe hat demnach das Schuldscheindarlehen (vgl. ebenda S. 662ff.)
- als Negativum die geringere Fungibilität aufzuweisen und
- als Positivum
  - geringere administrative Genehmigungshindernisse beim Bundesaufsichtsamt für das Versicherungs- und Bausparwesen (BAV), zumindest für "hervorragende Kreditnehmer",

- kein Erfordernis der staatlichen Genehmigung durch das Bundeswirtschaftsministerium und vom "Zentralen Kapitalmarktausschuß" (letzterer übernimmt Lenkungsfunktionen am Kapitalmarkt in Form von Empfehlungen an die Emissionskonsortien) wie bei Anleihen erforderlich,
- geringere Kostenbelastung, da keine Börseneinführungsprovision, keine Druckkosten und Insertionskosten für die Zeichnungseinladung, etc. erforderlich sind,
- kein Kursrisiko und deshalb keine Kurspflege erforderlich, welche den Banken zu vergüten ist,
- leichtere Plazierung, da das Schuldscheindarlehen gewöhnlich nicht breit gestreut wird, sondern sich an nur wenige potente Versicherungsgesellschaften wendet,
- niedrigere Publizität, da das Unternehmen, anders als bei Anleihen, nicht seine wirtschaftlichen Verhältnisse öffentlich darlegen muß.

2.5 Operationelle Abläufe der mittelfristigen Fremdfinanzierung

2.5.1 Objektbezogene Kredite

2.5.1.1 Ausstattungskredite

Vor allem Brauereien und Mineralölbetriebe gewähren ihren Abnehmern Ausstattungskredite zum Ausbau und zur Ausgestaltung von Gaststätten und Tankstellen. Abgetragen werden diese Kredite durch Preisaufschlag in Form einer Annuität auf die Warenlieferungen. Diese "Annuität" ist ein gleichbleibender Betrag (an) und enthält eine Zins- und Tilgungsrate für den Ausstattungskredit (DB = Darlehensbetrag), der mit dem sog. Wiedergewinnungsfaktor (WGF) zu multiplizieren ist:

(25-1) an = DB · WGF (vgl. 3.2.4.2).

In den einzelnen zu zahlenden Annuitätsbeträgen nimmt der Zinsanteil kontinuierlich zugunsten der Tilgung ab (vgl. Abb. 25-1).

Abb. 25-1: Struktur der Annuität

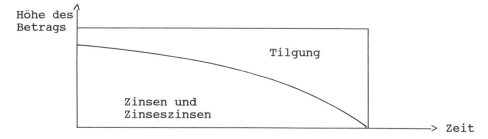

Die Abnehmer derartiger Ausstattungskredite sind verpflichtet, hauptsächlich von ihren Kreditgebern die Waren zu beziehen.

Lösen Sie Aufgabe Nr. 25-1 in der Anlage A!

2.5.1.2 Teilzahlungskredite

Entstehung und Wesen des Teilzahlungskredits

Der Teilzahlungskredit ist ursprünglich ein Verkäuferkredit gewesen (vgl. LV 64 S. 328ff.), dem der Kunde zunächst einen Teil des Kaufpreises anzahlen mußte, den Rest in Raten. Seit dem 17. Jahrhundert schon im angelsächsischen Bereich bekannt fand er erst Ende des 19.

Jahrhunderts Eingang in Deutschland. Basis dafür wurde in Deutschland das "Gesetz betreffend die Anzahlungsgeschäfte" vom 16.5. 1894, das mit Änderungen heute noch existiert. Seit 1926 gibt es in Deutschland die besondere Form des "organisierten Teilzahlungskredits", dabei wird die Kreditgewährung für den Käufer anstelle des Vekäufers direkt durch Sparkssen, Geschäftsbanken und speziell durch Teilzahlungsbanken durchgeführt.

Formen der Teilzahlungsfinanzierung

"A-Geschäft". Es geht auf das 1926 in Königsberg entwickelte Schecksystem zurück, auch Königsberger Scheck- bzw. Anweisungssystem genannt. Dabei tritt der Verbraucher vor Abschluß des Kaufvertrags an den Kreditgeber heran, um einen "Kleinkredit" zur Beschaffung von Bekleidungsgüter wie Textilien und Schuhe zu erhalten. Das Teilzahlungskreditgeber prüft die Kreditwürdigkeit des Kreditnehmers. Dabei kommt es im besonderen Maße auf die persönlichen Verhältnisse des Antragstellers an, da ein Eigentumsvorbehalt wegen des beträchtlichen Wertverlusts der Güter schon bei einmaliger Nutzung sinnlos ist. Stattdessen wird zur Abtretung von Lohn- und Gehaltsforderungen gegriffen.
Nach positiver Kreditprüfung erhält der Kreditnehmer Schecks, die er bei den Geschäften einlösen kann, die mit dem Teilzahlungsinstitut vertraglich in Verbindung stehen. Die Einzelhändler reichen die Schecks nach einer bestimmten Sperrfrist beim Teilzahlungsinstitut ein und erhalten den Betrag abzüglich eines Kostenbeitrags vergütet.

"B-Geschäft". Es trägt auch die Bezeichnung Berliner System und zielt auf die Absatzfinanzierung langfristige und hochwertiger Gebrauchsgüter. Hierbei erhält der Verkäufer den Kredit vom Teilzahlungsinstitut, der ihn an den Käufer weiterleitet. Der Verkäufer nimmt zunächst beim Kunden eine Kreditwürdigkeitsprüfung vor und das Teilzahlungsinstitut eine Nachprüfung. Bei dieser Absatzfinanzierung wird dem Kunden des Verkäufers über einen Rahmenvertrag ein Höchstbetrag eingeräumt, bis zu dessen Höhe der Kunde kaufen kann. Der Verkäufer bleibt am Risiko des Geschäfts dadurch beteiligt, daß ihm zunächst nur ein Teilbetrag ausgezahlt wird, der Rest stellt eine Garantierückstellung dar. Das Teilzahlungsinstitut verlangt folgende Sicherheiten:
- Übertragung der Restpreisforderung des Einzelhändlers;
- Gesamtschuldnerschaft von Einzelhändler - Käufer bzw.
- selbstschuldnerische Bürgschaft des Einzelhändlers;
- Sicherungsübereignung der verkauften Ware;
- Kreditversicherung;
- Versicherung der Ware.

"C-Geschäft". Es ähnelt weitgehend dem B-Geschäft. Hier geht es jedoch um die Absatzfinanzierung von Automobilen. Die Anzahlung und die Raten sollen so hoch gestellt werden, daß ein eventueller Liquidationserlös den noch offenen Restkaufpreis deckt. Die Absatzfinanzierung von Automobilen ist in den letzten Jahrzehnten von den Automobilunternehmen über firmeneigene Banken selbst in die Hand genommen, die Teilzahlungskredite auf der Basis überaus günstiger "Jahreszinssätze" bieten, die weit unter den normalen Kreditzinssätzen und so de facto einen Preisnachlaß darstellen. Daneben bieten diese "Automobilbanken" auch das Leasing einzelner Fahrzeuge bzw. ganzer Fuhrparks als sog. Fleet-Leasing an.

2.5.1.3 Leasing

Formen des Leasing

Leasing ist in der Tilgung eng verwandt mit dem Teilzahlungskredit. Mittelfristiges Leasing gibt es in folgenden Formen (vgl. Abb. 25-2):

Financial Lease
Hier steht der Finanzierungsaspekt eindeutig im Vordergrund. Auf sie haben sich auch in Deutschland seit etwa drei Jahrzehnten bankenähnliche Institute spezialisiert. Trotz der Nähe zum Teilzahlungskredit bestehen wesentliche Unterschiede: beim Leasing erwirbt der Nutzer kein Eigentum; das Leasing gilt als kein echtes Kreditgeschäft, so daß das Leasing-

Institut Mehrwertsteuer in Rechnung stellen muß. Steht dem Mieter ein Kündigungsrecht zu, kann er dies nutzen, wenn er die Maschien nicht mehr braucht - etwa weil sich leistungsfähigere Maschinen anbieten - , ohne sich um die Verwertung der Gebrauchtmaschinen kümmern zu müssen. Regelmäßig stellen die Leasing-Institute aber für eine kürzere Mietdauer höhere Mietzahlungen pro Monat in Rechnung. Die Mietrate enthält beim Financial Lease annuitätsmäßig Abschreibungen und ausstehende Zinsen.

Operating Lease
Diese Vermietung geht im allgemeinen vom Produzenten von Investitionsgütern aus und dient vor allem der Absatzfinanzierung. Mit diesen Mietverträgen sind häufig akzessorische Dienstleistungen verbunden wie Reparatur- und Wartungsdienst, das sog. Maintenace Leasing. Eine Unterform des Operating Lease ist das Fleet Lease, das Mieten ganzer Fuhrparks, die vom Vermieter zu warten sind. Die Bauwirtschaft kennt das Leasing von Baumaschinen für bestimmte Baustellen.

Abb. 25-2: Formen des Leasing

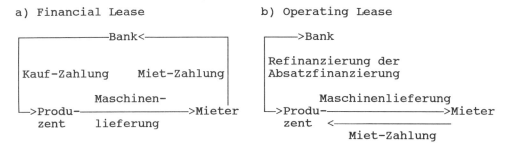

Buy-Build-Sale-Leaseback
Anhand der Bezeichnung lassen sich bei diesem Leasing vier Phasen ablesen:
- Buy: Kaufphase. Das Unternehmen kauft sich ein Grundstück. Die Kaufphase kann unterbleiben, wenn ein Teil des Betriebsgrundstücks verkehrsgünstig liegt.
- Build: Bauphase. Das Unternehmen baut darauf - vornehmlich - ein Verwaltungsgebäude, das eine hohen Verkehrswert besitzt.
- Sale: (Re-)Finanzierungsphase. Das Unternehmen verkauft das gerade fertiggestellte Gebäude und erhält so einen erheblichen Kasseneingang. Der Bayer-Konzern verkaufte so sein mündelsicheres verkehrsgünstig gelegenes Verwaltungsgebäude an die betriebliche Pensionskasse und "plünderte" so ihre Liquiditätsbestände.
- Leaseback: Nutzungsphase. Das Unternehmen mietet unmittelbar nach dem Verkauf das Gebäude zurück und erhält so die Nutzung wie beim Kauf. Das Leaseback läßt sich noch mit einem Outsourcing verbinden, indem die Hausverwaltung an dem Vermieter ausgegliedert wird und bereitet so eine "schlanke" Organisationsstruktur vor, das sog. Lean Management.

Beurteilung und empirischer Umfang des Leasing

Insbesondere die Leasing-Institute stellen als Vorteile des Leasing heraus,
- daß es die Liquidität des Leasingnehmers "schone",
- daß die Mietraten aus dem zusätzlichen Geschäft getilgt werden könnten,
- daß sich für ihn eine Vergrößerung des Kredit-/Finanzierungsspielraums ergäbe,
- daß der Maschinenpark durch relativ hohe Mietraten schnell abgeschrieben und deshalb modern gehalten werden könnte,
- daß wegen der Abzugsfähigkeit der Leasing-Raten vom Gewinn Steuern gespart werden könnten,
- daß Fehlinvestitionen durch Mietkündigungen leichter korrigiert werden könnten.

Doch ist dabei zu beachten,
- daß die Liquiditäts-"schonung" auch durch einen Teilzahlungsvertrag erzielt werden kann,
- daß vergleichbare Steuereinsparungen auch durch degressive Abschreibung von Anlagegütern erzielt werden können (vgl. LV 64 S. 387ff.),
- daß die Gläubiger gewöhnlich die Mietzahlungsverpflichtungen bei der Kreditwürdigkeitsbeurteilung (Bonitätsprüfung) einbeziehen, da die Mietzahlungen fixer Natur sind,
- daß es auf die relative Preishöhe ankommt, ob das Leasing zinsgünstig ist und ob die "Modernität" nicht durch überhohe Mietraten erkauft wird,
- daß die Korrektur von Fehlinvestitionen durch Mietkündigungen vom Vermieter meistens durch höher gestaffelte Mietraten bei der Einräumung der Kündigungsoption die voraussehbaren Anlagenverluste vor allem beim Finance-Lease antizipiert werden.

Da beim Leasing Eigentum und Nutzung auseinanderfallen, kommt die Frage auf, ob nicht das Leasinggut insbesondere beim Financial-Leasing beim Nutzer zu aktivieren sei. Die handelsrechtliche Praxis folgt hier weitgehend den steuerrechtlichen Vorstellungen, die im Leasing-Erlaß des Bundesministers der Finanzen vom 19.4.1971 (IV B/2-S 2170-31/71 in BStBl 1971 S. 264) niedergelegt sind und welche die Aktivierung von der relativen Länge der Grundmietzeit und vom Vorhandensein von Kauf- bzw. Mietverlängerungsoptionen abhängig machen. Allerdings können Optionen auch außervertraglich durch ein sog. Gentleman Agreement geregelt werden.

Nach nach einer Untersuchung des Ifo-Instituts hat Leasing in Deutschland einen erheblichen Umfang angenommen, erkennbar an der Leasingquote, welche den Anteil der gemieteten Anlagen im Verhältnis zu den gesamtwirtschaftlichen Anlageinvestitionen (in Westdeutschland) widergibt, und dem Leasing-Finanzierungsvolumen, wobei in 1990/91 auch die neuen Bundesländer einbezogen sind (zitiert nach UNI Nov./Dez. 1992, S. 46f.):

	Leasingquote	Leasing-Finanzierungsvolumen
1984	7,9%	19.400.000.000,-DM
1986	8,8%	24.530.000.000,-DM
1988	10,3%	31.930.000.000,-DM
1989	10,5%	35.980.000.000,-DM
1999	10,4%	40.880.000.000,-DM
1991	10,3%	47.900.000.000,-DM.

Lösen Sie Aufgabe Nr. 25-2 in der Anlage A!

2.5.3 Mittelfristige Exportfinanzierung

2.5.2.1 Forfaitierung

Zielsetzung und Wesen der Forfaitierung

Insbesondere die Investitionsgüterindustrie macht von der Forfaitierung Gebrauch, indem sie ihre längerfristigen genau spezifizierten Exportforderungen mit Laufzeiten bis zu 5 Jahren an Forfaitierungsinstitute abtritt. Diese Institute übernehmen sämtliche Risiken und verzichten gegebenenfalls wegen des Forderungsankaufs "à forfait" auf einen Regress gegen den Abtreter der Forderungen. Der Verkäufer der Forderungen erhält den Gegenwert der Forderungen unter Abzug der bis zum Fälligkeitstag anfallenden Zinsen sofort ausgezahlt. Die Forfaitierungsinstitute staffeln allerdings die Zinsbelastung, die in der Form eines Diskonts von der Forderung abgezogen werden, nach der Bonität des Schuldners wie auch des Schuldnerlandes. So beläuft sich der Zinssatz bei einer Forderungslaufzeit von maximal fünf Jahren in einer Bandbreite von 6 - 12%. Der Forfaitierungsbetrag hat mindestens 50.000,-DM zu betragen, bei grösseren Millionenbeträgen wird gewöhnlich eine Stückelung verlangt, um eventuell leichter eine Refinanzierung durchführen zu können.

Technik der Forfaitierung

Die Forfaitierung wird gewöhnlich auf der Basis eines vom Importeur ausgestellten Solawechsels (Wechsel mit nur einer Unterschrift) mit offenem Ordervermerk abgewickelt. Bei größeren Summen wird oft eine Stückelung vorgenommen, um dem Forfaitierer die Refinanzierung zu erleichtern, so daß mehrere Wechsel auszustellen sind. Dabei muß der Solawechsel von einer erstklassigen Bank im Land des Importeurs mit einem Aval versehen werden. Die Bank gibt dem Exporteur ein Angebot mit einer "Vorlaufzeit" bis zu einem Jahr, bis die Sicherungen bereitzustellen sind. Während dieser Zeit sind zur Herstellung der zu verkaufenden Investitionsgüter normale Bankkredite einzusetzen, die dann durch die Forfaitierung abgelöst werden können.

Bei der Forfaitierung erwirbt das Forfaitierungsinstitut sowohl die Forderung als auch die Sicherheiten:
- Solawechsel mit erstklassigen Bankavalen (Bankbürgschaften);
- Bankgarantien;
- auf einem Akkreditiv beruhende Forderungen;
- Ausfuhrgarantie oder -bürgschaft der Bundesregierung.

2.5.2.2 Besteller-Kredite

Aufgaben und Tätigkeit der Ausfuhrkredit-Anstalt-mbH

Die Ausfuhrkredit-Anstalt-mbH (AKA), Frankfurt/M., finanziert nach zwei Plafonds. Plafond A ist eine Kreditlinie mit Lombardzusage (Beleihungszusage für Kreditpapiere) der Deutschen Bundesbank. Aus diesem Plafond übernimmt sie Forderungen, die von der Hermes-Versicherung abgedeckt sind abzüglich von An- und Zwischenzahlungen. Die Hermes Kreditversicherung AG, Hamburg, übernimmt zur Förderung der deutschen Ausfuhr im Auftrag und für Rechnung der Bundesregierung Ausfuhrgarantien und Ausfuhrbürgschaften. Die Exporteure müssen sich mit einer gewissen Quote am Risiko beteiligen, die sie anderweitig nicht abdecken dürfen: 20% des wirtschaftlichen Ausfalls; 15% für bestimmte politische Risiken u.a.m. Die Laufzeit der Sicherung beträgt maximal 5 Jahre. Eventuell verzichtet die AKA auf die Hermes Versicherung, dann muß sich der Exporteur an der Finanzierung beteiligen.

Plafond B mit einer Rediskontlinie der AKA bei der Deutschen Bundesbank dient zur Finanzierung von Exporten in Entwicklungsländer bei einer Selbstbeteiligung von 20%, wenn ein Festzinssatz vorliegt, und 30% bei einem variablen Zinssatz.

Plafond C ist aus Plafond A abgezweigt worden und geht von einem Mindestbetrag von 1 Mio. DM bei 15% Selbsteinstand aus.

Anwendungsformen der Besteller-Kredite

Beim Bestellerkredit gewährt eine Bank einem ausländischen Abnehmer einen Kredit zur Begleichung der Ausfuhrforderung eines inländischen Exporteurs. Dabei erfolgt die Auszahlung des Kredits direkt an den Exporteur.

Nunmehr ist es üblich geworden,
- daß sich exportierende Hersteller-Unternehmen während des Fertigungszyklus aus dem A- oder B-Plafond der AKA zu finanzieren und
- daß die eigentliche Exportfinanzierung aus mit HERMES-gedeckten Hersteller-Krediten erfolgt, wobei der Käufer-Kredit aus dem Plafond C der AKA und der Finanzkredit der Kreditanstalt für Wiederaufbau (vgl. unten) als die klassischen Exportkredite gelten.

Die KfW (Kreditanstalt für Wiederaufbau) gewährt Bestellerkredite auf der Basis des ERP-Exportfinanzierungsprogramms zur Finanzierung von Investitionsgüterexporten und den da-

mit zusammenhängenden Leistungen. Dabei muß die Exportforderung
- in ein Entwicklungsland gehen,
- durch eine Ausfuhrdeckung der Bundesregierung abgesichert sein und
- die Kreditlaufzeit mindestens 4 Jahre, bei Großunternehmen mindestens 7 Jahre betragen.

2.6 Operationelle Abläufe der kurzfristigen Fremdfinanzierung

2.6.1 Kredite aus dem betrieblichen Umsatzprozeß

Während der Lieferantenkredit aus der betrieblichen Materialversorgung stammt und damit aus Operationen, die der betrieblichen innerbetrieblichen Logistik vorgeschaltet sind, resultieren die Kundenanzahlungen aus den ihr nachgeordneten Absatzoperationen.

2.6.1.1 Lieferantenkredit

Wesen des Lieferantenkredits

Das vom Lieferanten gewährte Zahlungsziel ist zum Teil lieferungstechnisch bedingt, da der Abnehmer der Ware bis zu ihrem Erhalt nicht prüfen kann, ob der Rechnungsbetrag gerechtfertigt ist, zum Teil eine stille Rabattgewährung, da der Abnehmer in dieser Zeit keine Zinsen zahlen muß. Um die Zahlungsabwicklung zu beschleunigen, setzt der Lieferant eine Skontofrist. In diesem Fall wäre der Verlust für den Betrieb erheblich, wenn er den möglichen Skontoabzug nicht nutzen würde. Zahlt der Betrieb innerhalb der Skontofrist, kann er den Skontoabzug als zeitlich begrenzten Sonderrabatt ansehen; die Waren stehen ihm während dieser Zeit "zinslos" zur Verfügung. Keineswegs ist der Skontoabschlag als "Zinsen" anzusehen; sonst erhielte der Verkäufer bei Nichtinanspruchnahme des Skontoabzugs durch den Käufer "Zinsen".

Der Lieferantenkredit in Form des Skontoabzugs gilt als sehr teuer (vgl. LV 48 S. 264):

```
(27-1)  JZS = Ss · 360/(Zz - Skf)   z.B. = 2 · 360/(20 - 5) = 48%.
```

Dabei sind:
```
  JZS = Jahreszinssatz,
  Ss  = Skontosatz in % z.B. 2%,
  Zz  = Zahlungsziel z.B. 20 Tage,
  Skf = Skontofrist z.B. 5 Tage.
```

Gründe für die Gewährung des Lieferantenkredits

Neben dem schon genannten abrechnungstechnischen Grund können auch ausgesprochen betriebswirtschaftliche Gründe zu einer Einräumung von Lieferantenkrediten führen (vgl. LV 49 S. 652ff.):
- Sicherung der Absatzwege bzw. Absatzförderung infolge von Konkurrenzdruck als Mittel der sog. Konditionenpolitik;
- hoher Kapitalbedarf der Abnehmer; z.B. erhalten "Herren-"Schneider häufig erst am Jahresende ihre Rechnungen beglichen, eventuell für Leistungen, die bereits im Frühjahr herausgingen.

Besicherung des Lieferantenkredits

Forderungen aus inländischen Warenlieferungen und Dienstleistungen lassen sich über sog. Warenkreditversicherungen besichern (vgl. Abb. 26-1). Bei Kontaktaufnahme mit dem Lieferanten wird dieser zunächst überprüft. Gilt er als solide und vertrauenswürdig, werden seine Kredite gegen Zahlung einer Prämie an die Kunden besichert, wobei zunächst die Einzelforderungen geprüft und - nach positivem Ergebnis - angekauft werden. Der Versicherungsfall tritt im Falle der Insolvenz des Kreditnehmers, aber auch schon bei Zahlungsverzug in Kraft

Abb. 26-1: Abläufe der Warenkreditversicherung (entn. LV 66 S. 255)

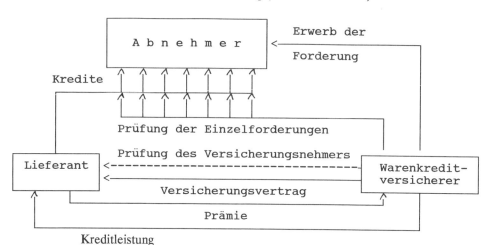

und der Warenversicherer hat den vereinbarten Betrag zu leisten. Dabei trägt der Lieferant einen Teil des Kreditausfalls selbst in Form einer Selbstbeteiligung. Nach Möglichkeit versuchen die Kreditversicherer alle Kreditverkäufe des Lieferanten zu besichern, damit nicht nur die besonders stark risikobehafteten Verkäufe auf sie hängen bleiben.

2.6.1.2 Kurz- und mittelfristiger Kundenkredit

Wesen und Entstehungsgründe des Kundenkredits

Kundenanzahlung bedeutet Vorauszahlungsfinanzierung des Hersteller/Lieferanten und führt wegen der Noch-Nicht-Lieferung nach Erhalt der Anzahlung bei ihm zu der bilanziellen Verpflichtung "Anzahlung von Kunden" auf der Passivseite der Bilanz, die gewöhnlich zu den "kurzfristigen Verbindlichkeiten" gezählt, jedoch in einigen Branchen mit langen Fertigungszyklen durchaus mittelfristigen Natur sein kann. Dagegen kann umgekehrt der Kunde mit getätigter Anzahlung bei sich den Aktivposten "eigene Anzahlung" einrichten.

Ob der Kundenkredit durch Anzahlungen extensiv genutzt wird, hängt von der Marktkonstellation ab (vgl. LV 49 S. 645): besteht Verkäufer- oder Käufermarkt? Dies hängt wiederum weitgehend von den Zeitläuften ab:
- nach dem Zweiten Weltkrieg existierte ein Verkäufermarkt, das führte dazu, daß eine Reihe von Maschinenbaufabriken die betriebliche Expansion durch Kundenanzahlungen finanzieren konnte;
- in normalen Zeiten werden gewöhnlich nur auf Sonderanfertigungen Anzahlungen geleistet, im Zweifels Falle haben Gutachten der Handelskammern zu bestimmen, in welcher Branche eine Anzahlung erwartet werden kann, wobei sich der Anzahlungskredit gegenwärtig im Wohnungs-, Maschinen- und Großanlagenbau durchgesetzt hat.

Von der Hersteller/Lieferantenseite wird die Forderung nach einer Anzahlung wie folgt begründet (vgl. ebenda):
- umfangreiche Ausgaben für Planungs- und Konstruktionsarbeit;
- hohes technisches Risiko;
- hoher Kapitalbedarf wegen des hohen Lieferwertes und - daraus resultierend
- Branchen- bzw. Handelsüblichkeit.

Auch der Kunde kann betriebswirtschaftliche Gründe haben Anzahlungen zu leisten, die eventuell sogar über das übliche Maß hinausgehen (vgl. ebenda S. 647f.):
- durch höhere Anzahlung einen höheren Preisnachlaß zu erzielen;
- durch hohe Anzahlung günstige Konditionen zu erreichen etwa einen sog. Festpreis anstelle eines unübersichtlichen Kostenerstattungspreises;
- durch hohe Anzahlung eine Priorität in Herstellung und Lieferung zu erhalten;
- durch hohe Anzahlung eine Erhöhung der Kapazität und eine Leistungsverbesserung des Hersteller-Lieferanten zu bekommen;
- durch hohe Anzahlung bei Auslandsgeschäften ungünstige Wechselkursentwicklungen durch frühe Geldleistungen zu mindern.

Auswirkungen des Kundenkredits

Der Hersteller-Lieferanten erhält durch die Anzahlung einen kostenlosen Kredit, der seine Eigenkapitalrentabilität - wie beim "kostenlosen" Lieferantenkredit - durch eine Art Super-Leverage-Effekt verbessert; die Kapitalbasis erhöht sich durch diese Kreditfinanzierung, doch fließen anders als bei üblichen Kreditierung keine Zinsen ab, so daß der Gewinn aus dem zugrundeliegenden Geschäft voll und ganz dem Eigenkapital zufließt.
Der Hersteller-Lieferanten wird im starken Maße liquiditätsmäßig entlastet, da er für seine Planungs- und Herstellungsarbeiten bevorschußt wird. Dies gilt insbesondere dann, wenn er parallel zum Planungs-, Konstruktions- und Herstellungsprozeß (von Großprojekten) für sog. erreichte Meilensteine - unter einem Sicherheitsabschlag von ca. 10% - seine gesamten Auslagen erstattet bekommen kann. Hier handelt es sich dann um eine - fast - leistungssynchrone Finanzierung.
Hohe, durch Anzahlung erhaltene, für das Projekt nicht sofort benötigte Mittel kann das empfangende Unternehmen etwa im Wege des Industrie-Clearings zwischenzeitlich anlegen. Die hohen Zinsen, die das Unternehmen aus dieser Zwischenanlage erhalten kann, erhöhen noch den Super-Leverage-Effekt.
Da aber auch der Hersteller aus irgendeinem Grund ausfallen kann, verlangt der Kunde im Gegenzug eventuell eine Bankgarantie für die Lieferung, für deren Kosten der Hersteller aufkommen muß.

Konditionen des Kundenkredits

Für die Höhe der Anzahlungsanzahlungsbeträge gibt es branchenübliche Modalitäten:
- Im Maschinenbau ist es üblich, daß der Hersteller ein Drittel des Kaufpreises bei Vertragsabschluß erhält, ein weiteres Drittel bei Lieferung und das letzte Drittel nach Inbetriebnahme.
- Beim Großanlagenbau wie auch beim Satelliten- und Trägerraketenbau kann mit Abschluß und Abnahme jeder Leistungs- bzw. Bauphase bzw. jedes Geräts (Meilenstein) ein bestimmter Betrag fällig sein.

Die Abschläge insbesondere beim Großanlagenbau können einen unterschiedlichen Charakter besitzen:
- sie sind variabler Natur, wenn sie sich an den jeweiligen Aufwendungen für die jeweilige abzurechnende Leistungsphase bzw. für das jeweils angefertigte Gerät orientieren;
- sie sind fester Natur, wenn sie von vorn herein - etwa zeitlich gebunden - auf bestimmte Prozentsätze von der Vertragssumme fixiert sind, z.B:

```
20% bei Vertragabschluß
10% nach  4 Monaten
10% nach  8 Monaten
10% nach 12 Monaten
10% nach 16 Monaten
10% nach 20 Monaten
10% nach 24 Monaten
10% nach 28 Monaten
10% nach 32 Monaten.
```

Lösen Sie Aufgabe Nr. 26-1 in der Anlage A!

2.6.2 Kurzfristige Bankkredite

2.6.2.1 Diskontkredit

Begebung des Diskontkredits

Den Wechselkredit gibt es in **zwei Formen**:
- **Tratte** = gezogener Wechsel. Sie enthält die unbedingte Anweisung des Ausstellers an den Bezogenen (= Wechselschuldner) bei Fälligkeit des Wechsels eine Geldsumme in bestimmter Höhe an den sog. Remittenten oder an dessen Order zu zahlen.
- **Solawechsel**. Hier sind Aussteller und Schuldner identisch.

Der Wechselinhaber kann sich durch Einreichen des Wechsels finanzieren, wobei er von der Bank die Wechselsumme - abzüglich eines Zinsabschlags, der sog. Diskont - in Form von Geld oder in Form einer Gutschrift erhält. Die Bank wird am Fälligkeitstag den Wechsel dem Zahlungsschuldner vorlegen und um Begleichung der Wechselsumme bitten. Kommt der Wechselschuldner dieser Aufforderung nicht nach, haftet der Aussteller bzw. jeder Indossant für die Wechselsumme. Aussteller und Indossant(en) haften dem Wechselgläubiger gesamtschuldnerisch. Der Wechselgläubiger kann den sog. Regreß (Rückgriff) in zwei Formen vornehmen:
- **Reihenregreß**, wobei jeweils der unmittelbare Vorbesitzer in den Rückgriff genommen wird;
- **Sprungregreß**, wobei willkürlich ein Indossant - meistens der potenteste - in Anspruch genommen wird.

Der Wechsel ist ein Wertpapier mit einem abstrakten Zahlungsversprechen des Bezogenen. "Abstrakt" bedeutet, daß der Bezogene keine Einrede gegen die Zahlung bei fristgerechter Vorlage des Wechsels machen kann, etwa, das dem zugrunde liegende Geschäft sei gar nicht zustande gekommen oder mangelhaft erfüllt worden. Da die Wechselforderung deshalb leicht gerichtlich eintreibbar ist, haben die Banken nur selten Bedenken, vor Fälligkeit der Frist den Wechsel anzukaufen, zumal ja das einreichende Unternehmen, gewöhnlich der Aussteller, durch das Indossament mithaftet.
Um die Abwicklung der Wechseleinreichung zu vereinfachen, räumen die Banken dem Unternehmen als Kunden einen Kreditrahmen ein, der sich nach der Leistungsfähigkeit des Unternehmens richtet. Innerhalb dieses Wechseldiskontkontingents kann das Unternehmen dann laufend Wechsel bei der Bank einreichen, deren Erträge diese dem Unternehmen nach Diskontierung d.h. nach Abzug der Wechselzinsen gutschreibt.

Kosten des Diskontkredits

Der Diskontabzug richtet sich nach dem Zinssatz, der Wechselsumme und der Zeit zwischen Wechselankauf und Wechselfälligkeit. Dabei ist zwischen Diskonterlös und effektiven Kreditkosten zu unterscheiden:

```
(27-2) Ed = Ws/[1 + (Ds/100 · Lz/360)]
          = 1.000/[1 + (0,09 · 90/360)] = 977,995,- DM.
```

Dabei sind:
```
Ed = Diskonterlös,
Ws = Wechselsumme z.B. 1.000,-DM,
Ds = Diskontsatz z.B. 9%,
Lz = Wechsellaufzeit z.B. 90 Tage.
```

```
(27-3) Ke = Ds · 100/(100 - Ds) = 9 · 100/(100 - 9) = 9,89%.
```

Dabei ist:
```
Ke = effektive Kreditkosten.
```

Zu den effektiven Kreditkosten kommt die Wechselsteuer.

2.6.2.2 Lombardkredit

Begebung des Lombardkredits

Der Lombardkredit wird gegen Faustpfand vergeben und grenzt sich so gegen normale Kredite ab. Unternehmen können dabei Wertpapiere, Wechsel und Waren gemäß §§ 1204ff. BGB für den Kredit verpfänden. Dabei wird aber nur ein Teil des verpfändeten Gutes beliehen zwischen 50 - 80%. Während normale Kredite gewöhnlich in Raten getilgt werden, wird der Lombardkredit meistens für eine bestimmte Zeit in fester Höhe vergeben und dann nach Ablauf der Frist global d.h. in einer Summe getilgt. Für die Unternehmen kann es von Vorteil sein, Wertpapiere beleihen zu können, für die sie beim Verkauf in einer Baisse nicht viel Geld erzielen würden. Da das Risiko bei der Lombardierung relativ hoch ist, liegt der Lombardsatz stets etwa 1%-Punkt über dem Diskontsatz.

Formen der Lombardierung

Die Lombardierung unterscheidet sich nach der Art der zugrunde gelegten Faustpfänder (vgl. LV 48 3. Aufl. S. 242ff., LV 64 S. 312ff.):

- **Effektenlombardierung.**
Hierbei werden fungible Wertpapiere wie Aktien, Industrieobligationen, Staatsanleihen, Pfandbriefe, etc. als Besicherung einem Kredit zugrunde gelegt. Diese Wertpapiere dürfen jedoch nicht schon im Depot der Bank liegen; dann gelten sie aufgrund der Allgemeinen Kreditbedingungen der Banken automatisch als für die Sicherung von Kontokorrentkrediten beleihen. Alternativ könnten diese Wertpapiere verkauft werden, doch lohnt sich dieses nicht für einen kurzfristigen Kreditbedarf und wenn die Kurse niedrig liegen. Große praktische Bedeutung hat die Lombardierung beim Ankauf von Effekten; dann braucht der Kreditnehmer nur noch den Betrag einzahlen, der die Beleihungsgrenzen der gekauften Wertpapiere übersteigt. Zur Effektenlombardierung wird auch das sog. Effektenreportgeschäft gezählt, bei dem der Kunde seine Wertpapiere der Bank verkauft unter der Bedingung, sie zu einem bestimmten Zeitpunkt zum ursprünglichen Kurs jedoch unter einem bestimmten Abschlag, obwohl hier keine Beleihung, sondern ein Eigentumsübergang erfolgt.

- **Wechsellombardierung.**
Da der Lombardkredit teurer ist als der normale Wechseldiskont, kommt er bei den gewerblichen Unternehmen relativ selten zur Anwendung - nur bei sehr kurzfristigem Kreditbedarf. Anders sieht es bei den Kreditinstituten aus, welche alternativ zum bereits ausgeschöpften Rediskontkontingent zur Wechsellombardierung greifen.

- **Warenlombardierung.**
Die Warenlombardierung kommt in drei Formen vor:
  - die Lombardierung lagernder Ware, wozu nur solche Ware in Frage kommt, welche nicht unmittelbar zur Produktion oder zum Verkauf benötigt wird; denn zur Sicherung ist die Ware der Bank zu übergeben, welche sie bei einem Spediteur einlagert, der darüber einen Orderlagerschein ausstellt, der an die Bank abzutreten ist;
  - die Lombardierung rollender Ware, welche sich nur auf die Landtransportzeit bezieht und deshalb nur kurzfristiger Natur ist, wobei als Unterlage für die Bank der Frachtbriefdoppel dient, da das Original in der Hand des Frachtführers verbleibt
  - die Lombardierung schwimmender Ware, wobei in der Binnenschiffahrt der Ladeschein und wobei in der Hochseeschiffahrt der Konnossement, beides Orderpapiere, zu indossieren sind zur Eigentumsübergabe wie auch zur Schaffung eines Pfandrechts eigenen.

Da die Warenlombardierung sehr umständlich ist, tritt an ihre Stelle der Lombardierung immer häufiger die **Sicherungsübereignung**.

- **Währungslombardierung**

Die Währungslombardierung eignet sich zur Liquiditätsversorgung ausländischer Tochterunternehmen in multinationalen Unternehmen (vgl. LV 17 S. 362ff). Dieser als Currency - Collaterized Loan (parallel laufender Währungskredit) bezeichneter Vorgang kann in folgenden Schritten vonstatten gehen (vgl. Abb. 26-2):

1. Schritt: das (deutsche) Mutterunternehmen will dem Tochterunternehmen z.B. in den USA Liquidität zukommen lassen und macht deswegen eine Festgeldanlage bei einer internationalen Filialbank in Heimatwährung (in DM);

2. Schritt: eine andere Filiale der Bank räumt dem Tochterunternehmen darauf eine Kreditlinie in den USA (in Dollar) ein, aus der sich das Tochterunternehmen bedient;

3. Schritt: Zins- und Rückzahlungen bei dem Tochterunternehmen fallen Dollars an, parallel dazu Zins- und Rückzahlung für das Mutterunternehmen in DM.

Abb. 26-2: Operationen und Zahlungsströme beim Währungslombardkredit
(leicht verändert entn. LV 17 S. 363)

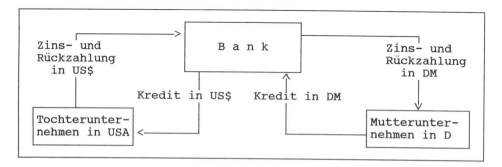

Ein derartiger Währungslombardkredit als Currency - Collaterized Loan ermöglicht es,
- die emissionsrechtlichen Bestimmungen fremder Länder zu vermeiden,
- Kapitalzuführungen in solchen Ländern durchzuführen, die ansonsten nicht liquide sind.

2.6.2.3 Kontokorrentkredit

Aufgaben und Funktionsweise des Kontokorrentkredits

Der Kontokorrentkredit ist gesetzlich in §§ 355ff. HGB geregelt und kann von der Bank gewährt werden, wenn mindestens ein Partner des Kontokorentverkehrs Kaufmann im Sinne des HGBs ist, was für die Bank regelmäßig zutrifft. Er fungiert als ein kurzfristiger Buchkredit, der in wechselnder Höhe bis zu einer gewissen Höchstgrenze bei einer Bank in Anspruch genommen werden. Er heißt deshalb auch Überziehungskredit. Von rechtlicher Bedeutung ist dabei der Saldo aus gegenseitigen Verrechnung wechselseitiger Plus-Minus-Ansprüche. Nach § 355 HGB müßte er bei ständigen Geschäftsverbindungen in regelmäßigen Abständen einschließlich Zinsen getilgt werden. Praktisch wird er stets von den Banken prolongiert d.h. verlängert. Ein gewisser Sockelbetrag kann dabei fixen also langfristigen Charakter annehmen. Der Kontokorrentkredit paßt sich höchst flexibel den betrieblichen Kreditbedürfnissen an und er wird deshalb als Überbrückungskredit etwa von Saisonschwankungen von Monatsspitzen bei den Lohn- und Gehaltszahlungen in Anspruch genommen. Er verschafft dem Betrieb zugleich Kreditreserven, während z.B. ein Darlehen im allgemeinen voll ausgezahlt werden, auch wenn die Mittel nicht voll benötigt werden, so daß eventuell eine Zwischenanlage gesucht werden muß mit meistens ungünstigeren Konditionen. Die Abwicklung des Kontokorrentkredits erfolgt auf sog. Girokonten, auf denen das Unternehmen (wie Privatpersonen) von der Bank die Zusage einer Kontokorrentkreditlinie erhält. Der Kontokorrentkredit hat sich innerhalb dieser Kreditlinie parallel zum Umsatzprozeß mehr oder weniger "automatisch" auf- und abzubauen.

Kosten des Kontokorrentkredits

Die Kosten beim Kontokorrentkredit richten sich weitgehend nach seiner Inanspruchnahme. Als Kosten der Führung des Kontokorrentkredits werden von der Bank erhoben:

- Zinsen, dabei orientieren sich die in Rechnung gestellten Zinssätze der Bank an den schwankenden Zinsen des Geldmarkts, allerdings mit oft erheblichem Aufschlag. Es sollte deshalb nach Möglichkeit im Kreditvertrag eine Kopplung an den Bundesbankdiskontsatz in bestimmter Aufschlaghöhe z.B. 4% vereinbart werden;

- Kreditprovision von ca. 1/4% pro Monat, die auf den eingeräumten Höchstbetrag berechnet wird und die als Bereitstellungsprovision fungiert - sie fällt relativ hoch aus, wenn die eingeräumte Kreditlinie nur wenig ausgenutzt wird;

- Umsatzprovision als Zahlungsverkehrprovision von etwa 1% vom Kontoumsatz;

- Grundpauschale für die Grundkosten der Kontoführung stellt z.B. die Deutsche Bank seit dem 1.10.1993 in Rechnung, und zwar mit 100 Freiposten pro Monat für die auf Datenträger hereingebenen Überweisungsanträge bzw. Lastschrifteinreichungen, wobei davon ausgegangen wird, daß jeder dieser Datenträger pro Datei mindestens Zahlungsverkehrsposten enthält, gleichzeitig wurde der Postenpreis für die über BTX erteilten Zahlungsverkehrsaufträge ermäßigt und auf die Freiposten angerechnet.

- Überziehungsprovision, die höher liegt als die normale Kreditprovision, wird fällig, wenn der Bankkunde sein Guthaben überzieht, ohne daß eine Kreditlinie besteht.

Sicherung des Kontokorrentkredits

Zur Sicherung des Kontokorrentkredits von Unternehmen verlangen die Banken normalerweise Bürgschaften, eine Sicherung durch Grundschulden, Verpfändung von Wertpapieren in Form des sog. Lombardkredits (s. Lombardkredit), Sicherungsübereignung von Wertpapieren; Grundschulden als akzessorische (begleitende) Sicherheiten. Nicht in Frage kommt eine Verkehrshypothek, weil diese streng akzessorisch ist, die Höhe der Kreditnahme beim Kontokorrentkredit gewöhnlich jedoch schwankt. Dagegen kann zur Besicherung des Kontokorrentkredits eine Höchstbetragshypothek im Grundbuch eingetragen werden. Da die Banken im Laufe der Zeit an den Kontoumsätzen die wirtschaftliche Leistungsfähigkeit des Unternehmens erkennen können, sie sind gegebenenfalls bereit, weniger strenge Besicherungsforderungen beim Kontokorrentkredit zu stellen als etwa beim Darlehen. Als Blankokredit d.h. ohne zusätzlichen Sicherheiten kann der Kontokorrentkredit allein aufgrund der persönlichen (Einkommens-)Lage des Kreditnehmers gewährt werden.

2.6.2.4 Akzeptkredit

Begebung des Akzeptkredits

Der Akzeptkredit ist kein eigentlicher Kredit, sondern eine "Kreditleihe". Dabei können Kunden erster Priorität einen Wechsel auf die Bank ziehen, den sie "akzeptiert". Der Kunde verpflichtet sich dabei, die Wechselsumme vor Fälligkeit bereitzustellen. Dieses Akzept kann der Kunde in Zahlung nehmen oder diskontieren lassen. Der Kunde kann den Bankakzept an einen Gläubiger weiter geben oder ihn bei einem Kreditinstitut diskontieren. Die Diskontierung geschieht gewöhnlich bei derselben Bank, welche den Akzept ausgestellt, im Wege der Selbstdiskontierung. Beim Akzeptkredit wird pünktliche Abdeckung erwartet, andernfalls verliert der Schuldner seine Kreditwürdigkeit.

Beurteilung des Akzeptkredits

Bevor der Schuldner eine Entscheidung trifft, wird er beim Akzeptkredit wird Vor- und Nachteile abwägen (vgl. LV 21 S. 624ff.).

Als Vorteile eines Akzeptkredits kann der Schuldner ansehen,
- daß sich seine Kreditwürdigkeit erhöht, da seine Gläubiger, die ihn möglicherweise nicht gut genug kennen, gern einen Bankakzept wegen seines hohen Sicherheitsgrades annehmen,
- daß seine Kapitalkosten für die Kreditleihe im Vergleich zu anderen kurzfristigen Kreditaufnahmen wie etwa dem Kontokorrentkredit relativ niedrig sein werden,
- daß sich seine Liquidität verbessert, da er das Bankakzept jederzeit diskontieren lassen und mit den dabei erhaltenen Geldmitteln kurzfristig sich eröffnende Liquiditätslücken schliessen kann.

Dem stehen folgende Negativpunkte des Akzeptkredits gegenüber:
- erhöhte Sicherheitsanforderungen: die Bank erwartet nicht nur Kreditwürdigkeit und Kreditfähigkeit vom Schuldner, sondern auch die Stellung von ausreichenden dinglichen Sicherheiten, so daß für den Akzeptkredit nur erstklassige Industrie- und Handelsunternehmen, staatliche Behörden und Banken selbst in Frage kommen;
- erschwerte Einsetzbarkeit: wegen der zeitlichen Begrenzung von ausgestellten Wechseln ist darauf zu achten, daß der Einsatz nur dann zu erwägen ist, wenn Höhe und Zeitraum des Kreditbedarfs mit hoher Sicherheit vorhergesehen werden können, etwa bei Saisonbedarf;
- geringe Maßschneiderung: die Bank wird sich eventuell refinanzieren wollen, so daß Mindesterfordernisse beim Akzeptkredit zu beachten sind:
  - Mindestbetrag 50.000,-DM - Höchstbetrag maximal 500.000,-DM,
  - Laufzeit maximal 90 Tage,
  - Unterschriften von unzweifelhafter Bonität,
  - Import-, Export- oder Transitgeschäfte als Basis.

Insgesamt stellt sich Kreditleihe in Form des Bankakzepts sehr günstig für das Unternehmen dar, so daß es ihn bei kurzfristigen Finanzbedarf anstreben sollte, falls genügend unausgeschöpfte dingliche Sicherheiten vorhanden sind.

2.6.2.5 Avalkredit

Begebung des Avalkredits

Beim Avalkredit handelt es sich wie beim Akzeptkredit um eine "Kreditleihe", d.h., eine Bank stellt nur ihre eigene Kreditwürdigkeit zur Verfügung
- in Form einer Bürgschaft, welche eine Forderung gegen einen Schuldner sicherstellt, oder
- in Form einer Garantie, welche die Verpflichtung eingeht
  - für den Eintritt eines bestimmten Erfolgs oder
  - für den Nichteintritt eines bestimmten Schadens einzustehen.

Der Avalkredit wird als Kreditleihe nur als Eventualkredit in der Bilanz "unter dem Strich" ausgewiesen (vgl. LV 49 S. 63).

Der Avalkredit kommt zum Einsatz
- zur Substitution von Vorauszahlungen etwa bei Prozessbürgschaften und
- zur Verschiebung von Zahlungen etwa beim Frachtkredit.

Formen des Avalkredits

Für den Avalkredit hat sich eine breite Palette von Erscheinungsformen herausgebildet (vgl. LV 21 S. 628ff., LV 66 S. 236f.):

- **Bürgschaften und Garantien der Banken**
  - zur Beschaffung von Stundungskrediten, wodurch sich Rationalisierungseffekte bei Unternehmen erzielen lassen, wenn die Kosten für verschiedene Aktivitäten in einer Rechnung zusammengefaßt werden können etwa bei Frachtkostenstundung,
  - zur Stundung von Zöllen, Steuern, Monopolabgaben und Gebühren bis zu drei Monaten, wodurch die Unternehmensliquidität geschont bis zu den Zeitpunkten, an denen gewöhnlich Erlöse aus den getätigten Geschäften bereitstehen, Großabnehmer von Strom, Gas

oder Wasser können so ebenfalls durch Beistellung einer Bankbürgschaft ihre Zahlungen an öffentliche Versorgungsbetriebe stunden lassen.

- **Frachtstundung der Deutschen Verkehrskreditbank** (DVKB) von Bahnfrachten der Deutschen Bundesbahn für 14 Tage gegen Zahlung einer "Behandlungsgebühr".

- **Zollstundung durch die Hauptzollämter.**

- **Stundung von Holzkaufgeldern** seitens der staatlichen Forstverwaltungen.

- **Stundung von Prozeßschulden** für den Kläger, für den Beklagten, für einen Antragsteller und für Anwaltkosten.

- **Bankgarantien** zur leistungswirtschaftlichen Kreditwürdigkeit
  - in Form einer Liefergarantie, wobei die Bank für eine eventuelle Vertragstrafe aufkommt,
  - in Form einer Gewährleistungsgarantie, wobei die Bank für Qualitätsabweichungen aufkommt,
  - in Form einer Bietungsgarantie, wobei die Bank für die Vertragsstrafe aufkommt, wenn das Unternehmen den Auftrag nicht ausführt,
  - in Form einer Anzahlungsgarantie, wenn der Hersteller die vereinbarte Leistung nicht erbringen kann.

- **Bürgschaften anderer Unternehmen und Kreditgarantiegemeinschaften** etwa durch Einkaufsvereinigungen des Mittelstands oder durch Kreditkarten-Clubs.

- **Bürgschaften der öffentlichen Hand für Klein- und Mittelbetriebe.**

2.6.3 Sonderformen der kurzfristigen Fremdfinanzierung

2.6.3.1 Factoring

Formen und Technik des Factoring

Beim Factoring schließen Finanzierungsgesellschaften (Factor) mit Warenverkäufern (Lieferant) Verträge ab, aufgrund derer sie alle Kaufpreisforderungen gegenüber dem Abnehmer (Debitor) bei deren Entstehen gegen Entgelt erwerben. Dabei wird der Factor den Abnehmer einer Bonitätsprüfung unterziehen. Die Zession kann in zwei Formen erfolgen:
- Beim sog. "offenen" Factoring erklärt der Hersteller (Lieferant) bei Abschluß des Kaufvertrags dem Kunden, daß er die Forderung an den Factor abtreten werde (Zession). In diesem Fall hat der Abnehmer bei Fälligkeit der Zahlung direkt an das Kreditinstitut zu leisten (vgl. Abb. 26-3).
- Beim sog. "stillen" Factoring beläßt es der Lieferant, um den Kunden nicht durch eventuelle Mahnungen zu verärgern, bei der stillen Zession. In diesem Fall erhält er auch die Zahlungen, die er an den Factor zu überweisen hat.

Abb. 26-3: Operationen beim offenen Factoring (entn. Die Welt, 223/1991 S. 17)

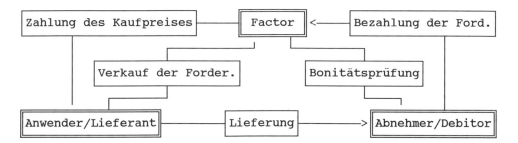

Beurteilung des Factoring

Die Leistungen und damit die Vorteile des Factorings für den Lieferanten liegen darin,
- daß er nicht lange auf den Forderungseingang warten muß; er erhält sofort nach Forderungsankauf 80-90% der Forderung überwiesen, der Rest - Sicherungseinbehalt für etwaige Reklamationen - sofort nach Eingang der Forderung (= Finanzierungsfunktion),
- daß der Factor das Risiko für den Forderungsausfall übernimmt (= Delkrederefunktion),
- daß der Factor den Mahn- und Inkassodienst übernimmt (= Servicefunktion).

Diese drei Leistungen läßt sich der Factor vergüten:
- Finanzierungszinsen auf dem Niveau üblicher Kontokorrentzinsen;
- Factoringgebühr, die sich individuell an den Verhältnissen des Klienten des Factors orientieren u.a. am Umsatz (mindestens 3 Mill. DM/Jahr), Debitoren etwa 0,5 bis 1,5% vom Inlandsumsatz und 1,0 bis 2,5% vom Auslandsumsatz.

Das Factoring paßt sich geschmeidig der Unternehmensentwicklung und den entsprechenden Finanzierungsbedürfnissen an.
Dieses Finanzierungsinstrument stammt aus den USA und breitet sich seit den Siebziger Jahren auch in Deutschland stark aus; im Jahre 1990 wuchs hier der Factoring-Umsatz um 17% auf 15,5 Mrd. DM (vgl. LV 8.46). Dabei entfällt der größte Teil des Umsatzes auf Mitgliedinstitute des Deutschen Factoring Verbandes (DFV), meistens Töchter größerer Kreditinstitute. Das Institut zur Vereinheitlichung des Privatrechts (Unidroit) hat einen Gesetzentwurf für das Factoring vorgelegt, der 1989 in Ottawa von 50 Ländern verabschiedet wurde und der insbesondere die Übertragung von Exportforderungen erleichtern soll. In der deutschen Gesetzesfassung wird das Factoring weiträumig definiert und hierbei auch die Forfaitierung einbezogen.

Lösen Sie Aufgabe Nr. 26-2 in der Anlage A!

2.6.3.2 Finanzierung aus kurzfristig freien Unternehmensmitteln

Industrieclearing

Möchten Unternehmen kurzfristige überschüssige Finanzmittel anlegen, so leiten sie diese über Finanzmakler ohne Einschaltung der Banken an andere Unternehmen weiter. Auf internationaler Basis vermittelt der Eurogeldmarkt Beträge von einer Mindestgröße von fünf Mill. DM als "Tagesgelder", bei denen die Ausleihe auf einen Tag beschränkt ist, als "Tägliche Gelder", bei denen der Rückzahlungstermin noch zu fixieren ist (Call Geld = "Tagesgeld bis auf weiteres") und als "Termingelder" mit fest vereinbarten Fristen von mehr als einem Monat: "Dreimonats", "Halbjahres-" und "Jahresgelder". Dieses Industrieclearing erfolgt gewöhnlich im Telefonverkehr nicht nur auf dem nationalen Markt, sondern auch auf dem Euromarkt. Die Banken schalten sich gelegentlich ein, um wichtigen Kunden Kredite zu verschaffen, die ihr eigener Kreditspielraum nicht mehr zuläßt.

Cash-Pooling

In multinationalen Unternehmen werden gewöhnlich nur die benötigten Transaktionsbeträge bei den Tochterunternehmen und die Liquiditätsreserven an die Zentrale abgeführt. Diese zentrale Liquiditätsreservehaltung hat folgende Vorteile:

- das Gesamtunternehmen kommt mit niedrigeren, entsprechend kostenschonenden Liquiditätsreserven aus, die sich mathematisch mit Hilfe der Standardabweichung unter Annahme normalverteilter Wahrscheinlichkeiten errechnen lassen (vgl. LV 17 S. 308f.);

- das Unternehmen kann je nach Bedarf umgehend einzelnen Unternehmensteilen kostengünstig überschüssige Liquiditätsreserven vornehmlich als kurzfristige Kredite zuweisen.

2.6.4 Kurzfristige Exportfinanzierung

2.6.4.1 Rembourskredit (Akzeptkredit)

Einordnung und Beurteilung des Rembourskredits

Der Rembourskredit als kurzfristiger Exportkredit ist eine Sonderform des Akzeptkredits. Die Bezeichnung leitet sich ab von dem französischen Wort rembourser = wiedererstatten, wozu sich der Begünstigte zu verpflichten hat. Nach H. Vormbaum lassen sich unter dem Begriff Rembours verschiedene Formen der Außenhandelsfinanzierung gemeinsam erfassen (vgl. LV 64 S. 317). Die besonderen Vorteile des Rembourskredits werden in dem maßgeschneiderten Zuschnitt auf den Außenhandel gesehen (vgl. LV 49 S. 639f.):
- der Exporteur kann schon früh über den Gegenwert seiner Lieferung verfügen;
- der Importeur auf der anderen Seite vermeidet durch die Inanspruchnahme des Akzeptkredits Liquiditätsabflüsse, da Vorauszahlungen entfallen;
- trotz eines häufig zeitlich langen Weges der verschifften Ware können sich der Exporteur durch Verwendung des Akzepts und der Importeur durch Veräußerung der Dokumente sich sofort liquide Mittel verschaffen und so ihre Geschäfte weiter stimulieren;
- die Rembourbank kann aus dem Land mit den günstigsten Zinskosten gewählt werden;
- weitere Kostenvorteile entstehen dadurch, daß Bankakzepte zu günstigeren Bedingungen abgerechnet werden als normale Exportakzepte.

Begebung des Rembourskredits

Die Abwicklung eines Rembourskredits erfolgt in Stufen (vgl. Abb. 26-4) durch Einschaltung mindestens einer Bank ab:
1. Stufe:
Der Käufer (= Importeur) und der Verkäufer (= Exporteur) vereinbaren bei Abschluß des Kaufvertrags mit der d/a-Klausel (Documents against Acceptance), daß die Einlösung der Dokumente (= Verfügungspapiere über die abgesandte Ware) gegen ein Bankakzept erfolgen soll.
2. Stufe:
Der Importeur stellt bei seiner Bank bzw. über seine Bank bei einer internationalen Bank, eventuell bei der Bank des Exporteurs den Antrag, dem Exporteur einen 90-Tage-Akzeptkredit einzuräumen.
3. Stufe:
Die Bank des Importeurs eröffnet ein Dokumentenakkreditiv, das die Zusicherung gibt, daß von einer Bank bei Vorlage bestimmter Dokumente eine vereinbarte Summe an den Begünstigten gezahlt wird, über eine Korrespondenzbank und bittet diese, den auf sie gezogenen Wechsel des Exporteurs zu akzeptieren.

Abb. 27-4: Abwicklungsstufen eines Rembourskredits
(vgl. LV 11, zitiert nach LV 44 S. 272f., ähnlich LV 64 S. 319)

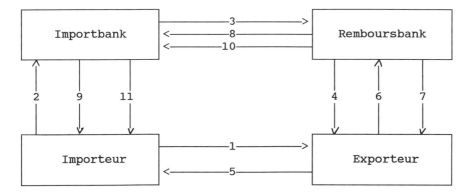

4. Stufe:
Die Akkreditiv-Eröffnungsanzeige der Bank geht an den Exporteur.
5. Stufe:
Die Versendung der Ware erfolgt.
6. Stufe:
Der Exporteur zieht auf die Remboursbank eine Drei-Monate-Sichttratte und reicht diese zusammen mit den Dokumenten zur Akzeptierung ein.
7. Stufe:
Die Remboursbank akzeptiert den Wechsel und diskontiert ihn zugunsten des Exporteurs.
8. Stufe:
Die Remboursbank schickt die Dokumente bestehend aus Konnossement, Versicherungsschein und Rechnung an die Bank des Importeurs mit der Mitteilung, daß sie auftragsgemäß unter Akzept getreten ist.
9. Stufe:
Die Bank des Importeurs gibt die Dokumente an den Importeur weiter, damit dieser über die Ware verfügen kann.
10. Stufe:
Die Remboursbank belastet bei Fälligkeit des Akzepts die Bank des Importeurs für den Gegenwert.
11. Stufe:
Die Bank des Importeurs belastet den Importeur.

2.6.4.2 Negoziationskredit (Akkreditivkredit)

Begebung, Formen und Beurteilung des Negoziationskredits

Nach H. Vormbaum ist "unter Akkreditiv...allgemein der einer Bank erteilte Auftrag zu verstehen, einem Dritten (dem Begünstigten) aus dem Guthaben des Auftraggebers (des Akkreditivstellers) einen genannten Betrag zur Verfügung zu stellen...Das Akkreditiv ist zunächst eine reine Geschäftsbesorgung. Ihm fehlt, im Gegensatz zum Remboursgredit, eine Kreditgewährung. Diese tritt erst durch zusätzliche Absprache zwischen dem Auftraggeber und der Bank in Erscheinung" (LV 64 S. 319).

Es gibt es zwei Formen für die Ursprungsart des Akkreditivs:
- Barakkreditiv, wenn die Auszahlung nur an die Person des Begünstigten gebunden ist;
- Dokumenten- oder Warenakkreditiv, wenn die Auszahlung an die Übergabe bestimmter Dokumente gebunden ist, wobei es zwei Unterformen gibt:
  - widerrufliches Akkreditiv, wenn die Unwiderruflichkeit nicht klar ausgedrückt ist und
  - unwiderrufliches Akkreditiv bei einer feststehenden Verpflichtung.

Da der Negationskredit direkter ist als der Remboursgredit, kommt er mit weniger Operationen als Remboursgredit aus, so daß sich beim Negoziationskredit die Auszahlung des Kreditbetrags gegenüber dem Remboursgredit beschleunigen läßt.

Formen des Negoziationskredits

Eine Kreditgewährung entsteht, wenn sich die eröffnende Bank im Akkreditiv verpflichtet, vom Begünstigten gezogene Wechsel zu akzeptieren oder zu negoziieren (= Wechsel ankaufen), oder eine andere Bank zur Akzeptierung oder Negoziierung solcher Wechsel ermächtigt. Den Negoziationskredit, bei dem die Bank des Exporteurs die auf den Importeur gezogene tratte nebst Dokumenten ankauft, gibt es in folgenden Formen (vgl. LV 64 S. 322):
- "Authority to purchase", wobei sich die Bank des Importeurs bereit erklärt, gegen Übergabe der Dokumente die vom Exporteur auf den Importeur gezogene Tratte zu negoziieren;
- "Order to negotiate", wobei eine Tratte vom Exporteur auf eine von der Korrespondenzbank im Lande des Exporteurs gezogen wird und wobei die Tratte anschließend gegen Vorlage der Dokumente von der Korrespondenzbank sofort diskontiert oder zunächst nur akzeptiert wird;
- "Commercial Letter of Credit (CLC)", wobei es sich um ein im angelsächsischen Raum ge-

bräuchliches Zahlungsversprechen der Bank des Importeurs direkt an den Exporteur handelt, und zwar
- als "unrestricted CLC", wenn der Exporteur die Tratte bei einer beliebigen Bank negoziieren kann, und
- als "Negotiation restricted to...", wenn der Exporteur nur bei der angeführten Bank negoziieren kann.

2.6.4.3 Privatdiskontkredit

Begebung und Bedingungen

Die im Jahre 1959 von einem Konsortium von Geschäftsbanken gegründete Privat-Diskont AG, Frankfurt/M., finanziert Import-, Transit- wie Exportgeschäfte. Hierbei zieht z.B. ein Importeur eine Tratte auf seine Bank, diese akzeptiert und diskontiert sie. Die Bank wiederum kann ihr Bankakzept an die Privatdiskont AG weiterreichen - zu sehr günstigeren Bedingungen als beim normalen Diskontkredit, wenn bestimmte Vorschriften eingehalten werden:
- die Wechsel müssen von einem Kreditinstitut akzeptiert sein mit einem haftenden Eigenkapital von mindestens 6 Mio. DM;
- die Restlaufzeit der Wechsel muß zwischen 30 - 90 Tagen liegen;
- die Wechselsumme muß mindestens 100.000,-DM betragen;
- höhere Beträge sollten durch 5000 teilbar sein.

Refinanzierung der Privat-Diskont AG

Die Privat-Diskont kauft die Wechsel auf und verkauft sie zur Rediskontierung und damit zur Refinanzierung
- an andere Kreditinstitute oder
- an die Deutsche Bundesbank.

2.6.4.4 Bankgarantien

Bankgarantien gibt es auch bei Auslandsgeschäften, dabei zahlt die Bank ohne Prüfung des materiellen Anspruchs "auf Anfordern" des Begünstigten und hält sich dann im Regress an dem Auftraggeber. Das zwingt die Bank ihre Garantien nur für Unternehmen mit erstklassiger Bonität oder bei ausreichenden Sicherheiten zu geben. Vom Dokumentenakkreditiv unterscheidet sich die Bankgarantie dadurch (vgl. LV 49 S. 640),
- daß die Bankgarantie ein abstraktes, meist befristetes, unwiderrufliches Zahlungsversprechen der Bank für den Eventualfall darstellt, demgegenüber der Dokumentenakkreditiv eine selbständige Verpflichtung, das ebenfalls unwiderruflich und abstrakter Natur ist,
- daß das Dokumentenakkreditiv den Importeur verpflichtet, während die Bankgarantie eine Exporteurverpflichtung betrifft und neben
 - der Lieferungs- und Gewährleistungsgarantie sowie der Bietungs- und Anzahlungsgarantie folgende Verpflichtungen abdecken kann:
 - die Zollgarantie für Zollbehörden, um zu gewährleisten, daß bei Verkauf oder Verlust von Messe- oder Ausstellungsgut die Zölle für diese ursprünglich zur Wiedereinfuhr bestimmten Güter gezahlt werden,
 - die Konnessementgarantie für Schäden einer Reederei für Auslieferung von Waren ohne Vorlage ordnungsgemäßer Dokumente an den Importeur,
 - die Garantie für die Auswirkungen fehlerhafter Dokumente, da der Importeur nicht verpflichtet ist, andere als im Akkreditiv bezeichnete Dokumente anzunehmen,
 - die Qualitäts- und Gewichtsgarantie für eventuelle sich aus dem Transport ergebende Gewichts- oder Qualitätsminderungen;
 - die Kreditgarantie, um den Kreditspielraum des Importeurs - z.B. ausländische Tochtergesellschaften deutscher Unternehmen - zu vergrößern.

2.6.5 Finanzierung durch Kompensationsgeschäfte

2.6.5.1 Wesen und Bedeutung der Kompensationsgeschäfte

Die Exportgeschäfte mit den ehemaligen Staaten des realexistierenden Sozialismus in Osteuropa, aber mit den sog. entwicklungsländern werden mangels Devisen zunehmend auf Gegengeschäftsbasis abgewickelt. Die Formel moderner Wirtschaft:

Ware - Geld - Ware

wird bei diesen Kompensationsgeschäften mehr oder weniger rigoros ersetzt durch die alte Formel:

Ware - Ware

und dies bedeutet gewissermaßen eine Rückkehr in die finanzwirtschaftliche "Steinzeit", wenngleich es zwischen verschiedenen Kompensationsformen und entsprechend differenzierten Finanzierungsformen für Exportgeschäfte zwischen Staaten mit unterschiedlich hohen kulturellen Stufen zu unterscheiden gilt (vgl. LV 8 S. 56ff, LV 23a).

Nach H. Hohmann haben jedoch die Erfahrungen gezeigt, daß die Tausch- und Kompensationsgeschäfte - bei entsprechend professioneller Handhabung - durchaus zum Vorteil des Exporteurs sein können; vielfach ließen sich teure Investitionsgüter ohne Kompensationsgeschäfte gar nicht am Weltmarkt absetzen. Die finanzielle Verwertung der gegengeschäftlichen Ware kann geschehen
- im Konzernverbund, wenn der Exporteur zu einem Konzern gehört, der auch Handelsunternehmen besitzt, oder
- über auf Kompensationsware spezialisierte Agenturen.

2.6.5.2 Parallelgeschäfte

Klassisches Parallelgeschäft

Dieses Geschäft (vgl. Abb. 26-5a) wickelt sich über folgende Operationen zwischen dem Exporteur in Deutschland (D) und dem Importeur in Osteuropa (O) ab:
a = Liefervertrag;
b = Warenlieferung Exporteur –> Importeur;
c = Zahlung für b;
d = Gegengeschäftsverpflichtung;
e = Warenlieferung Importeur –> Exporteur zur Erfüllung der übernommenen Gegengeschäftsverpflichtung;
f = Zahlung der Warenlieferung unter der Bedingung, daß die übernommene Gegengeschäftsverpflichtung erfüllt ist.

Überhöhte Preise der Importseite sind durch entsprechende Preisstellung bei der Exportseite zu korrigieren, so daß die Basis des Geschäfts der mengenmäßige Ausgleich ist und demnach ein echtes Tauschgeschäft zugrunde liegt.

Ein Unterfall ist das sog. **Buy-Back-Geschäft (Rückkaufgeschäft)**, bei dem die (Gegen-)Ware erst mit den gelieferten Waren bzw. auf den gelieferten Waren (Maschinen) produziert wird.

Parallelgeschäft unter Einschaltung eines Dritten

Beim klassischen Parallelgeschäft muß der Exporteur - mit all den Risiken - selbst für Verwertung der (Gegen-)Ware sorgen. Der Exporteur kann dieses Risiko (vgl. Abb. 26-5b) durch die Vereinbarung verhindern, daß seine Gegengeschäftsverpflichtung durch einen Dritten (C) übernommen werden kann. Dann sind folgende Operationen abzuwickeln:

a = Liefervertrag;
b = Warenlieferung Exporteur ---> Importeur;
c = Zahlungsvereinbarung oder Kreditvereinbarung für b;
d = Gegengeschäftsverpflichtung mit der Vereinbarung, daß die Ablösung durch einen Dritten erfolgen kann;
e = schriftliche Bestätigung vom Importeur, daß der Kauf von C diese Gegengeschäftsverpflichtung vom Exporteur erfüllt hat;
f = Zahlung der vom Exporteur mit dem Importeur vereinbarten Stützung - bei Abtretung des Gegengeschäfts - , die dann fällig wird, wenn die Bestätigung e vorliegt;
g = Lieferung für Gegenware mit Zusage der Anerkennung des Kaufs, um die Gegengeschäftsverpflichtung mit dem Exp. zu erfüllen;
h = Lieferung der Gegenware zur Erfüllung der übernommenen Gegenverpflichtung;
j = Zahlung für Lieferung der Gegenware.

Abb. 26-5: Parallelgeschäfte

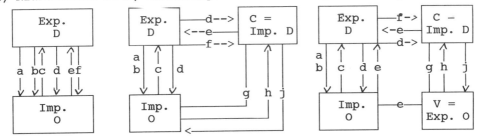

Parallelgeschäft zu Viert

Hierbei kann der Importeur seinerseits das Kompensationsgeschäft einem Dritten (V) in seinem Land überlassen (vgl. Abb. 26-5c).

2.6.5.3 Bartergeschäfte

Beim Bartergeschäft werden auf **beiden Seiten stets nur Waren** geliefert und keine geldlichen Leistungen erbracht (vgl. Abb. 26-6). Bei den Bartergeschäften ist mit folgenden Operationen zu rechnen:
a = Vertrag zur Warenlieferung;
b = Liefervertrag für Gegenware mit der Zusage, daß die Zahlung an C als Ausgleich für die Lieferung der Ware an den Importeur anzusehen ist;
c = Warenlieferung gemäß Vertrag;
d = Lieferung der Gegenware;
e = Lieferung der Gegenware;
f = Zahlung der Gegenware;
g = Verrechnung zwischen Importeur O und Exporteur O.

Das Bartergeschäft ist ähnlich wie das Parallelgeschäft in verschiedenen Formen möglich.

Klassisches Bartergeschäft

Bei diesem Geschäft (vgl. Abb. 26-6a) nimmt der Exporteur in D Ware in Zahlung von Importeur in O.

Bartergeschäft zu Dritt

Exporteur D und Imp. O vereinbaren (vgl. Abb. 26-6b), daß ein Dritter C die Gegenware kauft, wodurch dieser den Exporteur bezahlen kann.

Bartergeschäft zu Viert (vgl. Abb. 26-6c).

Bartergeschäfte

wie a) - c) **unter Einschaltung von Treuhandkonten** (vgl. ebenda S. 61).

Abb. 27-6: Bartergeschäfte

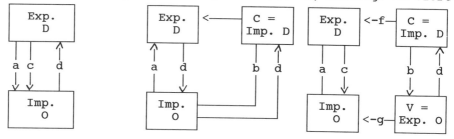

2.6.5.4 Sonstige Kompensationsgeschäfte

Häufig wird auch der Staat in bestimmte Kompensationsgeschäfte mehr oder weniger direkt einbezogen.

Switch-Geschäfte

Hierbei werden Guthaben in nichtkonvertierbarer Währung zwischen Ländern, deren Handelsströme nicht ausgeglichen sind, an Exporteure mit deren Zustimmung übertragen. Die Exporteure können dann, wenn sie keine Ware aus einem Defizitland erhalten, dieses Clearing-Guthaben mit einem Abschlag (Disagio) als Switch-Prämie an einen Switch-Händler verkaufen. Der Switch-Händler wiederum muß Importeure suchen, welche Ware aus dem Defizitland beziehen wollen und stellt ihnen das Clearing-Guthaben zum einkauf zur Verfügung.

Offset-Geschäfte

Die Offset-Geschäfte entstanden im militärischen Bereich und werden neuerdings auch - häufig unter Einschaltung staatlicher Stellen - bei zivilen Projekten eingesetzt. Dabei wird eine generelle Förderung der Industrie des Importlandes vereinbart etwa durch Vergabe von Unteraufträgen, wofür dann technisches Know-how zu übertragen ist.

Joint Ventures

Es können Joint Ventures vereinbart werden, wobei die Vorleistungen des einen Partners etwa zur Erschließung der Bodenschätze im anderen Land durch spätere Lieferungen von Produkten ausgeglichen werden. Dabei können schwankende Marktpreise zum Abrechnungsproblem werden.

Lösen Sie Aufgabe Nr. 26-3 in der Anlage A!

3. Die Investitionen des Unternehmens

3.1 Einleitung

3.1.1 Aufgaben und Umfang von betrieblichen Investitionen

Wirtschaftlichkeitsrechnungen dienen dazu, betriebliche Problemlösungen, die auf Investitionen hinauslaufen, finanziell zu bewerten. Entsprechend werden diese Rechnungen in der Literatur häufig als **Investitionsrechnungen** bezeichnet. Investition bedeutet Kapitalbindung in Vermögensgegenständen, und umgekehrt Desinvestition Kapitalfreisetzung. Da Investitionen wie auch Desinvestitionen mit ihren Folgen in der Zukunft liegen, müssen ihre Auswirkungen geschätzt werden. In der **Frühphase** der Beurteilung fehlen häufig konkrete Angaben, so daß nur eine **Punktebewertung** (Scoring-Modell) hilft, die zudem den Vorteil hat, daß sie neben **quantitativen Faktoren** auch **qualitative Elemente** verarbeiten kann. Letztere können bei Investitionsvorhaben eine erhebliche Rolle spielen:
- zur Imageverbesserung schaffen sich Unternehmen manchmal überdimensionierte Computer an, um damit "Modernität" zu demonstrieren;
- bei Banken und Versicherungen sollen prachtvolle Fassaden "Solidität" demonstrieren.

Solche Prestigeinvestitionen haben ihren Wert, der sich jedoch kaum quantifizieren läßt.

Die betrieblichen Investitionen finden im Anlage- und Umlaufvermögen der Bilanz ihren Niederschlag, die dazu erforderliche Investitionsfinanzierung auf der Passivseite der Bilanz. "Bildungs-" sowie "Forschungs- und Entwicklungsinvestitionen" gewinnen zunehmend an Bedeutung für die Unternehmen, sie werden jedoch nicht "aktiviert". Bei der Investitionsbeurteilung ist zu beachten, daß die Finanzmittel dem Betrieb nicht kostenlos überlassen werden, so daß eine ausreichende Verzinsung der durch Investitionsprojekte gebundenen Mittel erforderlich ist. Umgekehrt ist bei Desinvestitionen für eine hinreichende Verzinsung des freigesetzten Kapitals zu sorgen.

Lösen Sie Aufgabe Nr. 31-1 in Anlage A!

3.1.2 Investitionsanlässe

Als **Investitionsanlässe** kommen vor allem in Frage (vgl. Abb. 31-1):
- **Erstinvestitionen**. Sie sind erforderlich für eine Grundausstattung des Unternehmens mit Betriebsmitteln und Umlaufvermögen.
- **Erweiterungsinvestitionen**. Sie sollen
  - horizontal zu einer Vergrößerung des betrieblichen Ausstoßes und/oder
  - vertikal zu einer Vertiefung des Produktionsapparats durch Übernahme von Lieferantenleistungen führen (sog. Integrations- bzw. De-Integrations-Projekte).
- **Ersatzinvestitionen**. Sie kommen zum Zuge,
  - wenn Maschinen ausfallen oder
  - wenn reparaturanfällige Maschinen den Produktionsfluß stören.
- **Rationalisierungsinvestitionen**. Sie sollen die Stückkosten senken und so den Betrieb konkurrenzfähiger machen.

Abb. 31-1: Betriebliche Investitionsarten

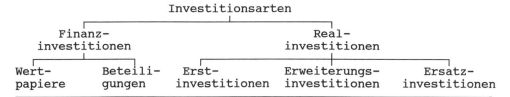

- **Modernisierungsinvestitionen.** Sie sollen den Betrieb auf einen höheren technischen Stand bringen.
- **Personaleinsparungsinvestitionen.** Sie dienen dazu, daß knappes Personal eingespart wird bzw. daß teueres Personal durch höher automatisierte Maschinen ersetzt wird.
- **Flexibilitätsinvestitionen.** Sie dienen dem Unternehmen dazu,
  - daß es kurzfristig durch Umrüstung auf Nachfrageumschichtungen reagieren kann,
  - daß das Unternehmen aber gleichzeitig an Maschineninvestitionen sparen kann: Dies geschieht dadurch, daß das Unternehmen redundante produktbezogene Werkzeuginvestitionen tätigt:

```
Beispiel:               Produkt A        Produkt B       Total A+B
Werkzeugkapazität       800 Einheiten    600 Einheiten   1.400 Einh.
Maschinenkapazität                       1.100 Einheiten
Flexibilität                             300 Einheiten.
```

Einen kostensenkenden Rationalisierungseffekt können verschiedene Investitionsprojekte haben (vgl. Abb. 31-2): Modernisierung; Ersatz; Erweiterung und Integration, gewöhnlich allerdings nur dann, wenn mit einer guten Kapazitätsauslastung gerechnet werden kann; sonst sind die stückfixen Kosten relativ hoch. Bei der Rationalisierung können sich u.a. Ersatz-, Erweiterungs- und Modernisierungseffekte überlagern.

Abb. 31-2: Überlappungseffekte bei den Rationalisierungsinvestitionen

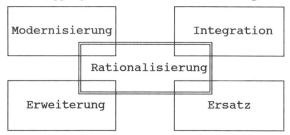

Die vorstehend aufgeführten Investitionen bezeichnet E. Schneider (vgl. LV 55 S. 7) als "Realinvestitionen", da sie zum Erwerb von materiellen Gütern führen. Sie sind zu unterscheiden von den Finanzinvestitionen zum Erwerb von Beteiligungen und Wertpapieren.

Mit Hilfe geeigneter Indikatoren (vgl. LV 32 S. 251) kann der Betrieb seine Investitionsprobleme rechtzeitig erkennen und er hat dann genügend Zeit, um fundierte Problemlösungen zu entwickeln.

Lösen Sie Aufgabe Nr. 31-3 in Anlage A!

3.1.3 Zeitliche und strategische Reichweite von Investitionsprojekten

Investitionsprojekte besitzen einen unterschiedlichen **Planungshorizont:**
1. **unterzyklischer Planungshorizont**, der bei substrategischen Projekten vor allem für Ersatzinvestitionen in Frage kommt und dessen Reichweite sich nach der Restlebensdauer der alten Anlage bemißt;
2. **zyklischer Planungshorizont**, der vor allem bei substrategischen Projekten wie Make or Buy-Entscheidungen zum Zuge kommt und der bei gleichzeitigem Einsatz unterschiedlicher Betriebsmittel parallel im Projekt unterschiedlich lange Zyklen zur Folge haben kann, wodurch sich multizyklische Projekte ergeben:
   - einen mittellangen Zyklus für Maschinen und Einrichtungen (4 - 12 Jahre);
   - einen Kurzzyklus für die (Spezial-)Werkzeuge (1 - 5 Jahre).
Deshalb ist z.B. bei der Kombination von Maschinen und Werkzeugen in einem Projekt für die Werkzeuge ein zweiter Kurzzyklus quasi als "Supplementsinvestition" erforderlich, praktisch wird - vereinfachend - eine sich automatisch anschließende homogene Investi-

tionskette für das Objekt mit kürzerer Lebensdauer unterstellt.
3. **überzyklischer Planungshorizont** bei strategischen Projekten, deren Effekt auf "Dauer" angelegt ist z.B. bei Projekten zur Verbesserung der Produktqualität, zur Einführung einer neuen Produktlinie oder zur Errichtung einer neuen Betriebsstätte; bei ihnen ist ein zeitliches Ende nicht abzusehen, so daß auch eine Durchschnittsrechnung für einen abgeschlossenen Zyklus nicht erfolgen kann und stattdessen ein sog. "Normaljahr" zu konstruieren ist (vgl. 3.3.3.2, 3.4.2.1, 5.2.2, 5.2.3), das einem Durchschnittsjahr nahe kommen soll - hier wird unterstellt, daß es über Ersatzinvestitionen (Reinvestitionen) mit hoher Wahrscheinlichkeit zu Investitionsketten kommt, die z.B. bei einem Produktwechsel in einer neuen Betriebsstätte sogar heterogener Natur sein können.

Die betrieblichen Investitionsprojekte lassen sich in zwei Gruppen zusammenfassen, die sich vor allem durch die **Bedeutung** für den Betrieb und durch ihre **zeitliche Reichweite** unterscheiden:
1. **Substrategische Projekte.** Hierzu zählen
   ▪ Integrations- und De-Integrationsprojekte (vgl. 5.1.1) sowie
   ▪ Ersatz- und Modernisierungsinvestitionen (vgl. 5.1.2).
2. **Strategische Projekte.** Hierzu zählen
   ▪ Produkteliminierungen (vgl. 5.2.1) wie Produktprogrammerweiterungen (vgl. 5.2.2);
   ▪ Kapazitätserweiterungsprojekte wie Wechsel des Distributionssystems (vgl. 5.2.3).
Wegen ihrer großen Reichweite sind strategische Projekte gewöhnlich hochkomplexer multizyklischer Natur:
- unendliche Dauer beim Grundstück;
- langzyklische Dauer von 30 - 40 Jahren beim Betriebsgebäude;
- mittelzyklische Dauer von 4 - 12 Jahren bei den Betriebseinrichtungen z.B. ein Lift und bei den Maschinen;
- kurzzyklische Dauer von 1 - 5 Jahren bei den dazugehörigen Spezialwerkzeugen.
Wegen ein Vielzahl sich überlappender Zyklen in hochkomplexen multizyklischen strategischen Projekten ist hier ebenfalls keine Durchschnittsrechnung möglich, so daß ein "Normaljahr" zu konstruieren ist.

Zwischen substrategischen und strategischen Investitionen kann es fließende Übergänge geben; wenn z.B. De-Integrationsprojekte die betriebliche Kapazitätsstruktur etwa im Rahmen der "Lean Production" wesentlich abflachen helfen und dabei die Unternehmenshierarchie beeinflussen, dann wandeln sich substrategische Investitionen zu strategischen Investitionen.

3.1.4 Übersicht über die Investitionsbeurteilungsmethoden

Die betriebswirtschaftliche Literatur unterscheidet zwischen statischen und dynamischen Investitionsrechnungsmethoden (vgl. Abb. 31-3), letztere werden auch nach ihrer Herkunft als finanzmathematische Methoden bezeichnet. Die dynamischen Methoden basieren weitgehend auf Einnahmen (Einzahlungen) und Ausgaben (Auszahlungen) und verarbeiten Zinseszinseffekte. Die statischen Methoden verarbeiten Erlös-, Kosten- und Kapitaleinsatzinformationen, und selten Zinseszinseffekte.

Abb. 31-3: Übersicht über die Investitionsbeurteilungsmethoden

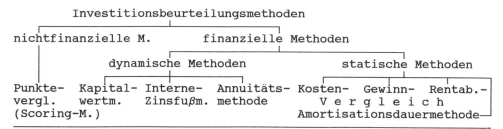

3.1.5 Psychologische Aspekte bei Investitionsentscheidungen

Bei Integrationsentscheidungen, aber auch bei Ersatzinvestitionen darf der psychologische Aspekt nicht übersehen werden:
- Individuen wie Techniker besitzen ein Streben nach Neuem. Aus diesem Grund möchten sie über die neuesten Maschinen verfügen. Jedoch ist gewöhnlich die Wirtschaftlichkeit nur dann gewahrt, wenn die Maschinen mit hoher Kapazitätsauslastung arbeiten. Dies ist aber bei Spezialmaschinen mit besonders interessanter Technik nicht immer der Fall.
- Es kann vorkommen, daß bei Investitionsanträgen die Unterlagen "geschönt" werden; so ergab z.B. eine "Nachkalkulation" eines Integrationsprojekts in der Betriebspraxis, daß die Planrendite von ca. 80% mit einer Ist-Rendite von -10% weit verfehlt wurde.
- In einem anderen Großunternehmen wurde in den Planungsunterlagen der Robotereinsatz anstelle von Halbautomaten rentabilitätsgünstig ausgewiesen. Wie der Verfasser feststellen konnte, waren die Angaben "geschönt"; die variablen Gemeinkosten u.a. der Energieverbrauch, der Programmieraufwand, wurden in beiden Fällen mit einem konstanten Prozentsatz auf die direkten Löhne bezogen und da beim Robotereinsatz keine direkten Löhne mehr anfielen, wurden die variablen Gemeinkosten, die beim Robotereinsatz sogar relativ höher als bei Halbautomaten sind, auf Null gesetzt, so daß die Roboterkosten - obwohl formal gesehen richtig geplant - insgesamt bei weitem zu niedrig waren.

Um die betrieblichen Investitionsentscheidungen auf eine möglichst rationale Basis zu stellen, sollten deshalb verbindlich "Vordrucke" für bestimmte Investitionstypen entwickelt und vorgegeben werden, die dann wegen des rapiden technologischen Fortschritts ständig auf Plausibilität der Planungsansätze hin zu überprüfen sind.

3.1.6 Investitionskontrolle

Nach H.C. Heiser soll eine Investitionskontrolle so gestaltet sein (vgl. LV 23 S. 353),
- daß sie nicht genehmigte Investitionen unterbindet,
- daß sie Aufschluß über den Investitionsfortschritt und die Abweichungsbeträge gegenüber der Genehmigung gibt,
- daß sie eine Nachrechnung der effektiven Investitionsausgaben ermöglicht.

Eine derartige Ex-post-Investitionskontrolle läßt sich durch eine von Monat zu Monat zu aktualisierende Investitionsprogrammübersicht realisieren:

Proj. Nr.	Projektaufgabe	genehmigter Betrag	bereits ausgegeben	noch zu erwart. Ausg.	Abweichung
145	Erweiter.	560.000,-	250.000,-	410.000,-	-100.000,-
146	Rational.	470.000,-	330.000,-	140.000,-	-
147	Ersatzin.	145.000,-	130.000,-	-	+15.000,-
148	Modernis.	388.000,-	255.000,-	155.000,-	-22.000,-
:	:	:	:	:	:

Im Wege einer **präventiven Investitionskontrolle** ist vor Projektgenehmigung darauf zu achten, daß nicht nur die eigentlichen Investitionsausgaben, sondern auch gewisse zu erwartende Nebenkosten in die Wirtschaftlichkeitsrechnung eingehen:
- Transaktionskosten wie die Kosten der technisch-betriebswirtschaftlichen Vorplanung, Schulungskosten, Anlaufkosten;
- Änderungskosten an Gebäuden, Einrichtungen, Werkzeugen.

Die Änderungskosten lassen sich ansetzen,
- indem sie von Projekt zu Projekt einzeln geplant werden oder
- indem standardmäßig aufgrund von Vergangenheitserfahrungen für alle Projekt dieselben Sätze vorgegeben werden (vgl. LV 29 S. 104) z.B. insgesamt 19% der jeweiligen Investitions-

Sätze vorgegeben werden (vgl. LV 29 S. 104) z.B. insgesamt 19% der jeweiligen Investitionssumme für Änderungen an Baulichkeiten 6%, Änderungen an Maschinen 3%, Änderungen an Werkzeugen 10%.

Lösen Sie Aufgabe Nr. 31-3 in Anlage A!

3.2 Dynamische Methoden der Wirtschaftlichkeitsrechnung

3.2.1 Auf- und Abzinsungstechnik

3.2.1.1 Aufgaben der finanzmathematischen Methoden

Investitionsprojekte sind durch eine Ausgabenreihe für Betriebsmittel- und Materialeinkäufe, Lohnzahlungen etc. gekennzeichnet, sowie durch eine Einnahmenreihe vor allem für die Erlöse aus verkauften Leistungen. Da die Einnahmen- und Ausgabenreihen der einzelnen Investitionsprojekte unterschiedlich in der Zukunft verteilt sind, machen es sich die finanzmathematischen Methoden **zur Aufgabe**, die Investitionsprojekte
1. zeitlich durch Ermittlung des **Zeitwerts** mit einander vergleichbar zu machen und zugleich
2. sie auf finanzielle Ergiebigkeit gemessen an einem **Zielwert** zu überprüfen.

3.2.1.2 Aufzinsung

Die Finanzmathematik wendet die Aufzinsung an, wenn ein Kapital in bestimmter Höhe, z.B. 1,- DM, bei einer Bank oder bei einer Versicherungsgesellschaft zu Zinsen und Zinseszinsen, z.B. 8%, angelegt werden soll. Dann wachsen die Zinsen - zu Zinseszinsen - nach der Investition im Zeitpunkt t_0 in einer geometrischen Reihe:

```
                  t0          t1          t2            t3            t4
Aufzinsung:    1,00·1,0   1,00·1,08   1,00·1,08²    1,00·1,08³    1,00·1,08⁴
Aufzins.faktor  = 1,00     = 1,08     = 1,1664      = 1,2597      = 1,3605
```

Ein eingezahltes Kapital von z.B. 100,-DM würde demnach nach 3 Jahren auf $100 \cdot 1,2597 = 125,97$ DM anwachsen.

3.2.1.3 Abzinsung

Die Umkehrung der Aufzinsung nennt sich Abzinsung; bei ihr werden künftige Zahlungen auf die Gegenwart abgezinst:

```
Zeitpunkt        t0          t1          t2            t3            t4
Abzinsung     1,00/1,00   1,00/1,08   1,00/1,08²    1,00/1,08³    1,00/1,08⁴
Abzins.faktor   = 1       = 0,9259    = 0,8573      = 0,793       = 0,735
```

Eine erwartete Zahlung von 100,-DM am Ende von t_3 hat bei einem Zinsfuß von 8% nur noch den Gegenwartswert von $100 \cdot 0,7938 = 79,38$ DM. Umgekehrt: erhielte der Investor in t_0 den Betrag von DM 79,38 und würde er ihn zu 8% Zinsen und Zinseszinsen investieren, wüchse er bis zum Ende von t_3 auf den Betrag von 100,-DM an: $79,38 \cdot 1,2597 = 100,-$DM.

Angenommen der Investor kann die Projekte A, B und C mit den gleichen Ausgaben und den gleichen Einnahmen, letztere allerdings zu unterschiedlichen Zeiten realisieren. Um sie vergleichbar zu machen, zinst er sie mit 8% ab und erhält den abgezinsten Überschuß (aÜS):

Proj.	Ausgabe in t_0	Einnahme in	Überschuß	abgez. Einn.	aÜS
A	800,-	t_1 = 1.000,-	200,-	925,90	125,90
B	800,-	t_2 = 1.000,-	200,-	857,30	57,30
C	800,-	t_3 = 1.000,-	200,-	793,80	-6,20

Die Abzinsung führt also regelmäßig, sofern der Kalkulationszinsfuß > 0 ist, zu einer Minderung des Wertes künftiger Zahlungen, und zwar um so stärker, je höher der gewählte Kalkulationsfuß ist und je weiter die Zahlungen in der Zukunft liegen. Dies setzt voraus, daß dem Unternehmen Alternativen zur Anlage der Finanzüberschüsse zu Zinsen und Zinseszinsen in Höhe des gewählten Kalkulationszinsfußes real zur Verfügung stehen; sonst führt die Abzinsung
- zu Schein-"Verlusten" bei den zu erwartenden betrieblichen Zahlungen und eventuell
- zu Fehlbewertungen und zu darauf basierenden betrieblichen Fehlentscheidungen.

Wie also unmittelbar einzusehen ist, steht und fällt die Anwendung der Ab- bzw. Aufzinsung mit der betriebswirtschaftlichen Relevanz des Ab- bzw. Aufzinsungsfaktors.

3.2.1.4 Rechenelemente der finanzmathematischen Methoden

Bei der Auf- bzw. Abzinsung ist von Einnahmen und Ausgaben auszugehen:
- Kalkulatorische Elemente wie Abschreibungen und kalkulatorische Zinsen bleiben deshalb außer Ansatz. Liegen die Daten eines Investitionsprojekts in Form von Erlösen und Kosten vor, sind sie normalerweise in Einnahmen und Ausgaben umzuwandeln.
- Bei alternativen Werten wie Erlösen, Einnahmen bzw. Einzahlungen bzw. bei Kosten, Aufwand, Ausgaben und Auszahlungen ist auf den Liquiditätszugang bzw. -entgang abzustellen. Verkauft z.B. das Unternehmen am 3.5. ein Produkt gegen Kreditgewährung, dann ersteht gleichzeitig ein Erlös, zahlt der Kunde am 15.5. bei der Bank zur Überweisung ein und wird dieser Betrag am 18.5 mit der Gutschrift auf dem Konto des verkaufenden Unternehmens zur - kassenmäßigen - Einnahme, dann ist für die Abzinsung grundsätzlich der Einnahmestichtag maßgeblich. Ähnliches gilt für die Ausgabenseite, bei der gewöhnlich Auszahlungen und Ausgaben deckungsgleich sein werden. Allerdings dürfte es schwierig sein, diese Stichtagsforderung vor allem bei Industrieprojekten mit einer Vielzahl von Finanzvorgängen ohne Vereinfachungen durchzuhalten. Deshalb wird nach der allgemeinen betriebswirtschaftlichen Investitionstheorie unterstellt, daß alle Einnahmen und Ausgaben am Ende der jeweiligen (Projekt-)Periode anfallen.

Praktisch lassen sich die Zahlungsströme für die Projekte ermitteln,
1. indem von den effektiven Einnahmen und Ausgaben oder - vereinfachend -
2. indem vom projektmäßigen Cash-Flow ausgegangen wird, und zwar letzteres
2.1 als effektiver Cash-Flow der einzelnen Jahre oder
2.2 als durchschnittlicher Cash-Flow.

Lösen Sie Aufgabe Nr. 32-1 in Anlage A!

3.2.2 Kapitalwertmethode

3.2.2.1 Aufstellung von Erklärungs-, Bestimmungs- und Zielfunktion

Bei der Kapitalwertmethode sind zunächst über die Zeit t1, t2, t3, ... die Ein- und Ausgabenreihen als **Erklärungsfunktionen** aufzustellen.
Die Erklärungsfunktion der Einnahmenreihe (EF) lautet:

(32-1) EF = e1, e2, e3, ...

Die Erklärungsfunktion der Ausgabenreihe (AF), die gewöhnlich in to mit der Investitionsausgabe beginnt, lautet:

(32-2) AF = ao, a1, a2, a3, ...

Da beide Zahlenreihen mit demselben Kalkulationszinsfuß p abzuzinsen sind, wobei i = p/100 ist, läßt sich zur Vereinfachung eine Differenzreihe é bilden:

(32-3) éo = eo - ao, é1 = e1 - a1, é2 = e2 - a2, ...

Unter é ist der periodische Finanzüberschuß (Cash-Flow) eines Projekts zu verstehen.

Die **Bestimmungsfunktion** bei der Kapitalwertmethode lautet dann:

(32-4) Co = -éo/1 + é1/(100 + i)^1 + é2/(100 + i)^2 + ...

Die Summe der abgezinsten Finanzüberschüsse ergibt den Nettobarwert des Projekts, im allgemeinen Kapitalwert Co genannt. Sofern der Kapitalwert eines Projekts positiv ausfällt, gilt die angestrebte Verzinsung, wie sie im gewählten Kalkulationszinsfuß zum Ausdruck kommt, erreicht. Entsprechend gilt das Projekt als "vorteilhaft".

Konkurrieren mehrere Projekte um die Kapitalverwendung, soll der Investor das Projekt mit dem höchsten Kapitalwert wählen; so schreibt E. Schneider: "Von mehreren vorteilhaften Investitionen ist bei einem gegebenen Kalkulationszinsfuß diejenige Investition am vorteilhaftesten, deren Kapitalwert am größten ist" (LV 55 S. 43, im Original kursiv gedruckt). Deshalb lautet die **Zielfunktion** der Kapitalwertmethode:

(32-5) Co —> max!

Dabei ist die **Nebenbedingung** zu beachten:

(32-6) (Co ≥ 0).

3.2.2.2 Beurteilung von Projekten mit Hilfe der Kapitalwertmethode

Beispiel:
Das Unternehmen kann bei einem Projekt mit folgender Einnahmenreihe rechnen:
e1 = 30.000,-DM, e2 = 60.000,-DM, e3 = 50.000,-DM.

Bei Investitionen in Höhe von 50.000,-DM erwartet der Betrieb folgende laufenden Betriebsausgaben:
a1 = 20.000,-DM, a2 = 30.000,-DM, a3 = 20.000,-DM.

Hieraus lassen sich die Finanzüberschüsse é des Projekts ableiten:

	to	t1	t2	t3
Einnahmen	-	30.000	60.000	50.000
-Ausgaben	50.000	20.000	30.000	20.000
= é	-50.000	10.000	30.000	30.000

Dann ergibt sich bei einem Kalkulationszinsfuß von 8% der positive Kapitalwert von:

(32-4) Co = - 50.000·1 + 10.000·0,9259 + 30.000·0,8573
             + 30.000·0,7938
           = - 50.000 + 9.259 + 25.719 + 23.814   = 8.792.

Haben andere Projekte einen Kapitalwert von nur 6.375 bzw. 5.996 Werteinheiten und kann der Betrieb nur ein Projekt finanzieren, wird der Betrieb vom Kapitalwert her gesehen, das Projekt A mit Co = 8.792 Werteinheiten wählen.

Anders sieht es jedoch aus, wenn der Kapitalwert in Relation zum Kapitaleinsatz (der Anlageinvestitionen) gesetzt wird; dann besitzt das Projekt B eine günstigere Co/Kapitaleinsatz-Relation und ist vorzuziehen (IS = Investitionssumme):

Projekte	Co	IS	Co/IS
Projekt A:	8.792(max!)	50.000,-DM	8.792/50.000 = 0,176
Projekt B:	6.375	30.000,-DM	6.375/30.000 = 0,213(max!)
Projekt C:	5.996	40.000,-DM	5.996/45.000 = 0,133

3. Die Investitionen der Unternehmung

Bei den Kostensparungsprojekten fehlt die Einnahmenreihe. Dann ist - gleiche Leistung bei allen Projektalternativen vorausgesetzt - das Projekt mit den minimalen abgezinsten Ausgaben Ca zu wählen:

(32-7)   Ca —> min!

Beispiel:
Das Unternehmen kann eine Maschine zum Preis von 100.000,-DM kaufen oder für drei Jahre mieten, jährlicher Mietpreis 45.000,-DM. Bei einem Kalkulationszinsfuß von 12% beträgt Ca jeweils:

```
Kauf: 100.000 · 1 = 100.000,-DM.
Miete: 45.000·0,8929 + 45.000·0,7972 + 45.000·0,7118 = 108.086.
```

In diesem Fall wäre die Miete der Maschine also ungünstiger zu beurteilen als der Kauf. Die Priorität ändert sich jedoch bei einem Kalkulationszinsfuß von 20%:

```
Miete: 45.000·0,8333 + 45.000·0,6944 + 45.000·0,5787 = 94.789.
```

Demnach hängt es auch von der Höhe des gewählten Kalkulationszinsfußes ab, welches Projekt günstiger zu beurteilen ist (vgl. auch LV 55 S. 41ff.).

Lösen Sie Aufgabe Nr. 32-2 in Anlage A!

3.2.3 Interne-Zinsfuß-Methode

3.2.3.1 Aufstellung von Bestimmungs- und Zielfunktion

Der Kapitalwert eines Projekts gibt jedoch keine Auskunft darüber, wie hoch die tatsächliche Verzinsung des Projekts ist. Anders ist es jedoch bei der Internen-Zinsfuß-Methode; sie ermittelt die interne Verzinsung des Projekts, indem sie den Kapitalwert gleich Null setzt, so daß die **Bestimmungsfunktion** lautet:

(32-8)   Co = abgezinste Einnnahmen - abgezinste Ausgaben = 0.

Nach E. Schneider wird "unter dem internen Zinsfuß einer Investition...der Zinsfuß verstanden, bei dem der auf irgendeinen Zeitpunkt bezogene Gegenwartswert sämtlicher Aus- und Einzahlungen gleich Null ist..." (ebenda S. 10). Der Interne Zinsfuß r_i fällt bei jedem Projekt unterschiedlich hoch aus. Bei mehreren mit einander konkurrierenden Projekten ist das Projekt wählen, bei dem r_i maximal ist. Deshalb lautet die **Zielfunktion**:

(32-9) r_i —> max!

Allerdings soll der Interne Zinsfuß nicht unter den Kosten der Kapitalüberlassung p liegen, so daß die **Nebenbedingung** zu beachten ist:

(32-10) $r_i \geq p$.

3.2.3.2 Alternativen zur Errechnung des internen Zinsfußes

Die **Nullsetzung des Kapitalwerts** kann auf verschiedene Weise erfolgen:

1. Mathematische Auflösung. Die obige Kapitalwertfunktion Co ist mathematisch nach r_i aufzulösen. Das kann in der Praxis zu mehrdeutigen Ergebnissen führen.

2. Näherungsrechnung. Eindeutige Ergebnisse lassen sich im Wege der Näherungsrechnung finden, indem zunächst eine willkürliche Proberechnung mit einem x-beliebigen Kalkulationszinsfuß erfolgt. Ist der Kapitalwert positiv, wird als nächstes ein höherer Zinsfuß zum Durchrechnen gewählt, bei negativem Kapitalwert ein kleinerer.

3. Graphische Interpolation. Alternative Kapitalwerte eines Projekts - mindestens drei, da die r_i-Funktion grundsätzlich eine Kurve abgibt - sind in ein Koordinatensystem einzutragen mit Kapitalwerten auf der Ordinate vom positiven bis in den negativen Bereich. Der Schnittpunkt der Kurve mit der Abszisse gibt den Internen Zinsfuß an (vgl. Abb. 32-1). Sukzessive kommen hier unter Verwendung des oben für die Kapitalwertmethode entwickelten Zahlenbeispiels die Kapitalwerte zu 8% (Co = 8.792), zu 12% (Co = 4.199) und noch zu 20% (Co = -3.474) zur Eintragung in das Koordinatensystem. Der Schnittpunkt der Kurve durch diese Punkte mit der Abszisse ergibt den Internen Zinsfuß von ca. 15%.

Abb. 32-1: Graphische Ermittlung des Internen Zinsfußes

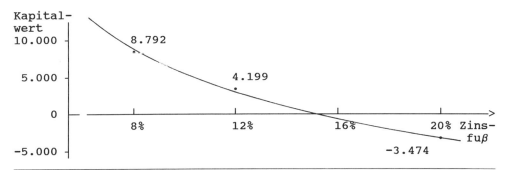

Da mit einer internen Verzinsung von ca. 15% die Mindestverzinsung von 12% übertroffen wird, kann der Investor das Projekt mit realisieren, wenn es kein ertragreicheres Projekt gibt.

Ein **doppeltes Abzinsungsparadoxon** kann daraus resultieren,
- daß der Investor - wie bei der Kauf-Miet-Alternative dargestellt (vgl. 3.2.2.2) die Projekte bei der Kapitalwertmethode je nach Höhe des gewählten Zinsfußes anders beurteilt;
- daß sich nach der Kapitalwertmethode und nach der Interne-Zinsfuß-Methode eine unterschiedliche Prioritätenreihe ergeben kann (vgl. LV 25 S. 103f.).

Lösen Sie Aufgabe Nr. 32-3 in Anlage A!

3.2.4 Annuitätsmethode

3.2.4.1 Ausgangsüberlegungen

Die Kapitalwerte alternativer Projekte sind nicht untereinander vergleichbar, wenn sie auf unterschiedlichen Projektlaufzeiten (PLz) beruhen:

Projekte	Co	PLz	Co/PLz
Projekt A	8.792	3 Jahre	2,931
Projekt B	6.375	3 Jahre	2.125
Projekt C	5.996	2 Jahre	2,998(max!)

Projekt C hat zwar einen kleineren Kapitalwert als Projekte A und B, die bisher als maximal galten (vgl. 3.2.2.2), jedoch eine größere Ergiebigkeit pro Jahr. In der betriebswirtschaftlichen Literatur wird versucht, die unterschiedlichen Projektlaufzeiten durch Annahme von sog. Supplementsinvestitionen (Ergänzungsinvestitionen) auszugleichen. Doch ist dies nur bei einmaligen Investitionen möglich; bei den in den Unternehmen vorherrschenden Investitionsketten verbietet sich dies.

3.2.4.2 Operationeller Ablauf bei der Annuitätsmethode

Auf die durchschnittliche jährliche Ergiebigkeit der Projekte konzentriert sich die sog. Annuitätsmethode; sie vergleicht die jährlichen Durchschnittsgewinne der Projekte unter Berücksichtigung einer durchschnittlichen Zinsesverzinsung der Anlageinvestitionen. Zu wählen ist das Projekt mit dem höchsten Durchschnittsgewinn (ϕG):

(32-11) $\phi G \longrightarrow$ max! ($\phi G \geq 0$).

Zunächst ist von den Projekten der durchschnittliche Finanzüberschuß (Cash-Flow) $\phi\acute{e}$ der Betriebszeit n zu ermitteln (vgl. 4.4.2.2):

(32-12) $\phi\acute{e}$ = (10.000 + 30.000 + 30.000)/3 = 23.333,33 DM.

Zur Errechnung der Annuität (an) ist die Investitionssumme (IS) mit dem sog. Kapitalwiedergewinnungsfaktor (KWGF) zu multiplizieren. Bei einem Kalkulationszinsfuß von 12% ergibt dies:

(32-13) an = IS · KWGF = IS · $i(1 + i)^n / [(1 + i)^n - 1]$

z.B. = 50.000 · 0,12 · $1.12^3 / (1,12^3 - 1)$
= 50.000 · 0,12 · 1,4049/(1,4049 - 1) = 20.818,47 DM.

Die Annuität in Höhe von 20.818,47 DM teilt sich auf in Abschreibungen IS/n = 50.000/3 = 16.666,67 DM Abschreibungen und in 20.818,47 DM - 16.666,67 DM = 4.151,80 DM gleichmäßig verrechnete Zinsen und Zinseszinsen. Damit weist sich die Annuitätsmethode prinzipiell als eine Aufzinsungsmethode aus. Deshalb wäre es auch systeminkongruent, bei dieser Methode die Finanzüberschüsse abzuzinsen und diese abgezinsten Werte mit der Annuität abzugleichen.

Der durchschnittliche jährliche Projektgewinn nach der Annuitätsmethode errechnet sich dann durch Subtraktion:

(32-14) $\phi G = \phi\acute{e}$ - an = 23.333,33 - 20.818,47 = 2.514,86 DM.

Lösen Sie Aufgabe Nr. 32-4 in Anlage A!

3.3 Statische Methoden der Wirtschaftlichkeitsrechnung

3.3.1 Kostenvergleich

3.3.1.1 Kostenvergleich bei determinierter Produktionsmenge

Lassen sich einer bestimmten Fertigung wegen produktionstheoretischer Verbundenheit mit anderen Fertigungsstufen keine bestimmten Erlöse zuordnen, beschränkt sich eventuell die Wirtschaftlichkeitsrechnung auf einen Kostenvergleich. D.h. es ist diejenige Investitionsalternative zu wählen, welche eine bestimmte Fertigungsmenge mit den geringsten Kosten produziert (vgl. Tab. 33-1):

(33-1) Kosten --> min!

Liegt ein abgeschlossener Investitionszyklus vor, ist zunächst die durchschnittliche Fertigungszahl für ϕt auf Lifetime-Basis zu ermitteln:

Zeit	t1	t2	t3	Σt1-t3	ϕt
Fertigungszahl	1.500	2.000	1.000	4.500	1.500.

Tab. 33-1: Kostenvergleich bei determinierter Produktionsmenge

Investitionsvorhaben in DM	A	B	C
(1) Investitionen	75.000,-	67.500,-	60.000,-
(2) Produktionsvolumen	1.500 E	1.500 E	1.500 E
(3) variable Stückkosten	38,-	42,-	45,-
(4) Kv = (2) · (3)	57.000,-	63.000,-	67.500,-
(5) Abschreibungen	25.000,-	22.500,-	20.000,-
(6) kalkulatorische Zinsen	3.750	3.375	3.000,-
(7) sonstige feste Kosten	13.000,-	12.000,-	11.500,-
(8) Anlaufkosten (ϕKta)	8.000,-	7.000,-	6.000,-
(9) Kf + ϕKnv	49.750,-	44.875,-	40.500,-
(10) Kg = (4) + (9)	106.750,-	107.875,-	108.000,-

Dann sind zunächst die variablen Stückkosten (zu Standardwerten) für die Investitionsalternativen A, B und C zu planen basierend auf den jeweiligen Fertigungszeiten, auf dem Material- und Energieverbrauch, etc. (vgl. Zeile 3).

Zur Ermittlung der Abschreibungen (Zeile 5) ist jeweils die Investitionssumme auf Lifetime-Basis hier drei Planjahre zu verteilen. Der Zinssatz von 10% ist zur Ermittlung der kalkulatorischen Zinsen auf 50% der Investitionssumme (= ϕ Kapitalbindung) anzuwenden.
Die "sonstigen festen Kosten" beinhalten Meisterlöhne, feste Energiekosten etc. Die im ersten Produktionsjahr anfallenden Anlaufkosten sind als Transaktionskosten gleichmäßig auf Lifetime-Basis zu verteilen z.B. bei Projekt C: 18.000/3 = 6.000,-DM.

Es zeigt sich im Zahlenbeispiel, daß Projekt A die geringsten Produktionskosten aufweist und deshalb zu wählen ist.

3.3.1.2 Grenzstückzahlmethode

Die graphische Darstellung der Kostenfunktionen von Investitionsalternativen in einem Koordinatensystem macht deutlich, daß wegen unterschiedlich hoher Fixkosten und wegen unterschiedlich stark steigenden variablen Kosten die Investitionsalternativen häufig nur in bestimmten Beschäftigungsintervallen kostenminimal sind (vgl. Abb. 33-1). Zunächst ist Investitionsalternative C kostenminimal. Bei der Fertigungsmenge x1 ist jedoch die "Grenze" erreicht; von da ab ist Alternative B bis x2 kostengünstiger.

Bei der Grenzstückzahl, auch "kritische Menge" genannt, sind zwei Alternativen kostengleich. Rechnerisch ergibt sich die Grenzstückzahl x_{gr} durch Gleichsetzung der entsprechenden Kostengleichungen:

(33-2) $\quad KgA = kvA \cdot x + KfA + \phi KtaA$
$\quad\quad\quad\; KgB = kvB \cdot x + KfB + KtaB.$

Das ergibt allgemein:

(33-3) $\quad kvA \cdot x + KfA + \phi KtaA = kvB \cdot x + KfB + \phi KtaB$
$\quad\quad\quad\quad\;\; x(kvB - kvA) = (KfA + \phi\, KnvA) - (KfB + \phi KnvB)$

(33-4) $\quad x_{gr} = [(KfA + \phi KtaA) - (KfB + \phi KtaB)]/(kvB - kvA)$

$\quad\quad\; x_{gr2} = (49.750 - 44.875)/(42 - 38) = 4.875/4 = 1.219$ E.

Abb. 33-1: Grenzstückzahlmethode

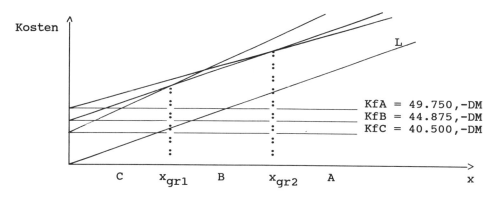

Bei einer festgeforderten Fertigungsstückzahl von durchschnittlich 1.500 Einheiten (vgl. oben) sind jedoch die Grenzstückzahlen irrelevant.

Lösen Sie Aufgabe Nr. 33-1 in Anlage A!

3.3.2 Gewinnvergleich

3.3.2.1 Gewinnvergleich bei determinierter Nachfrage

Parallel zum Kostenvergleich läßt sich auch ein Gewinnvergleich bei determinierter und bei variabler Menge aufziehen. Der Gewinnvergleich ist möglich, wenn den Investitionsalternativen Erlöse aus abgesetzten Leistungen (E) zugeordnet werden können. Die Bestimmungsfunktion für den Gewinnvergleich lautet:

(33-5) Gewinn (G) = E - Kg bzw.

Es führt alternativ zur Gewinnerhöhung (δG), wenn als Erlös<u>substitut</u> Kostenersparnisse (Esub) aus Rationalisierungsprojekten anfallen, wenn z.B. ein Lieferant von Fertigteilen mit 60.000,-DM erheblich billiger ist als die eigene Fertigung mit Kosten in Höhe von 80.000,-DM für dieselbe Leistung (K_{eig}):

(33-6) δG= K_{eig} - Esub   z.B. = 80.000,- - 60.000,- = 20.000,-DM.

Erlöse E(x) sind das Produkt aus Menge mal Preis (pr):

(33-7) E(x) = pr · x.

Dann ist:

(33-8) G(x) = pr · x - (Kf + kv · x).

Da der rationale Investor keine Verlustprojekte realisieren wird, lautet die Zielfunktion:

(33-9) G(x) —> max!   G(x) ≥ 0.

Im Folgenden werden die oben beim Kostenvergleich für die einzelnen Investitionsalternativen entwickelten Kosteninformationen zugrunde gelegt. Für ihre Verwendung beim Gewinnvergleich sind zunächst die kalkulatorischen Zinsen zu eliminieren; diese sind Gewinnbestandteil:

3. Die Investitionen der Unternehmung   107

Alternative	A	B	C
Gesamtkosten	106.750	107.875	108.000
- kalkulatorische Zinsen	3.750	3.375	3.000
= bereinigte Kosten	103.000	104.500	105.000

Bei Preisen von 76,-DM bei Alternative A, 79,-DM bei B und 79,-DM bei C, entwickelt sich der Gewinn jeweils wie folgt:

(33-8) G_A = (76,- · 1.500 =) 114.000 - 103.000,- = 11.000,-DM
(33-8) G_B = (79,- · 1.500 =) 118.500 - 104.500,- = 14.000,-DM
(33-8) G_C = (79,- · 1.500 =) 118.500 - 105.000,- = 13.500,-DM

Nach dem Gewinnvergleich bei determinierter Nachfrage wäre Alternative B zu wählen.

3.3.2.2 Nutzenschwellenanalyse als Durchschnittsrechnung

Die Nutzenschwellenanalyse, im angelsächsischen Bereich Break-even-analysis genannt und dort schon seit der Jahrhundertwende bekannt, sucht den Punkt des Gewinndurchbruchs gx. Hierzu ist die Gewinnfunktion = 0 zusetzen:

(33-10) G(x) = 0. Dann gilt:

(33-11) pr · x - (kv · x + Kf + ϕKta) = 0.
        bzw. pr · x = kv · x + Kf + ϕKta.

(33-12) gx = (Kf + ϕKta)/(pr - kv)
        [pr - kv = Deckungsbeitrag (DB)]

Der Gewinndurchbruch z.B. bei der Alternative A liegt bei:

(33-13) gxA = (49.750 - 3.750)/(76 - 38) = 46.000/38 = 1.211 E.

Die Nutzenschwellenanalyse legt offen (vgl. Abb. 33-2), daß der Betrieb kontinuierlich seine Fixkosten durch die Deckungsbeiträge seiner verkauften Produkte und Leistungen wiedergewinnt. Das schraffierte Feld zeigt den betrieblichen Verlust in Höhe der jeweiligen Leerkosten bis gx an.

Abb. 33-2: Breakeven-Analyse

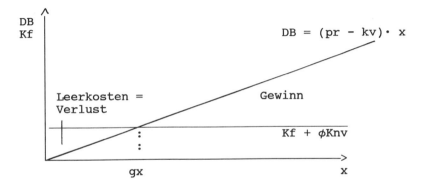

3.3.2.3 Nutzenschwellenanalyse als Dynamische Rechnung

Gewinndurchbruch bedeutet jedoch nicht zugleich ein zufriedenstellendes Gewinnniveau. Wohl deswegen gingen die Ford Werke in Köln, wie der Verfasser durch Aktenstudium feststellen konnte, spätestens seit 1958 zur Rentabilitätsanalyse von Projekten über.

Der Gewinndurchbruch interessiert jedoch für die Frage, ab wann nach Anlaufverlusten von großen Projekten das Unternehmen wieder Dividende an seine Aktionäre zahlen kann. Hierzu ist allerdings eine dynamische Nutzenschwellenanalyse erforderlich (vgl. Tab. 33-2). Nach dem Zahlenbeispiel kann das Unternehmen im Planjahr 19+3 wieder Dividende zahlen. Wenn die Rückkehr in die Gewinnlage - nach Wiederabbau des Verlustvortrags - in den Augen der Geschäftsleitung bzw. der Kapitaleigner (Principal) zu lange dauert, ist eventuell das Projekt in mehrere gewinn- und liquiditätsschonende Ausbaustufen zu zerlegen.

Tab. 33-2: Dynamische Nutzenschwellenanalyse

(in Mill. DM)	19+1	19+2	19+3	19+4
(1) Plangewinn Status quo	35	30	22	10
(2) + Projektgewinn	-50	-20	15	18
(3) = Gewinn neuer Status	-15	10	37	28
(4) Gewinn neuer Status kumuliert	-15	-5	32	60

Ob und wielange der Principal einen Gewinnausfall toleriert, ohne über dem Top-Management (Agent) negative Sanktionen zu verhängen, hängt von dessen Gewinnausfalltoleranz ab. Da große Projekte, welche die Unternehmensentwicklung vorantreiben wie neue Produkte oder neue Betriebsstätten hohe Transaktionskosten und damit Anlaufverluste verursachen (vgl. 5.2.2/3), wird der Principal sie in Kauf nehmen müssen, nicht zuletzt, um einen drohenden Gewinnverfall zu verhindern. Er wird jedoch eine Gewinnausfalltoleranz äußern, welche der Agent zu beachten hat. Diese Toleranz (vgl. Abb. 33-3) bewegt sich innerhalb der Koordinaten Φ = maximale Gewinnausfalldauer und Ω = Mindestgewinnausschüttungsdauer nach einem Gewinnausfall, bis wieder neue Projekte mit einem vorübergehenden Gewinn-/Ausschüttungsausfall realisiert werden dürfen. Eventuell ist ein **Katalog von Toleranzen** aufzustellen: für mittlere Projekte: $1\Phi/1\Omega$; für größere Projekte: $2\Phi/2\Omega$.

Abb. 33-3: Φ/Ω-Gewinnausfalltoleranz

Hat nun im obigen Fall der Principal eine $1\Phi/2\Omega$-Toleranz kommuniziert, ist das Projekt in mehrere Ausbaustufen mit allerdings relativ höheren Transaktionskosten aufzuteilen, da die 1Φ-Toleranz verletzt wird. Als logische Aufteilung bieten sich zunächst zwei Ausbaustufen an:

	t1	t2	t3	t4
Plangewinn Status quo	35	30	22	10
Projektgewinn 1. Ausbaustufe	-40	5	9	12
Zwischensumme	-5	35	31	22
Projektgewinn 2. Ausbaustufe	-	-	-	-25
Plangewinn neuer Status	-5	35	31	-3

Hier kann offensichtlich mit der Transaktionskostenstreuung auf zwei Ausbaustufen der 1Φ/2Ω-Gewinnausfalltoleranz Genüge geleistet werden, so daß keine weitere Projektaufteilung erforderlich ist.

3.3.2.4 Plankalkulation für Preis und Gewinn

Im Wege der Plankalkulation kann der zur Erzielung eines bestimmten Stückgewinns erforderliche Preis bei einer Kapazitätsauslastung in bestimmter Höhe ermittelt werden.

Beispiel: Kapazität = 40.000 E; Kf = 500.000,-DM; kv = 35,- DM; geplanter Gewinn bei 80%iger Kapazitätsauslastung 5,-DM/E; x bei 80%iger Kapazitätsauslastung = 32.000 E.

```
(33-14) pr · 32.000 = (35 + 5) · 32.000 + 500.000

        32.000 pr = 1.780.000

               pr = 1.780.000/32.000 = 55,63 DM.
```

Der Betrieb muß einen Preis von 55,63 DM verlangen, um bei 80%iger Kapazitätsauslastung einen Stückgewinn von 5,-DM zu erzielen.

Lösen Sie Aufgabe Nr. 33-2 in Anlage A!

3.3.3 Rentabilitätsvergleich

Nach H.C. Heiser, einem langjährigen erfahrenen Wirtschaftsprüfer in den USA, ist "...Vorausschätzung der erwarteten künftigen Kapitalverzinsung eine wesentliche Voraussetzung für eine sachlich richtige Investitionsentscheidung" (LV 23 S. 350).

3.3.3.1 Isolierte Projektrentabilität

Grundmodell der Rentabilität

Bei der Rentabilität werden zwei gegenläufige Effekte - ein zusätzlicher Gewinn (= positiv) und ein zusätzlicher Kapitaleinsatz (= negativ) und umgekehrt - mit einander in Beziehung gesetzt. Dabei wird das Ergebnis auf 100 Geldeinheiten bezogen. Der sich dabei ergebende Prozentsatz mit zu entwickelnden Zielvorstellungen zu vergleichen. Dieser Rentabilitätsvergleich kann als geschlossenes Model aufgezogen werden, bei dem eine bestimmte Anzahl von Alternativen unter einander verglichen wird, aber auch als offenes Modell, bei dem - zeitlich offen - alle künftig zu Entscheidung anstehenden Alternativen mit den Zielvorstellungen verglichen und - falls positiv - realisiert werden, sofern der betriebliche Finanzfonds dazu ausreicht.

Die Höhe der Kapitalrentabilität (r) eines Unternehmens oder eines isolierten Projekts läßt sich auf die Umsatzrentabilität und auf die Kapitalumschlagshäufigkeit zurückführen. Vereinfacht lautet die Rentabilitätsformel:

```
(33-15) r = Gewinn · 100/Kapitaleinsatz (KE).
```

Die Zielfunktion lautet:

```
(33-16) r --> max!
```

Die Rentabilität trägt keinen Bewertungsmaßstab in sich, vielmehr ist die Projektrendite mit der betriebsindividuellen Zielrendite rz zu vergleichen. Diese orientiert sich primär an den durchschnittlichen Kapitalkosten (φp) des Betriebs:

(33-17) $\phi p = pe \cdot ke + pfr \cdot kfr$,

dabei ist pe = Ausschüttungssatz (11%), ke = Eigenkapitalanteil (55%), pfr = durchschnittlicher Fremdkapitalzinssatz (8,5%), kfr = Fremdkapitalanteil (45%). Daraus ergibt sich ϕp:

(33-18) $\phi p = 11 \cdot 0,55 + 8,5 \cdot 0,45 = 9,9\%$.

Alternativ kann der "risikofreie" Zielkapitalkostensatz (vgl. 1.1.5) herangezogen werden. Bei einer eventuellen Steuererhöhung wird der Kapitalgeber den Ausschüttungssatz anheben, um das (Netto-)Einkommensniveau zu wahren, und umgekehrt.

Je nach Risikoklasse des Projekts wird das Unternehmen einen differenzierten Risikoaufschlag (R) erheben (vgl. Abb. 33-4):
- für normale Inlandprojekte (I) z.B. 50%;
- für Projekte im sicheren Ausland (II) z.B. 80%;
- für Projekte im unstabilen, aber risikoerträglichen Ausland (III) z.B. 150%.

Jetzt gilt z.B.:

(33-19) $rz_I = \phi p \cdot (1 + R_I) = 9,9 \cdot 1,5 \approx 15\%$.

Demnach sind nur solche Projekte zu genehmigen, die eine **Mindestverzinsung** rz (= **Zielrendite**) - in der Zeit t (vgl. 4.2.2.2) - versprechen:

(33-20) $r \geq rz(t)$, hier: $rz \geq 15\%$.

Abb. 33-4: Zielrendite, Risikoklasse und optimale Unternehmensstrategie

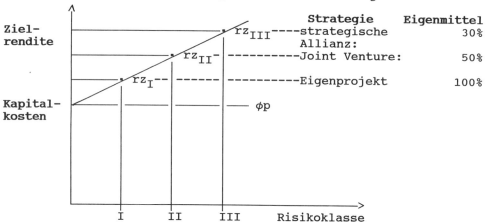

Umgekehrt zur Höherstaffelung der Zielrendite mit steigendem Risiko der Projekt empfiehlt sich für die Unternehmen die Verfolgung von Strategien, bei denen der Einsatz von eigenen Finanzmitteln kontinuierlich absinkt etwa Joint Venture oder strategische Allianzen, bei denen die Kapitalaufbringung auf mehrere Schultern verteilt ist (vgl. LV 32 S. 274ff.).

Elemente des Kapitaleinsatzes

Der durchschnittliche Kapitaleinsatz (ϕKe) betrieblicher Projekte läßt sich wie folgt definieren:

(33-21) $\phi Ke = \phi AV + \phi WC$.

Als durchschnittliches Anlagevermögen (ϕAV) ein Mittelwert anzusetzen, dessen Endwert in Höhe der erzielbaren Gebrauchtmaschinenpreise oder Schrotterlöse liegt:

(33-22) ϕAV = (Anschaffungswert + Endwert)/2.

Erst, wenn der Endwert gleich Null ist, wenn sich also Schrotterlöse und Abbruchkosten gegenseitig aufheben, ist der Ansatz von 50%, mit dem häufig gerechnet wird, gerechtfertigt.

Das Working Capital (WC) setzt sich wie folgt zusammen:

(33-23) WC = Umlaufvermögen (UV) - Abzugskapital (AK).

Zur Planung des Umlaufvermögens wie auch des Abzugkapitals lassen sich Standardrelationen bilden (vgl. LV 32 S. 905f.), die zum Teil eine gemeinsame Basis haben, so daß sich Nettowerte bilden lassen. So beziehen sich Forderungen und Kundenanzahlungen gemeinsam auf die betrieblichen Erlöse. Entsprechend errechnen sich die ϕNettoforderungen (ϕNF):

(33-24) ϕNF = ϕForderungen - ϕKundenanzahlungen
         hier = 8% - 3% = 5% der Erlöse.

Belaufen sich die Vorräte auf 11% und die zinslosen Lieferantenverbindlichkeiten auf 5% der variablen Kosten, lassen sich die durchschnittlichen Nettovorräte (ϕNV) ableiten:

(33-25) ϕNV = Vorräte - Lieferantenverbindlichkeiten
         = 11% - 5% = 6% der variablen Kosten.

Der Liquiditätsbedarf an Geldmitteln (GM) des Unternehmens rührt aus zwei Quellen:
1.) aus dem Verkehr mit den Kunden mit dem Aufbau der Forderungen;
2.) aus dem Verkehr mit Lieferanten und Mitarbeitern.

Dafür soll ein Durchschnittssatz gelten:

(33-26) ϕGM = 5,2% von (Erlöse + variable Kosten).

Das durchschnittliche Working Capital stellt sich dann wie folgt dar:

(33-27) ϕWC = ϕNF + ϕNV + ϕGM.

Rentabilitätsvergleich

Die zum Kosten- bzw. zum Gewinnvergleich entwickelten Alternativen sind unter Verwendung der vorstehenden Kapitaleinsatzrelationen zum Rentabilitätsvergleich weiterzuentwickeln (vgl. Tab. 33-3). Nach Abzug von 30% Ertragssteuern vom Gewinn (vgl. LV 32 S. 913f.) zeigt sich, daß die gewinngünstigste Alternative B mit r = 18,5% zwar der angestrebten Zielrendite von 15% genügt, daß sich aber die Alternative C mit r = 19,0% wegen des geringeren Kapitaleinsatzes als noch günstiger erweist.

Lösen Sie Aufgabe Nr. 33-3 in Anlage A!

3.3.3.2 Strategische Alternativrentabilität

Ausgangspunkt

Die vorstehend entwickelte (Kapital-)Rentabilität beurteilt die Investitionsalternativen losgelöst vom Unternehmenszusammenhang und sie dient so vornehmlich der Ermittlung der isolierten Projektrentabilität etwa von (Finanz-)Investitionen außerhalb des Unternehmens. Normalerweise stellen sich jedoch betriebliche Investitionen nicht isoliert dar, sondern sie haben Rückwirkungen auf das Unternehmensganze. Als Referenzmodelle zur rentabilitäts-

Tab. 33-3: Rentabilität der Projektalternativen

Projektalternativen	A	B	C
(1) Investitionssumme (Tab. 44-1)	75.000	67.500	60.000
(2) Erlöse (s. Gewinnvergleich)	114.000	118.500	118.500
(3) variable Kosten (Tab. 44-1)	57.000	63.000	67.500
(4) ϕAV = 50% von (1)	37.500	33.750	30.000
(5) ϕNF = 5% von (2)	5.700	5.925	5.925
(6) ϕGM = 5,2% von (2) + (3)	8.892	9.438	9.672
(7) ϕNV = 6% von (3)	3.420	3.780	4.050
(8) ϕKe = (4) + (5) + (6) + (7)	55.512	52.893	49.647
(9) ϕG (s. Gewinnvergleich)	11.000	14.000	13.500
(10) Rentabil. bei 30% Ertragsst.	13,9%	18,5%	19,0%

mäßigen Beurteilung von unternehmensintegrativen Projekten empfehlen sich die Verwendung der vom Verfasser in der betrieblichen Praxis beobachteten und von ihm so benannten Alternativrentabilität für strategische Projekte auf der **Basis der bilanzmäßigen Kapitalfortschreibung mit Hilfe von Planbilanzen** sowie die Verwendung der von ihm quasi als Umkehrung der Alternativrentabilität entwickelten und von ihm so benannten Differenzrentabilität vornehmlich für substrategische Projekte.

Der **Algorithmus zur Ermittlung der Alternativrentabilität** des Unternehmens läuft wie folgt:
1. Feststellung der (Plan-)Rentabilität des **Status quo** im Zeitpunkt der geplanten Projektrealisation mit Hilfe von der vom Projekt noch unbeeinflußten Plan-Bilanz und -GuV;
2. Ermittlung der Änderungseffekte des Projekts - Vereinigungseffekte (= Integrationseffekte E_I) bzw. De-Integrations-Effekte (E_D) möglichst mit Synergiewirkung - im Verhältnis zum Status quo;
3. Saldierung dieser Effekte gegen den Status quo zum neuen Status, der die geänderte Stellung des Unternehmens durch ein Projekt widerspiegelt;
4. Ermittlung der (Plan-)Rentabilität des **neuen Status**.

In allgemeiner Form stellt sich der **Statusänderungsalgorithmus** wie folgt dar:

(33-28) Status quo $\pm$ Projekteffekte (E_I bzw. E_D) = neuer Status.

Rentabilitäts- und formelmäßig stellt sich dieser Statusänderungsalgorithmus wie folgt dar:

(33-29) $r_{nSt} = R_{Stq} \pm E_I \pm E_D$.

Dies ergibt auf Rentabilitätsbasis gemäß dem Beispiel unten (vgl. Tab. 44-4):

in 1.000,-DM () = negativ	Status quo	Änderungseffekte Preiseffekt	Vol.effekt	neuer Status
Gewinn	15.454	1.435	(314)	16.575
Kapitaleinsatz	51.283	(1.081)	128	52.236
Rentabilität	21,1%			22,2%

Demnach errechnet sich die Rentabilität des neuen Status (r_{nSt}) aus dem Gewinn des alten Status (G_{Stq}) $\pm$ Änderungseffekte (δG) unter Berücksichtigung des Steuereffekts ($St_E = 1 - 0,3 = 0,7$) dividiert durch den Kapitaleinsatz des alten Status (KE_{Stq}) $\pm$ Kapitaländerungseffekte (δK_E):

(33-30) $r_{nSt} = (G_{Stq} \pm \delta G) \cdot St_E \cdot 100 / (KE_{Stq} \pm \delta KE)$

hier = (15454 + 1435 - 314)·0,7·100/(51283 + 1081 - 128)
     = 16.575·0,7·100/52.236 = 22,2%.

Da die Alternativrentabilität gewöhnlich nur für strategische Projekte in Frage kommt, diese in der Regel auf "Dauer" ausgelegt sind und für sie deshalb kein abgeschlossener Investitionszyklus vorliegt, läßt sich auch nicht die Rentabilität eines Durchschnittsjahres berechnen. Daher ist stellvertretend die Rentabilität eines **Normaljahres** zu entwickeln:
- Es sind dabei aus der Plan-GuV und aus der Plan-Bilanz - möglichst auf der aktualisierten Basis des Financial Forecast (vgl. LV 32 S. 922) - die Werte des ersten Jahres, bei dem die Auswirkungen durch das Projekt voll zum Tragen kommen, als Status quo anzusetzen und in die Rentabilitätstabelle einzutragen.
- Gegen diese Angaben sind die Änderungseffekte hervorgerufen durch das strategische Projekt, darunter auch etwaige Anlaufkosten, nach Möglichkeit wie bei einem Durchschnittsjahr zu verrechnen. Das Ergebnis ist der neue nachhaltige Rentabilitätsstatus des Betriebs.

Beispiel

Das Unternehmen sucht durch eine Preiserhöhung des Produkts der hochwertigen C-Klasse um 10% und durch eine gleichzeitige Qualitätsverbesserung die Rentabilitätssituation dauernd zu verbessern:

1.) Da dieses strategische Projekt überzyklisch langfristig angelegt ist, ist ein Normaljahr als Ausgangsbasis zugrunde zu legen. In diesem Fall ist das Planjahr 19+2 (aus Tab. 43-22, eventuell auf der Basis der aktuellen Vorschauwerte aus Tab. 43-30), in dem diese Preiserhöhung durchgeführt werden soll, als Normaljahr zu betrachten. Da die Änderungsplanungen auf Gegenwartszahlen beruhen, sind die Werte für Preis- und Kostenerhöhungen in der Plan-GuV zu vernachlässigen:

(aus Tab. 61-2)	variable Kosten	fixe u. nichtv. Kosten
geplante Kosten für 19+2	65.739	39.842
- erwartete Kostenerhöhungen	4.960	3.006
= Kosten auf Gegenwartsbasis	60.779	36.836.

Diese Werte sind in **Spalte 1 Zeilen 3 und 5** in Tab. 33-4 einzutragen.

Tab. 33-4: Alternativrentabilität eines Preis- und Qualitätsverbesserungsprogramms

in 1.000,-DM () = negativ	(1) Status quo	(2) Änderungseffekte Preiseffekt	(3) Änderungseffekte Volumeneffekt	(4) neuer Status
(1) Verkaufsvolumen	129.000	21.340	(660)	128.340
(2) Erlöse	113.600	2.454	(759)	115.295
(3) variable Kosten	60.779	(719)	445	61.053
(4) Deckungsbeitrag	52.821	1.735	(314)	54.242
(5) fixe u. sonstige Kosten	37.367	(300)	-	37.667
(6) Gewinn	15.454	1.435	(314)	16.575
(7) Anlagevermögen	32.888	(750)	-	33.638
(8) Nettovorräte = 6% von (3)	3.647	(43)	27	3.663
(9) Nettoforder. = 5% von (2)	5.680	(123)	38	5.765
(10) Geldm. = 5,2% v. (2)+(3)	9.068	(165)	63	9.170
(11) Kapitaleinsatz	51.283	(1.081)	128	52.236
12) Rentabilität nach 30% St.	21,1%			22,2%

2.) Um die Preiserhöhung abzustützen, soll gleichzeitig die Qualität des Produkts verbessert werden, indem geringwertige Produkteile durch höherwertige Produkteile ersetzt werden:

```
Kosten der wegfallenden    Kosten der neuen      Differenz
Produkteile                Produkteile

     65,40                      99,10           = 33,70 DM.
```

Gleichzeitig sind Investitionen in Höhe von 1,5 Mill. DM erforderlich. Sie ergeben auf einer Lifetime-Basis von 5 Jahren 0,3 Mio. DM zusätzliche Abschreibungen (**Spalte 2 Zeile 5**) und ein zusätzliches durchschnittliches Anlagevermögen von 0,75 Mio. DM (**Spalte 2 Zeile 7**).

3.) Dennoch werden 3% der Kunden von C verloren gehen. Bezogen auf das Planvolumen von C in Höhe von 22.000 Einheiten (E) sind es 660 E, die verloren gehen. Der Preis- und Qualitätseffekt bezieht sich auf 22.000 - 660 = 21.340 E (**Spalte 2 Zeile 1**).

4.) Die 10%ige Erhöhung des Planpreises von C3 in Höhe von 1.150,-DM (vgl. Tab. 52-2) ergibt eine Preisdifferenz von 115,-DM, diese multipliziert mit 21.340 E ergibt 2,454 Mio. DM zusätzliche Erlöse (= positiv **Spalte 2 Zeile 2**). Die variablen Kosten erhöhen sich zur parallel vorgenommenen Qualitätsverbesserung um 33,70 DM · 21.340 = 0,719 Mill. DM (= negativ **Spalte 2 Zeile 3**).

5.) Zur Errechnung des Volumeneffekts sind der ursprüngliche Preis von 1.150,-DM sowie die ursprünglichen variablen Stückkosten von 674,-DM mit der Differenzzahl von 660 E zu multiplizieren (**Spalte 3 Zeilen 2 und 3**):

```
1.150 · 660 = (759.000) = Erlössenkung   = negativ;
  674 · 660 =  445.000  = Kostensenkung  = positiv.
```

6.) Für die Errechnung des sich ändernden Working Capitals kommen die obigen Relationen zur Anwendung. Beim Preiseffekt sind alle Änderungen des Working Capitals negativ zu beurteilen, weil sie sich allesamt erhöhen und damit die Rentabilität negativ beeinflussen. Beim Volumeneffekt sind sie dagegen positiv, weil sich durch das sinkende Verkaufsvolumen das Working Capital auf allen Positionen mindert.

7.) Die Änderungseffekte saldiert gegen den Status quo ergeben den neuen Status des Normaljahrs: z.B.

```
(2) Erlöse:          113.600 + 2.454 - 759 = 115.295
(3) variable Kosten:  60.779 +   719 - 445 =  61.053
(8) Nettovorräte:      3.646 +    43 -  27 =   3.662
```

Es zeigt sich, daß der Gewinn, aber auch der Kapitaleinsatz gestiegen ist. Die Rentabilität steigt nach Steuern von 21,1% auf 22,2%. Dieser Rentabilitätsverbesserungseffekt erscheint relativ geringfügig im Vergleich zum Risiko, den eine Preissteigerung auch bei gleichzeitiger Qualitätsverbesserung für ein Unternehmen bedeutet. Das Vorhaben sollte deshalb nur dann durchgeführt werden, wenn eine Preissteigerung am Markt durchsetzbar ist, insbesondere wenn dort Bedarf nach besserer Qualität besteht.

Beurteilung der Ergebnisse der Statusveränderung

Die Alternativrentabilität integriert und relativiert zugleich den Projekteffekt im Unternehmenszusammenhang. Die strategische Alternativrentabilität ist - komplex - in einem dreifachen Zusammenhang zu sehen:
1. die Rentabilität des neuen Status im Vergleich zur betrieblichen Zielrendite zr;
2. die Rentabilität des neuen Status im Vergleich zur Rentabilität des Status quo;
3. die Rentabilität des neuen Status im Vergleich zu anderen strategischen Zielen des Unternehmens.

Deshalb ist die "**Rentabilität des neuen Status**" einer differenzierenden Beurteilung zu unterwerfen:

1. Rentabilitätsverbesserung
1.1 Ausgangspunkt: Mindestrendite rz im Status quo schon erreicht:
1.1.1 erhebliche Rentabilitätsverbesserung - unbedingt positiv;
1.1.2 leichte Rentabilitätsverbesserung - bedingt positiv, nur zu realisieren, wenn keine besseren Alternativen für die nächste Zukunft zu erkennen.
1.2 Ausgangspunkt: Mindestrendite rz im Status quo noch nicht erreicht:
1.2.1 erhebliche Rentabilitätsverbesserung - positiv;
1.2.2 leichte Rentabilitätsverbesserung - nur, wenn überhaupt keine Alternativen erkennbar sind.

2. Rentabilitätsverschlechterung
2.1 Ausgangspunkt: Mindestrendite rz im Status quo erreicht:
2.1.1 erhebliche Rentabilitätsverschlechterung - auf jeden Fall negativ;
2.1.2 leichte Rentabilitätsverschlechterung - negativ, es sei denn, es ist ein anderer zusätzlicher positiver Nutzeffekt zu erwarten, u.a.
- größerer Absatz bzw. größerer Marktanteil,
- Erfüllung von ökologischen Zielen,
- geringeres Risiko wegen einer breiteren Produktpalette,
- größeres Prestige durch Einführung eines High-End-Produkts z.B. des Mercedes 600.
2.2 Ausgangspunkt: Mindestrendite rz im Status quo noch nicht erreicht:
2.2.1 erhebliche Rentabilitätsverschlechterung - auf jeden Fall negativ;
2.2.2 leichte Rentabilitätsverschlechterung - auf jeden Fall negativ.

Beurteilung der Alternativrentabilität als Methode

Bei dieser Art der Rentabilitätsrechnung läßt sich auch die Deckungsbeitragsrechentechnik sinnvoll einsetzen; wie der Verfasser in der Betriebspraxis beobachten konnte, war es damit bei der Entscheidung über ein komplexes kombiniertes Kapazitäts- und Produktprogramm (vgl. ähnlich 5.2.2) möglich, in übersichtlicher Weise 27 Entscheidungsalternativen durchzurechnen und sie dem Top-Management (in Dearborn) anzubieten, das sich wiederum anerkennend wegen der so gebotenen großen Entscheidungsbreite äußerte.

Der besondere Vorteil der Ermittlung der Alternativrentabilität besteht auch darin,
- daß die Änderungseffekte unsaldiert und deshalb transparent bleiben können, so daß das Top-Management seine strategischen Entscheidungen auf innere Plausibilität hin analysieren kann, was dazu dient, die "Irrationalität großer Entscheidungen" (E. Gutenberg, vgl. 1.1.3.2) auf ein überschaubares und erträgliches Maß zu reduzieren und so das betriebliche Top-Management für strategische Entscheidungen verantwortbar zu machen.
- daß das Projekt im Unternehmenszusammenhang gesehen und beurteilt wird,
- daß der Projekteffekt dadurch relativiert und dadurch in seinem Ausmaß und in seiner Erheblichkeit erkennbar ist, so daß das Top-Management zu einem ausgewogenem Urteil kommen kann und sich nicht bei seinen Entscheidungen und Aktionen verzettelt.

Nach Beobachtungen des Verfassers bei Ford funktioniert die Alternativrentabilität bei der Beurteilung etwa von strategischen Produkt- und Kapazitätsprojekten mit akzeptierbarer Zuverlässigkeit. Im Wege eines kontinuierlichen Lernprozesses

- sind ständig bei der Ermittlung der Alternativrentabilität wegen der Komplexität der strategischen Projekte auftretende Unebenheiten zu beseitigen (vgl. die Kritik in 4.4.5.4) und

- ist gleichzeitig ständig die Leistungsfähigkeit dieser Beurteilungstechnik zu verbessern und auszureizen.

Lösen Sie Aufgabe Nr. 33-4 in Anlage A!

3.3.3.3 Substrategische Differenzrentabilität

Ausgangspunkt

Der Projekteffekt bei substrategischen Projekten läßt sich durch unmittelbare Gegenüberstellung von Status quo und neuem Status im Wege der Differenzbildung isolieren. Bei dieser Differenzbildung ist mit vier Grundalternativen A, B, C und D zu rechnen (vgl. Tab. 33-5), die unterschiedlich zu bewerten sind.

Tab. 33-5: Entscheidungstabelle für die Differenzrentabilität

Alternativen	A	B	C	D
Gewinn-Effekt	positiv	negativ	positiv	negativ
Kapital-Effekt	positiv	negativ	negativ	positiv
Kapitalentwicklung	Desinvest.	Invest.	Investition	Desinvest.
Rentabilitäts-methoden	-	-	rd1, rd2, rd4	rd3
Gesamt-Effekt	positiv	negativ	positiv, wenn $r \geq rz$	positiv, wenn $r \leq p_{WA}$

Diese **Bewertungsalternativen** sind unterschiedlich zu beurteilen:

Fall A: hier sind bei einer Alternative beide Effekte positiv - etwa beim Übergang von Eigenfertigung zum Fremdbezug, bei dem Kapital freigesetzt und der Lieferant kostengünstiger ist als die Eigenfertigung, so daß das Projekt als äußerst realisierungswürdig erscheint und sich Unternehmensrentabilität sowohl auf der Gewinn- wie auf der Kapitaleinsatzseite verbessert.

Fall B: hier sind beide Effekte negativ - etwa, wenn beim Übergang vom Fremdbezug zur Eigenfertigung nicht nur der Kapitaleinsatz, sondern auch die Kosten steigen, so daß das Projekt negativ zu beurteilen ist, nicht zuletzt, weil sich dadurch auch die Rentabilität des Unternehmens als Ganzes verschlechtert.

Fall C: hier gilt es die Projektrentabilität zu maximieren und jeweils mit dem rentabilitätsmäßigen Anspruchsniveau des Betriebes, der Zielrendite rz, zu vergleichen.

Fall D: hier kehrt sich die Zielsetzung naturgemäß um, so daß es die Projektrentabilität zu minimieren und die Rentabilität des freizusetzenden Kapitals mit der Verzinsung einer alternativen Kapitalanlage innerhalb oder außerhalb des Betriebs (p_{WA} = effektive Rentabilität der Wiederanlage) zu vergleichen gilt.

Fälle C und D zeigen, daß die Rentabilität Opfer (negativer Effekt) und Nutzen (positiver Effekt) jeweils in unterschiedlicher Folge gegenüberstellen. Wenn es dagegen nur positve oder nur negative Effekt ergibt, ist keine Rentabilitätsrechnung im eigentlichen Sinne möglich (in den Fällen A und B).

Aus der Entscheidungstabelle für die Differenzrentabilität (vgl. Tab. 33-5) läßt sich ein Investitionsportfolio konstruieren (vgl. Abb. 33-5).

Die Analyse dieser Alternativen zur Errechnung der Differenzrentabilität (vgl. Abb. 44-10) ergibt für den Betrieb zwei Topologien des betrieblichen Kapitaleinsatzes, der Investition und die Desinvestition, mit jeweils unterschiedlichen Rentabilitätseffekten, so daß sich ein **Entscheidungsbaum der Differenzrentabilität** (vgl. Abb. 33-6) ergibt.

Abb. 33-5: Investitionsportfolio unter dem Rentabilitätsaspekt

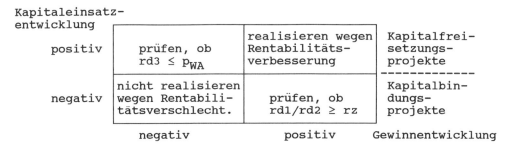

Abb. 33-6: Entscheidungsbaum der Differenzrentabilität

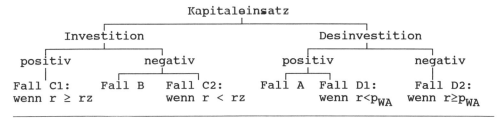

Referenzmodelle zur Ermittlung der Differenzrentabilität

Die Differenzrentabilität erfährt in der Betriebspraxis unterschiedliche **problemorientierte Ausprägungen**.

1.) Gewinnorientierte Differenzrentabilität (rd1)
Es sind Gewinn und Kapitaleinsatz von Status quo und neuem Status unmittelbar gegenüber zu stellen (hier unter Verwendung der Zahlenangaben aus Tab. 33-4):

in 1.000,-DM	Status quo	neuer Status	Differenz
Gewinn	15.454	16.575	1.121
Gewinn nach 30% Ertragssteuern			785
Kapitaleinsatz	51.283	52.236	(953)

Die ausgewiesenen Differenzen von zusätzlichem Gewinn (δG) und zusätzlichem Kapitaleinsatz (δKE) lassen sich zu rd1 verdichten:

(33-31) $rd1 = \delta G \cdot 100/(\delta KE) = 785 \cdot 100/(953) = 82,4\%$.

(33-32) $rd1 \longrightarrow max!$ ($rd1 \geq rz$).

Das vorstehende Beispiel zeigt, daß - isoliert gesehen - das Projekt äußerst rentabel ist, während im strategischen Unternehmenzusammenhang der Alternativbetrachtung dieser Effekt in der Bedeutung stark relativiert ist. Allerdings ist bei der Differenzrentabilität dieser Effekt auf eine Kolumne verengt und so in der Transparenz stark reduziert. Die Alternativrentabilität eignet sich deshalb besser zur Beurteilung von komplexen strategischen Projekten wie Einführung neuer oder Eliminierung alter Produkte und die Differenzrentabilität eher zur sensiblen Beurteilung von substrategischen Projekten wie z.B. Make or Buy-Entscheidungen.

2.) Kostenorientierte Differenzrentabilität (rd2)

Bei Kostensparungsprojekten, z.B. bei Make or Buy-Entscheidungen, sind Kosten und Kapitaleinsatz von Status quo und neuem Status unmittelbar gegenüberzustellen:

in DM	Status quo	neuer Status	Differenz
Kosten	100.000	70.000	30.000
Gewinnerhöh. nach 30% Ertragst.			21.000
Kapitaleinsatz	20.000	120.000	(100.000)

Die ausgewiesenen Differenzen von eingesparten Kosten (δeK) und zusätzlichem Kapitaleinsatz in Relation zu einander ergeben rd2:

(33-33) $rd2 = \delta eK \cdot 100/(\delta KE) = 21.000 \cdot 100/(100.000) = 21\%$

(33-34) $rd2 \longrightarrow max!$ ($rd2 \geq rz$).

3.) Kapitalfreisetzungsrentabilität (rd3)

Die betriebliche Praxis kennt auch Kapitalfreisetzungsprojekte, etwa beim Übergang von der Eigenfertigung zur Fremdfertigung, der Umkehrung der Make or Buy-Entscheidung:

in DM	Status quo	neuer Status	Differenz
Kosten	60.000	70.000	(10.000)
Kosten nach Einspar. von 30% Ertragsst.			(7.000)
Kapitaleinsatz	120.000	20.000	100.000

Da der Lieferant teurer ist, kommt es auf die Höhe der Kostenerhöhungsquote rd3 an:

(33-35) $rd3 = (\delta K) \cdot 100/\delta KE = (7.000) \cdot 100/100.000 = 7\%$.

Der Betrieb wird bereits gebundenes Kapital nur dann wieder freisetzen, wenn sich die Verzinsung des gebundenen/freizusetzenden Kapitals (volle Höhe und kein "Durchschnittsbetrag") niedriger liegt als die effektive Verzinsung der Wiederanlage (p_{eff}):

(33-36) $rd3 \longrightarrow min!$ ($rd3 \leq p_{WA}$).

Fall A: Erhielte z.B. der Betrieb beim Ankauf von Schuldverschreibungen eine effektive Verzinsung von 8,5% (nach 30% Steuern) auf das freisetzbare Kapital (p_{eff}), würde sich die Freisetzung lohnen.
Fall B: Alternativ kommt auch der Ersatz einer geplanten Kreditaufnahme mit einem Zinssatz (K_Z) in Höhe von z.B. 14,5% in Frage (nach Steuern = $0,7 \cdot 14,5 = 10,15\%$).

(33-37) $rd3 \longrightarrow min!$ ($rd3 \leq p_{WA} = p_{eff}$ bzw. p_{Kz}).

Im letzteren Fall ist im Allgemeinen noch eher mit einer Desinvestition zu rechnen.

4.) Ersatzrentabilität (rd4)
ist eine Variation von rd2 (vgl. 4.4.5.2) - mit dem Unterschied, daß anstelle einer durchschnittlichen Kapitalbindung 100% der Investition gesetzt wird - und entspricht in etwa dem Terborghschen Rentabilitätskoeffizienten.

3.3.4 Amortisationsdauerrechnung

3.3.4.1 Ausgangspunkt

Mit der Kapitalbindung durch Investitionen entsteht für den Betrieb das Risiko des Kapitalverlustes bei einem eventuellen schlechten Geschäftsgang. Das Investitionsrisiko steigt überproportional mit der Dauer der Kapitalwiedergewinnung; je länger die Investitionsdauer um so geringer die Übersicht und damit um so höher die Wahrscheinlichkeit, daß durch unvorhergesehene Ereignisse wie etwa durch das Aufkommen besonders leistungsfähiger Konkur-

renten das investierte Kapital verloren geht. Diesem Tatbestand suchen die Unternehmen dadurch Rechnung zu tragen, daß sie eine Amortisationsdauerrechnung erstellen, bei der die Investitionen durch die Finanzüberschüsse (Cash-Flow) zurückgewonnen werden.
Der Cash-Flow läßt sich progressiv oder retrograd ermitteln:

```
progressiv   Erlöse
             - variable Kosten
             - laufende feste Kosten (Kf' = Kf - Abschreibungen)
         -> = Cash-Flow       <-
             - Abschreibungen      Gewinn + Abschreibungen
             = Gewinn.             retrograd
```

Da in der Betriebspraxis die Amortisationszeit gewöhnlich im Anschluss an die Rentabilitätsrechnung ermittelt wird, dominiert die retrograde Amortisationsdauerrechnung, welche auch die Ertragsteuereffekte berücksichtigt.

Die Projekte mit kurzer Amortisationsdauer (ta) sind zu bevorzugen.

(33-38)   ta --> min!

Jedoch soll eine maximale Amortisationszeit (t_{max}) nicht überschritten werden:

(33-39) ta ≤ t_{max}.

Diese maximale Amortisationszeit läßt sich je nach Risikoklasse der Projekte staffeln:
- Risikoklasse I Inlandsprojekte: maximal 4 Jahre;
- Risikoklasse II nahes Ausland: max. 3 Jahre; etc.

3.3.4.2 Referenzmodelle zur Errechnung der Amortisationsdauer

1. Durchschnittsrechnung bei Gewinnprojekten

1.1 Grundmodell der gewinnorientierten Amortisationsdauerrechnung

Die Rechnung basiert auf den durchschnittlichen jährlichen Finanzüberschüssen während der Betriebszeit (Gewinn G + Abschreibungen Ab) und auf den Investitionsausgaben für Maschinen und Werkzeuge etc. Hierzu lautet die einfache Formel:

(33-40) ϕta1 = IS/(G + Ab).

Unter Bezugnahme auf das Rentabilitätsbeispiel C in Tab. 33-3 ist von der Investitionssumme in Höhe von 60.000,-DM, von den entsprechenden Abschreibungen in Höhe von 22.500,-DM (vgl. Tab. 33-1) und vom versteuerten Gewinn 13.500 · 0,7 = 9.450,-DM auszugehen:

(33-40) ϕta1 = 60.000/(9.450 + 20.000) = 2,04 Jahre.

1.2 Gesonderte Berücksichtigung der Transaktionskosten

Zur erweiterten Formel der Amortisationsdauerrechnung sind noch zu den Investitionen die Transaktionskosten hier in Form der Anlaufkosten (AnlK) hinzuzusetzen; letztere fallen zu Projektbeginn an und besitzen deshalb einen Investitionseffekt. Parallel sind zum Cash-Flow die durchschnittlichen jährlichen Anlaufkosten (ϕAnlK) hinzusetzen:

(33-41) ϕta2 = (IS + Kta)/(G + Ab + ϕKta)

       = (60.000 + 18.000)/(9.450 + 20.000 + 6.000)

       = 78.000/35.450 = 2,2 Jahre.

Nach Beobachtungen des Verfassers wird gelegentlich in der Betriebspraxis der Ansatz von φAnlK im Nenner "vergessen", dies führt rechnerisch zu einer überlangen Amortisationsdauer und damit eventuell zu einer Fehlbeurteilung des Projekts. So führte ein von der Unternehmensleitung stark favorisiertes strategisches Produkt-Pilotprojekt (vgl. LV 32 S. 442) mit relativ geringem Kapitaleinsatz in seiner geplanten vierjährigen Laufzeit zu der marginalen (jedoch akzeptierten) Rendite von ca. +5%. Wegen der positiven Rendite hätte die Amortisationsdauer kleiner sein müssen als die Projektdauer. Da aber - zunächst - fehlerhafter Weise die durchschnittlichen Anlaufkosten "vergessen" wurden, überstieg die so errechnete Amortisationsdauer die Projektlaufzeit. Dies hätte zu einer falschen Projektbeurteilung führen können, wenn dieser Systemfehler nicht rechtzeitig vom Verfasser aufgedeckt worden wäre.

2. Durchschnittsrechnung bei Kostenprojekten

2.1 Grundmodell der kostenorientierten Amortisationsdauerrechnung

Bei Kostenprojekten orientiert sich ta an den durchschnittlichen Kosteneinsparungen (φke) und an den Abschreibungen:

(33-42) φta3 = IS/(φke + Ab).

Unter Bezugnahme auf das Kostensparungsprojekt in 5.1.1.2 sind die Investitionsbeträge für die Maschinen- und Werkzeugbeschaffungen anzusetzen (1,2 + 0,9 = 2,1 Mio. DM) und aus der Tab. 51-4 versteuerte Gewinnerhöhungen und Abschreibungen zum Ansatz der Finanzüberschüsse (Cash Flow):

(33-42) φta3 = (2.100.000)/(176.000 + 500.000) = 3,1 J.

2.2 Gesonderte Berücksichtigung der Transaktionskosten

Auch hier können die Transaktionskosten herausgehoben werden, hier Anlaufkosten und sonstige Transaktionskosten = 672.000 + 360.000 = 1.032.000,-DM/6 = 172.000,-DM:

(33-43) φta4 = (IS + Kta)/(φke + Ab + φKta)

   = (2.100.000 + 1.032.000)/(676.000 + 172.000)
   = 3,7 J.

3. Dynamische Amortisationsdauer

Die vorstehenden Amortisationsdauerformeln basieren auf jährlichen Durchschnittswerten des Cash-Flow. Dadurch entsteht eine Ungenauigkeit in Bezug auf die tatsächliche Amortisation. Insbesondere bei größeren Gewinn- oder Kosten-Projekten sollte deshalb besser eine dynamische Amortisationsdauerrechnung (ta_{dyn}) zur Anwendung kommen, welche auf den tatsächlichen Cash-Flow-Beträgen in den einzelnen Perioden beruht (vgl. Tab. 33-6):

Tab. 33-6: Dynamische Amortisationsdauerrechnung

Planjahr	Gewinn n.St.	Abschreib.	Cash-Flow	Investitionen	Jahr
19+0	-	-	-	2.100.000	
19+1	-399.000	500.000	101.000	1.909.000	1
19+2	413.000	500.000	913.000	1.086.000	1
19+3	400.000	500.000	900.000	186.000	1
19+4	380.000*	500.000	880.000	-	0,21

* = frei geschätzt. 186.000 bezogen auf 880.000 sind 0,21 J. Demnach beträgt die Amortisationsdauer 3,21 Jahre.

(33-44) ta_{dyn} = IS - kumulierte é = 0 bzw.

(33-45) ta_{dyn} = IS - kumulierte (ke + Ab) = 0.

Lösen Sie Aufgabe Nr. 33-5 in Anlage A!

3.4 Beurteilung der Wirtschaftlichkeitsrechnungsmethoden

3.4.1 Beurteilung der finanzmathematischen Methoden

3.4.1.1 Nichtoperationalität der Interne-Zinsfuß-Methode

Die Verwendung der dynamischen Investitionsrechnungsmethoden steht und fällt mit dem Ansatz eines betriebswirtschaftlich akzeptablen Kalkulationszinsfußes. Hier nimmt die Interne-Zinsfuß-Methode eine extreme Position ein; sie unterstellt, daß die Finanzüberschüsse des abgezinsten Projekts jeweils zum projektindividuellen internen Zinsfuß anzulegen sind: bei Projekt F z.B. zu 25%; bei Projekt G z.B. zu 41%. Es leuchtet unmittelbar ein, daß dies nichts mit der betrieblichen Realität zu tun hat. Damit ist die Interne-Zinsfuß-Methode vom betriebswirtschaftlichen Standpunkt als nichtoperational abzulehnen. Schon 1936 schrieb C.A. Wright in der Zeitschrift Economica (S. 437): "The internal rate of return is a mathematical convention without economic significance," dem hier nichts mehr hinzuzufügen ist.

3.4.1.2 Schwachpunkte der Kapitalwert- wie Annuitätsmethode

Die Kapitalwertmethode besitzt gleich mehrere Schwachstellen, die sich in ihrer Gesamtheit nicht beseitigen lassen, ähnliches gilt auch für die Annuitätsmethode:

1. Sie berücksichtigt in der konventionellen Form nicht die unterschiedliche Höhe des Kapitaleinsatzes von Projekten (vgl. 3.2.2.2).

2. Ebenso nicht unterschiedliche Projektlaufzeiten (vgl. 3.2.4.1), die sich nicht durch sog. Supplementsinvestitionen überbrücken lassen, wenn - wie gewöhnlich - mehr oder weniger identische unendliche Investitionsketten vorliegen (vgl. 3.4.2.7).

3. Bei eventueller Berücksichtigung des Kapitaleinsatzes und der Projektlaufzeiten entsteht ein entscheidungslogische Chaos (vgl. LV 32 S. 35):
   - wenn - konventionellerweise - der Kapitalwert (Co) für sich allein als Wertgröße genommen wird, ist Alternative A vorzuziehen;
   - wenn er in Beziehung zur Investitionssumme (IS) gesetzt wird, ist Alternative B vorzuziehen;
   - wenn er in Beziehung zur Projektlaufzeit (PLZ) gesetzt wird, ist Alternative C vorzuziehen;
   - wenn sowohl die Investitionssumme wie auch die Projektlaufzeit zusätzlich beachtet werden, ist Alternative D vorzuziehen:

Alt.	Co	IS	Co/IS	PLZ	Co/PLZ	Co/PLZ/IS·100
A	**8.792**	50.000	0,1758	3	2.931	5.861
B	6.375	30.000	**0,2125**	3	2.125	7,083
C	5.996	40.000	0,1499	2	**2.998**	7,495
D	5.396	35.000	0,1542	2	2.698	**7,709**

4. Es bestehen doppelt-zirkulare Beziehungen zwischen der Höhe des gewählten Kalkulationszinsfußes und der Wertigkeit der Projekte:
   - bei verschiedenen Alternativen läßt sich über die Höhe des gewählten Kalkulationszinsfußes die Investitionsentscheidung manipulieren (vgl. 3.2.2.2);
   - entwickelt sich die betriebliche Rentabilität signifikant anders als bei der Wahl des Kalkulationszinsfußes prognostiziert, ändert sich ex post eventuell die Projektwertigkeit.

5. Es ist nicht ersichtlich, wie hoch die tatsächliche Projektverzinsung ist (vgl. 3.2.3.1).

6. Bei der Wahl des Kalkulationszinsfußes entsteht ein weiteres entscheidungslogisches Chaos (vgl. 3.4.1.3).

7. Das Working Capital wird nicht berücksichtigt (vgl. 3.4.1.4).

8. Die zeitliche/wertmäßige Einbindung der Projekte in das Unternehmensganze ist formal nicht möglich (vgl. 3.4.2.6).

9. Es müßte zusätzlich zur Cash-Flow-Rechnung für die Abzinsung eine Gewinnrechnung erstellt werden, um die Steuerbelastung zu berücksichtigen.

3.4.1.3 Entscheidungslogisches Chaos bei der Wahl des Kalkulationszinsfußes

Bei der Wahl des Kalkulationszinsfußes für die Kapitalwertmethode kommen verschiedene Orientierungspunkte in Betracht (vgl. auch 1.1.5):

- Rentabilität eines gut verdienenden Referenzunternehmens z.B. in Höhe von 22%.

- Langfristige Unternehmensrentabilität z.B. in Höhe von 18%. Dieser Ansatz wird von Albach (LV 1 S. 86) vertreten: "Als Kalkulationszinsfuß wird hier ein Zinsfuß verwandt, welcher die langfristige durchschnittliche Rentabilität des Unternehmens widerspiegelt." Er berücksichtigt dabei aber nicht die Kapitalkostenabflüsse in Form von Zinsen und Ausschüttungen an die Kapitalgeber (ebenda S. 87): "der hier benutzte Kalkulationszinsfuß macht... (keine) Angaben über die tatsächliche Reinvestition..."

- Zur Berücksichtigung des Risikos kann
  - entweder für alle Projekte eine um einen bestimmten Risikofaktor erhöhte betriebliche Zielrendite von z.B. 15% (vgl. 3.3.3.1) angesetzt werden
  - oder ein am Projektrisiko orientierter Kalkulationszinsfuß wie E. Schneider es fordert: "Je größer das mit der Durchführung der Investition verbundene Risiko ist, desto höher wird der Kalkulationszinsfuß im allgemeinen angesetzt werden" (LV 55 S. 67).

- Betriebliche Kapitalkosten z.B. in Höhe von 12%. Dieser Ansatz wird u.a. von E. Schneider und G. Wöhe vertreten. E. Schneider fordert (ebenda S. 66): "Wird die Investition durch Fremdkapital finanziert, so muß der Kalkulationszinsfuß offenbar auf jeden Fall nicht kleiner sein als der Zinsfuß, den der Investor für die Überlassung des Fremdkapitals zahlen muß." G. Wöhe schließt sich dem an; er kritisiert zwar die Interne-Zinsfußmethode wegen ihrer unrealistischen Stellung zur Wiederanlageprämisse (= Reinvestitionsprämisse), aber nach Wöhe (LV 2.83 S. 516) gilt "die Wiederanlageprämisse...auch für die Kapitalwert- und Annuitätsmethode, (sie) ist dort aber realistisch, weil bei diesen Methoden unterstellt wird, daß die Wiederanlage der zwischenzeitlichen Einzahlungsüberschüsse stets zum Kalkulationsfuß, der den Kapitalkosten des Investors entsprechen soll, erfolgt."

- Betriebliche Reinvestitionsrate, hier 18 - 12 = 6%. Albach (vgl. oben) rührt diesen Aspekt zwar an, negiert ihn jedoch dann, anders dagegen E. Solomon (LV 57 S. 77), der fordert, "...the expected reinvestment rate or set of rates should be used as the discounting factor."

Beim **Ansatz des Kalkulationszinsfußes** stehen drei Thesen zur Diskussion:

- **These A:** Der Investor besitzt eine **freie Wahl** des Kalkulationsfußes! So schreibt H. Jacob, daß "...der Kalkulationszinsfuß eine fiktive Größe darstellt, deren Größe irgendwie gegriffen werden muß..." (LV 26 S. 583).

- **These B:** Der Kalkulationszinsfuß hat dem **Opportunitätskostenprinzip** zu entsprechen! Diesem Prinzip der Orientierung am entgehenden Nutzens für das Investitionskapital kommen je nach Präferenz nach

- die Referenzrentabilität (des Branchenführers) z.B. 22%,

- die Unternehmensrentabilität z.B. 18%,

- die risikoorientierte Zielrendite z.B. 15%,

- die Höhe der Kapitalkosten z.B. 10%.

■ **These C:** Der Kalkulationszinsfuß hat der **Wiederanlageprämisse** zu entsprechen! Dieser Forderung entspricht die Reinvestitionsrate; sie entspricht dem realen Zinseszins-Effekt, welcher der geometrischen Wertzuwachsrate der Aufzinsung zugrunde liegt, deren Umkehrung die Abzinsung ist, während die Kapitalkosten aus dem Betrieb abfließen (= Kapitalkostenleck) und deshalb gar nicht vom Betrieb reinvestiert werden können.

Die These A kann von vorn herein nicht akzeptiert werden; wie schon nachgewiesen, hängt die Vorteilhaftigkeit von Investitionsprojekten bei der Kapitalwertmethode auch von der Höhe des gewählten Kalkulationszinsfußes ab, so daß bei einer freien Wahl des Kalkulationszinsfußes der Entscheidungsmanipulation im Betrieb Tür und Tor geöffnet würden.

Thesen B und C schließen sich normalerweise gegenseitig selbst aus; die gleichzeitige Realisierung beider Forderungen ist wegen des Kapitalkostenlecks in einem Kalkulationszinsfuß nicht möglich, so daß bei der Wahl des Kalkulationszinsfußes ein **unlösbares entscheidungslogisches Chaos** besteht. Zudem fallen die empirischen betrieblichen Reinvestitionsraten relativ gering aus (vgl. Tab. 34-1), so daß bei einer Reinvestitionsrate von knapp 1% ist der Abzinsungseffekt kaum spürbar (vgl. auch LV 31). Auch ist mit einer derart niedrigen Abzinsung kaum eine zielgerechte Investitionssteuerung aufzubauen, wenn eine Verzinsung des betrieblichen Kapitals von z.B. 15% gefordert wird. Nach L. Perridon - M. Steiner sind die vielfältigen Anforderungen an den Kalkulationszinsfuß "in der Realität eines unvollkommenen Kapitalmarkts nicht in einem einzigen Satz vereinigen...(so) daß die vielfältigen Anforderungen an den Kalkulationszinsfuß zu einer Überforderung führen" (LV 48 S. 75).

Tab. 34-1: Empirische Reinvestitions- und Working Capital-Raten

in Mill. DM	Siemens AG		VW Konzern	
	1987	1988	1986	1987
Einst. in die Rücklage/Bilanzgewinn	419	261	307	308
Gesamtkapital -Lieferantenverbindlichkeiten	44.978 2.327	45.539 2.395	41.712 3.222	44.061 3.562
= zu verzinsendes Kapital	42.651	43.144	38.490	40.499
Reinvestitionsrate	0,98%	0,60%	0,80%	0,76%
Sachanlagen	6.508	6.486	12.111	13.406
Umlaufvermögen -Wertpapiere, eigene Aktien -Lieferantenverbindlichkeiten	29.951 9.678 2.327	30.664 10.837 2.395	24.394 8.553 3.222	24.582 8.135 3.562
= Working Capital	17.946	17.432	12.619	12.885
Working Capital in % von Sachanl.	275,8%	268,8%	104,2%	96,1%

Anders jedoch sieht es beim Rentabilitätsvergleich aus; dort wird die Projektrentabilität der Zielrentabilität gegenübergestellt, wobei die Zielrentabilität wiederum im Wesentlichen auf den Kapitalkosten aufbaut, aber auch von der Rentabilität eines Referenzunternehmens wie von der langfristigen Rentabilität des eigenen Unternehmens beeinflußt sein kann. Die Zielrentabilität kann sogar "frei gegriffen" werden wie etwa bei Projekten mit besonders hohem Risiko sinnvoll, ohne daß dabei irgendwelche Prämissen verletzt werden (vgl. unten). Die Reinvestitionsrate kann im Wege der Bilanzfortschreibung berücksichtigt werden (vgl. unten).

Wenn in der angelsächsischen Literatur, etwa bei Modigliani-Miller (vgl. LV 41), von **Kapitalisierung** (Capitalization) der Zahlungsströme des Unternehmens in Bezug auf den Markt- und Unternehmenswert gesprochen wird (vgl. auch 4.2.1.6), darf dies nicht zu der Annahme verleiten, daß es sich hier um ein Abzinsung handelt; da bei realexistierenden Unternehmen regelmäßig eine unendliche Lebensdauer der Unternehmung zu unterstellen ist, ist zur Berechnung die sog. ewige Rente heranzuziehen, welche den Ertragswert und damit den Unternehmenswert über den Kapitalisierungsfaktor (vgl. 3.4.2.7) quasi als **Umkehrung der Rentabilitätsrechnung** ohne jegliche Zinseszinseffekte ermittelt.

3.4.1.4 Vernachlässigung des Working Capitals

Zwar wird gefordert, daß bei den Abzinsungsmethoden von Einnahmen (Einzahlungen) und Ausgaben (Auszahlungen) auszugehen sei, in praxisorientierten Beispielen werden jedoch gewöhnlich aus "Vereinfachungsgründen" die durchschnittlichen jährlichen Finanzüberschüsse abgezinst (vgl. LV 1 S. 328). Da diese positiv sind, geht der Ausweis von Working Capital, das in Industriebetrieben einen erheblichen Umfang annimmt (vgl. Tab. 34-1) und das sich in negativen Finanzüberschüssen zumindest in der ersten Betriebsperiode des Projekts zeigen müßte, praktisch unter. Demnach sichert ein positiver Kapitalwert in vielen "praxisnahen" Fällen nur eine hinreichende Verzinsung des im Projekt investierten Anlagevermögens und nicht auch des Working Capitals.

3.4.1.5 Verletzung der Ceteris-Paribus-Bedingung

Die finanzwissenschaftlichen Methoden sind dem Banken- und Versicherungswesen entlehnt; die Kapitalwertmethode als die grundlegende dynamische Wirtschaftlichkeitsrechnungsmethode ist praktisch identisch mit der Rentenbarwertformel. Im Banken- und Versicherungswesen hat diese Methode durchaus ihre Existenzberechtigung; liegt z.B. die Verdienstspanne unter dem vereinbarten Zinsfuß, tritt also ein "Leck" auf, muß die Bank oder der Versicherungsbetrieb zuzahlen, umgekehrt verdient der Betrieb an dem eingezahlten Kapital. Immer bleibt so der geometrisch sich entwickelnde Zinseszinseffekt für den Kunden intakt. Bei der Beurteilung von Investitionsprojekten in der Industrie ist jedoch kein Instrument vorhanden, das das "Leck" abdichtet, vielmehr kommt mit dem Kalkulationszinsfuß eine exogene Größe in die Rechnung, ohne daß die inhärente Wiederanlageprämisse (sog. Reinvestitionsprämisse) gesichert ist.
Bei der Abzinsung im Rahmen der Rentenbarwertformel wird im allgemeinen von einer nachschüssigen Zahlung am Ende der Abrechnungsperiode ausgegangen, bei zwischenzeitlichen Zahlungen wird im Banken- und Versicherungsbereich eine entsprechend geringere sog. unterjährliche Verzinsung angesetzt. Dies geschieht jedoch nicht im Rahmen der Abzinsung etwa bei der Kapitalwertmethode; vielmehr wird unterstellt, daß a l l e projektmäßigen Ein- und Ausgaben am Ende der Abrechnungsperiode also am Jahresende erfolgen. Dies ist jedoch eine lebensfremde Annahme; die Lohnzahlungen z.B. erfolgen monatlich und nicht ein Mal am Jahresende. Dadurch geht ein Großteil der Verfeinerung durch die Verwendung einer Zinseszinsrechnung anstelle der einfachen Rentabilitätsrechnung verloren. Damit verletzen aber auch diese finanzmathematischen Methoden im Rahmen der allgemeinen betriebswirtschaftlichen Investitionstheorie in unakzeptabler Weise die ceteris-paribus-Bedingung. Im Banken- und Versicherungswesen besitzen die finanzmathematischen Methoden nur abrechnungstechnische Aufgaben etwa zur Diskontierung von Wechseln, sie sind deshalb völlig überfordert, wenn sie im Rahmen einer allgemeinen Investitionstheorie zu Entscheidungszwecken gleichzeitig **Zeitwert und Zielwert** von Investitionsprojekten verfolgen sollen.

3.4.2 Beurteilung der statischen Methoden der Wirtschaftlichkeitsrechnung

3.4.2.1 Betriebswirtschaftliche Relevanz der statischen Methoden

Demnach kommt den sog. statischen Methoden der Wirtschaftlichkeitsrechnung, die praktisch nur endogene d.h. aus den Projekten stammende Werte verarbeiten, eine besondere betriebswirtschaftliche Bedeutung zu.

Wie sind die statischen Methoden der Wirtschaftlichkeitsrechnung zu beurteilen?

Kosten- und Gewinnvergleich weisen in all ihren Formen vom Grad der Informationsverarbeitung wie auch von der Entscheidungslogik her erhebliche Defizite auf:
- beide Methoden verarbeiten keine Kapitaleinsatzinformationen, der Kostenvergleich zudem nicht eventuelle Erlösinformationen;
- beide Methoden kennen auch keine Bewertungsmaßstäbe in Form von Mindestzielen, die sich unmittelbar aus den Unternehmenszielen ableiten lassen;
- eine Nullstellung, d.h. nicht zu investieren, ist von der Entscheidungslogik her bei beiden Methoden nicht vorgesehen, außer bei Verlustprojekten im Gewinnvergleich.

Damit ist bei beiden Methoden die Rationalität der Investitionsentscheidung in Frage gestellt. Vor allem dem Kostenvergleich muß nachgesagt werden, daß seine Verwendung immer zu Investitionen führt - nämlich zu der der kostenminimalen Anlage -, ohne daß die Wirtschaftlichkeit gesichert ist.

Anders sieht es bei der Rentabilitätsmethode in ihren verschiedenen problemangepaßten Erscheinungsformen aus: durch Vergleich der Projektrendite mit der Zielrendite rz, die wiederum unmittelbar mit dem gesamtbetrieblichen Rentabilitätsziel identisch ist (vgl. 1.1), lassen sich rationale Entscheidungen treffen.

Die Rentabilitätsrechnung läßt sich mit Aufzinsungseffekten "bereichern"; wie aus Tab. 61-1 ersichtlich ist, stockt der "einbehaltene Jahresgewinn" sukzessive die Rücklagen auf. Dabei kommt es im Wege der Bilanzfortschreibung kontinuierlich zu einem Aufzinsungseffekt, wobei das so erhöhte Kapital wiederum den Gewinn steigern kann. Dieser so "aufgezinste" Gewinn bezogen auf das "aufgezinste" Kapital ergibt eine Art "interner Rentabilität" (vgl. LV 32 S. 915). Demnach sind auch die "statischen" Methoden der Wirtschaftlichkeitsrechnung zinseszinsfähig, und zwar prämissengerecht nur unter Ansatz der Reinvestitionseffekte. Allerdings lohnt sich der Aufwand zur Durchrechnung nur bei größeren Projekten. Außerdem können gewöhnlich wegen des detaillierten Informationsbedarfs nur die nächsten Jahre fortgeschrieben werden, so daß sich die "interne Rentabilität" - wie die finanzmathematischen Methoden - kaum auf langfristige Projekte ansetzen läßt.

Den statischen Methoden, insbesondere der Rentabilitätsrechnung, wird häufig der Vorwurf gemacht, sie bezögen sich nur auf ein Jahr - deshalb wohl die etwas diffamierende, nur paradigmatisch zu erklärende Bezeichnung "statisch". Diese Einperiodigkeit deckt sich nicht mit den betriebswirtschaftlichen Beobachtungen, die der Verfasser in der "Investitionsanalyse" der Ford Werke machte, in der die Rentabilitätsberechnung, sofern ein abgeschlossener Projektzyklus vorlag, jeweils für die einzelnen Jahre der Projektlaufzeit einschließlich einer Durchschnittsrechnung gemacht wurde (vgl. das empirische Beispiel wiedergegeben in LV 30 S. 316ff., verkürzt in 5.1.1.2). Offensichtlich liegt hier eine Verwechslung vor
1.) mit dem zyklischen Durchschnittsjahr auf Lifetime-Basis bzw.
2.) mit dem sog. Normaljahr zur Beurteilung langfristiger, über einen Produkt- bzw. einen Projektzyklus hinausgehender Entscheidungen.

3.4.2.2 Doppeltes Entscheidungskriterium: Rentabilität - Amortisationsdauer

Allerdings vernachlässigt die Rentabilitätsmethode ein wenig den Risikoaspekt bei Investitionen. Dieser läßt sich durch ein Doppelstrategie berücksichtigen:
1.) eine nach der Risikoklasse gestaffelte Zielrendite anzulegen (vgl. 3.3.3.1), dazu
2.) eine nach der Risikoklasse gestaffelte Amortisationsdauer.

In der betrieblichen Praxis werden deshalb Zielrentabilität und Höchstamortisationsdauer zu einem **Doppelkriterium** kombiniert, und zwar nach verschiedenen Ansätzen, wobei bei den Berechnungen der Rentabilität und der Amortisationsdauer der einzelnen Projekte selbst von normalen Erwartungen auszugehen ist, damit ein doppelt und dreifacher Ansatz ein- und desselben Risikos möglichst vermieden wird.

1. Normalrisiko-Ansatz

Von normalen Projekten, etwa solchen, die im Inland realisiert werden, wird eine kapitalkostenorientierte Zielrendite verlangt (vgl. 3.3.3.1), dazu eine übersichtliche, wenn auch nicht allzu lange Amortisationszeit:

(33-15) $r \geq rz_n$ z.B. 15%;
(33-40) $ta \leq ta_{maxn}$ z.B. 4 Jahre.

2. Hochrisiko-Ansatz

Hier wird das Rentabilitätsziel erhöht und die Amortisationszeit verkürzt:

(33-15) $r \geq rz_h$ z.B. 18%;
(33-40) $ta \leq ta_{maxh}$ z.B. 3,5 Jahre.

3. Selektions-Ansatz

Die Unternehmen können beide Kriterien gezielt zur Selektion einsetzen, etwa
- um ökologische Projekte (Bonusprojekte) mit einer niedrigen Mindestrendite etwa von 12% anstelle normalerweise 15% zu begünstigen oder
- um kleinere, jedoch strategisch wichtige Pilotprojekte zu begünstigen oder
- um durch stark überhöhte Anforderungen insbesondere bei Ersatzinvestitionen zur Lean Production zur gelangen; so kann eine faktische Investitionssperre erreicht und so nach und nach die Produktionstiefe abgeflacht werden.

Bei den Ford Werken wird situativ (Stand: 1992) folgendes Kombiziel an substrategische Investitionsprojekte gestellt:

(33-15) $r \geq rz_s$, hier 25% (nach 52% Ertragsteuern vom Gewinn);
(33-40) $ta \leq ta_{maxs}$, hier 3 Jahre.

Damit sind gegenüber früheren Zeiten, als nach Beobachtungen des Verfassers nur eine Mindestrentabilität von etwa 15% nach Abzug von 52% Ertragsteuern vom Gewinn gefordert wurde, die rentabilitätsmäßigen Anforderungen an eigene Projekte beträchtlich gesteigert worden, so daß Fremdversorgung erheblich gegenüber Eigenfertigung gefördert wird - eventuell zur finanzmäßigen Unterstützung der Implementierung der Lean Production. Im Krisenjahr 1993 wurden nach Beobachtungen des Verfassers die Anforderungen des Doppelkriteriums noch höher geschraubt: auf 100% Mindestrendite und maximal 1 Jahr Amortisationsdauer, wodurch als Sparmaßnahme offensichtlich alle normalen Investitionen blockiert werden sollten, so daß die **Investitionsselektion zur Investitionssperre pervertiert**.

Erst wenn ein Projekt das doppelte Investitionskriterium nach einem der Ansätze gleichzeitig erfüllt, gilt es als vorteilhaft. Bei einem derartigen Doppelkriterium (vgl. Abb. 34-1a)
- können Zielkonflikte auftreten, die zu einem entscheidungslogischen Chaos führen,
- können in einer Risikoklasse unterschiedliche Risikofelder auftreten:

Alternativen	Rentabilität	Amortisationsdauer	Entscheidungssegment
Projekt 1	14%	2 Jahre	τ
Projekt 2	25%	6 Jahre	β
Projekt 3	18%	3 Jahre	δ
Projekt 4	8%	5 Jahre	α

Der Entscheidungsträger kann den Weg aus diesem entscheidungslogischen Kriterien- und Ergebnischaos finden, indem er sich seiner internen Präferenzstruktur bewußt wird:
- bei Risikofreudigkeit fällt die Wahl auf Projekt 2,
- bei Risikoscheu die Wahl auf Projekt 1,
- der "normale" Investor wird Projekt 3 wählen und
- Projekt 4 erscheint als völlig indiskutabel.

Haben mehrere Organisationsteilnehmer mit heterogenen Zielvorstellungen die Entscheidung zu treffen, kann es zu einem entscheidungslogischen Präferenzenchaos kommen, das im Verhandlungswege zu beseitigen ist.

Allgemein gilt für den Investor die duale Risiko-Minimierungs-Regel: je höher die Risikoklasse, um so höher die beanspruchte Zielrendite rz und um so niedriger die Amortisationsdauer (vgl. Abb. 34-1b). Wird durch die Schnittpunkte ta-rz-Funktionen der einzelnen Risikoklassen eine Kurve gelegt, ergibt dies die **ta/rz-Indifferenz-Funktion** des Investors, auf der **in kapitaltheoretischer Hinsicht alle Investitionsprojekte gleichwertig** sind.

Abb. 34-11: Rentabilitäts-Amortisations-Doppelkriterium (Angaben vgl. 3.3.3.1)

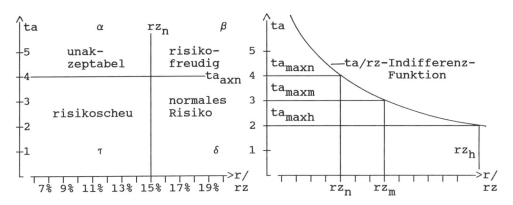

3.4.2.3 ta/rz-Indifferenz-Funktion in dynamischer Sicht

In der betrieblichen Praxis korrespondieren gewöhnlich bei den betrieblichen Investitionsprojekten die mit höherer Risikoklasse steigenden Rentabilitätsanforderungen mit erwünschten sinkenden Amortisationsdauern bei Projekten höherer Risikoklasse; mit steigender Rentabilität erhöht sich im allgemeinen - wenn auch nicht immer - die Cash-Flow-Quote je Periode, so daß bei einem bestimmten Kapitaleinsatz mit beschleunigter Amortisation zu rechnen ist. Dagegen verhält sich in kapitaltheoretischer Sicht die ta/rz-Indifferenz-Funktion **asymmetrisch**, wenn sich die durchschnittlichen Kapitalkosten ϕp des Unternehmens aufgrund stärkerer Inflation etc. im Zeitablauf t (bezüglich s vgl. 3.4.2.2) erhöhen oder sich wegen niedriger Inflation senken; dann wird die nach Risikoklassen gestaffelte Amortisationsdauer für die Projekte jeweils gleich groß bleiben, während z.B. bei höheren Kapitalkosten die Zielrenditen rz' in allen Risikoklassen gemäß dem risikoklassen-gemäßen Aufschlag Ri steigen, z.B. bei einer Erhö-hung der durchschnittlichen Kapitalkosten von 10 auf 15% in Risikoklasse I von 15 auf 22,5%, und umgekehrt bei sinkenden Kapitalkosten werden die Zielrenditen entsprechend sinken (vgl. Abb. 34-2):

(34-1) $rz'_t = (\phi p, Ri, s, t)$.

Abb. 34-2: Iso-Linien der ta/rz-Indifferenz-Funktion

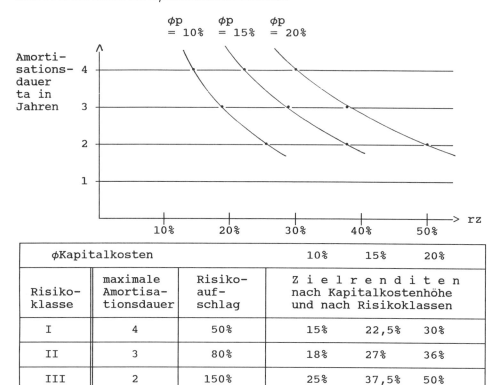

Risiko-klasse	maximale Amortisa-tionsdauer	Risiko-auf-schlag	Z i e l r e n d i t e n nach Kapitalkostenhöhe und nach Risikoklassen		
φKapitalkosten			10%	15%	20%
I	4	50%	15%	22,5%	30%
II	3	80%	18%	27%	36%
III	2	150%	25%	37,5%	50%

Werden die gemäß den jeweiligen Kapitalkosten und jeweiligen Risikoklassen zugrunde liegenden Zielrenditen in einem Koordinatensystem eingetragen, in dem auf der Ordinate die Amortisationsdauern und auf der Abszisse die Zielrenditen abgetragen sind, so zeigen sich je nach Höhe der durchschnittlichen Kapitalkosten schichtweise verschobene Iso-linien der ta/rz-Indifferenz-Funktion.

3.4.2.4 Risiko-Dekomposition

Wie schon dargelegt (vgl. 3.3.3.1) sollte der Investor bei steigendem Risiko seinen Kapitalanteil an Projekten zurückschrauben. Jetzt läßt sich zum Risiko-Management bei heterogenen Projekten eine dreistufige Handlungsmaxime postulieren: Je höher die Risikoklasse
- desto höher die Renditeanforderungen an die Projekte rz_I, rz_{II}, rz_{III},...,
- desto kürzer die anzustrebende Amortisationszeitdauer der Projekte und
- desto geringer der relative Kapitalbeteiligungsanteil (KA_r).

Nach Risikoklassen gestufter Ansatz der Zielrendite und gestufter Ansatz des Kapitaleinsatzes lassen sich beide als Kräfte zur Bewahrung des in Projekten investierten Kapitals - komplementär zur Risikominimierung des Investivkapitals - begreifen. Situativ ist demnach bei den einzelnen Investitionsprojekten abzuschätzen, welche Wirksamkeit diese beiden Kräfte in bezug auf Risikominimierung einzeln und gemeinsam ausüben werden.

In der Physik ist die Auswirkung von Kräften schon länger untersucht worden; gemäß der Statik des starren Körpers (vgl. H. Kuchling, Taschenbuch der Physik, Leipzig 1991, S. 55ff.) sind

Kräfte vektorielle Größen, die durch Betrag, Richtung und Lage der Wirkungslinie bestimmt sind. Darzustellen sind sie durch Pfeile, deren Spitze die Richtung angibt und deren Länge ein Maß für die Größe der Kraft ist. Sobald mehrere Kräfte, auch Komponenten (F) genannt, auf einen Körper wirken, sind sie zu einer Resultierenden (R) zusammenzusetzen. Die Wirkungskraft der Resultierenden hängt dann von der jeweiligen Richtung der Komponenten ab:

1. Liegen die Komponenten auf einer gemeinsamen Wirkungslinie, so ergibt sich die Resultierende als Summe oder Differenz der Beträge aller Einzelkräfte gemäß der Algebraischen Addition:

(34-2) $F_R = F_1 + F_2$.

Graphisch läßt sich dies wie folgt darstellen:

2. Greifen zwei Kräfte in einem Punkt an, so werden sie mit Hilfe des Kräfteparallelogramms zur Resultierenden durch geometrische Addition vereinigt:

(34-3) $\vec{F}_R = \vec{F}_1 + \vec{F}_2$.

Die Resultierende kann berechnet werden, wenn bekannt sind
F1 = Betrag der Einzelkraft (Komponente) 1,
F2 = Betrag der Einzelkraft (Komponente) 2,
τ = Winkel zwischen beiden Einzelkräften = α + β.

Dann gilt allgemein nach dem Cosinussatz der Trigonometrie:

(34-4) $F_R = \sqrt{F_1^2 + F_2^2 + 2F_1 F_2 \cos\tau}$.

Diese Rechnung läßt sich vereinfachen, wenn beide Kräfte einen rechten Winkel bilden; $\cos 90° = 0$, so daß speziell gemäß dem Satz des Pythagoras gilt:

(34-5) $F_R = \sqrt{F_1^2 + F_2^2}$.

Graphisch gibt die Diagonale des Parallelogramms Größe und Richtung der resultierenden Kraft an (hier bei 90°):

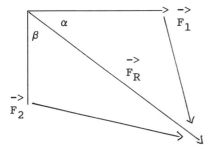

Risikoklassen-adäquate Renditeanforderungen wie Risikoklassen-gestufte Finanzierung können bei der Beurteilung und Implementierung von Investitionsprojekten als Komponenten angesehen werden, die auf der gemeinsamen Wirkungslinie der Risikominimierung liegen (vgl. Abb. 34-2).

3. Die Investitionen der Unternehmung

Abb. 34-2: Risiko-Parallelogramm von Renditenhöhen und Kapitalanteil an Projekten

```
Rendite-  ↑  Risikoklassen              Finanzierungsanteile
anfor-       I   :   II   :   III   :
derung    ---------:---------:---------:-  ---------------------
                   :         :         :
 III               :         :         :   Fremdbetei-
                   :         :         :
          ---------:---------:---------:-  ---------------------
                   :         :         :
 II                :         :         :   ligung      Eigen-
                   :         :         :
          ---------:---------:---------:-  ---------------------
                   :         :         :
 I                 :         :         :              beteiligung
                   :         :         :
          ─────────┼─────────┼─────────┼──────────────────────→
                                         Risiko
          ø Kapitalkosten
```

Situation	Strategie	KA$_r$	rz	ta
Risikoklasse III:				
- unsicheres Entwicklungsland	Export	-	-	-
- entferntes sicheres Ausland	Vertriebsorg.	10%	30%	1 J.
Risikoklasse II:				
- nahes sicheres Ausland	eigene Prod.	30%	25%	2,5 J.
- Hochtechnologieprojekt	Joint Venture	50%	20%	2 J.
Risikoklasse I:				
- strategisches Inlandprojekt	Inhouseprojekt	80%	18%	3 J.
- substrat. Inlandprojekt	Inhouseprojekt	100%	15%	3,5 J.

Der Investor kann deshalb eine **Risiko-Dekomposition** (Dekomposition = Zerlegung in die Grundbestandteile) im Sinne eines Risikoabbaus durch ein doppelschichtiges Verhalten mit einem bestimmten Kräfteeffekt herbeiführen (vgl. Abb. 34-4):
- er beurteilt die Projekte je nach Risikolage gemäß dem Rentabilitäts-Amortisationsdauer-Doppelkriterium;
- er wählt eine gemäß der Risikolage gestufte Strategie des Einsatzes von eigenen Finanzmitteln.

Trotzdem läßt sich bei Investitionsprojekten ein Restrisiko nicht ausschließen.

Abb. 34-4: Risiko-Dekomposition bei Investitionsprojekten

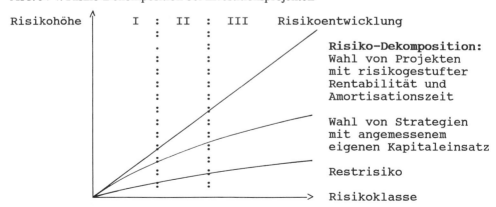

3.4.2.5 Drei-Faktoren-Kapital-Risikoanalyse (3-FKRA)

In den vorstehenden Ausführungen wurde ausgeführt, daß sich das Projektrisiko unter drei Faktoren analysieren und beurteilen läßt:
- nach Projektklassen gestaffelter - maximaler - Einsatz von Eigenmitteln;
- nach Projektklassen gestaffelte - minimale - Zielrendite;
- nach Projektklassen gestaffelte - maximale - Amortisationsdauer.

Für diese drei Risikofaktoren wird das Unternehmen im Rahmen einer Multifaktorenanalyse betriebsindividuell nach Risikoklassen gestaffelte konkrete Vorgaben entwickeln, die sich zu einem maximalen Drei-Faktoren-Kapital-Risikofaktor (3-FKRF) kombinieren lassen (vgl. Abb. 34-5):

Risikoklasse	(1) maximaler Eigenmittel-Anteil	(2) minimale Zielrendite	(3) maximale Amortisationsd.	(5) maximaler Risikofaktor = (1)·(2)·(3)
Niedrig-Risiko-Projekt (P_{nR})	1,0	15%	4 Jahre	3-FKRF$_n$: 60
Mittel-Risiko-Projekt (P_{mR})	0,6	18%	3 Jahre	3-FKRF$_m$: 21,6
Hoch-Risiko-Projekt (P_{hR})	0,3	25%	2 Jahre	3-FKRF$_h$: 15

Abb. 34-5: Drei-Faktoren-Kapital-Risikoanalyse von Investitionsprojekten

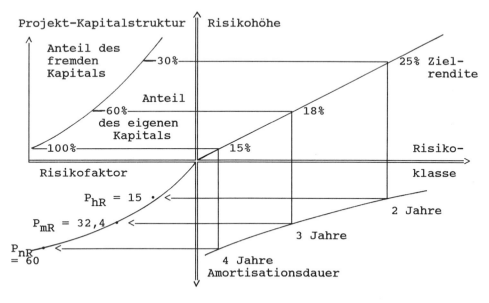

Der so ermittelte klassenbezogene 3-FKRF kann als Beurteilungsrichtwert eingesetzt werden. Da es jedoch bei der Zielrendite um Minimalvorgaben und bei der Eigenmittel- wie bei der Amortisationsdauervorgabe um Maximalvorgaben geht, ist, um diese Faktoren gleichnamig zu machen, ein inverser Zielrenditenfaktor (iZF) einzuführen:

(34-6) $iZR = rzx - (r - rzx) = rzx - r + rzx.$

Beweis: ein Niedrig-Risiko-Projekt wird zu 100% mit Eigenmitteln finanziert, es ist mit einer Rendite von 16% zu rechnen, die Amortisationsdauer wird 4 Jahre betragen:
3-FKRF = 1,0 · (15 - 16 + 15) · 4 = 1,0 · 14 · 4 = 56.
Da der 3-FKRF mit 56 < 3-FKRF$_n$ = 60 ist, erscheint das Projekt als günstig.

Beispiel A:
Hochrisikoprojekt; eigener Kapitalanteil bei der Finanzierung des Projekts = 20%; erwartete Projektrendite = 28%; erwartete Amortisationsdauer = 1,95 Jahre:
3-FKRF = 0,2 · (25 - 28 - 25) · 1,95 = 8,58;
Folgerung: das Projekt ist zu empfehlen, da 3-FKRF = 8,58 < 3-FKRF$_h$ = 15.

Beispiel B:
Hochrisikoprojekt; eigener Kapitalanteil der Projektfinanzierung = 35%; erwartete Projektrendite = 29%; erwartete Amortisationsdauer = 2,2 Jahre;
3-FKRF = 0,35 · 21 · 2,2 = 16,17;
Folgerung: das Projekt ist nicht zu empfehlen, da 3-FKRF = 16,17 > 3-FKRF$_h$ = 15.

3.4.2.6 Projekteinbindung in den Unternehmenszusammenhang - Projekt-Unternehmens-Konjunktion

In Anlehnung an ältere Autoren wie K. Rummel und H. Müller weist E. Schneider darauf hin, daß "...bei der Wahl zwischen mehreren Investitionen die generelle Interdependenz aller wirtschaftlichen Prozesse berücksichtigt werden (muß). Diese Interdependenz hat zur Folge, daß man bei der auf der Grundlage einer Wirtschaftlichkeitsrechnung zu fällenden Entscheidung nicht von den Wirkungen absehen kann, die eine bestimmte Wahl auf die Umwelt, d.h. auf die Unternehmung als Ganzes, auf die Branche und vor allem auf die Volkswirtschaft hat" (LV 55 S. 131). Nach H. Jacob (vgl. LV 25 S. 20f.) existieren bei den betrieblichen Projekten indirekte Interdependenzen durch Benutzung gleicher Potentiale und direkte Interdependenzen durch gegenseitige Beeinflussung des Nutzens verschiedener Projekte. Nach praktischen Erfahrungen des Verfassers lassen sich vor allem folgende **zeitliche und sachliche Interdependenzen** unterscheiden:
1. zeitliche Interdependenzen:
1.1 Interdependenzen zwischen langen, mittellangen und kurzen Zyklen (vgl. 3.1.3),
1.2 Interdependenzen zwischen Alt- und Neuinvestitionen, bei denen die Altinvestitionen zu Buchwerten bzw. zu Liquidationserlösen zu bewerten sind (vgl. 5.1.1.3, 5.1.2.3),
2. sachliche Interdependenzen:
2.1 Interdependenzen zwischen alten und neuen Kapazitäten, bei denen entweder die zusätzlichen (inkrementalen) Kosten oder die vollen Kosten anzusetzen sind (vgl. 5.2.2.1),
2.2 Interdependenzen zwischen dem zu eliminierenden Produkt und dem Restproduktprogramm (vgl. 5.2.1) im Wege des Spillover,
2.3 Interdependenzen zwischen alten und neuen Produkten, bei denen es zu Substitutionseffekten kommen kann (vgl. 5.2.2).

Gerade die zeitliche Einbindung vor allem bei größeren Projekten bereitet bei der Verwendung der dynamischen Methoden entscheidungslogische Schwierigkeiten:

■ Bei der Beurteilung von strategischen Projekten mit ihren langfristigen Auswirkungen z.B. bei der Qualitätsverbesserung von Produkten, bei Preisänderungen, bei der Einführung neuer Produkte erscheinen die sog. dynamischen Methoden als recht hilflos; wegen des Fehlens konkreter langfristiger Informationen können sie die Auswirkungen nur für die nächsten künftigen Jahre beurteilen mit dem Effekt, daß sich bei realistischen Annahmen wegen der hohen Investitionen in der Anfangsphase höchstwahrscheinlich ein negativer Kapitalwert ergibt, der unakzeptabel für die betrieblichen Entscheidungsträger, insbesondere für den Principal ist. Die "statische" Rentabilitätsmethode dagegen konstruiert ein "Normaljahr",
- das dem Durchschnittsjahr nahekommt und
- das als Time-slice (vgl. Abb. 34-6) stellvertretend für a l l e künftigen Jahre steht.

- Bei vielen Projekten besitzen die eingesetzten Betriebsmittel eine unterschiedliche Lebensdauer, Betriebsgebäude z.B. 30 Jahre, Maschinen z.B. 5 Jahre, Werkzeuge z.B. 3 Jahre:

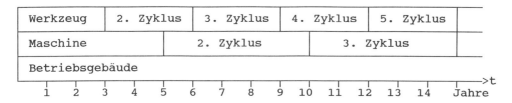

Beträgt der erste Projektzyklus, für den sie eingesetzt werden sollen, z.B. nur 3 Jahre, müssen bei den dynamischen Methoden aus konzeptionellen Gründen - sie stellen auf die effektiven Zahlungen ab - die Investitionen in der Gesamtheit auf den kürzesten Zyklus bezogen werden, auch wenn die Anlagen teilweise, eventuell vorwiegend für spätere Projekte eingesetzt werden, für die es zum Planungszeitpunkt möglicherweise noch keine verlässlichen Angaben gibt. Dadurch wird das erste Projekt bzw. der erste Zyklus **ohne materielle betriebswirtschaftliche Begründung** übermäßig stark belastet.

- Da die Abzinsungsmethoden auf künftige Zahlungen abstellen, **vernachlässigen sie die Interdependenz zur betrieblichen Vergangenheit**, die in den Bilanzpositionen zum Ausdruck kommt. Dabei steht den Investitionen auf der Aktivseite das zu "bedienende" finanzierende Kapital auf der Passivseite gegenüber. Aus den Vergangenheitsinvestitionen sind Produktionskapazitäten geschaffen worden, die leistungsmäßig - zumindest teilweise - auch in der Zukunft noch bereitstehen. Ihre Werte sind wegen zeitlicher, technischer und leistungsmäßiger Interdependenzen bei strategischen Unternehmensentscheidungen mit zu berücksichtigen, so daß bei der Beurteilung von Projekten für den gesamten Kapitaleinsatz des "neuen Status" - auch also aus Vergangenheitsprojekten - eine angemessene Kapitalverzinsung sicherzustellen ist und nicht nur für das neu zu investierende Kapital.
Es ist demnach betriebswirtschaftlich insbesondere für den Principal (Unternehmenseigner) nicht akzeptabel, daß der Abzinsung zuliebe
- die Unternehmung praktisch immer wieder neu auf der "grünen Wiese" gegründet wird (wie z.B. in LV 1) und
- die Vergangenheitsinvestitionen, da nur künftige Zahlungen abgezinst werden, trotz der von ihnen geschaffenen und noch vorhandenen Kapazitäten (vgl. Abb. 34-6) dem Wert nach gleich Null gesetzt werden; dann läßt sich nicht ersehen, ob sich das gesamte im Unternehmen eingesetzte Kapital zufriedenstellend verzinst.
Bezüglich des **Kapitalansatzes** ist zwischen strategischen und nichtstrategischen Investitionen zu differenzieren:
- Bei **nichtstrategischen Investitionen**, etwa bei Ersatzinvestitionen, steht der volle betriebliche Kapitaleinsatz für das Projekt zur Disposition. Entsprechend gelten nicht gemäß dem Going-Concern-Prinzip die fortgeschriebenen Buchwerte als Kapitalbasis, sondern gemäß dem Auflösungsprinzip die **Liquidationserlöse**. Demnach sind hier die Restbuchwerte als "Sunk Cost" gleich Null zu setzen und stattdessen sind gemäß dem Opportunitätskostenprinzip die Gebrauchtanlagenpreise anzusetzen (vgl. 5.1.1.3, 5.1.2).
- Bei **strategischen Investitionen** steht gewöhnlich nicht der gesamte Betrieb nicht zur Disposition. Entsprechend sind die **fortgeschriebenen Bilanzwerte** gemäß dem **Going-Concern-Prinzip** als Wertansatz zu verwenden, vor allem dann, wenn anzunehmen ist, daß sich Über- und Unterbewertungen gemäß dem "Gesetz der großen Zahl" die Waage halten. Im Zweifels Falle sind die vorsichtiger abgeschriebenen Buchwerte der Steuerbilanz heranzuziehen. Die finanzmathematischen Verfahren dagegen behandeln in **betriebswirtschaftlich unzulässiger Weise** die gesamten Buchwerte der Bilanz aus konzeptionellen Gründen - es werden nur künftige Zahlungen bei ihnen berücksichtigt - auch bei strategischen Entscheidungen als "**Sunk Cost**" und damit als Nullwerte. Dies läßt sich jedoch nicht mit normalen Principal-Agent-Beziehungen vereinbaren; **die Kapitalgeber erwarten, daß auch für die in der Vergangenheit von ihnen finanzierten Investitionen eine adäquate, nach Möglichkeit durch Synergie verbesserte Verzinsung erzielt wird.**

Abb. 34-6: Unternehmenskapazität und -investitionen in der Zeit

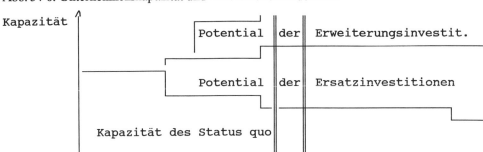

3.4.2.7 Übergang zur "ewigen Rente"/Rentabilität bei unendlichen Investitionsketten

Begründung und Durchführung der Konversion von der Abzinsung zu der "ewigen Rente"

Eine entscheidungs- und bewertungslogische Lösung des zeitlichen Abgrenzungsproblems besteht darin, unendlich lange Investitionsketten anzunehmen; bei unendliche langen Investitionsdauern kann aber die Abzinsung aus zwei Gründen praktisch nicht mehr durchgeführt werden:
- mangels konkreter Informationen können über sehr lange Zeiten keine abzuzinsende Zahlungsreihen aufgestellt werden und zugleich kann
- wegen einer unendlich großen Zahl der Glieder der Investitionskette eine eventuelle Abzinsungsrechnung rechentechnisch gar nicht durchgeführt werden.

Aus diesen Gründen ist die Rentenbarwertformel in die "ewige" Rente zu konvertieren unter der Vorgabe, daß die Zahl der Investitionsjahre n nach unendlich strebt:

$(34-7)\quad n \longrightarrow \infty$

Dann gilt für die Konversion der nachschüssigen Rentenbarwertformel in die "ewige" Rente (vgl. u.a. LV 24 S. 58):

$(34-8)\quad R_0 = \lim_{n \to \infty} R/(q-1) \cdot (1 - 1/q^n) = R/(q-1)$

$\qquad\qquad = R/i = R/(p/100).$

Dabei stellt
 R = Rentenbetrag;
 R_0 = Kapital;
 q = $1 + i$ und $i = p/100$ dar.

Beispiel:
Wie groß ist das Kapital, aus dem bei einem Zinssatz von 6% eine Rente von 36.000,-DM gezahlt wird?

$(34-9)\quad R_0 = 36.000/(1,06 - 1) = 600.000,-DM.$

Dieser Kapitalbetrag entspricht dem Ertragswert bei der Unternehmensbewertung oder bei der Ermittlung von Beleihungsgrenzen für Hypothekarkredite (vgl. 2.4.3).

Die ewige Rente als Umkehrung der Rentabilitätsrechnung

Diese ewige Rente arbeitet ohne Zinseszins-Effekte und stellt eine Umkehrung der Rentabilitätsrechnung dar, wie ohne weiteres durch Auflösung der Formel der ewigen Rente nach dem Zinssatz p nachgewiesen werden kann:

(34-10) $R_o = R/(p/100)$ $\implies$ $p/100 = R/R_o$ $\implies$ $p = R \cdot 100/R_o$.

Dies entspricht der Rentabilitätsformel

(35-15)   Rentabilität (r) = Gewinn (G) $\cdot$ 100/Kapitaleinsatz (KE),

wobei $r = p$, $G = R$ und $KE = R_o$ ist.

Dann ist unter Verwendung der obigen Angaben:

(33-15) $r = 36.000 \cdot 100/600.000 = 6\%$.

Die "ewige" Rente läßt sich also in die Rentabilität überführen: Quod erat demonstrandum.

Auf Investitionsprojekte bezogen heißt das, diese können sowohl
- anhand ihres Ertragswerts wie auch
- anhand ihrer Rentabilität beurteilt werden.

Der Ertragswert bezieht sich auf die gesamte Projektlaufzeit und bringt nicht den jeweiligen Kapitaleinsatz zum Ausdruck. Da jedoch Projektlaufzeit und Kapitaleinsatz bei den einzelnen Vorhaben unterschiedlich groß ausfallen können, besitzt der Ertragswert als Beurteilungskriterium jedoch dieselben Nachteile wie der Kapitalwert (vgl. 3.4.1.2), so daß das Rentabilitätskriterium als Beurteilungskriterium vorzuziehen ist.

Demnach führt die **konsequente Durchdenkung praktischer methodologischer Investitionsprobleme weg von den finanzmathematischen Methoden mit ihren Zinseszinseffekten hin zur Rentabilitätsrechnung.**

Betriebswirtschaftliche Relevanz der Abzinsungskonversion

Die **Konversion von der Abzinsung zur ewigen Rente/Rentabilitätsrechnung** ist nicht nur eine statthafte, sondern schon eher eine **zwingende entscheidungslogische Annahme bei allen bedeutsamen Investitionsprojekten** wie
- **bei strategischen Kapazitätsprojekten** wie Gebäudeinvestitionen, die gewöhnlich eine für die Abzinsungsrechnung "ewige" Lebensdauer von 40 Jahren und darüber hinaus besitzen,
- **bei strategischen Produktprojekten,** welche eine sich über mehrere Jahrzehnte erstreckende Nutzungsspanne besitzen können; so wird der seit den Dreißiger Jahren produzierte VW-"Käfer" noch gegenwärtig (1993) in Brasilien hergestellt und der Anfang der Sechziger Jahre in Serie gegangene Opel-"Kadett" lebt nach dreissig Jahren als Astra ein "zweites Leben",
- **bei substrategischen Projekten,** wenn es die schon beschriebene Zyklusüberlagerung verschiedener Betriebmittelscluster in einem Projekt gibt (vgl. 3.4.2.6), die häufig zu auf lange Zeitstrecken zeitinkongruenten Investitionszyklen und damit praktisch zu unendlich langen Investitionsketten führen.

Bei den statischen Methoden kann eine zeitliche Abgrenzung und damit eine Entlastung des Erstprojekts(-zyklus) derart vorgenommen werden (vgl. 5.1.1.2),
- daß die Abschreibungen auf Lifetime-Basis verteilt werden unter Annahme mehr oder weniger identischer Reinvestitionen und
- daß bei der Berechnung des Kapitaleinsatzes eines Betriebsmittels bei allen Projekten gleichmäßig 50% der Investitionssumme anstelle einer um die jährlichen Abschreibungsbeträge korrigierten effektiven, aber ungleichmäßigen Belastung angesetzt werden.

3.4.2.8 Informationsgehalt der Wirtschaftlichkeitsrechnungsmethoden

Wollte z.B. ein Unternehmer/Principal, der in sein Unternehmen 15 Mio. DM investiert hat, der im Laufe der Jahre 3 Mio. DM Gewinne hat stehen lassen, der dazu 8 Mio. DM an Krediten aufgenommen hat, in dessen Unternehmen also eine Kapitalbindung von insgesamt von 26 Mio. DM steckt, seinem Unternehmen weitere 6 Mio. DM zur Expansion der Geschäftstätigkeiten zuführen, könnte er je nach Wirtschaftlichkeitsrechnungsmethode unterschiedliche **Informationen über die Wirtschaftlichkeit** seiner Investition erhalten:

- **Dynamische Methoden.** Bei diesen Methoden werden nur die künftigen Zahlungen berücksichtigt und entsprechend die Vergangenheitsinvestitionen vernachlässigt. Werden z.B. die vom Unternehmen mit 6 Mio. DM finanzierten Investitionen mit einem Kalkulationszinsfuß von z.B. 15% abgezinst, könnte dies einen Kapitalwert von 360.000,- DM ergeben.
- **Statische Methoden.** Zur strategischen Investitionsbeurteilung wäre die Alternativrentabilität zu wählen. Bei Weiterführung der momentanen Verhältnisse könnte das Unternehmen mit durchschnittlichen von 4,8 Mio. DM Gewinn (nach Steuern) pro Jahr rechnen. Das ergibt eine Rentabilität von 18,5% im Status quo auf den Kapitaleinsatz von 26 Mio. DM. Für die zusätzlichen 6 Mio. DM wird ein jährlicher Gewinn von 1,32 Mio. DM erwartet, so daß sich diese Investition mit 22% verzinst. Das ergibt per Kapitalfortschreibung eine Rentabilität von $(4,8 + 1,32)/(26 + 6) \cdot 100 = 19,1\%$ für das gesamte Unternehmenskapital im neuen Status.

Hieraus läßt sich eine **Informationssynopse** (vgl. Tab. 34-2) der statischen und dynamischen Wirtschaftlichkeitsrechnungsmethoden erstellen, die sich folgendermaßen auswerten läßt:

- Vom informationsmäßigen Standpunkt aus sind den dynamischen Methoden die Attribute "wenig informativ" und "eher irreführend" und den statischen Methoden die Attribute "höchst informativ" und "aufschlußreich" zu erteilen. Ein **Unternehmer/Prinzipal**, der sich mit den Informationen nach den dynamischen Methoden zufrieden geben muß, würde dem für ihn tätigen **Top-Management** (Agent) für die **Desinformation** eher eine Rüge erteilen und es mit **negativen Sanktionen** bedenken. Mit den Informationen nach den statischen Methoden könnte der Principal dagegen sehr zufrieden sein. Zinseszinsen, auf deren Berücksichtigung sich die finanzmathematischen Methoden versteifen, dürften bei den bei den strategischen Projekten üblichen Kapitaldimensionen für den Principal eher eine Quantité négligeable sein.

- Während bei strategischen Projekten die statischen Methoden insbesondere in Form der Alternativrentabilität den Investitionsvorgang isoliert und zugleich ganzheitlich im Unternehmenszusammenhang betrachten, isolieren die dynamischen Methoden den Projekteffekt nur, so daß - im Vergleich zu den statischen Methoden - die dynamischen Methoden der Wirtschaftlichkeitsrechnung zu einer **faktischen Informationsunterdrückung** führen, zumal nicht erkenntlich wird, mit welchen positiven und negativen Synergieeffekten zu rechnen ist. Werden z.B. negative Vereinigungseffekte wie Verschmelzungskosten und Substitutionseffekte negiert, sind die Projekte "geschönt" mit der Folge von Enttäuschungen.

Tab. 34-2: Informationssynopse der statischen und dynamischen Wirtschaftlichkeitsrechnung

	Status quo	Projekteffekt	neuer Status
Dynamische Methoden			
- Kapitalbindung	-	6,00 Mio. DM	-
- Kapitalwert	-	0,36 Mio. DM	-
- Wertigkeit	-	?	-
Statische Methoden*			
- Gewinn	4,8 Mio. DM	1,32 Mio. DM	6,12 Mio. DM
- Kapitalbindung	26,0 Mio. DM	6,00 Mio. DM	32,00 Mio. DM
- Wertigkeit	r = 18,5%	r = 22%	r = 19,1%.

*statisch = Alternativ- + Differenzrentabilität

- Während die bei der Wirtschaftlichkeitsuntersuchung mit Hilfe der Alternativrentabilität generierten Informationen in vorzüglicher Weise dem strategischen Unternehmens-Controlling dienen, fällt das strategische Unternehmens-Controlling bei Verwendung der dynamischen/finanzmathematischen Methoden praktisch in ein "schwarzes Loch".

Lösen Sie Aufgabe Nr. 33-6 in Anlage A!

3.4.3 Betriebswirtschaftliche Schlußfolgerung: Paradigmawechsel von den finanzmathematischen Methoden zu den integrativen Rentabilitätsrechnungsmethoden

Demnach eignen sich die dynamischen Methoden, welche möglichst frühe positive Finanzüberschüsse hoch bewerten, allenfalls zur Beurteilung kleinerer isolierter substrategischer Projekte, zumal bei strategischen Investitionen, welche das langfristige Überleben des Unternehmens sichern sollen, jede verdiente Geldeinheit in der Zukunft in etwa genau soviel wert ist wie heute; denn aus den Gewinnen späterer Jahre ist z.B. die Standarddividende zu zahlen. Es läßt sich sogar im Gegenteil in der betrieblichen Praxis eine **Mißachtung des Gegenwartswerts** nachweisen; wie situativ häufig zu beobachten ist, sind Einzelunternehmer, Gesellschafter wie Aktionäre immer wieder bereit, bei Umstrukturierungsmaßnahmen und bei anderen strategischen Entscheidungen zur Stärkung der Unternehmensstruktur, etwa durch Erwerb fremder Unternehmen, wegen der dabei anfallenden Anlauf- und Integrationskosten auf Jahre hinaus auf Ausschüttungen bzw. auf Dividendenzahlungen zu verzichten: irgendwelche kontinuierlich und geometrisch sich entwickelnde Zinseszinseffekte sind demnach in der betrieblichen Praxis insbesondere bei strategischen Projekten k e i n Paradigma. Danach können Entscheidungsaspekte im Betrieb durchaus eine meta-finanzmathematische voluntaristische Dimension besitzen.

Der Rückgriff auf finanzmathematische Instrumente in der Investitionstheorie hat offensichtlich die betriebswirtschaftliche Forschung eher behindert als gefördert; die investitionstheoretischen Abhandlungen erschöpfen sich weitgehend in formalen Erörterungen der statischen und dynamischen (= finanzmathematischen) Methoden (vgl. u.a. LV 63 S. 410ff., LV 22 S. 579ff., LV 1.28) und sie enden meistens dort, wo die konkreten, häufig sehr komplexen betrieblichen Investitionsprobleme beginnen. Insbesondere die für die Unternehmen existenziell wichtigen Kapazitäts- und Produktprojekte werden dabei ausgespart, so daß wesentliche Teile der Betriebswirtschaftslehre fehlten. Dies darf als ein deutliches Zeichen dafür angesehen werden, daß die finanzmathematischen Methoden nicht in die "betriebswirtschaftliche Landschaft" passen. Gelegentlich wird zwar noch für Ersatzinvestitionen die von G. Terborgh entwickelte Mapi-Methode angeführt, jedoch verarbeitet diese in starrer Weise ausgehend von damaligen situativen amerikanischen Finanzverhältnissen der 60iger Jahre in ihren Diagrammen feste Vorgaben wie 25% Fremdkapital zu 3% Zinsen, die für deutsche Verhältnisse überhaupt nicht zutreffen.

Da insgesamt der Transfer der finanzmathematischen Methoden aus dem Banken- und Versicherungswesen in die allgemeine Investitionstheorie als nicht wissenschaftlich akzeptabel erscheint, wird hier zur besseren Anpassung an die betriebswirtchaftlichen Erfordernisse ein **Paradigmawechsel** weg von den in der betriebswirtschaftlichen Literatur favorisierten finanzmathematischen, die Unternehmensprojekte nur isoliert beurteilenden Methoden - vornehmlich - hin zu den ganzheitlich die Unternehmensprojekte beurteilenden Methoden der Alternativ- und Differenzrentabilität, welche auch die Synergieeffekte der Vergangenheitsinvestitionen bei Vereinigung mit den Neuinvestitionen sowie die gesamten Verzinsungserfordernisse berücksichtigen können.

Offensichtlich weicht die betriebswirtschaftliche Theorie neuerdings auf Scoring-Modelle bei der Beurteilung komplexer strategischer Projekt aus. Diese Punktebewertungen vermissen jedoch konkrete Finanzinformationen,
- so daß sie nicht zur finalen Verantwortungsrechnung insbesondere von strategischen Projekten taugen und
- so daß sie deshalb auch mangels konkreter Finanzvorgaben unbrauchbar für das Finanz-Controlling sind.

Lösen Sie Aufgabe Nr. 33-7 in Anlage A!

4. Entscheidungskonzepte für das Finanzmanagement

4.1 Konventionelles Finanzmanagement mit Finanzierungsregeln

4.1.1 Auswirkung der Kapitalstruktur auf Eigenkapitalrentabilität und Risiko

4.1.1.1 Leverage-Effekt

Die finanzwirtschaftlichen Erörterungen bewegen sich weitgehend in den Koordinaten Kapitalbeträge und die dafür aufzubringenden Kapitalkosten. Die Kapitalbeträge lassen sich aufgliedern in Eigenkapital (EK) und Fremdkapital (FK) und machen zusammen aus das Gesamtkapital GK des Unternehmens:

(41-1) GK = EK + FK.

Wird der auf das Gesamtkapital entfallende Gewinn G in Beziehung zum Kapital gesetzt, ergibt dies die Gesamtrendite r des Unternehmens:

(41-2) r = G · 100/GK.

Daß im Zusammenhang mit dem Kapitaleinsatz im Unternehmen Kapitalkosten anfallen, entspricht der Realität und es wird deshalb hier als überflüssig erachtet, nach den tieferen Gründen hierfür zu forschen. Die Kapitalkosten für das aufgebrachte Fremdkapital, die Fremdkapitalzinsen FKz, sind gewöhnlich vertraglich determiniert und sind aus dem Unternehmensgewinn G zu zahlen. Dann beträgt der auf das Eigenkapital entfallende Gewinn G_e:

(41-3) G_e = G - FKz.

Dann läßt sich die Eigenkapitalrendite r_e wie folgt errechnen:

(41-4) r_e = (G - FKz) · 100/(GK - FK).

Es ist offensichtlich, daß r_e steigt, solange bei zusätzlichem Fremdkapitaleinsatz r > FKz ist; die Differenz fällt dem Eigenkapital zu. Diese Anhebungswirkung wird als Leverage-Effekt der Verschuldung bezeichnet. Dabei stellt sich der Verschuldungsgrad (VG) wie folgt dar:

(41-5) VG = FK/EK.

Der sog. Leverage-Effekt aus der Verbindung von Eigenkapitalrentabilität und Verschuldungsgrad des Unternehmens erklärt sich wie folgt:

(41-6) r_e = r + FK/EK(r - FKz).

Beispiel: Unternehmensrendite: 18%; Fremdkapitalzinssatz: 10%.

(41-6) r_e = 18 + 40/60(18 - 10) = 23,33%; VG = 40/60·100 = 66,7%;
(41-6) r_e = 18 + 50/50(18 - 10) = 26,00%; VG = 50/50·100 = 100,0%;
(41-6) r_e = 18 + 60/40(18 - 10) = 30,00%; VG = 60/40·100 = 150,0%;
        etc.

Vom Leverage-Effekt geht demnach eine sog. Hebelwirkung aus, welche die Eigenkapitalrendite bei konstanter Unternehmensrendite (r > FKz) mit zunehmendem Verschuldungsgrad auf ein immer höheres Niveau schiebt (vgl. Abb. 41-1). Der Leverage-Effekt kann sich auch ins Gegenteil verkehren und die Entwicklung der Eigenkapitalrendite ins Negative verkehren,
- wenn steigende Fremdkapitalzinssätze die Unternehmensrendite übersteigen bzw.
- wenn die Unternehmensrendite unter den φ gewogenen Kapitalkostensatz sinkt.

Lösen Sie Aufgabe Nr. 41-1 in Anlage A!

Abb. 41-1: Leverage-Effekt

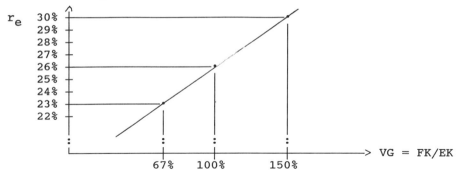

4.1.1.2 Optimaler Verschuldungsgrad

In der wirtschaftswissenschaftlichen Theorie wird gemäß den dort vorherrschenden Harmoniebedürfnissen die **Frage nach dem optimalen Verschuldungsgrad** gestellt. In der Kapitaltheorie kann der optimale Verschuldungsgrad da gesucht werden, wo er - zugunsten des Principals (Unternehmers/Eigenkapitalgebers) - die Eigenkapitalrendite maximiert. Modellmäßig verläuft der Leverage-Effekt (vgl. Abb. 41-2) als Positiv-Negativ-Sequenz:
- trotz steigender Kreditzinssätze gibt es wegen des steigenden Kapitaleinsatzes die positive Tendenz der Eigenkapitalrentabilitätsverbesserung = Leverage-Effekt (LE);
- übersteigen die Kreditzinssätze schließlich die Kapitalrendite, erfolgt die Umkehr zu einem Anti-Leverage-Effekt (ALE) mit sinkender Eigenkapitalrentabilität, auf längere Sicht führt dies zur Erosion des Eigenkapitals.

Abb. 41-2: Leverage-Phasen bei der Wachstumsfinanzierung

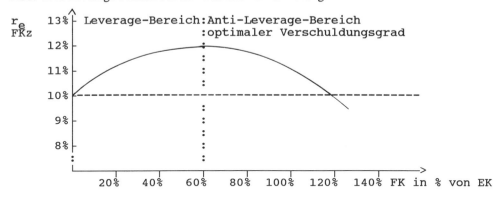

Eigen-kapital	Kapital-gewinn	Fremd-kapital	Zinsen %	FKZ	G - FKZ	re	
500.000	50.000	0		0	50.000	10,0%	
500.000	60.000	100.000	5%	5.000	55.000	11,0%	
500.000	70.000	200.000	6%	12.000	58.000	11,6%	LE
500.000	80.000	300.000	7%	21.000	59.000	11,8%	
500.000	90.000	400.000	8%	32.000	58.000	11,6%	
500.000	100.000	500.000	9%	45.000	55.000	11,0%	ALE
500.000	110.000	600.000	10%	60.000	50.000	10,0%	
500.000	120.000	700.000	11%	77.000	43.000	8,6%	

4.1.1.3 Leverage-Effekt und Kapitalrisiko

Bei guten Wirtschaftsaussichten und bei stabilen (niedrigen) Zinsraten verführt der Leverage-Effekt leicht dazu, den Fremdkapitalanteil ständig zu erhöhen; denn dann steigt von t1 - t3 dauernd der Kapitalgewinn und bei einem konstanten Fremdkapitalprozentsatz von 8% ständig die Eigenkapitalrendite (vgl. Tab. 41-1). Konsequent weitergeführt würde dies zu einer Ausuferung des Fremdkapitalanteils führen, wenn die Unternehmensleitung die unbedingte Maximierung der Eigenkapitalrendite verfolgte. Dem steht aber gegenüber, daß sich dann die Zinszahlungen des Unternehmens laufend erhöhen. Gerät das Unternehmen in ein Konjunkturtief, sind sie eine Last, da sie fest sind; sinkt der Kapitalgewinn kontinuierlich ab t3 ab, sinkt auch die Eigenkapitalrendite und wird schließlich negativ. Demnach beinhaltet die unbedingte Verfolgung des Leverage-Effekts ein Kapitalrisiko.

In der Unternehmenspraxis sind deshalb zur Risikobeschränkung für das Finanzmanagement sog. Finanzierungsregeln entwickelt worden,
- welche negative, aus der betrieblichen Kapitalstruktur sich ergebende Finanzierungseffekte vom Unternehmen fernhalten sollen und
- welche zugleich die Kapitalgeber vor Verlusten schützen sollen.

Tab. 41-1: Leverage-Effekt und Kapitalrisiko

Zeit	t1	t2	t3	t4	t5	t6
Kapitaleinsatz in DM	1000	2000	3000	3000	3000	3000
Kapitalgewinn in DM	100	200	300	250	180	130
Fremdkapital in DM	400	1400	1800	1800	1800	1800
Fremdkapitalzinsen bei 8%	32	112	144	144	144	144
Gewinn des Eigenkapitals	68	88	156	136	36	-14
Eigenkapital	600	600	1000	1000	1000	1000
Eigenkapitalrendite	**11,3%**	**14,7%**	**15,6%**	**13,6%**	**3,6%**	**-1,4%**

4.1.2 Arten von Finanzierungsregeln

4.1.2.1 Übersicht

In den zur Erzielung von ausgeglichenen, wenn nicht gar optimalen Finanzierungsverhältnissen entwickelten Finanzierungsregeln kommen vornehmlich die Vorstellungen der Kreditgeber, vor allem Banken, zur Voraussetzung ihrer Kapitalüberlassung zur Geltung, während sich die Kapitalanlagevorstellungen der Eigenkapitalgeber und damit der Principal-Seite sich gewöhnlich in der Mindestrendite für die zu realisierenden Projekte niederschlagen, aus der die "Standarddividende" zu zahlen ist (vgl. 1.1.5). Für diese Finanzierungsregeln gilt die **normative Kraft des Faktischen**; wenn die Finanzierungsregeln auch häufig kritisiert werden, so passen die Unternehmen ihre Bilanzen gewöhnlich doch den Verhältniszahlen dieser Regeln an, eben um von den Banken die gewünschten Kredite zu bekommen. Diese Finanzierungsregeln gelten nicht nur für die jeweilige Abrechnungsperiode to, sondern sie sind dynamisch zu sehen auch für alle Planungsperioden t1, t2,..., tn.

Finanzierungsregeln können auch branchenbezogen international vorgegeben sein: so verlangt z.B. der von der Bank of International Settlement (BIS) vorgebene Standard, daß alle Banken ab April 1993 ihre Ausleihungen mindestens zu 8% durch Eigenkapital abdecken müssen.

Die Vielzahl der Finanzierungsregeln läßt sich in zwei Gruppen einordnen:
- bilanzorientierte Finanzierungsregeln;
- cash flow-orientierte Finanzierungsregeln.

Lösen Sie Aufgabe Nr. 41-1a in Anlage A!

4.1.2.2 Bilanzorientierte Finanzierungsregel

Vertikale Kapitalstrukturregel

Sie verlangt, daß das Unternehmen das Eigenkapital mindestens auf der Höhe des Fremdkapitals hält:

(41-7)   EK : FK = 1 : 1   ($EK_t \geq FK_t$).

Nach G. Wöhe - J. Bilstein wird in Anlehnung an H. Lipfert die Einhaltung der vertikalen Strukturregel damit begründet, "daß die Eigentümer des Betriebes mindestens ebensoviel durch Kapitaleinlagen und Selbstfinanzierung beitragen müssen wie die Gläubiger. Bei gegebener Kapitalverwendung wird das Risiko der Gläubiger um so geringer eingeschätzt, je geringer der Anteil des Fremdkapitals am Gesamtkapital ist. Vom Standpunkt der Sicherheit der Erschließung und Eerhaltung von Fremdkapitalquellen wird ein möglichst hoher Eigenkapitalanteil für zweckmäßig, ja notwendig gehalten" (vgl. LV 66 S. 311).

Goldene Bilanzregel

Sie besagt, das langfristig im <u>A</u>nlagevermögen gebundene Kapital (AV) solle voll vom langfristig zur Verfügung stehenden <u>Eigen</u>kapital gedeckt sein:

(41-8)   EK : AV = 1 : 1   ($EK_t \geq AV_t$).

In einer erweiterten Form lautet die goldene Bilanzregel

(41-9)   Kl : Vl = 1 : 1   ($Kl_t \geq Ul_t$).

Dabei sind: Kl = EK + langfristiges FK;
            Vl = AV + <u>l</u>angfristiges <u>V</u>mlaufvermögen.

Diese erweiterte Form gilt zwar als aktueller, doch dürfte sie operative Schwierigkeiten bei der konsistenten Abgrenzung der langfristigen Positionen aufwerfen.

G. Wöhe - J. Bilstein stellen sich kritisch zur Anwendung der goldenen Bilanzregel; sie schütze "nur dann vor Liquiditätsschwierigkeiten, wenn die Liquidation von Vermögensteilen durch den Leistungsprozeß in Höhe und Zeitpunkt mit den Rückzahlungsverpflichtungen übereinstimmt und wenn die Einzahlungen ausreichen, auch laufende Auszahlungen zu decken" (ebenda S. 310). Bestehe die Möglichkeit, Kredite zu verlängern oder neues Kapital aufzunehmen, so sei die Einhaltung der goldenen Bilanzregel entbehrlich. Dieser Auffasung wird hier gefolgt, indem der vertikalen Kapitalstrukturregel der Vorzug gegenüber der goldenen Bilanzregel gegeben wird.

Bankers' Rule

Sie wird in den USA auch "Two-to-One"-Regel oder "Current Ratio" genannt und sie verlangt, das besonders stark liquiditätsgefährdende <u>k</u>urzfristige <u>F</u>remdkapital (FKk), Lieferantenverbindlichkeiten, kurzfristige Bankkredite, sollen doppelt durch das relativ leicht zu liquidierende <u>U</u>mlauf<u>v</u>ermögen gedeckt sein:

(41-10)   UV : FKk = 2 : 1   ($FKk_t \leq 1/2 UV_t$).

Quick Ratio

Sie wird in den USA auch "Acid Test" genannt und verlangt, daß sich liquide Mittel (M_{liqu}) und kurzfristige Verbindlichkeiten in der Waage halten:

(41-11) M_{liqu} : FKk = 1 : 1   ($M_{liqut} \geq FKk_t$).

Diese Regel korrespondiert zur Goldenen Bilanzregel in der erweiterten Form mit dem Unterschied, daß sie sich nicht auf die langfristigen, sondern auf die kurzfristigen Mittel bezieht.

Die Bankers' Rule wird hier gegenüber der Quick Ratio bevorzugt,
- weil sie globaler ist und
- weil sie operationeller in der Handhabung ist.

4.1.2.3 Cash-flow-orientierte Finanzierungsregeln

Die Cash Flow-Verschuldungsregeln sind relativ jungen Datums und orientieren sich am Verschuldungsgrad des Unternehmens (VG), der sich aus der Effektivverschuldung (EV) in Relation zu den Cash Flow-Alternativen ermittelt:

(41-12) $VG_t = EV_t / CF_t$.

Dabei sind:

(41-13) gesamtes Fremdkapital
         - flüssige Mittel
         - kurzfristige Forderungen
         ─────────────────────────
         = Effektivverschuldung

(41-14) einbehaltener Gewinn
         + Zuführ. zu den Rücklagen
         + Abschreibungen
         ─────────────────────────
         = Cash-Flow

Der maximale Verschuldungsgrad soll beim 2½ - 3½fachen des jährlichen Cash Flows liegen. Dann beträgt das zusätzliche potentielle Unternehmenswachstum (UW) in den künftigen Perioden hervorgerufen durch den zusätzlichen Cash Flow (δCF) bei Verwendung eines ϕVerschuldungsfaktors (ϕVF), hier (2,5 + 3,5)/2 = 3:

(41-15) $UW_t = \delta CF_t \cdot \phi VF_t$.

Wie an einem praxisnahen Beispiel nachweisen läßt, besitzt das Unternehmen bei diesen Verschuldungsregel bei normaler Verzinsung alle notwendigen finanziellen Entwicklungs- und Wachstumschancen (vgl. 5.2.2.3), wobei sich ein Mehrzahl von Cash Flow-Verschuldungsregeln durch potentiell unterschiedliche Ansätze des Cash Flows ergibt.

Lösen Sie Aufgabe Nr. 41-2 in Anlage A!

4.1.3 Finanzwirtschaftliches Optimum

4.1.3.1 Grundlagen des finanzwirtschaftlichen Optimums

Das finanzwirtschaftliche Optimum des Betriebs läßt sich über ein finanzierungstechnisches **Doppelkriterium** erreichen, wenn nämlich bei der Kapitalbeschaffung des Betriebs zusammenhängend zwei Finanzierungsregeln beachtet werden:
1.) die vertikale Kapitalstrukturregel; sie hält die Zinsbelastung langfristig in einem proportionierten Rahmen, und
2.) die Bankers' Rule; sie deckt die kurzfristigen Verbindlichkeiten relativ gut ab im Sinne einer kurzfristigen Liquiditätssicherung.

Durch die gleichzeitige Verfolgung dieses finanzierungstechnischen Doppelkriteriums von sich gegenseitig abdeckenden Finanzierungsregeln kann **Finanzierungs- und Liquiditätssy-**

nergie als Verschmelzungsüberschuß entstehen. Die Operationalität dieses Doppelkriteriums ist nachweisbar (vgl. 4.1.3.3).

Das **Zwei-Stufen-Konzept des finanzwirtschaftliches Optimums der Unternehmung** lautet dann:
1. **Stufe: Balanzierung von Eigen- und Fremdkapital.**
    Beträgt z.B. das betriebliche Gesamtkapital 12 Mill. DM, liegt nach der vertikalen Kapitalstrukturregel die Obergrenze für das Fremdkapital bei 6 Mill. DM.
2. **Stufe: Balanzierung des kurzfristigen Fremdkapitals.**
    Beläuft sich gleichzeitig das Umlaufvermögen auf 5 Mill. DM, dürfen nach der Bankers' Rule vom Fremdkapital maximal 2,5 Mill. DM kurzfristiger Natur sein. Komplementär hat das langfristige Fremdkapital mindestens 3,5 Mio. DM zu betragen.

Praktisch steht durch die gleichzeitige Beachtung der beiden Finanzierungsregeln dem Unternehmen relativ viel langfristiges Kapital (Kl) zur Verfügung (vgl. Abb. 41-3). Die Bankers' Rule suboptimiert also die vertikale Kapitalstrukturregel.

Abb. 41-3: Zweistufen-Konzept zum finanzwirtschaftlichen Optimum

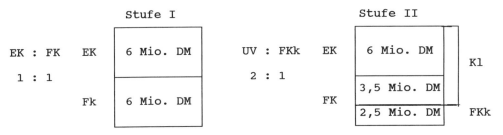

Als Abstimmungstermine von betrieblichem Finanzbedarf und Finanzierung durch entsprechende Finanzdispositionen kommen in Betracht:
1. Die jährliche Erstellung der Planbilanzen (vgl. LV 32 S. 892ff.).
2. Erhebliche Änderungen im Financial Forecast (vgl. ebenda S. 915ff.) etwa, wenn ein strategisches Projekt zur Entscheidung ansteht wie z.B. ein kombiniertes Produkt- und Kapazitätserweiterungsprogramm mit entsprechenden Finanzierungsentscheidungen (vgl. 5.2.2).

Des weiteren ist im Hinblick auf ein **optimales Financial Sourcing** zu prüfen, bei welchen Kreditinstituten sich das Unternehmen finanzieren soll. Soll sich das Unternehmen auf eine sog. Hausbank stützen oder soll es die Kreditaufnahme streuen? Letzteres ist zu empfehlen, wenn die Unabhängigkeit von einem einzigen Kreditinstitut ein machbares Ziel ist.

Lösen Sie Aufgabe Nr. 41-3 in Anlage A!

4.1.3.2 Finanz-Audit im Unternehmen

Ein Finanz-Audit dient dazu,
- Finanzierungslücken des Unternehmens wie auch
- Disproportionalitäten im Sinne der Finanzierungsregeln in der Kapitalstruktur des Unternehmens aufzudecken.

Die Abstimmung im Betrieb zwischen Finanzierung und Investition (vgl. Abb. 41-4) erfolgt derart, daß zunächst der Finanzbedarf für das Investitionsprogramm ermittelt wird. Die Finanzierungsalternativen sind unter Beachtung der Finanzierungsregeln und etwaiger Kapitalbeschränkungen auszuwählen und zu optimieren. Bei einem bedarfsdeckenden Finanzierungsprogramm kann das geplante Investitionsprogramm realisiert werden. Öffnet sich beim

Finanz-Audit eine Finanzierungslücke, ist das Investitionsprogramm zu revidieren (kürzen) und anschließend das Finanzierungsprogramm neu zu planen.

Abb. 41-4: Abstimmung von Investitions- und Finanzierungsprogramm

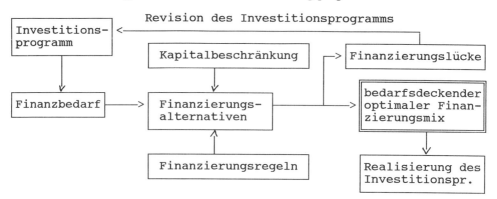

Im Einzelnen kann die Abstimmung zwischen Kapitalbedarf und Finanzierung kaskadenförmig auf der Basis der Entscheidungsbaumtechnik über folgende Stufen ablaufen:
1. Stufe: Reichen die bestehenden Kreditlinien zur Finanzierung aus? Wenn ja, ist die Problemlösung erreicht, wenn nein, dann
2. Stufe: Lassen sich bei den vorhandenen Sicherheiten die Kreditlinien unter Berücksichtigung der in Betracht kommenden Finanzierungsregeln hinreichend erweitern? Wenn ja, ist die Problemlösung erreicht, wenn nein, dann
3. Stufe: Kann ausreichend Eigenkapital besorgt werden, etwa durch neue Gesellschafter und/oder durch Kapitalzuschuß der bisherigen Gesellschafter? Wenn ja, ist die Problemlösung erreicht, wenn nein, dann
4. Stufe: Das Investitionsprogramm ist zu revidieren u.a. durch Streichung, Verkleinerung oder zeitliche Streckung von Investitionsvorhaben.

Lösen Sie Aufgabe Nr. 41-4 in Anlage A!

4.1.3.3 Ermittlung der betrieblichen Verschuldungsreserve

Auslotung der betrieblichen Verschuldungsmöglichkeiten über Bilanzrelationen

Ob insbesondere größere Investitionsprojekte vom Unternehmen realisiert werden können, hängt nicht zuletzt davon ab, ob die betriebliche Verschuldungsreserve groß genug, um den Finanzbedarf des Projekts abzudecken. Die betriebliche Verschuldungsreserve läßt sich im Wege eines Finanz-Audits über mehrere Stufen ausloten:

Auf **Stufe I** sind Eigenkapital und Fremdkapital des Beispielunternehmens aus den Planbilanzen gegenüber zu stellen, hier aus Tab. 43-15:

Planjahre	19+1	19+2	19+3
Eigenkapital in DM	31.353.000,-	32.184.000,-	35.212.000,-
Fremdkapital in DM	19.303.000,-	26.701.000,-	25.820.000,-
Relation	1 : 0,6	1 : 0,8	1 : 0,7

Im Falle des Beispielunternehmens ist demnach die Bedingung der vertikalen Kapitalstrukturregel in allen Planperioden erfüllt.

Eine **V**erschuldungs**r**eserve (VR$_t$) errechnet sich dann aus der Differenz zwischen periodischem **E**igen**k**apital (EK$_t$) und periodischem **F**remd**k**apital (FK$_t$):

(41-16) $VR_t = EK_t - FK_t$.

Das ergibt hier (in 1.000,-DM):

Periode	19+1	19+2	19+3
Eigenkapital	31.353	32.184	35.212
- Fremdkapital	19.303	26.701	25.820
= Verschuldungsreserve	12.050	5.483	9.392.

Auf **Stufe II** sind Umlaufvermögen und kurzfristige Verbindlichkeiten aus den Planbilanzen gegenüber zu stellen, hier aus Tab. 43-14/15:

Planjahre	19+1	19+2	19+3
Umlaufvermögen in DM	22.544.000,-	25.997.000,-	26.915.000,-
kurzfr. Verb. in DM	5.150.000,-	5.887.000,-	6.036.000,-
Relation	4,4 : 1	4,4 : 1	4,5 : 1

Im Falle des Beispielunternehmens ist demnach die Bedingung der Bankers' Rule in allen Planperioden weit übererfüllt. Insgesamt braucht das Beispielunternehmen nach diesem Finanz-Audit bei der geplanten Strukturierung des Kapitalfonds im Status quo keine Finanzdispositionen zu seiner Änderung bzw. keine Revision des Investitionsprogramms (vgl. Tab. 61-2) vorzunehmen.

Da dieses Finanz-Audit ohne Schwierigkeiten auf der Basis intern vorhandener Planzahlen durchgeführt werden kann, ist die Operationalität des vom Verfasser vorgeschlagenen Doppelkriteriums von Vertikaler Kapitalstrukturregel + Bankers' Rule zur Erzeugung von Finanzsynergie als gesichert anzusehen.

Auslotung der betrieblichen Verschuldungsmöglichkeiten über die Cash Flow-Verschuldungs-Regel

Unter Verwendung der Cash Flow-Verschuldungs-Regel können ebenfalls prognostisch der maximale Verschuldungsumfang wie auch die Verschuldungsreserve berechnet werden. Der Cash Flow-orientierte Verschuldungsumfang künftiger Perioden (VU$_{CFt}$) ergibt sich aus der Multiplikation des prognostischen Cash Flow (CF$_t$) mit dem durchschnittlichen Verschuldungsfaktor ($\phi VF = 3$):

(41-17) $VU_{CFt} = CF_t \cdot \phi VF$.

Dann ergibt sich die Verschuldungsreserve in der Zeit (VR$_t$) durch Subtraktion der effektiven Verschuldung (V$_{et}$) von der maximalen Verschuldung:

(41-18) $VR_t = VU_{CFt} - V_{et}$.

Beispiel: Cash Flow I = einbehaltener Gewinn + Abschreibungen:

(in 1.000,-DM) Periode	19+1	19+2	19+3
einbehaltener Gewinn (Tab. 61-1)	1.878	831	3.028
+ Abschreibungen (Tab. 61-3)	3.268	4.324	4.271
= Cash-Flow I	5.146	5.155	7.299
max. Verschuldungsumfang I = CF$_t$ · 3	15.438	15.465	21.897
- effektive Verschuldung (V$_{et}$)	19.303	26.701	25.820
= Verschuldungsreserve CF$_I$	-3.865	-11.236	-3.923.

Nach der Cash Flow I-Verschuldungs-Analyse entwickelt sich in den Planjahren die Verschuldung des Unternehmens in dynamischer Sicht über das zulässige Maß hinaus. Diese Erkenntnis steht im Gegensatz zur obigen Analyse mit den Bilanzstrukturregeln. Das Unternehmen sollte sich deshalb nicht auf diese Cash Flow-Analyse bei der Finanzierung einlassen.

Cash Flow II = Cash Flow I + Ausschüttung, hier 4 Mio. DM, da die Ausschüttung im Falle einer höheren Verschuldung hinter der Zinszahlung zurückstehen müßte:

(in 1.000,-DM) Periode	19+1	19+2	19+3
Cash-Flow II	9.146	9.155	11.299
max. Verschuldungsumfang II = $CF_t \cdot 3$	27.438	27.465	33.897
− effektive Verschuldung (V_{et})	19.303	26.701	25.820
= Verschuldungsreserve CF_{II}	8.135	764	8.077.

Cash Flow III = Cash Flow II + 50% der Ertragsteuern, da die Zinsen weitgehend steuerlich abzugsfähig sind:

(in 1.000,-DM) Periode	19+1	19+2	19+3
Gewinn nach 30% Steuern (vgl. 4.3.5.6)	10.287	8.454	12.300
+ Abschreibungen	3.268	4.324	4.271
= Cash Flow III	13.555	12.778	16.571
max. Verschuldungsumfang III = $CF_t \cdot 3$	40.665	38.334	49.713
− effektive Verschuldung (V_{et})	19.303	26.701	25.820
= Verschuldungsreserve CF_{III}	21.362	11.633	23.893.

Die maximal mögliche Verschuldung steigt naturgemäß, je größer der Cash Flow Umfang ist. Mit Cash Flow III, der durchaus plausibel ist im Falle der Kreditfinanzierung, besitzt das Unternehmen das größte Verschuldungspotential im Status quo (Stq). Das Verschuldungspotential im neuen Status (Stn) erhöht sich dadurch, daß das Potential aus dem neuen Projekt (VU_{CFnt}) hinzukommt (vgl. 5.2.2.3):

(41-19) $VU_{CFstnt} = VU_{CFstqt} + VU_{CFnt}$.

Lösen Sie Aufgabe Nr. 41-5 in Anlage A!

4.1.3.4 Beurteilung des konventionellen Finanzmanagementskonzepts mit Finanzierungsregeln

Das vorstehende Finanzmanagementtkonzept mit Finanzierungsregeln weist folgende Defizite auf:
- Es ist vornehmlich außenorientiert: es ist auf die Kapitalbeschaffung fixiert und da auch nur in erster Linie auf die Kreditbeschaffung, die Eigenkapitalbeschaffung ist sekundär.
- Es gibt entsprechend keine Anhaltspunkte für konkrete betriebliche Kapitaldispositionen wie Höhe des aufzunehmenden Kapitals, Aufnahme- und Tilgungstermine (vgl. 1.3).

Immerhin spiegelt dieses Finanzmanagementkonzept die Außensituation des Unternehmens wieder, wenn es um die häufigsten Kapitaldispositonen des Unternehmens geht, den Kreditdispositionen, so daß eine grundsätzlich eine betriebswirtschaftliche Relevanz besteht, wenngleich in dieser Form der Kontext zu eng gezogen wäre.

4.2 Kapitalentscheidungsmodelle für das Finanzmanagement des Unternehmens

4.2.1 Kapitaltheoretische Modelle für das Finanzmanagement

4.2.1.1 Ziele und Übersicht über die Modelle der Kapitaltheorie

Die Unternehmen stehen vor der Aufgabe, Investitions- und Finanzierungsbedarf in allen Unternehmensphasen aufeinander abzustimmen (vgl. 2.1.4). Diese Aufgabe kann sowohl von der Investitionsseite her wie auch von Finanzierungsseite her angegangen werden.

Die im Rahmen der Kapitaltheorie entwickelten Modelle, welche als **Finanzentscheidungsmodelle** fungieren bzw. welche die betrieblichen Finanzentscheidungen zu erklären versuchen, betonen entweder den einen oder den anderen Aspekt (vgl. Abb. 42-1):
- die <u>C</u>apital <u>A</u>sset <u>P</u>ricing-<u>M</u>odelle (CAPM) sind stärker außenorientiert, d.h. sie gehen vornehmlich von der Finanzierungsseite des Unternehmens aus;
- die Capital Budgeting-Modelle sind stärker innen orientiert, d.h. sie gehen vornehmlich von Investitionsprojekten der Unternehmung aus.

Dabei sollen offensichtlich die in der Unternehmenspraxis häufig vorkommenden Finanzierungsregeln ausgeschaltet werden.

Die entwickelten CAPM und Capital-Budgeting-Modelle sind entweder statischer (einperiodischer) oder dynamischer (zumindest dynamisierter) Natur.

Abb. 42-1: Übersicht über die Modelle der Kapitaltheorie

	statisch	dynamisch
Außenorientierung	CAPM (Modigliani-Miller-Modell)	Optionspreismodell (Black/Scholes-OPM)
Innenorientierung	statisches Capital-Budgeting (J. Dean)	dynamisches Capital-Budgeting

4.2.1.2 Portfolio-Selektion

Risiko und Zinsstruktur

Die zunächst zu behandelnden Kapitalmarktmodelle orientieren sich im starken Maße am Zinssatz. Die Höhe des sog. risikofreien Zinssatzes am Kapitalmarkt hängt nicht zuletzt von dem Ausmaß der Inflation ab; je höher - prozentual gesehen - die Inflation, um so höher der Aufschlag auf den sog. natürlichen Zins Z_n (vgl. Abb. 42-2). Zudem müssen Institutionen/Unternehmen, denen ein höheres Risiko immanent ist, mit einem je nach Risiko gestaffelten Aufschlag auf den risikofreien Zins Z_{rf} als Sicherheitsmarge des Investors rechnen, der zum betriebsindividuellen <u>r</u>ealen <u>Z</u>inssatz (Z_r) führt.

Risikominimierung durch Portfolio-Selektion

Das Finanzkapital läßt sich durch Mischung von Finanzanlagen etwa mit Hilfe der von Harry M. Markowitz entwickelten Portfolio-Selektion optimal anlegen. Das Portfolio-Management kann dabei in zwei Schritten vorgehen:
1.) Top-to-down werden von der volkswirtschaftlichen Stufe der einzelnen Anlageländer herunter zur Mikroökonomie die einzelnen Anlagemöglichkeiten analysiert und dann
2.) Bottom-up die vielversprechendsten Anlagen ausgewählt.

Abb. 42-2: Zinsstruktur bei Inflation und Risiko

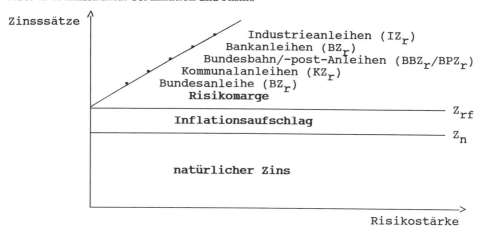

Bei der Festlegung der Präferenzfunktion ist auf Risikoscheu, Risikosympathie oder Risikoneutralität des Investors/der Geschäftsleitung zu achten. Nach dem $\mu\sigma$-Prinzip entspricht μ dem Erwartungswert und σ die Streuung der jeweiligen Einkommensgröße einer Finanzanlage. Ein Portfolio ist dann durch Streuung (Diversifikation) als risikoeffizient anzusehen, wenn keine Alternative existiert (vgl. LV 48 S. 171ff.),
- die für gleiches μ ein geringeres σ,
- die für gleiches σ ein größeres μ,
- die sowohl ein größeres μ als auch ein geringeres σ aufweist.

Die erwartete Rendite der Anlagenmischung μ_m entspricht der mit ihrem Anteil a_i am Portfolio gewichteten Summe der Renditen der einzelnen Wertpapiere x_i, wobei n die Anzahl der zur Verfügung stehenden Wertpapiere angibt (vgl. auch LV 60 S. 277):

$$(42-6) \quad \mu_m = \sum_{j=1}^{n} a_i \mu_i .$$

Nach J. Süchting hängt "das Programm- bzw. Portefeuille-Risiko...bei Berücksichtigung des Diversifikationseffekts nicht nur ab von den Standardabweichungen bzw. Varianzen als Ausdruck der Dispersion der Einzelanlagen (Einzelinvestitionen), sondern auch von dem Ausmaß der Korrelation der Renditen" (ebenda S. 277 im Original mit Hervorhebungen). Dabei kommt J. Süchting nach umfangreichen mathematischen Ableitungen (vgl. ebenda S. 277ff.) zu dem Schluß: "Für eine auf Risikominimierung gerichtete Politik der Anlagenmischung kommt es also weniger darauf an, risikoarme Anlagen zusammenzustellen, als vielmehr ein Programm zu finden, dessen Anlagebestandteile in ihren Renditeentwicklungen möglichst wenig korrelieren" (ebenda S. 280 im Original hervorgehoben).

4.2.1.3 Grundlagen der Kapitalmarktmodelle

Das Capital Asset Pricing-Modell zählt zu den Kapitalmarktmodellen. Dieses geht in der Originalversion zurück auf W.F. Sharpe (vgl. LV 51), auf J. Lintner (vgl. LV 37) und auf J. Mossin (vgl. LV 42). Gemäß L. Perridon - M. Steiner beruht "das Sharpe-Lintner-Mossin-Modell des Kapitalmarktgleichgewichts bei Unsicherheit...auf den Prämissen der Portfoliotheorie..., die als Erklärungsmodell für das tatsächliche Anlegerverhalten umgedeutet wird. Darüber hinaus werden zusätzliche Annahmen eingeführt, so insbesondere Homogenität der Erwartungen der Investoren im Hinblick auf Erwartungswert, Varianz und Kovarianz der Wertpapiererträge und die Existenz einer risikolosen Geldanlage- und Kreditaufnahmemöglichkeit zum Sicherheitszinssatz (risk-free rate of return)" (LV 48 S. 453 im Original mit Hervorhebung). Für J. Süchting befindet sich "der Markt der riskanten Wertpapiere... dann im Gleichgewicht, wenn keine Überschußnachfrage nach Papieren bzw. kein Überschußangebot an Papieren mehr besteht, d.h. alle verfügbaren Titel in den Wertpapierportefeuilles der Investoren untergebracht sind" (LV 60 S. 282). Demnach gehen die Kapitalmarktmodelle von dem Theorem (Teil einer größeren Theorie) von **Gleichgewichtverhältnissen** an den Finanzmärkten aus.

Diese Kapitalmarktmodelle beruhen auf zwei weiteren **Theoremen** (vgl. LV 48 S. 454):
- auf dem sog. **Fisher-Separations-Theorem**, das schon 1906 von Irving Fisher (1867-1947), der als Mathematiker und Wirtschaftswissenschaftler an der Yale-Universität lehrte, entwickelt wurde, wonach sich die Beurteilung der Vorteilhaftigkeit von Investitionen aus komplexen Zusammenhängen herauslösen und isoliert beurteilen läßt, insbesondere sich von der Finanzierung separieren läßt etwa unter der Annahme, daß das Unternehmen beliebig viele Finanzmittel für sein Investitionsprogramm aufbringen kann - auch die konventionellen Wirtschaftlichkeitsrechnungsmethoden (vgl. 3.2 und 3.3) beruhen - implizite zumindest - auf diesem Theorem,
- auf dem sog. **Tobin-Separations-Theorem**, wonach sich die Entscheidung über die Zusammensetzung eines Portfeuilles risikobehafteter Wertpapiere von der Risikoneigung des Investors trennen läßt - letzterer Aspekt wird dann in einem zweiten Schritt durch die Art der Aufteilung des Investitionsbudgets auf das unsichere Wertpapierportfolio und die Kapitalanlage zum Sicherheitszinsfuß berücksichtigt, auf die Unternehmung bezogen definiert D. Schneider dieses Theorem: "Die Investitionsentscheidung in der Unternehmung falle in das Interesse der Anteilseigner, sei dennoch unabhängig von den Finanzierungsentscheidungen in der Unternehmung und damit unabhängig von der persönlichen Konsumneigung und Risikoneigung der Anteilseigner durchzuführen" (LV 54 S. 362).

Des weiteren sind Vermutungen über die Auswirkungen von Ausschüttungsentscheidungen zu treffen, welche Selbstfinanzierung, Verschuldung und Unternehmenswachstum beeinflussen. Darüber existieren zwei **Ausschüttungsthesen**:
- **Gewinnthese**. Sie geht davon aus, "daß die Gewinnverwendungsentscheidung keinen Einfluß auf das Anlegerverhalten besitzt. Die Kapitalgeber verhalten sich danach indifferent gegenüber Dividendenzahlungen und Steigerungen der Anteilswerte, die durch die Gewinneinbehaltungen hervorgerufen werden. Den Anteilseignern wird ein Verhalten unterstellt, das auf die Maximierung des Barwertes der gegenwärtigen und künftigen Gewinne abstellt" (LV 48 S. 449f.).
- **Dividendenthese**. Sie geht davon aus, "daß der Kapitalanleger gegenwärtige sichere Gewinnausschüttungen den unsicheren Kurssteigerungen als Folge von Gewinneinbehaltungen vorzieht. Eine zunehmende Einbehaltung von Gewinnen führt deshalb zu einem Absinken der Anteilswerte" (ebenda S. 450).

Das Gesamtrisiko eines Wertpapierportfolios (σ_i^2) zerfällt in das marktbezogene, systematische Risiko ($b_i^2 \sigma_m^2$) und in das unsystematische Risiko (σ_{ui}^2) außerhalb eines effizienten Portfolios:

$$(43-7) \quad \sigma_i^2 = b_i^2 \sigma_m^2 + \sigma_{ui}^2.$$

Da das unsystematische Risiko durch ein effizientes Portfolio wegdiversifiziert werden kann, ist es bei den CAPM von den Investoren nicht zu entgelten.

4.2.1.4 Kapitalmarktlinie

Die Kapitalmarktlinie (Capital Market Line) basiert auf der Effizienzkurve riskobehafteter Anlagen und stellt sich als eine Gerade mit positiver Steigung von R_f dar (vgl. Abb. 42-3a), für die folgender funktionaler Zusammenhang besteht (vgl. LV 48 S. 457):

$$(42-8) \quad E(R_i) = R_f + \frac{E(R_m) - R_f}{\sigma_m} \cdot \sigma_i.$$

Dabei sind:

$E(R_i)$ = Erwartungswert des Portefeuilles i
$R(R_m)$ = Erwartungswert der Rendite des Marktportefeuilles M
    = Kapitalmarktkosten unter Unsicherheit
R_f = risikoloser Marktzinsfuß (Pure Rate)
σ_m = Standardabw. der Renditeerwartung des Marktportfeuilles
σ_i = Standardabw. der Renditeerwartung für das Portefeuille i.

Dabei stellt $E(R_m) - R_f$ als "Marktpreis des Risikos" das Äquivalent für Investoren dar, die bereit sind, durch zusätzliche Investition Risiko zu tragen (vgl. das umfangreiche anschauliche Beispiel bei J. Süchting LV 60 S. 283ff.).

Abb. 42-3

a) Kapitalmarktlinie

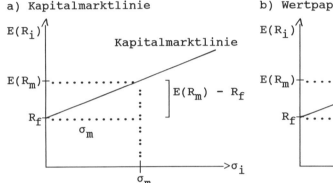

b) Wertpapierlinie

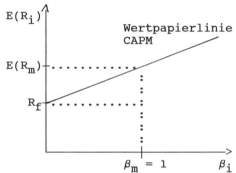

4.2.1.5 Wertpapierlinie

Die Kapitalmarktlinie dient nach R. Perridon - M. Steiner (vgl. LV 48 S. 457) zur Ableitung der Kapitalmarktkosten unter Unsicherheit, dagegen versuche das Modell der Wertpapierlinie/CAPM den Preis (= Marktwert, Kurswert) einzelner Wertpapiere (= risiko-behaftete Kapitalanlagen) im Marktportefeuille M zu bestimmen, weil jedes Wertpapier i Bestandteil des Marktportfeuilles sei und sein Wert deshalb in Relation zu diesem ausgedrückt werden könne. Dann gehorcht CAPM (vgl. Abb. 42-3b) folgender Gleichung:

(42-9) $\quad E(R_i) = R_f + [E(R_m) - R_f]\beta_i$,

dabei entspricht

(42-10) $\quad \beta_i = \sigma_{im}/\sigma^2_m$.

Dabei sind:

σ_{im} = Kovarianz zwischen Wertpapier i und Marktportefeuille M,

σ^2_m = Varianz des Marktportefeuilles M.

Je größer Beta und damit das Investitionsrisiko ist, um so höher fallen die Renditeforderungen der Investoren beim CAPM gemäß dem linearen Zusammenhang aus; "der Erwartungswert der Rendite eines einzelnen Wertpapiers x setzt sich im Kapitalmarktgleichgewicht zusammen aus dem Zinssatz für risikolose Geldanlagen bzw. Kreditaufnahmen und einer Risikoprämie" (LV 53 S. 429 im Original kursiv gedruckt).

4.2.1.6 Modigliani-Miller-Modell

Das M̲odigliani-M̲iller-Modell (M-M-Modell) ist ein empirisch abgeleitetes CAPM. Auf der Basis des empirischen Materials von 43 Elektrizitätswerken aus den Jahren 1947/8 - ohne allerdings die Resultate aus den zwei Jahren zeitlich zu segmentieren - sowie von 42 Erdölgesellschaften aus dem Jahr 1953 stützten F. M̲odigliani - M.H. M̲iller mit Hilfe von Regressionsrechnungen zwei Finanzierungsthesen ihres CAPM, aus der sie eine dritte These als Investitionsthese ableiteten (vgl. LV 41).

Gemäß P. Swoboda (vgl. LV 61 S. 22f., vgl. LV 54 S. 360f.) geht das M-M-Modell implizite bzw. explizite von **10 Prämissen** aus:
- Das Sachanlagevermögen eines Wirtschaftssystems befindet sich im Besitz von Kapitalgesellschaften, die sich durch Ausgabe von Stammaktien und Obligationen finanzieren.
- Aktien und Obligationen werden auf vollkommenen Kapitalmärkten ohne Transaktions- und Informationskosten gehandelt.
- Die Verschuldungsmöglichkeiten für Unternehmen und Anleger sind gleich und werden von Anlegern als gleichwertig angesehen.
- Obligationen und von Anlegern zum Kauf von Aktien aufgenommene Kredite bieten einen im Zeitablauf konstanten Ertrag bzw. Kosten, einen konstanten Zins, der als sicher angesehen wird.
- Die Unternehmen lassen sich in Klassen gleichen Unternehmens- und damit gleichen Investitionsrisikos einteilen, das sich in der Streuung des zeitlich unbegrenzten Ertrags - bezogen auf dessen Erwartungswert - vor Abzug der Fremdkapitalzinsen ausdrückt.
- Der Erwartungswert des unsicheren jährlichen Ertrages ist konstant.
- Die Wahrscheinlichkeitsverteilung der unsicheren Erträge wird von allen Anlegern gleich eingeschätzt.
- Das Investitionsprogramm des Unternehmens ist unabhängig von der Kapitalstruktur.
- Zielsetzung der Unternehmen ist die Maximierung des Marktwerts des Gesamtkapitals. Die Anteilseigner streben nach Maximierung ihres Einkommensstroms aus ihrer Kapitalanlage.
- Die Höhe der von Unternehmen und Anlegern zu zahlenden Steuern werden durch Finanzierungsentscheidungen nicht beeinflußt.

Die **Modigliani-Miller-Thesen** lassen sich unter Verwendung der Originalsymbole wie folgt darstellen (vgl. LV 56 S. 294f.):

These I: Der Marktwert V_j eines Unternehmens j setzt sich aus der Summe des Marktwerts des Eigenkapitals S_j und des Fremdkapitals D_j zusammen. Er ergibt sich innerhalb der Risikoklasse k unabhängig von der Kapitalstruktur des Unternehmens durch Kapitalisierung des erwarteten Ertragstromes ϕX_j mit dem klassenspezifischen Kapitalisierungssatz p_k:

$$(42-11) \quad V_j \equiv (S_j + D_j) = \phi X_j / p_k .$$

"That is, the market value of any firm is independent of its capital structure and is given by capitalizing its expected return at the rate p_k appropriate to its class" (LV 41 zitiert nach LV 56 S. 267, vorwiegend kursiv im Original).

These II: Die Eigenkapitalrendite i_j ($\approx r_e$) ist definiert als das Verhältnis des um die Fremdkapitalzinsen geminderten Ertrags zum Marktwert des Eigenkapitals und ist bei Unternehmen der Risikoklasse k gleich dem Kapitalisierungssatz p_k eines reinen Gewinnstroms der Unternehmung zuzüglich einer Prämie für das Verschuldensrisiko in Höhe des mit der Differenz zwischen Gesamtkapitalkosten und Fremdkapitalzinssatz r multiplizierten Verschuldungsgrades:

$$(42-12) \quad i_j = p_k + (p_k - r) D_j / S_j .$$

"That is, the expected yield of a share of stock is equal to the appropriate capitalization rate p_k for a pure equity stream in the class, plus a premium related to financial risk equal to the debt-to-equity ratio times the spread between pk and r" (ebenda S. 269 vorwiegend kursiv).

152   4. Entscheidungskonzepte für das Finanzmanagement

Formal gesehen deckt sich die vorstehende Gleichung mit der des Leverage-Effekts (vgl. oben). Da Modigliani-Miller einen vom Verschuldungsgrad unabhängigen Fremdkapitalkostensatz unterstellen, ergibt sich ein proportional steigender Eigenkapitalkostensatz mit zunehmendem Verschuldungsgrad (vgl. Abb. 42-4).

Abb. 42-4: Eigenkapitalkostenverlauf nach dem Modigliani-Miller-Theorem

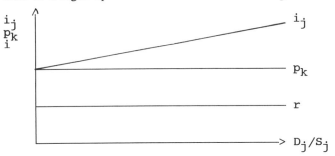

These III: Eine Investition in einem Unternehmen der Risikoklasse k sei unabhängig von der Art der Finanzierung und sei nur dann sinnvoll, wenn ihre interne Verzinsung mindestens gleich der Kapitalisierungsrate p_k sei: "If a firm in class k is acting in the best interest of the stockholders at the time of the decision, it will exploit an investment opportunity if and only if the rate of return on investment, say p*, is as large or larger than p_k. That is, the cutoff for investment in the firm will in all cases be p_k and will be completely unaffected by the type of security used to finance the investment" (ebenda S. 285 teilweise kursiv). "Rate of return" entspricht im Angelsächsischen eher der konventionellen Rentabilität und kaum dem Internen Zinsfuß.

Da nach Modigliani - Miller in der betrieblichen Praxis wegen der Arbitragemöglichkeiten der Wertpapierkäufer eher mit konstantem Kapitalkostensatz zu rechnen sei, gibt es auch keinen optimalen Verschuldungsgrad. Vielmehr kommt der Leverage-Effekt voll zum Zuge.

D. Schneider verweist auf eine eng begrenzte Reichweite des M-M-Modells: "Sofern vorausgesetzt wird, daß das Kapitalstrukturrisiko als eine Erhöhung des Verschuldungsgrads in einem wachsenden β gemessen werden kann, enthält das CAPM das Modigliani-Miller Theorem als Spezialfall: Eine Risikoklasse, gekoppelt mit einem bestimmten Verschuldungsgrad, entspricht dann einem Punkt auf der Wertpapierlinie" (LV 54 S. 362).

4.2.1.7 Optionspreismodelle

Optionspreismodelle (OPM) sind zur Ermittlung des Werts von Wertpapieroptionen im Kapitalmarktgleichgewicht entwickelt worden. Für D. Schneider läßt sich "unter vereinfachten Umweltbedingungen...das Eigenkapital einer verschuldeten Kapitalgesellschaft als Kaufoption für die Aktiven dieser Kapitalgesellschaft ansehen. Denn wenn eine Kapitalgesellschaft sich verschuldet, so erlangen die Gläubiger das Recht, über den Konkurs der Kapitalgesellschaft die Aktiva zu liquidieren" (LV 53 S. 452). Das Optionspreismodell von F. Black und M. Scholes (vgl. LV 4) leitet den dynamischen Gleichgewichtspreis einer Option (C) in Abhängigkeit vom Kassakurs des Wertpapiers (K) und der Zeit (t) ab:

(42-13) $C = f(K, t)$,

u.a. zu den **Prämissen** (vgl. LV 48 S. 473f., LV 53 S. 453):
- Leerverkäufe sind unbeschränkt möglich;
- keine Transaktionskosten oder Steuern;
- der Marktzinssatz für risikolose Kapitalanlagen (Habenzins) und Kapitalaufnahme (Soll-

zins) ist identisch, konstant und kann auf kurzfristige Zeit ermittelt werden;
- Dividenden oder sonstige Erträge werden auf die Wertpapiere nicht ausgeschüttet;
- alle Marktteilnehmer haben dieselben Erwartungen über die Wahrscheinlichkeitsverteilungen der Wertpapierkurse in Form einer logarithmischen Normalverteilung.

Das OPM von Black und Scholes läßt sich dann auf das Eigenkapital einer verschuldeten Unternehmung uminterpretieren (vgl. LV 48 S. 475, LV 53 S. 454f., LV 43 S. 100ff.):

$$(42\text{-}14) \quad EK_M = V_M \, N(d_1) - e^{-Rft} \, FK \, N(d_2),$$

dabei ist EK_M = Marktwert des Eigenkapitals
V_M = Marktwert des Unternehmensvermögens
FK = Buchwert des Fremdkapitals
in d_1 und d_2 ist entsprechend K durch V_M und X durch FK zu ersetzen,
e^{-Rft} = Abzinsungsfaktor für kontinuierliche Verzinsung zum risikolosen Marktzinssatz.

4.2.1.8 Beurteilung der Kapitalmarktmodelle

Die vorstehenden Kapitalmarkt-Modelle, die sich als Marktgleichgewichtsmodelle verstehen, besitzen unterschiedliche Realitäts- und Erklärungsdefizite:

- Das M-M-Modell mit einem konstanten Kapitalkostensatz bei steigender Kreditfinanzierung besitzt eine empirisch untermauerte Basis - allerdings gibt es keine Bedingung vor, wie weit die Kreditfinanzierung gehen soll. Außerdem beschränkt es sich auf Kapitalgesellschaften mit an der Börse notierten Anteilen. Da die empirische Basis jeweils auf eine Periode beschränkt ist, sind keine dynamischen Aussagen möglich, so daß der dringende Verdacht besteht, daß es sich bei den Aussagen nur um sich selbst erklärende Artefakte handelt.
L. Perridon - M. Steiner beurteilen dieses CAPM wie folgt (LV 48 S. 469, ähnlich auch J. Süchting LV 60 S. 339ff.): "Bisher liegt...weder eine generelle empirische Bestätigung noch eine Widerlegung der Modellaussagen vor. Dies ist sowohl auf methodische Schwierigkeiten bei der Durchführung von Tests, als auch auf die Modellformulierung selbst, die einer empirischen Überprüfung nur schwer zugänglich ist, zurückzuführen."

- Nach L. Perridon und M. Steiner sind "die praktischen Anwendungsmöglichkeiten der Kapitalkosten der Eigenfinanzierung auf Basis der OPM für finanzpolitische Entscheidungen ... wegen der teilweise unrealistischen Modellvoraussetzungen und den Schwierigkeiten der empirischen Ermittlung der für die Bestimmungsgleichung erforderlichen Größen sehr begrenzt. Der Wert der OPM ist deshalb auch nicht so sehr in den Möglichkeiten der Berechnung konkreter Kostengrößen als vielmehr im Aufzeigen von Einflußgrößen und ihrer Wirkungsinterdependenzen zu sehen" (LV 48 S. 475).

- Alternativ tendiert deshalb J. Süchting offensichtlich zur **traditionellen Anschauung**: "Im Mittelpunkt der traditionellen Anschauung in der Nachfolge von E. Solomon steht die Auffassung, daß es eine optimale Kapitalstruktur - wenn nicht in einem Punkt, so doch in einem bestimmten Verschuldungsbereich - gibt, dem sich eine Unternehmung in ihren Kapitalausstattungsmaßnahmen versuchen sollte anzunähern" (LV 60 S. 336 im Original hervorgehoben). Danach besitze der gewogene durchschnittliche Gesamtkapital-Kostensatz ein Minimum, bei dem der Unternehmenswert maximiert werde (vgl. ebenda). Dagegen steht allerdings die "neuere Auffassung", die sich an Modigliani-Miller anlehnt und davon ausgeht, daß die Kapitalkosten unabhängig von der Verschuldung sind und stets in gleicher Höhe anfallen. Selbst, wenn die Kapitalkosten von einem bestimmten Punkt an steigen sollten, muß deswegen nicht die Unternehmensexpansion beschränkt werden; dieser Punkt kann ausgehebelt werden durch Projekte mit höherer Verzinsung, so daß ein bestimmter Rentabilitäts-Slack gewahrt bleibt (vgl. oben). Die statischen Kapitalentscheidungsmodelle eignen sich demnach nicht als Entscheidungsmodelle, sondern allenfalls als Erklärungsmodelle.

Grundsätzlich läßt sich gegen die Marktgleichgewichtsmodelle - CAPM/OPM - einwenden,
- daß sie wegen ihrer Außenorientierung keine Beziehung zum realen Kapitalbedarf der Unternehmen besitzen; durch die Fisher-Separation wird die eigentliche Unternehmensoptimierung vor sich her geschoben und damit vernachlässigt und zwar in theoretisch unzulässiger Form, wenn z.B. Investition und Finanzierung synchronisiert sind wie beim Leasing,
- daß sie "geistige Fossilien" darstellen, da sie mit der Konstruktion von "Gleichgewichts"-Modellen die Harmonisierung in einer Zeit verfolgen, wo ein derartiges Verhalten in anderen wissenschaftlichen Disziplinen schon längst wegen der Lebensfremdheit abgelehnt wird, nicht zuletzt auch in der Volkswirtschaftslehre, die weithin von unvollkommenen Märkten ausgeht und damit kommod lebt,
- daß diese "Markt"gleichgewichtsmodelle weit über die eigentlichen betriebswirtschaftlichen Interessen hinausgehen und als "große Theorie" im Sinne von Robert K. Merton bezeichnet werden können mit entsprechend großen Anpassungsschwierigkeiten an die betriebliche Realität - entsprechend sind bei den CAPM kaum unmittelbare operationale Ansätze zu erkennen, so daß erst noch eine "Herunter"-Transformation erfolgen müßte - möglichst unter Überwindung der lebensfremden Fisher-Separation.

Jedenfalls dürfte offensichtlich sein, daß die Unternehmen von den Kapitalmarktmodellen keine operationelle Techniken für ihre Kapitaldispositionen in mengenmäßiger bzw. terminlicher Hinsicht (vgl. 1.3) erwarten können, so daß sie als betriebswirtschaftlich irrelevant anzusehen sind.

4.2.2 Capital Budgeting-Modelle

4.2.2.1 Statisches Capital-Budgeting

Funktionsweise des statischen Capital-budgeting

Älter noch als die Marktgleichgewichtsmodelle ist das in den Fünfziger Jahren von Joel Dean, ehemals Prof. an der Columbia Universität, entwickelte Kapitalentscheidungsmodell, das sich auf die von John Maynard Keynes formulierte "Grenzleistungsfähigkeit des Kapitals" bezieht. Es konstruiert ein Modell - den allgemeinen Güterangebot- und -nachfragekurven entsprechend - (vgl. LV 12 S. 62ff.), bei dem, um die Kapitalkosten zu minimieren, die Investitionsprojekte nach fallender (interner) Verzinsung anzuordnen sind - dabei ergibt sich eine fallende Investitionsbedarfsfunktion - und die Finanzierungsmöglichkeiten nach einer steigenden Kapitalkostenfunktion (vgl. Abb. 42-5), und zwar auf beiden Seiten unter Einbeziehung der entsprechenden Kapitalbeträge. Dann liegt am Schnittpunkt beider Funktionen die Cut-Off-Rate, d.h., darüber hinaus lohne sich eine weitere Expansionfinanzierung der Unternehmung nicht und damit sei das optimale Kapitalbudget erreicht. Hierbei ist von einem einperiodischen, statischen Entscheidungsmodell auszugehen, bei dem alle Alternativen auf einmal zur Entscheidung anstehen.

Abb. 42-5: Cut-Off-Rate der Unternehmensfinanzierung - statisches Modell

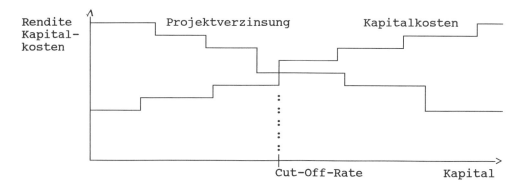

Betriebswirtschaftliche Beurteilung des statischen Capital-Budgeting

Das Kapitaloptimierungsmodell des statischen Capital-Budgeting ist jedoch betriebswirtschaftlich aus verschiedenen Gründen nicht akzeptabel:
- es wird eine punktförmige Genauigkeit vorgetäuscht, die in betriebswirtschaftlicher Sicht realitätsfern ist;
  - die im Schnittpunkt liegende Investition ist wegen der Inkongruenz von Kapitalbedarf und Kapitalbeschaffungsmöglichkeiten gewöhnlich nur in Bruchteilen zu realisieren,
  - wegen der unterstellten Einperiodigkeit der Projekte werden keine Liquiditätsreserven für eventuelle unerwartete künftige negative Entwicklungen aufgebaut;
- es werden hierbei ohne ersichtlichen Grund die günstigsten Investitionsprojekte den günstigsten Finanzierungsmöglichkeiten zugeordnet, tatsächlich decken jedoch alle Finanzierungsmöglichkeiten alle Investitionen - bis auf die finanzierungssynchronen Beschaffungen etwa durch Leasing;
- die einzelnen Finanzierungs- und Investitionsalternativen müssen in statischer Weise gleichzeitig - punktförmig geschlossen - zur Entscheidung anstehen, eine Unterstellung, mit der in der betrieblichen Praxis nicht zu rechnen ist; die realisationswürdigen Investitionsprojekte ergeben sich gewöhnlich erst im Zeitablauf.

Lösen Sie Aufgabe Nr. 42-1 in Anlage A!

4.2.2.2 Offenes (dynamisches) Kapitalentscheidungsmodell

Empirischer Ausgangspunkt

Die Unternehmen legen ihren dynamisch im Zeitablauf anstehenden Investitionsentscheidungen eine gewisse zeitlich **relativ konstante Zielrendite** rz zugrunde (vgl. auch 1.1, 3.3.3.1):
- eine **erfolgsorientierte Zielrendite** verfolgte um 1960 General Motors, das seinen Investitionsprojekten eine Mindestrendite von 20% nach Abzug der Ertragsteuern abverlangte, als das Unternehmen eine Rendite (Ur) von 22% erwirtschaftete bei Kapitalkosten, die weit unter 10% lagen

```
(42-1) rz_e = f(Ur,t);
```

- eine **kapitalkostenorientierte Zielrendite** konnte der Verfasser um 1968 bei der AEG beobachten, die in ihren Planungshandbüchern für ihre Investitionsprojekte eine Zielrendite von 15% nach Ertragsteuern vorschrieb, wobei sich die 15% durch einen 50%igen Risikoaufschlag (Ri) auf die durchschnittlichen Kapitalkosten (ϕp) von ca. 10% ergaben:

```
(42-2) rz_p = f(φp,Ri,t).
```

Konstante Kapitalkosten?

Trotz der durch die Modigliani-Miller-Untersuchungen gewonnenen Erkenntnis, daß die Kapitalkostensätze wegen der Arbitrage an den Kapitalmärkten relativ gleichmäßig sind (vgl. 4.2.1.6) - dazu trägt auch bei, daß die sog. Publikumsgesellschaften gewöhnlich eine branchenmäßig standardisierte Dividende zahlen (vgl. 1.1.5) -, können aus der unterschiedlichen betrieblichen Kapitalstruktur unterschiedlich hohe Kapitalkosten für die einzelnen Unternehmen resultieren; es würde realitätsfremdes Streamlining bedeuten, zu unterstellen, daß auch die Kapitalrelationen für alle Unternehmen gleich sind.

```
Beispiel für unterschiedlich hohem Grundkapital-/Rücklagenanteil:
                            Unternehmen A    Unternehmen B
Fremdkostenzinssatz (FKz)        8%              8%
Fremdkapitalanteil (FKA)        40%             40%
Dividendensatz (DS)             16%             16%
Grundkapitalanteil (GKA)        30%             40%
Rücklagenanteil (RLA)           30%             20%.
```

Dann errechnen sich allgemein die durchschnittlichen Kapitalkosten:

(42-3) ϕp = FKz · FKA/100 + DS · GKA/100.

Das ergibt an durchschnittlichen Kapitalkosten für die Unternehmen:

(42-3) ϕp_A = 8 · 0,4 + 20 · 0,3 = 3,2 + 6,0 = 9,2%;

(42-3) ϕp_B = 8 · 0,4 + 20 · 0,4 = 3,2 + 8,0 = 11,2%.

Ähnliches kann sich ergeben, wenn Eigenkapital zu Fremdkapital eine unterschiedliche Relation aufweisen.

Komponenten des dynamischen Capital-Budgeting

Für das Unternehmen ergibt sich ein besonderer **Rentabilitäts-Slack**, wenn die Projektrendite die Zielrendite übersteigt. Der Rentabilitäts-Slack setzt sich zusammen
- aus einem inneren Slack d.h. der Differenz zwischen Zielrendite und Kapitalkosten, der sich auch als Risiko-Puffer oder als **Risiko-Slack** bezeichnen läßt, und
- aus einem äußeren Slack d.h. der Differenz zwischen Projektrendite und Zielrendite, eine Art **Super-Rentabilitäts-Slack**.

Dieses dynamische Capital-Budgeting trägt folgende besonderen Kennzeichen:

- Die Maxime: Alles Kapital deckt alle Investitionen! ist im dynamischen Kontext noch weiter einzuschränken;
  - nicht nur die finanzierungssynchronen Beschaffungen wie etwa durch das Leasing fallen heraus, sondern auch
  - die schon ausgabenwirksam getätigten Investitionen, für die parallel das abgeflossene Kapital als "sunk cost" zu bezeichnen ist, so daß die **eingeschränkte Maxime** gilt: **alles noch nicht abgeflossene Kapital deckt alle noch nicht realisierten Investitionen!**

- Bei der Beachtung der Zielrendite durch die Unternehmen spielen die Kapitalkosten beim Cut-Off nur eine indirekte Rolle (vgl. Abb. 42-6). Die Zielrendite bleibt in den Unternehmen gewöhnlich für längere Zeit stabil. Inkrementale Diskonterhöhungen oder -senkungen der Zentralbanken beeinflussen sie kaum; erhöht z.B. die Bundesbank den Diskontsatz von 4,5 auf 5% und erhöhen darauf hin die Banken ihren Zinssatz von 9,3 auf 10,1%, ist die Zielrendite kaum in Frage gestellt. Die Unternehmen sind deshalb bei ihrer Investitionspolitik relativ "zinsunempfindlich"; bei einer Toleranz von ± 0,9 Prozentpunkte vom ursprüng-

Abb. 42-6: Projekt- und Zielrendite im Unternehmen - dynamisches Modell

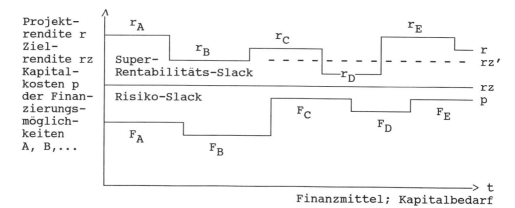

lichen Basiswert werden sie kaum das rentabilitätsmäßige Anspruchsniveau, die Mindestrendite rz ändern. Lediglich bei stärkeren Abweichungen vom Grundwert wird es eine Adjustierung nach rz' (= gestrichelte Linie) geben z.B. bei starker Inflation oder wenn die Bundesbank im Rahmen der Deutschen Einigung langfristig erheblich den Diskontsatz erhöht, wenn deswegen z.B. die Kapitalkosten von 9,9 auf 12% steigen, werden die Unternehmen ihre Zielrendite von 15 auf 18% erhöhen, wenn sie einen 50%igen Risiko-Slack über den Kapitalkosten wahren wollen. Die Zielrendite kann auch wegen selektiver Zielsetzungen geändert werden (vgl. 3.4.2.2). Demnach ist die sich ändernde Zielrendite rz' eine Funktion der Zeit, sich ändernder ⌀Kapitalkosten und sich ändernder Zielsetzungen:

(42-4) $rz'_t = f(\phi p, Ri, s, t)$.

In diesem Fall wäre Projektalternative D bei rz' nicht akzeptabel, so daß Projekt E aufrückt.

Es sind jedoch eventuelle **kompensatorische Effekte** zu beachten; wenn die Fremdkapitalzinsen steigen, kürzen möglicherweise die Unternehmen wegen schlechter Gewinnlage die Ausschüttungen bzw. den Dividendensatz, so daß per Saldo der durchschnittliche Kapitalkostensatz relativ konstant bleibt.

In gewisser Weise stellt die Mindestrentabilität rz_t bzw. rz'_t die Präferenzlinie des Investors/Unternehmers/Unternehmens in dynamischer Sicht dar, da sie sowohl die "Pure Rate" wie auch die Risikovorstellungen beinhaltet:

■ Wegen der festen Kapitalbedarfs- und Finanzierungsblöcke hervorgerufen durch neue Investitionsprojekte lassen sich aktuelle Kapitalbeschaffungsmöglichkeiten und aktueller Kapitalbedarf nicht völlig symmetrisieren. Da das Unternehmen andererseits nicht unterfinanziert sein kann, entstehen deshalb wegen der "Ganzzahligkeit" der Kapitalbeträge ständig Liquiditätsreserven; besteht z.B. ein Kapitalbedarf von 93.000,-DM, dürfte von der Bank ein "ganzzahliger" Kredit von 100.000,-DM angefordert werden.

Strategien zur mehrperiodischen Kapitalbedarfsabstimmung

Verursachen Projekte einen mehrperiodischen Kapitalbedarf, läßt sich durch zwei grundsätzliche Strategien eine **mehrperiodische Kapitalbedarfsabstimmung** erreichen:

1.) Strategie der Kapitalvollfinanzierung.
In diesem Fall wird der gesamte Kapitalbedarf schon bei der Projektgenehmigung voll angefordert und bereitgestellt, Beträge, die in der ersten Zeit nicht benötigt werden, sind eventuell als kurzfristige Gelder zwischenzeitlich zinsgünstig anzulegen (vgl. 4.3.4).

2.) Strategie der bedarfsangepaßten Kapitalfinanzierung.
In diesem Fall wird nur das Startkapital bereitgestellt, der Expansionsbedarf ist entweder durch Finanzüberschüsse des Projekts oder des Unternehmens als Ganzem zu finanzieren sowie durch zusätzliche Kapitalaufnahme - etwaigen kurzfristigen liquiditätswahrenden Spitzenkapitalbedarf und entsprechenden Spitzenkreditbedarf befriedigt das Unternehmen temporär auch bei abnorm hohen Kapitalmarktzinsen; da dies auf die Dauer als kostengünstiger angesehen wird, als hohe Liquiditätsreserven anzulegen, die alle Eventualitäten abdecken.

Beispiele:

Ein fünfjähriges Projekt besitze einen bestimmten Kapitalbedarf, der dann unterschiedlich zu decken ist:

Strategie der Kapitalvollfinanzierung

Periode	1	2	3	4	5
Kapitalbedarf	40.000	70.000	90.000	60.000	-
Finanzierungsbetrag	90.000	90.000	90.000	90.000	90.000
Finanzierungsüberschuß	50.000	20.000	-	30.000	90.000

Strategie der bedarfsangepaßten Kapitalfinanzierung

Periode	1	2	3	4	5
Kapitalbedarf	40.000	70.000	90.000	60.000	-
Finanzierungsbetrag	40.000	40.000	40.000	40.000	40.000
Finanzierungsbedarf	-	30.000	20.000	-30.000	-90.000

Dieses dynamische Modell läßt den Schluß zu, daß die Unternehmen solange investieren, wie sie Projekte finden, welche die Zielrendite rz übersteigen oder zumindest erreichen. Entsprechend dem Investitionsbedarf entwickelt sich der Finanzierungsbedarf. Bei starker Kapazitätsexpansion entsteht wegen gewöhnlich knapper Eigenmittel ein erhöhter Kreditbedarf.

Lösen Sie Aufgabe Nr. 42-2 in Anlage A!

4.2.2.3 Beurteilung der Capital Budgeting-Modelle

Die vorstehenden Ausführungen ergeben, daß es zwei **grundlegende Kapitalentscheidungsmodelle** gibt:

1. Reale Kapitalentscheidungsmodelle wie das Kapitalbudgetierungsmodell von J. Dean, bei dem die Höhe der sich entwickelnden Kapitalkostenfunktion direkt zur Entscheidung führt;

2. Virtuelle Kapitalentscheidungsmodelle, die sich an den durchschnittlichen gewogenen Kapitalkosten orientieren, so daß die Kosten einzelner Finanzierungsprojekte nur indirekt zur Entscheidung beitragen wie das vom Verfasser vorgestellte dynamische Kapital-Budgetierungs-Modell, das zudem noch durch den Risiko-Slack "verfremdet" ist.

Das statische Kapital-Budgetierungs-Modell von J. Dean erklärt aus sich heraus gleichzeitig den Investitions- und den Finanzierungsbedarf, ohne allerdings Unternehmensziele und die Zeitdimension zu berücksichtigen, es ist offensichtlich rein spekulativer Natur ohne jegliche empirische Basis (zur weiteren Kritik vgl. 4.2.2.1 und LV 60 S. 421).

Das vom Verfasser vorgestellte dynamische Kapital-Budgetierungs-Modell besitzt insbesondere bezüglich der Zielvorgabe eine relativ breite empirische Basis (vgl. 1.1.2, 3.4.2.2). Dieses dynamische Modell erklärt ebenfalls aus sich heraus gleichzeitig den Investitions- und den entsprechenden Finanzierungsbedarf. Defizite sind darin zu sehen,
- daß der Investitionsbedarf des laufenden Unternehmensprogramms nicht erfaßt wird,
- daß der mehrperiodische Kapitalbedarf einzelner Projekte nur durch komplementäre Finanzierungsstrategien berücksichtigt werden kann,
- daß ein optimaler bzw. ein maximal zulässiger Verschuldungsgrad nicht erkennbar ist.

Das dynamische Kapital-Budgetierungs-Modell weist gegenüber den Kapitalmarkt-Modellen folgende Vorteile auf:
- es ist universal für alle Unternehmensformen einsetzbar und nicht nur für börsennotierte Kapitalgesellschaften;
- es funktioniert ohne die Fisher-Separation auf einem höheren Integrationsniveau,
- es läßt eine gemeinsame Formulierung der Mindest-(Rentabilitäts-)Ziele für Investitionsprojekte gemeinsam von Unternehmenseignern und Top-Management zu;
- es ist eine lernfähige dynamische Anpassung der Mindestrentabilität an sich ändernde Umweltbedingungen möglich (vgl. 3.4.2.2), während das M-M-Modell sich ausschließlich an den Kapitalkosten orientiert und so nur eine technokratische Lösung, ohne Berücksichtigung übergeordneter Unternehmensziele anbietet (das gilt auch für das Dean-Modell).

Das dynamische Kapital-Budgetierungs-Modell, das als "Theorie mittlerer Reichweite" im Sinne des amerikanischen Soziologen Robert K. Merton angesehen werden kann (vgl. LV 32 S. 38), ermöglicht Investitionsentscheidungen von Projekten,
- welche dem dynamisch sich entwickelnden rentabilitätsmäßigen Anspruchsniveau des Unternehmens genügen und
- welche finanzierbar sind.

4. *Entscheidungskonzepte für das Finanzmanagement* 159

Zur Steuerung des Unternehmens in Richtung eines finanzwirtschaftlichen Optimums sind jedoch noch weitere Maßnahmen erforderlich:
- eine ständige Abstimmung des Finanzierungs- und Investitionsprogramms der Unternehmung zur Erhaltung des betrieblichen Fließgleichgewichts unter Beachtung der Finanzierungsregeln;
- eine Investitions-Finanzierungs-Konjunktion unter Fortschreibung der finanziellen Vergangenheitsergebnisse und -dispositionen, wie sie in Plan-Bilanz und Plan-GuV zum Audruck kommen, um konkrete Angaben über mengenmäßige und zeitliche Kapitaldispositionen zu gewinnen.

4.2.3 Betriebswirtschaftliche Schlußfolgerung: Paradigma-Wechsel von der Investitions-Finanzierungs-Separation zum integrierten betrieblichen Finanzmanagement

Begründungen

Die in der wirtschaftswissenschaftlichen Literatur favorisierten Capital Asset Pricing-Modelle trennen die betriebliche Finanzierung und Investition. Zu Recht weisen jedoch G. Wöhe und J. Bilstein darauf hin, daß "Finanzierung und Investition...in einem engen Zusammenhang (stehen), denn eine Mittelverwendung hat eine Mittelbeschaffung zur Voraussetzung. Ein Investitionsplan ist ohne Bedeutung, wenn die geplante Investition nicht finanziert werden kann. Andererseits ist die Beschaffung finanzieller Mittel für einen Betrieb ohne praktischen Wert, wenn er für sie keine ertragbringende Verwendung hat" (LV 66 S. 3). Und wie schon dargelegt wurde (vgl. 3.3.2.3) nimmt der (Eigen-)Kapitalgeber durchaus Einfluß auf die Investition, indem er seine Φ/Ω-Gewinnausfalltoleranz kommuniziert und so vorgibt.

Wegen der lebensfremden Investitions-Finanzierungs-Separation wird deshalb hier ein Paradigmawechsel weg von CAPM und hin zu einer praxisnäheren betriebswirtschaftlichen Programmierung von Finanzierung von Finanzierungs- und Investitionsentscheidungen durch **Investitions-Finanzierungs-Konjunktion im Rahmen eines intergrierten betrieblichen Finanzmanagements** vorgenommen,
- wobei das hier entwickelte dynamische Capital Budgeting-Modell einbezogen werden kann und
- wobei auch die Interessen der Fremdkapitalgeber durch Beobachtung der Finanzierungsregeln zum Zuge kommen, ohne deren Berücksichtigung bei den meisten Finanzierungsentscheidungen "die Rechnung ohne den Wirt gemacht" würde (vgl. Abb. 42-7).

Abb. 42-7: Kapitalinteressenmatrix

Anforderungen der Kapitaleigner

Eigenkapitalgeber	kein übermäßig langer Ausschüttungsausfall (vgl. 3.3.2.2)	Einhaltung von Zielrendite und Amortisationsdauer
Fremdkapitalgeber	Einhaltung der Finanzierungsregeln, Zinszahlung + Tilgung	event. Eigentumsvorbehalt, automatisch beim Leasing
Bezug:	Finanzierung	Investition

4.3 Integriertes Finanzmanagement durch Investitions-Finanzierungs-Konjunktion - Grundzüge einer betriebswirtschaftlichen Kapitaltheorie

4.3.1 Allgemeine Investitions-Finanzierungs-Konjunktionen

4.3.1.1 Investitions-Finanzierungs-Konjunktion strategischer Projekte

Viele Wirtschaftlichkeitsrechnungen werden ohne Rücksicht auf die betrieblichen Finanzierungsmöglichkeiten durchgeführt gemäß der sog. Fisher-Separation (vgl. 4.2.1.3). Dies ist vor allem darauf zurückzuführen, daß zunächst Wirtschaftlichkeitsrechnungen tentativ durchgeführt werden, um herauszufinden, ob ein bestimmtes Projekt überhaupt wirtschaftlich ist - parallele Finanzierungsüberlegungen wären da häufig verfrüht. Das gilt sogar für strategische Projekte; wie aus der empirischen Time-to-Market-Tabelle zur Entwicklung eines neuen Produkts in der Automobilindustrie hervorgeht (vgl. 1.2.2), vergehen von der Auswahl einer Alternative im 40. Monat bis zur Programmgenehmigung im 29. Monat vor Produkteinführung gut 10 Monate, die nach Beobachtungen des Verfassers intensiv dazu benutzt werden, mit einer monatlich neuen Studie auf der Basis der Alternativrentabilität, das Projekt/Produkt in seinen Interdependenzen zum Unternehmen zu durchleuchten. Es genügt dann, in den letzten Studien auf die Finanzierungsimplikationen einzugehen.

Die Finanzplanung der Unternehmung hat also früher oder später Investitions- und Finanzierungsplanung zu synchronisieren. Dabei ist wiederum zwischen substrategischen und strategischen Projekten zu unterscheiden.

Bei strategischen Projekten eine **dreifache Konjunktion** erforderlich:
- eine **Projekt-Unternehmens-Konjunktion** wegen technisch/wirtschaftlicher Interdependenzen;
- eine **Investitions-Finanzierungs-Konjunktion** wegen der Erheblichkeit des Finanzbedarfs;
- eine **Principal-Agent-Konjunktion** wegen der Abstimmung eventuell divergierender Kapitalgeber-Top-Management-Interessen (vgl. 3.3.2.3).

Eine "Separation der Vorteilhaftigkeit eines Investitionsvorhabens von den Konsumwünschen der Kapitalgeber" (LV 58 S. 410), wie sie gedanklich von I. Fisher vorgenommen wurde, um den betrieblichen Investitionsentscheidungen die Komplexität zu nehmen, ist allenfalls in der Stabsebene bei der Alternativendurchrechnung und -beurteilung akzeptabel, kommt es jedoch zur endgültigen Entscheidung ist die **"Konsumfunktion der Kapitalgeber"** zu berücksichtigen, welche ihren Niederschlag findet,
- **beim Fremdkapital**
  - in der Höhe des Ausleihezinssatzes,
  - in der Höhe der Tilgungsraten - je höher die Tilgungsraten, um so weniger Kapital steht in der Zeit zur Verfügung und um so stärker ist das Top-Management in seinen Investitionsmöglichkeiten behindert - ,
- **beim Eigenkapital**
  - in der Höhe der erwünschten Ausschüttungen (Standarddividende),
  - in der Beachtung der kommunizierten Φ/Ω-Gewinn-/Auschüttungsausfalltoleranz (vgl. 3.3.2.2),
  - in der Genehmigungspflichtigkeit von wichtigen Operationen durch den Unternehmer, durch den Beirat der Kapitaleigner (vgl. LV 32 S. 271), durch den Aufsichtsrat (vgl. ebenda S. 272, S. 302f.).

Zwar kann im Wege gegenseitiger Abstimmung zwischen Kapitaleigner und Top-Management eine gewisse Quasi-Separation herbeigeführt werden, die allerdings nur für substrategische Investitionsprojekte gilt,
- durch die Vereinbarung einer Zielrendite als Mindestrendite (vgl. 1.1.3),
- durch finanziell gestufte Ausklammerung substrategischer Projekte aus der unmittelbaren Verhandlung zwischen Top-Management und Kapitalgeber (vgl. LV 32 S. 409),
so ist insgesamt doch zu sagen,
- daß die sog. Separationen (vgl. 4.2.1.3) in der Unternehmenspraxis nicht existent sind,
- daß sie eine unakzeptable Vereinfachung betriebswirtschaftlicher Verhältnisse darstellen,

- daß sie offensichtlich nur zur Abdeckung betriebswirtschaftlich nicht adäquater Modelle dienen.

Die Finanzanalyse von strategischen Projekten muß sich deshalb der Komplexität betriebswirtschaftlicher Verhältnisse bewußt sein. Die Lösung komplexer Verhältnisse dürfte allerdings nur in sukzessiver Fragestellung von Teilaspekten möglich sein, deren Ergebnisse einer abschließenden - koordinierenden - Gesamtbeurteilung unterliegen sollten:

1. Entspricht das strategische Projekt den Unternehmenszielen insbesondere in bezug auf eine hinreichende Rentabilität? Führt das Projekt zu einer Rentabilitätsverbesserung des Unternehmens? Wenn positiv:

2. Können bei Realisierung des rentablitätsgünstigen Projekts trotz hoher Anlaufbelastung im Interesse gedeihlicher Principal-Agent-Beziehungen in hinreichenden Zeitabständen hinreichende Ausschüttungen an die Kapitaleigner erfolgen (Φ/Ω-Gewinnausfalltoleranz, vgl. 3.3.2.3) oder ist das Projekt in mehrere Ausbaustufen zu zerlegen? Wenn positiv:

3. Stehen genügend Finanzmittel bereit bzw. können genügend Finanzmittel beschafft werden zur Unternehmensfinanzierung einschließlich der Projektfinanzierung oder muß das Projekt aus Liquiditätsgründen ebenfalls in mehrere Ausbaustufen zu zerlegen?

3.1 Zur Beantwortung der dritten Frage ist zunächst der Kapitalbedarf zu ermitteln, der aus dem Projekt herrührt:

```
(43-7)  Projektinvestitionen
      + Kapitalbedarf für das Working Capital
      ─────────────────────────────────────
      = Kapitalbedarf - brutto
      - Cash-Flow des Projekts
      ─────────────────────────────────────
      = Kapitalbedarf des Projekts - netto.
```

3.2 Es ist der betriebliche Gesamtkapitalbedarf aus dem Projekt und aus dem laufenden Unternehmensprogramm (vgl. 6.1.2) zu ermitteln nach dem Algorithmus (vgl. 5.2.2.3):

```
(43-8)  Finanzstatus des Unternehmens im Status quo
      ± Finanzbedarf des strategischen Investitionsprojekts
      ─────────────────────────────────────
      = Finanzstatus des Unternehmens im neuen Status.
```

3.3 Aus den vorstehenden Informationen ist eine neue Planbilanz zu konstruieren ausgehend von der vorhandenen Planbilanz (vgl. Tab. 61-1).

3.4 Die neue Pro-Forma-Planbilanz ist einem Finanz-Audit zu unterwerfen (vgl. 4.1.3.3), um bei einem positiven Ausgang Finanzierungsverhandlungen mit den Banken, eventuell auch mit dem Principal, mit dem Ziel des Kapitalbedarfsausgleichs zu führen.

4. Bei Erfolg ist das geplante Investitionsprojekt endgültig zu genehmigen und die erforderlichen Mittel sind in die Investitionsplanung einzustellen (vgl. Tab. 61-3, die 9,1 Mio. DM in Planjahr 19+2 rühren vorwiegend von einem neuen Produkt her).

Mit der Verbindung von Finanzierungs- und Kapitalbedarfs-Funktion kommt zusammen, was betriebswirtschaftlich zusammengehört, um adäquate Operationen des Finanzmanagements auszulösen.

Lösen Sie Aufgabe Nr. 43-1 in Anlage A!

4.3.1.2 Investitions-Finanzierungs-Konjunktion substrategischer Projekte

Für substrategische Projekte wird gewöhnlich bei der Budgeterstellung ein globales Investitionsbudget erstellt, das vor Genehmigung gründlich analysiert wird (vgl. 4.3.5.4). Der integrative Planungszyklus für diese substrategischen Projekte kann über folgende Stufen laufen:

1. Stufe: Definition der Änderung des Unternehmensprogramms im Detailbereich;

2. Stufe: Änderung von Detailmengenplänen;

3. Stufe: Umsetzung der geplanten Änderungen in Finanzpläne;

4. Stufe: Vergleich der zu erwartenden Projektrentabilität mit der betrieblichen Zielrendite (vgl. 4.4.5.1-2); wenn positiv

5. Stufe: Überprüfen, ob hinreichende Finanzmittel im Investitionsbudget vorhanden sind, wenn negativ - Rückverweisung, wenn positiv

6. Stufe: Integration des genehmigten Projekts in die betriebliche Vorschau zum Ex-Ante-Controlling im Rahmen des Managerial Budgetings;

7. Stufe: Projektrealisierung.

Insgesamt ist also die Investitions-Finanzierungs-Konjunktion bei substrategischen Projekten nicht so eng wie bei strategischen Projekten.

4.3.2 Dynamische Kapitalbedarfs- und Finanzierungsfunktionen

4.3.2.1 Kapitalbedarfsfunktionen

Kapitalbedarfskategorien

Beim Aufbau dynamischer Kapitalbedarfsfunktionen ist zwischen dem Kapitalbedarf technischer Projekte und von Produktprojekten zu unterscheiden, die z.T. den gleichen Ursachen beruhen, z.T. sich aber unterscheiden vor allem in der zeitlichen Erstreckung und im jeweiligen Investitionsumfang. Dabei ist von von teils deckungsgleichen, teils unterschiedlichen Kapitalbedarfskategorien auszugehen (vgl. Tab. 43-1).

Tab. 43-1: Kapitalbedarfskategorien von technischen Projekten und von Produktprojekten

technische Projekte (TB)	Produktprojekte (PP)
- Planungs- und Projektierungsk. (PPK)	- F&E-Kosten (F&EK)
-	- Stilistikkosten (StK)
- Maschineninvestitionen (MI)	- Maschineninvest. (MI)
- Werkzeuginvestitionen (WI)	- Werkzeuginvest. (WI)
- Vorräteinvestitionen (VI)	- Vorräteinvestit. (VI)
-	- Einführungswerb. (EW)
- Anlaufkosten (AnlK)	- Anlaufkosten (AnlK)
-	- Forderungsaufbau (FA)

Mit Hilfe dieser Kapitalbedarfskategorien lassen sich dynamische Kapitalbedarfsfunktionen in der Zeit t aufbauen (vgl. auch Abb. 43-1).

Dabei lautet die Kapitalbedarfsfunktion für technische Projekte:

(43-1) $KB_{TBt} = f[(PKK, MI, WI, VI, AnlK), t]$

und die Kapitalbedarfsfunktion für Produktprojekte:

(43-2) $KB_{PPt} = f[(F\&KK,StK,MI,WI,VI,EW,AnlK,FA),t]$.

Die dynamischen Kapitalbedarfsfunktionen für technische (substrategische) und strategische Projekte unterscheiden sich gewöhnlich
- durch die Größenordnung der zu investierenden Mittel sowie
- durch das Steigungsmaß (α) der Kapitalbedarfskurve.

Das zeitliche Ende dieser dynamischen Kapitalbedarfsfunktionen bestimmt den Kulminationspunkt des projektmäßigen Kapitalbedarfs (KP_{KBp}), der anschließend - eventuell teilweise schon in der Anlaufphase - durch Finanzüberschüsse amortisiert wird.

Dabei ergibt sich VI_t z.B. wie folgt:

(43-3) $VI_t = f(Kv_{stt-0,1})$,

wobei -0,1 bedeutet, daß jeweils 10% der periodischen variablen Kosten zu Standardwerten (Kv_{st}) wegen des Materialvorlaufs durch Vorbestellungen unter Beachtung der Skontofristen, also auf Working Capital-Basis, beglichen werden, wodurch Netto-Vorräte entstehen.

Dabei ergibt sich FA_t z.B. wie folgt:

(43-4) $FA_t = f(E_{t+0,2})$,

wobei +0,2 bedeutet, daß jeweils 20% der periodischen Erlöse (E) als Forderungen ausstehen und erst in der Folgeperiode eingehen.

Abb. 43-1: Dynamische Kapitalbedarfsfunktionen

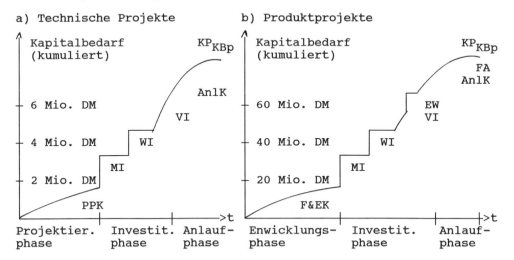

Kapitalbedarfsphasen und -funktionen

Die **Kapitalbedarfsfunktion von Projekt**en zerfällt insgesamt in zwei Phasen:

Phase A: Die Kapitalbedarfssteigerungsphase (Investitionsphase), die nach Beobachtungen des Verfassers insbesondere in der Betriebspraxis etwa beim Weltraumsatellitenprojekt SYMPHONIE wiederum in drei Subphasen mit unterschiedlich starker Kapitalbedarfssteigerungs zerfällt:

α_I: Eingangsphase mit mittlerem Steigungsmaß bei den Kapitalausgaben vor allem Personalkosten für die Entwicklung;

α_{II}: Mittelphase mit starkem Steigungsmaß bei den Kapitalausgaben für An- und Abschlagszahlungen zum Bezug von Maschinen, Werkzeugen, Prüfgeräten etc.;

α_{III}: Abschlußphase für die Abschlußzahlungen - gewöhnlich werden 10% der Abschlagszahlungen als Garantiesumme bis zur Leistungsabnahme einbehalten, außerdem wird die Projektmannschaft langsam aufgelöst.

Wegen einer Vielzahl von Zahlungsterminen insbesondere in größeren Projekten ist die Kapitalbedarfsentwicklung in Projekten häufig nicht scharfkantig gestuft, sondern mehr oder weniger stark linear geglättet (vgl. Tab. 43-1).

Auf Subphase $A_I = t_1 - t_4$ entfallen 27 Mio. DM Investitionen = 27,3% der Gesamtinvestitionen, auf Subphase $A_{II} = t_5 - t_8$ = 52 Mio. DM Investitionen = 52,5% der Gesamtinvestitionen und auf Subphase $A_{III} = t_9 - t_{12}$ = 20 Mio. DM Investitionen = 20,2% der Gesamtinvestitionen.

Der Kapitalbedarfsentwicklungsfaktor (KEF) läßt ermittel, indem der Kapitalanteil der Projektphase (KA) in Beziehung zum Kapitalanteil der Basisphase (KA_B) gesetzt wird:

(43-5) KEF = KA/KA_B.

Tab. 43-1: Kalendarisierung von Projektinvestitionen - Phase A

in Mio. DM	Invest. betrag	Aufteilung auf t											
		1	2	3	4	5	6	7	8	9	10	11	12
- F&E-Kosten	24	4	8	8	4	-	-	-	-	-	-	-	-
- Stilistikkosten	3	-	-	1	2	-	-	-	-	-	-	-	-
- Maschineninvest.	34	-	-	-	-	9	11	9	3	-	-	2	-
- Werkzeuginvest.	14	-	-	-	-	4	4	4	-	-	2	-	-
- Vorräteinvestit.	6	-	-	-	-	-	-	-	2	2	2	-	-
- Einführungswerb.	8	-	-	-	-	-	-	-	6	2	-	-	-
- Anlaufkosten	6	-	-	-	-	-	-	-	-	3	2	1	-
- Forderungsaufbau	4	-	-	-	-	-	-	-	-	-	-	2	2
Total Projekt	99	4	8	9	6	13	15	13	11	7	6	5	2
Total Projekt kumuliert		4	12	21	27	40	55	68	79	86	92	97	99
Projektsubphasen		A_I				A_{II}				A_{III}			

Wird der Kapitalanteil der Phase I als Basis genommen und = 1 gesetzt, erhält Subphase A_{II}

(43-6) KEF = 52,5/27,3 = 1,92   und Phase III:

(43-6) KEF = 20,2/27,3 = 0,74.

Die Kapitalentwicklung (KEW) in Phase A des Projekts (vgl. Abb. 43-2) läßt sich periodisch und kumulativ darstellen, wobei die kumulative Darstellung wiederum in lineare Segmente mit unterschiedlich starkem Steigungsmaß zergliedert werden kann.

Abb. 43-2: Alternative Kapitalentwicklungen

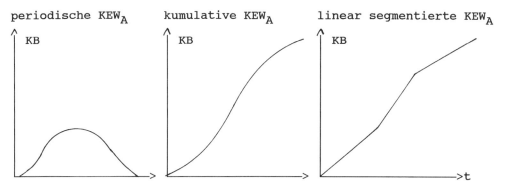

Phase B: Die Kapitalrückflußphase (Amortisationsphase), wobei die Kapitalbindungskurve unterschiedlich stark abfallen kann mit unterschiedlich großen Neigungswinkeln (vgl. Abb. 43-3):

$ß_I$: steiler Neigungswinkel, weil die Projektleistungen auf starke Nachfrage treffen;

$ß_{II}$: relativ flacher Neigungswinkel, weil die Projektleistungen nicht so gut ankommen.

Der Aufschlagswinkel auf der Abszisse τ stellt sich - komplementär - erst dann ein, wenn sich das Projekt amortisiert (t_{ap} = Amortisationszeitpunkt):

$τ_I$: steiler Aufschlagswinkel im Allgemeinen, wenn sich das Projekt schnell amortisiert (t_{apI});

$τ_{II}$: flacher Aufschlagwinkel, wenn sich das Projekt langsam amortisiert (t_{apII}).

Eine $ß_{I/II}$-Sequenz stellt sich ein, wenn das Projekt nach einer gewissen Zeit seine Monopolstellung verliert. Eine $ß_{II/I}$-Sequenz dürfte sich seltener einstellen.

Abb. 43-3: Alternative dynamische Kapitalbedarfsfunktionen von Projekten

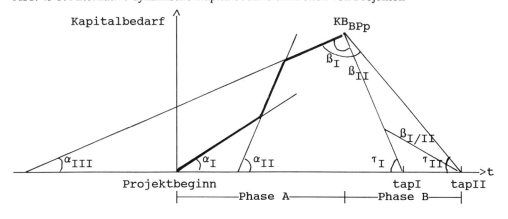

In der betrieblichen Praxis dürften - vom ß-Winkel her gesehen - drei typische **Kapitalbedarfstopologien** erkennbar sein:

- **spitzwinkliger Kapitalbedarf und -rückfluß** bei Schnellentwicklungen und starkem Cash-Flow etwa bei monopolistischer Marktstellung der Produkte und bei angewandter Marktabschöpfungsstrategie bzw. bei Kapazitätsprojekten mit starken Kostensparungseffekten;
- **orthogonaler Kapitalbedarf und -rückfluß** bei normalen Produkt- bzw. Kapazitätsprojekten;
- **breitwinkliger Kapitalbedarf und -rückfluß** bei marginalen Kapazitätsprojekten und bei starkkonkurrierten Produktprojekten.

Lösen Sie Aufgabe Nr. 43-2 in Anlage A!

4.3.1.2 Finanzierungsfunktionen

Die Finanzmittel der Unternehmung, Unternehmenskapital (UK) genannt, bestehen aus der Summe der Eigenmittel, dem sog. Eigenkapital (EK) und aus der Summe verschiedener Fremdmittel, dem sog. Fremdkapital (FK). Demnach lautet die Finanzierungsfunktion des Unternehmens in allgemeiner Form:

$$(43-7) \quad UK = EK + FK.$$

Dabei soll UK identisch mit der Bilanzsumme (BS) sein:

$$(43-8) \quad UK = BS.$$

Gewöhnlich ist der größte Teil des betrieblichen Kapitals durch Investitionsentscheidungen in der Vergangenheit festgelegt und nicht mehr - ohne vorherige Desinvestition - für künftige Investitionen einsetzbar, so daß parallel zu den "sunk Cost" von "sunk Capital" zu sprechen ist. Das "sunk Capital" findet ihre Entsprechung im materiellen wie finanziellen Teil des Anlagevermögens (AV) wie im materiellen und finanziellen Teil des Umlaufvermögens (UV) ausschließlich der Liquiditätsmittel (LM), so daß das sunk Capital des Umlaufvermögens (UV_{sC}) lautet:

$$(43-9) \quad UV_{sC} = UV - LM.$$

Dann beläuft sich das sunk Capital auf:

$$(43-10) \quad sC = AV + UV_{sC},$$

das sich auch aus der Bilanzsumme ableiten läßt:

$$(43-11) \quad sC = BS - UV_{sC}.$$

Die liquiden Finanzmittel des Betriebs zerfallen gewöhnlich in betriebsnotwendige Kassenmittel zur Aufrechterhaltung der Zahlungsfähigkeit (KM) und in investitionsfähige liquide Finanzmittel = **Liquiditätsreserve** (LR), die zur Finanzierung künftiger Investitionen im Gegenwartszeitpunkt to eingesetzt werden können und deshalb **entscheidungsrelevant** sind:

$$(43-11) \quad LR_{to} = LM - KM.$$

Das sunk Capital ist gewöhnlich doch nicht unproduktiv, sondern erzeugt den Cash Flow, der wiederum kein Selbstzweck ist, sondern aus dem vor allem
- die Ersatzinvestitionen (EI),
- die Ausschüttungen (AS) und
- die Ertragsteuerzahlungen (ES) zu bezahlen sind, so daß nur ein kleiner Rest übrig bleibt.

Der einbehaltene Gewinn (G_e = LR) - laut empirischen Befund bei Einzelkaufleute und Personengesellschaften anscheinend ± 0 und nur bei Kapitalgesellschaften mit 4,2% in nennenswerter Höhe vorhanden (vgl. 2.1.7.1) - steht zur Wachstumsfinanzierung zur Verfügung:

$$(43-12) \quad G_e = \delta LR = CF - AS - ES.$$

Im Zeitablauf t setzt sich der ursprüngliche Kapitalstock um, so daß im Laufe der Zeit immer weniger von der ursprünglichen Kapitalbindung (KB_u) übrig bleibt (vgl. Abb. 43-4):

(43-13) $KST_t = KB_{ut} + EI_t + LR_t$.

Bei größeren Investitionsprojekten, den sog. strategischen Projekten, wird das Unternehmen zur Wachstumsfinanzierung gewöhnlich auf Mittelzuführung von Außen (δFMA) angewiesen sein - in Form von zusätzlichem Eigenkapital (δEK) oder in Form von zusätzlichem Fremdkapital (δFK) - , zumindest gilt dies für die Finanzierung von Projektspitzenbeträgen, den Spitzen-Differenzbeträgen (($Diff_b = \delta FMA$). Dies führt zu folgender aktiven Finanzierungsfunktion des Unternehmens in der Zeit, wobei aktiv Vernachlässigung des sunk Capitals bedeutet:

(43-14) $FF_{at} = LR_{t0} + \delta LR + \delta FMA$.

Die hohen empirischen Liquiditätsreserven (LR) bei Unternehmen wie Siemens und VW (vgl. 3.4.1.3) lassen vermuten, daß die größeren Unternehmen vornehmlich die Strategie der Kapitalvollfinanzierung (KVF) verfolgen (vgl. 4.2.2.2). Anders dagegen mittlere und kleinere Unternehmen, die mangels Eigenmittel eine - sparsamere - kapitalbedarfsangepaßte Finanzierung verfolgen müssen, so daß die **Projektfinanzierung** bei ihnen **in zwei Phasen** verläuft:
Phase I: **Anschubfinanzierung** - eigene Finanzmittel;
Phase II: **Anschlußfinanzierung** - Finanzmittel von Außen (Eigen- und/oder Femdkapital).

Wird nun ein Projekt realisiert, können zu Projektbeginn (P_b) eigene Liquiditätsreserven zur Projektfinanzierung bereitgestellt werden (LR_b in Abb. 43-4). Zu diesem Zweck sind die Liquiditätsreserven um die Kapital-Achse zu spiegeln. Spätestens zum Zeitpunkt des Schnittpunkts Projektkapitalbedarfs-Funktion mit der Projektfinanzierungs-Funktion (tb_{Diffb}) ist das Differenzkapital von Außen eigener oder fremder Provenienz (Herkunft) bereitzustellen. Ab dem Schnittpunkt der Kapitalfinanzierungsfunktion mit der wegen Cash Rückfluß (ΣCF_p) fallenden Kapitalbedarfs-Funktion (ta_{FK}) ist eine volle Rückzahlung des von außen zugeführten Kapitals (Kredite oder Gesellschafterdarlehen) möglich, falls dies nicht im Unternehmen verbleiben soll. Bei hinreichendem Kapitalrückfluß ergibt sich eine Amortisation des Projektkapitals (bei ta_p).

4.3.3 Alternative Investitions- und Finanzierungs-Konjunktionen

4.3.3.1 Investitions-Finanzierungs-Konjunktion A: Lineare Kapitalbedarfssteigerung und monotoner Kapitalrückfluß

Voraussetzungen

Zum Finanzmanagement wird u.a. von folgenden Voraussetzungen ausgegangen:
1. Das zu realisierende Projekt wird als vorteilhaft angesehen.
2. Der sich aus der Investitions-Finanzierungs-Konjunktion resultierende eventuelle Ausschüttungsausfall liegt im Rahmen der / -Gewinnausfalltoleranz des Kapitalgebers.
3. Die Finanzierungs- wie auch die Kapitalbedarfs-Funktionen lassen sich definieren und erfassen: Es wird davon ausgegangen, daß Kapitalbindung, Eigenmittelentwicklung wie auch Kapitalrückfluß sich monoton d.h. in relativ gleichmäßigen Beträgen in den einzelnen Perioden des Projekts entwickeln.

Angaben für ein Beispiel

Es liege das Produktprojekt mit einer veranschlagten Projektlaufzeit (PLZ) in der Aufbauphase von 340 Arbeitstagen (AT) vor. Bis zu seinem Kapitalkulminationspunkt wird es einen täglichen Kapitalbedarf von 0,14 Mio. DM besitzen. Das Unternehmen kann bei Projektbeginn aus seinen Liquiditätsreserven 18,5 Mio. DM zur Anschubfinanzierung für das Projekt bereitstellen, die täglich um 0,035 Mio. DM steigen (LR). Ab dem Kulminationspunkt erwirtschaftet das Projekt Finanzüberschüsse (CF = Cash Flow) von 0,65 Mio. DM pro AT.

Abb. 43-4: Investitions- und Finanzierungs-Konjunktion von Projekt und Unternehmen

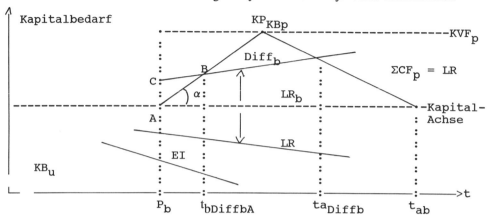

Ermittlung der Höhe des Kapitalbedarfs für das Projekt

Der Kapitalbedarf dieses Projekts errechnet sich wie folgt:

(43-15) $KB_p = PLZ \cdot KB_{TA}$

hier $= 340 \cdot 0{,}14 = 47{,}6$ Mio. DM.

Ermittlung der Höhe des Kapitalbedarfs von Außen

Der Differenzkapitalbedarf für die Anschlußfinanzierung von Außen ($Diff_{bA}$) für dieses Projekt zusätzlich zu den eigenen Finanzmitteln errechnet sich wie folgt:

(43-16) $Diff_{bA} = KB_p - (LR_{bPb} + \delta LR \cdot PLZ)$

hier $= 47{,}6 - (18{,}5 + 0{,}035 \cdot 340)$
$= 47{,}6 - 30{,}4 = 17{,}2$ Mio. DM.

Terminierung des Zeitpunkts für die Kapitalbereitstellung

Für den Zeitpunkt ($t_{bDiffbA}$), zu dem spätestens der Kapitalgeber von Außen zumindest einen Teil des Differenzbetrags bereitstellen muß, besteht folgende Bedingung:

(43-17) $KB_{TA} \cdot x = LR_{bPb} + \delta LR \cdot x$, die nach x aufzulösen ist.

Dies ergibt:

(43-18) $t_{bDiffbA} = LR_{bPb}/(KB_{TA} - \delta LR)$

hier $= 18{,}5/(0{,}14 - 0{,}035) = 18{,}5/0{,}105 = 176$ AT.

Terminierung des Zeitpunkts für die Kapitalrückzahlung

Für den endgültigen Rückzahlungszeitraum der von Außen zugeführten Mittel (t_r) nach dem Kapitalkulminationspunkt des Projekts durch freie Unternehmensmittel gilt die Bedingung:

(43-19) $\delta LR \cdot x + CF \cdot x = Diff_{bA}$,

aufgelöst nach x ergibt dies:

(43-20) $x = t_r = \text{Diff}_{bA}/(\delta LR + CF)$,

(43-20) $tr = 17{,}2/(0{,}035 + 0{,}65) = 17{,}2/0{,}685 = 25{,}1 \text{ AT}$.

Dann liegt der endgültige potentielle Rückzahlungszeitpunkt des Kapitals der - temporären - Anschlußfinanzierung (P_{tr}) nach Projektbeginn bei

(43-21) $P_{tr} = PLZ + t_r = 340 + 25{,}1 = 365{,}1 \text{ AT}$.

Nach wievielen Produktionstagen ($tr_{AT1.Tr}$) kann die erste Tranche der Anschlußfinanzierung (TR_I) in Höhe von 7 Mio. DM zurückgezahlt werden?

(43-22) $tr_{AT1.Tr} = TR_I/(\delta LR + CF) = 7{,}0/0{,}685 = 10{,}2 \text{ AT}$.

Terminierung des Amortisationszeitpunkts des Projekts

Die Amortisationszeit des Projekts nach Projektbeginn aus Projektfinanzüberschüssen (t_{ab}) errechnet sich wie folgt:

(43-23) $t_{ab} = PLZ + KB_p/CF_p$

hier $= 340 + 47{,}6/0{,}65 = 340 + 73{,}2 = 413{,}2 \text{ AT}$

und aus Gesamtüberschüssen:

(43-24) $t_{abg} = PLZ + KB_p/(\delta LR + CF_p)$

$= 340 + 47{,}6/0{,}685 = 340 + 70 = 410 \text{ AT}$.

Terminierung eines Projekts ohne zusätzlichen Kapitalbedarf

Das Unternehmen will ohne Kapitalaufnahme von Außen ein kleineres Alternativprojekt mit einem Kapitalbedarf von 23,5 Mio. DM bis zum Kapitalkulminationspunkt realisieren. Nach wievielen Arbeitstagen (t_{fk}) ist dieser Kapitalbedarf durch eigene Mittel finanziert?

(43-25) $t_{fk} = (KB_p - LR_{bPb})/\delta LR = (23{,}5 - 18{,}5)/0{,}035 = 142{,}9 \text{ AT}$.

Wieviele Tage (t_w) müßte bei einer Projektlaufzeit von 120 AT noch mit dem Projektbeginn gewartet werden, damit die Finanzierung gesichert ist?

(43-26) $t_w = t_{fk} - PLZ = 142{,}9 - 120 = 22{,}9 \text{ AT}$.

Lösen Sie Aufgabe Nr. 43-3 in Anlage A!

4.3.3.2 Investitions-Finanzierungs-Konjunktion B: segmentierte Kapitalbedarfssteigerung und monotoner Kapitalrückfluß

Voraussetzungen

Zum Finanzmanagement wird u.a. von folgenden Voraussetzungen ausgegangen:
1. Das zu realisierende Projekt wird als vorteilhaft angesehen.
2. Der sich aus der Investitions-Finanzierungs-Konjunktion resultierende eventuelle Ausschüttungsausfall liegt im Rahmen der / -Gewinnausfalltoleranz des Kapitalgebers.
3. Die Finanzierungs- wie auch die Kapitalbedarfs-Funktionen lassen sich definieren und erfassen: die Kapitalbindungentwicklung durch das Projekt läßt sich segmentieren, während Eigenmittel und der Kapitalrückfluß sich monoton entwickeln.

Angaben für ein Beispiel

Das Beispielprojekt mit einer veranschlagten Laufzeit von 340 Arbeitstagen binde Investitionen von 48 Mio. DM bis zu seinem Kapitalkulminationspunkt. Die Phase I = $t_1 - t_{124}$ besitzt den Kapitalentwicklungsfaktor = 1, die Phase II = $t_{125} - t_{220}$ = KEF 1,3, die Phase III den KEF 0,9. Das Unternehmen kann bei Projektbeginn aus seinen Liquiditätsreserven, die täglich um 0,035 Mio. DM steigen, 18,5 Mio. DM zur Anschubfinanzierung für das Projekt bereitstellen. Ab dem Kulminationspunkt erwirtschaftet das Projekt Finanzüberschüsse (Cash-Flow) von 0,55 Mio. DM pro AT, welche zur Projektfinanzierung beitragen (vgl. Abb. 43-5).

Ermittlung der Höhe des täglichen Kapitalbedarfs

Wie hoch ist der tägliche Kapitalbedarf in den einzelnen Projektphasen? Diese Aufgabe ist im Wege einer Sequenzanalyse zu lösen:

(43-27) $124 \cdot 1 \cdot x + 96 \cdot 1,3 \cdot x + 120 \cdot 0,9 \cdot x = 48.000.000$

$x = x_I = 134.529,- DM;$
$x_{II} = 134.529 \cdot 1,3 = 174.888,- DM:$
$x_{III} = 134.529 \cdot 0,9 = 121.076,- DM.$

Abb. 43-5: Gebrochene Kapitalbedarfs- und voll lineare Finanzierungsfunktion eines Projekts

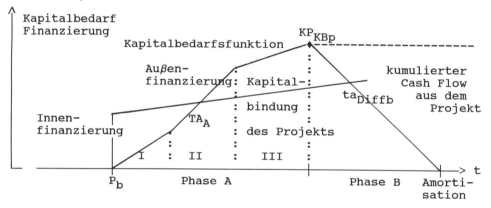

Terminierung des Zeitpunkts der Anschlußfinanzierung (Außenfinanzierung)

Ab welchem Arbeitstag (TA_A) muß die Anachlußfinanzierung spätestens bereit stehen? Auch diese Aufgabe ist im Wege einer Sequenzanalyse zu lösen:

Phase I reicht nicht aus, da $124 \cdot 134.529 < 18.500.000 + x \cdot 35.000$ ist.

Die Einbeziehung der Phase II ergibt:

(43-27) $18.500.000 + x \cdot 35.000 = 134.529 \cdot 124 + 174.888 \cdot x$

$x = (18.500.000 - 134.529 \cdot 124)/(174.888 - 35.000)$
$= (18.500.000 - 16.681.596)/139.888 = 1.818.404/139.888 = 13$ AT.

Die Addition der Zeiten aus beiden Zeitsequenzen ergibt den Zeitpunkt für den Beginn der erforderlichen Anschlußfinanzierung (Außenfinanzierung):

$124 + 13 = 137$ Arbeitstage.

4.3.3.3 Investitions-Finanzierungs-Konjunktion C: Kapitalbedarfsentwicklung mit zeitlich fixierbarem Wendepunkt und geometrisch sich entwickelnder Eigenmittelzufluß

Voraussetzungen

Zum Finanzmanagement wird u.a. von folgenden Voraussetzungen ausgegangen:
1. Das zu realisierende Projekt wird als vorteilhaft angesehen.
2. Der sich aus der Investitions-Finanzierungs-Konjunktion resultierende eventuelle Ausschüttungsausfall liegt im Rahmen der Φ/Ω-Gewinnausfalltoleranz des Kapitalgebers.
3. Die monotone Kapitalbedarfsentwicklung wegen zeitlich festlegbarer Wendepunkte und auch der monoton sich entwickelnde Eigenmittelzufluß lassen sich in mathematische Gleichungen fassen (vgl. Abb. 43-6).

Angaben für ein Beipiel

Der Kapitalbedarf soll mit 43 Mio. DM in der 340. Zeiteinheit kulminieren. Der Wendepunkt der Kapitalbedarfsentwicklung der Phase A soll aufgrund von Erfahrungen aus ähnlichen Projekten nach 35% des Zeitablaufs bei der 120. Zeiteinheit liegen. Ebenfalls aufgrund von Erfahrungen soll sich die Kapitalbedarfsentwicklung in der Phase A weitgehend durch einen Polynom dritten Grades durch den Nullpunkt (= kubische Parabel durch den Nullpunkt) bis zum Kapitalkulminationspunkt abbilden lassen und danach nur noch annähernd dieser Parabel folgen (= Funktion y_1 in Abb. 43-6). Das Unternehmen kann für das Investitionsprojekt einen Sockelbetrag von 23 Mio. DM an Eigenmitteln zur Anschubfinanzierung bereitstellen, die pro Zeiteinheit um 0,16% exponential anwachsen sollen (= Funktion y_2 in Abb. 43-6).

Es gilt die Schnittpunkte der Funktionen y_1 und y_2 und die maximale Differenz zwischen den beiden Funktionen zu ermitteln, um daraus finanzwirtschaftliche Schlüsse zu ziehen.

Abb. 43-6: Kapitalbedarfsfunktion mit zeitlich fixierbarem Wendepunkt und geometrisch sich entwickelnder Eigenmittelfunktion eines Projekts (in Mio. DM)

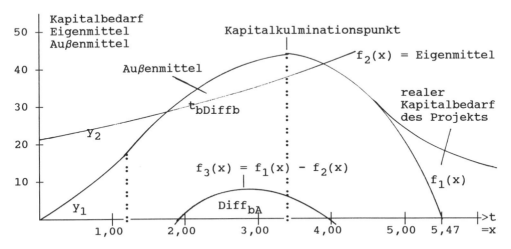

Lösung A: Additionsmethode

Grundlegungen

Für den Polynom dritten Grades gilt
(43-28) $f(x) = ax^3 + bx^2 + cx + d$
(43-29) $f'(x) = 3ax^2 + 2bx + c$
(43-30) $f''(x) = 6ax + 2b$.

Dann lassen sich die vier Gleichungen aufstellen:

(43-31) I $f(0) = 0 \Longrightarrow d = 0$

(43-32) II $f(340) = 43 \cdot 10^6 = a \cdot 340^3 + b \cdot 340^2 + c \cdot 340$

(43-33) III $f'(340) = 0 = 3a \cdot 340^2 + 2b \cdot 340 + c \quad |\cdot(-340)$

(43-34) IV $f''(120) = 0 = 6a \cdot 120 + 2b \qquad\qquad |\cdot(57,8 \cdot 10^3)$.

Durch Addition lassen sich die Koeffizienten ermitteln:

(43-35) II + III:
$$\begin{aligned}\text{II:} \quad & 43 \cdot 10^6 = a \cdot 340^3 + b \cdot 340^2 + c \cdot 340 \\ \text{III:} \quad & 0 = -117,912 \cdot 10^6 a - 231,2 \cdot 10^3 b - 340c \\ \hline 1) \quad & 43 \cdot 10^6 = -78,608 \cdot 10^6 a - 115,6 \cdot 10^3 b\end{aligned}$$

(43-36) 1) + IV:
$$\begin{aligned} & 43 \cdot 10^6 = -78,608 \cdot 10^6 a - 115,6 \cdot 10^3 b \\ & 0 = 41,616 \cdot 10^6 + 115,6 \cdot 10^3 b \\ \hline & 43 \cdot 10^6 = -36,992 \cdot 10^6 a.\end{aligned}$$

Daraus lassen sich die Koeffizienten errechnen:

(43-37) $a = 43 \cdot 10^6 / -36,992 \cdot 10^6 = -1,1624$ \quad in 1), in II

(43-38) $b = [43 \cdot 10^6 + 78,608 \cdot 10^6 \cdot (-1,1624)] / -115,6 \cdot 10^3$
        $= 418,45$ \hfill in II

(43-39) $c = [43 \cdot 10^6 - 340^3 \cdot (-1,1624) - 340^2 (418,46)] / 340$
        $= 118.567$.

Dann läßt sich die Gleichung y_1 aufstellen:

(43-40) $f_1(x) = -1,1624 \cdot x^3 + 418,46 \cdot x^2 + 118.567$

und die Gleichung y_2:

(43-41) $f_2(x) = 23 \cdot 10^6 \cdot 1,0016^x$.

Die maximale Differenz zwischen den beiden darauf aufbauenden Kurven läßt sich errechnen, indem die erste Ableitung gebildet und gleich Null gesetzt wird (die Durchrechnung erfolgte hier mit Hilfe der EDV unter Benutzung der Software Mathe-ASS):

(43-42) $f_1(x) - f_2(x)$
        $= -1,1624 x^3 + 418,46 x^2 + 118.567 \cdot x - 23 \cdot 10^6 \cdot 1,0016^x$

(43-43) $-3,4872 x^2 + 836,92 x + 118.567 - 23 \cdot 10^6 \cdot 1,0016^x \ln 1,0016$

(43-44) $f'(x) = 0 \Longrightarrow x = 297$ Arbeitstage.

Ermittlung der Höhe des von Außen zu finanzierenden Kapitalbetrags

Mit $x = 297$ eingesetzt in die Gleichung (43-37) errechnet sich der maximale Differenzbetrag:

(43-45) $f_1(297) - f_2(297)$
        $= -1,1624 \cdot 297^3 + 418,46 \cdot 297^2 + 118.567^{297} - 23 \cdot 10^6 \cdot 1,0016^{297}$
        $= 4.695.994,- $ DM.

Terminierung der Zeitpunkte von Zuführung und Rückzahlung des Kapitalbetrags

Die Schnittpunkte der beiden Kurven, welche den Zeitraum des von Außen zu beziehenden Differenzkapitalbedarfs abstecken, befinden sich an der Nullstelle von f1(x) - f2(x):

(43-46) $x_n = x_{n-1} - f((x_{n-1})/f'(_{n-1})$

und lassen sich durch das Newtonsche Näherungsverfahren errechnen:

n	x_{n-1}	f(xn-1)	f'(x_{n-1})	xn
1	200,000	-513.239,7	95.838,145	205,355
2	200,355	-9.368,76	92.315,000	205,456
3	205,456	-48,39		

Schnittpunkt 1 bei x = 205 Arbeitstage und
Schnittpunkt 2 bei x = 376 Arbeitstage.

Da der Polynom 3. Grades nach dem Höhepunkt steiler abstürzt, als es dem wahrscheinlichen Kapitalrückfluß aus dem Investitionsprojekt entspricht, ist der Kurvenverlauf nach dem Höhepunkt handschriftlich in der Abbildung zu korrigieren oder es ist die Kapitalbedarfskurve zu splitten und es dann mit zwei verschiedenen Kurven zu arbeiten (sog. Spline-Funktionen). Auf letzteres wird hier nicht eingegangen, da vornehmlich der Kurvenverlauf vor dem Kapitalkulminationspunkt (= Kurvenhöhepunkt) interessiert.

Lösung B: Matrizenmethode

Grundlegung

(43-47) $f(x) = a + bx + cx^2 - dx^3$.

Die Koeffizienten hierfür lassen sich dann ausgehend von x = 1 = 100 Arbeitstage durch Aufstellung entsprechender mathematischer Gleichungen ermitteln.

Die mathematische Gleichung für den Kulminationspunkt der Kurve, hier am 340. Arbeitstag, mit der ersten und zweiten Ableitung lautet:

(43-48) x = 3,4: $a + b \cdot 3,4 + c \cdot 3,4^2 + d \cdot 3,4^3 = 43$

(43-49) x = 0: $a + b \cdot 0 + c \cdot 0^2 + d \cdot 0^3 = 0$

(43-50) $f' = b + 2cx + 3dx^2$

(43-51) x = 3,4: $f' = b + 2c \cdot 3,4 + 3d \cdot 3,4^2 = 0$

(43-52) $f'' = 2c + 6dx$.

Die Gleichung für den Wendepunkt am 120. Arbeitstag lautet:

(43-53) x = 1,2: $f'' = 2c + 6d \cdot 1,2 = 0$.

Die vorstehenden Gleichungen lassen sich eine Matrix überführen:

	a	b	c	d	
(43-54)	1	3,4	$3,4^2$	$3,4^3$	43
(43-55)	1	0	0	0	0
(43-56)	0	1	$2 \cdot 3,4$	$3 \cdot 3,4^2$	0
(43-57)	0	0	2	$6 \cdot 1,2$	0.

Die vorstehende Matrix läßt sich lösen
- nach dem Horner-Schema; dieses eignet sich nach L. Papula (vgl. LV 47 S. 122)
  - zur Berechnung der Funktionswerte einer ganzrationalen Funktion und
  - zur schrittweisen Reduzierung einer Polynomfunktion (zur Nullstellenberechnung),
- nach dem Gaußschen Eliminationsverfahren:

aus (43-55) $\Longrightarrow$ a = 0

	a	b	c	d	
(43-55) − (43-56)	0	3,4	$3,4^2$	$3,4^3$	43
−3,4 · (43-57)	0	−3,4	$-2 \cdot 3,4^2$	$-3 \cdot 3,4^3$	0
(43-53) =	0	0	$-3,4^2$	$-2 \cdot 3,4^2$	43
2 · (43-53)	0	0	$-2 \cdot 3,4^2$	$-4 \cdot 3,4^3$	2·43
+ $3,4^2$ · (44-52)	0	0	$2 \cdot 3,4^2$	$7,2 \cdot 3,4^2$	0
(43-58)	0	0	0	−73,984	86

$\Longrightarrow$ d = −86/73,984 = − 1,162

73,984 · (43-52)	0	0	147,968	532,6848	0
+ 7,2 · (43-54)	0	0	0	−532,6848	619,2
(43-59)	0	0	147,968	0	619,2

$\Longrightarrow$ c = 619,2/147,968 = 4,185

(43-51)	0	1	2·3,4	$3 \cdot 3,4^2$	0
−3,4 · (43-52)	0	0	−2·3,4	−7,2·3,4	0
(43-60)	0	1	0	10,2	0

73,984 · (43-60)	0	73,984	0	754,6368	0
+ 10,2 · (43-58)	0	0	0	−754,6368	877,2
(43-61)	0	73,984	0	0	877,2

$\Longrightarrow$ b = 877,2/73,984 = 11,86

Die Ausrechnung führt zu dem Ergebnis:

(43-62) $y_1 = 11,86x + 4,185x^2 - 1,162x^3$.

Die Eigenfinanzierung läßt sich in die exponentielle Gleichung kleiden:

(43-63) $y_2 = a \cdot (1+p)^x$, dabei ist p der Zinssatz für 100 Tage.

(43-63) $y_2 = a \cdot (1+p)^x = a \cdot e^{\ln(1+p) \cdot x} = a \cdot e^{0,16x}$.

Durch Einsetzen in die Gleichungen und durch Probieren ergeben sich folgende Werte:

x	0	1,00	2,00	2,06	2,97	3,00	3,40
y_1	0	14,9	31,1	31,98	41,64	41,87	43,0
y_2	23,0	27,0	31,7	31,99	36,99	37,14	-

Ermittlung des Kapitalbedarfs und Terminierung der Ein- und Rückzahlungszeitpunkte

Daraus lassen sich verschiedene **finanzwirtschaftliche Informationen** ableiten:

1.) Der Zeitpunkt, zu dem spätestens die zusätzlich erforderlichen Mittel der Anschluß-finanzierung (Außenfinanzierung) bereitstehen müssen, ergibt sich als der
t_{bDiffb} = t = 2,06 = 206. Arbeitstag.

2.) Der maximal von Außen zu beziehende Differenzkapitalbedarf errechnet sich wie folgt:

(43-64) $Diff_{b2,97}$ = 41,64 - 36,99 = 4,65 Mio. DM.

Zwischen den beiden Ausrechnungen nach dem Additions- und nach dem Matrizenverfahren ergibt sich die Differenz von

4.695.994,- - 4.650.000 = 45.994,-DM = ca. 1%, die vornehmlich auf die häu-

figeren Iterationen des mathematischen EDV-Programms zurückzuführen ist.

3.) Die volle Rückzahlung der Anschlußfinanzierung ist ab t ≈ 380 möglich.

Damit existiert für das Investitionsprojekt ein Kapitalbedarf der Anschlußfinanzierung (Außenfinanzierung) vom 206. bis zum 380. Arbeitstag.

Lösen Sie Aufgabe Nr. 43-4 in Anlage A!

4.3.3.4 Investitions-Finanzierungs-Konjunktion D: unregelmäßige Kapitalbedarfssteigerung und monotoner Kapitalrückfluß

Voraussetzungen

Zum Finanzmanagement wird u.a. von folgenden Voraussetzungen ausgegangen:
1. Das zu realisierende Projekt wird als vorteilhaft angesehen.
2. Der sich aus der Investitions-Finanzierungs-Konjunktion resultierende eventuelle Ausschüttungsausfall liegt im Rahmen der Φ/Ω-Gewinnausfalltoleranz des Kapitalgebers.
3. Die Kapitalbedarfssteigerung entwickelt sich unregelmäßig, der Kapitalrückfluß monoton.

Das Beispielprojekt besitzt eine unregelmäßige Kapitalbedarfssteigerung (vgl. 4.3.2.1). Es können liquide Unternehmensmittel in Höhe von 25 Mio. DM zur Anschubfinanzierung bereitgestellt werden, die sich monoton um 2 Mio. DM pro Periode erhöhen.

Amortisation des Projektkapitals

Wann ist mit einer Amortisation des für das Projekt eingesetzten Kapitals zu rechnen?
Dies hängt offensichtlich von der Stärke des Kapitalrückflusses ab. Das Unternehmen rechnet mit einem Cash-Flow von 12 Mio. DM pro Periode aus dem Projekt, der in Periode 11 einsetzen soll:

Periode	11	12	13	14	15	16	17	18	19	20	21
Cash-Flow pro Periode	12	12	12	12	12	12	12	12	12	12	12
Cash-Flow kumuliert	12	24	36	48	60	72	84	96	108	120	132

Dann entwickelt sich der Netto-Kapitalbedarf des Projekts wie folgt:

Periode	1	3	4	5	7	9	11	13	15	16	17	21
Kapitalbedarf kum.	4	21	27	40	68	86	97	99	99	99	99	99
Cash-Flow kumuliert	-	-	-	-	-	-	12	36	60	72	84	132
Kapitalbedarf netto	4	21	27	40	68	86	85	63	39	27	15	-33
Eigenmittel	25	29	31	33	37	41	45	49	53	55	57	65
Eigenmittelunterd.	-	-	-	7	31	45	40	14	-	-	-	-

Terminierung der Ein- und Rückzahlungszeitpunkte der Anschlußfinanzierung

Ab wann muß spätestens ein Anschlußfinanzierungsbeitrag (durch Außenfinanzierung) für wie lange maximal in welcher Höhe bereit stehen?
Dies läßt sich ablesen: demnach besteht zwischen der 4. und 14. Periode wegen des Projekts ein Anschlußfinanzierungsbedarf, dessen maximale Höhe 45 Mio. DM beträgt. Das Projekt selbst amortisiert sich nach der 19. Periode.

Es versteht sich, daß bei derartigen Kumulativrechnungen keine der Kapitaleinflußfaktoren monoton gestellt werden muß, so daß diese die präzisesten und flexibelsten aller Kapitalrechnungen darstellen. Der Nachteil ist, daß sie einen hohen Informationsbedarf erfordern.

4.3.4 Optimale Zwischenanlage von vorübergehend nichtbenötigten Investitionsmitteln

4.3.4.1 Grundsätzliche Überlegungen

Die für das Projekt bereit gestellten Unternehmensmittel werden für einige Zeit nicht voll benötigt, wie an dem stumpfwinkligen Dreieck ABC erkennbar ist (vgl. Abb. 43-4). Das läßt die Frage nach einer optimalen Zwischenanlage akut werden. Optimal wäre bei konstantem Anlageprozentsatz eine Anlage, die zu einer maximalen Fläche führen würde; eine stärkere Segmentierung - wie sie etwa W.J. Baumol vorschlägt (vgl. 6.3.1) - führt bei kurzzeitigen Geldanlagen zu empfindlich hohen Transaktionskosten. Relativ einfach läßt sich ein solches Problem **orthogonal** lösen, d.h., wenn von einem rechtwinkligen Dreieck ausgegangen wird (vgl. Abb. 43-8 bzw. 43-9). Dies ist dann der Fall, wenn der Anschubfinanzierung keine weiteren Mittel etwa aus dem Cash-Flow zugeführt werden. Dabei sind dann die Bedingungen zu suchen, bei denen die Fläche maximal groß ist.

Die Frage einer Zwischenanlage von vorübergehend nicht benötigten Finanzmittel in Projekten ist aktuell, wenn die Finanzmittel dem Projekt nicht bedarfsweise, sondern blockweise zugeführt werden (vgl. Abb. 43-7):
- bei der Anschubfinanzierung;
- bei der(den) Anschlußfinanzierung(en).

Abb.43-7: Anlässe für zwischenzeitliche Finanzanlagen

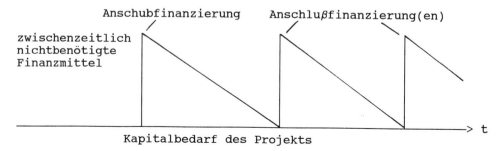

4. Entscheidungskonzepte für das Finanzmanagement 177

Die **Überlegungen** können für **unterschiedliche Situationen** angestellt werden:
- für eine **deterministische Situation**, für die die Entwicklungsbedingungen festliegen, oder
- für eine **stochastische Situation**, bei der die Entwicklungsbedingungen nur mit einer gewissen Streubreite nur abgeschätzt werden können.

4.3.4.2 Deterministische Bedingungen

Das Anlageproblem läßt sich ausgehend von folgenden mathematischen Grundformeln lösen, wobei F_T die Fläche des vorgegebenen Dreiecks ist (vgl. Abb. 43-8):

(43-65) $\quad F_T = b \cdot c/2$

(43-66) $\quad F_I = (c - x) \cdot y/2$

(43-67) $\quad F_{II} = x \cdot (b - y)/2$

(43-68) $\quad F_\blacksquare = x \cdot y$

(43-69) $\quad \tan\beta = b/c$

(43-70) $\quad (c - x) = y/\tan\beta$.

Dann ist

(43-71) $\quad F_\blacksquare = F_T - F_I - F_{II}$

$\qquad = b \cdot c/2 - y^2/2\tan\beta - [(c - y/\tan\beta) \cdot (b - y)]/2$

$\qquad = b \cdot c/2 - y^2/2\tan\beta - 1/2[cb - cy - by/\tan\beta + y^2/\tan\beta]$

$\qquad = b \cdot c/2 - y^2/2\tan\beta - 1/2 \cdot cb + 1/2 \cdot cy + b \cdot y/2\tan\beta$

$\qquad\quad - y^2/2\tan\beta$

$\qquad = b \cdot c/2 - y^2/\tan\beta - 1/2 \cdot cb + 1/2 \cdot cy + b \cdot y/2\tan\beta$.

Die Differentiation führt zu:

(43-72) $\quad F'_\blacksquare = -2/\tan\beta \cdot 2 + 1/2 \cdot c + b/2\tan\beta$

(43-73) $\quad F'_\blacksquare = 0 = 2/\tan\beta \cdot y = 1/2 \cdot c + b/2\tan\beta$.

Die zweite Ableitung ist kleiner Null:

(43-74) $\quad F''_\blacksquare = -2/\tan\beta < 0$,

so daß das Maximum nachgewiesen ist.

Das ergibt als Resultat:

(43-75) $\quad y = \tan\beta/2(1/2c + b/2\tan\beta)$

oder

(43-76) $\quad y = c \cdot \tan\beta/4 + b/4$

(43-77) $\quad x = c - y/\tan\beta$.

Tangens ß durch b/2 ersetzt ergibt vereinfacht:

(43-78) y = b/2c(1/2 · c + b · c/2 · b) = b/2

(43-79) x = c - b · c/2 · b = c/2.

Wie oben dargelegt betragen die für das Projekt bereit gestellten Liquiditätsreserven = b = 13,5 Mio. DM. Dies ergibt einen Einsatzbetrag von

(43-78) y = b/2 = 13,5/2 = 6,75 Mio. DM,

der für den Zeitraum von

(43-79) x = $t_{bDiffbA}$ = c/2 = 176/2 = 88 AT (Arbeitstage)

auszuleihen ist.

Abb. 43-8: Gewinnmaximale zwischenzeitliche Kapitalanlage

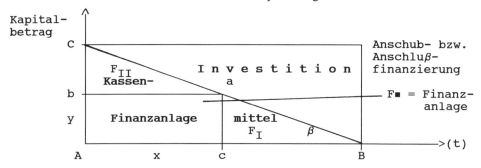

4.3.4.3 Stochastische Bedingungen

Der in der Dreieckseite a repräsentierte Kapitalabfluß für das Projekt kann stochastischer Natur sein und sich unregelmäßig entwickeln. Die Bandbreite der Abweichungen vom geplanten Kapitalabfluß variiert gewöhnlich von Projekt zu Projekt. Jedoch kann gewöhnlich aufgrund von Erfahrungen aus früheren Projekten das höchstwahrscheinliche Streuungsmaß geschätzt werden, z.B. ± 12% (vgl. Abb. 43-9).

Abb. 43-9: Zwischenzeitliche Kapitalanlage mit stochastischem Mittelabfluß

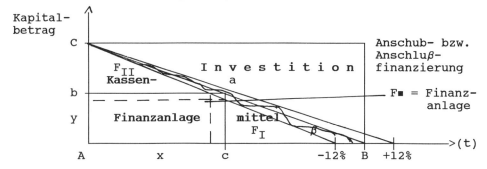

Dann stehen dem Investor bei einer negativen Streuung folgende **reaktive Liquiditätswahrungsstrategien** zur temporären Überbrückung der Unterdeckung Verfügung:
- Aufnahme eines kurzfristigen Kredits;
- Streckung von Zahlungen mit möglicherweise empfindlichen Rabattverlusten.

Präventiv ist eine entsprechend prozentuale Verkleinerung **oder** eine entsprechend prozentuale zeitliche Verkürzung der Zwischenanlage gemäß dem Strahlensatz möglich.

Demnach besteht die **Kapitalstruktur eines laufenden Projekts** potentiell aus drei Schichten:
1. Schicht: **Sunk Capital** = getätigte und ausgezahlte Investitionen;
2. Schicht: **Kassenmittel** für Transaktionen und zur Liquiditätssicherung;
3. Schicht: **zwischenzeitliche Finanzanlage** zur Erzielung von (Ertrag-)Zinsen.

Lösen Sie Aufgabe Nr. 43-5 in Anlage A!

4.3.5 Beachtung von Finanzierungsgrenzen bei der Investitions-Finanzierungs-Konjunktion

Gewöhnlich müssen die Unternehmen bei der Finanzierung des laufenden Unternehmensprogramms wie auch neuer Projekte Kapitalrestriktionen verschiedenster Art rechnen:
- sei es die Kapitaleigner sind nicht bereit, zusätzliche Finanzmittel bereitzustellen,
- sei es, die Fremdkapitalgeber zeigen sich bezüglich neuer Kredite reserviert.

Die Unternehmensleitung wird dann ausloten, welche E̲igenmittel (EM) in Zukunft bereitstehen und mit welchen K̲redit̲beträgen KB und mit welchen K̲redit̲linien KL in Zukunft zu rechnen ist. Eigenmittel und Kredite einschließlich Kreditlinien machen dann den **potentiellen betrieblichen Kapitalstock** KST_p von der Finanzierungsseite aus, der monoton im Zeit-ablauf steigen soll:

(43-80) $\quad KST_p = EM + Kb + KL.$

Dieser potentielle betriebliche Kapitalstock darf - planmäßig - nicht von dem Kapitalbedarf des laufenden Unternehmensprogramms (KB_{lU}) wie auch neuer Projekte (KB_p) überzogen werden. Dies kann dennoch vor allem bei der Entscheidung über strategische Projekte mit ihrem gewöhnlich hohen Kapitalbedarf geschehen. In diesem Fall gibt es zwei Möglichkeiten, die alternativ bzw. kumulativ zur Problemlösung herangezogen werden können:
- Der Unternehmer bzw. die Gesellschafter werden unter Hinweis auf die lebenswichtige Bedeutung des strategischen Projekts für die weitere Unternehmensentwicklung unter so starken Druck gesetzt, daß sie ihre ursprünglichen Bedenken hintansetzen und dennoch zusätzliche Mittel bereitstellen. In diesem Fall steigt zum K̲apital̲erhöhungs̲zeitpunkt (KEZ) der Kapitalstock sprungartig auf KST' (vgl. Abb. 43-10).
- Investitionen des laufenden Unternehmensprogramms werden in Höhe des Spitzeninvestitionsbedarfs des strategischen Projekts in die Zukunft verschoben (vgl. Abb. 43-11).

Abb. 43-10: Deckung des Investitionsbedarfs durch Kapitalerhöhung

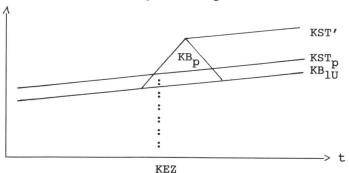

Abb. 43-11: Deckung des strategischen Spitzeninvestitionsbedarfs durch Verschiebung von laufenden Projekten

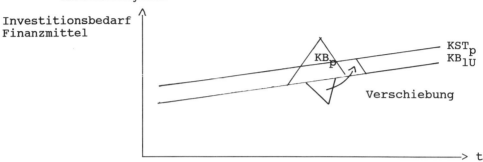

Der Vorteil der Verschiebung von Projekten des laufenden Unternehmensprogramms zum Ausgleich von - temporären - Spitzenkapitalbedarf für ein strategisches Projekt - vorwiegend wird es sich um Verschiebung von Ersatzinvestitionen handeln, die sich eventuell durch Reparaturen strecken lassen - gegenüber einer Kapitalerhöhung ist vor allem darin zu sehen,

- daß dann keine Bittgänge beim Principal (Unternehmer) um zusätzliches Kapital für den Betrieb erforderlich sind und

- daß deshalb kein zusätzliches Kapital zu "bedienen" ist; denn der Unternehmer erwartet dann eine höhere Ausschüttung, die zudem durch abnorm hohe Steuern belastet ist, die zunächst einmal beim Betrieb hängen bleiben.

4.3.6 Simultane Integration von Investition und Finanzierung strategischer Projekte mit Hilfe der Simplexmethode

Vor allem zu Beginn der Sechziger Jahre wurde mit dem Vordringen des Operations Research versucht, unter Verwendung der Simplex-Methode komplexe simultane Entscheidungsmodelle aufzustellen. Es wird dabei unter ein- bzw. mehrperiodischen Modellen, kapitalwert- oder endwertmaximierenden Modellen etc. unterschieden:

- Ein endwertmaximierendes mehrperiodisches Modell findet sich z.B. bei H. Hax (Lineare Planungsrechnung und Simplexmethode als Instrumente betriebswirtschaftlicher Planung, in: Zeitschrift für handelswissenschaftliche Forschung, NF 12. Jg., 1960, S. 586ff.).

- Das von H. Albach (vgl. LV 1) entwickelte Modell ist kapitalwertmaximierend und einperiodischer Natur. Es verfolgt folgende Zielsetzungen, die typisch für die Simultanmodelle sind (vgl. ebenda S. 60f.):
1. Das optimale Investitionsbudget muß aus einer simultanen Entscheidung über Investitions- und Finanzierungsmöglichkeiten hervorgehen.
2. Die Entscheidung muß dem erwerbswirtschaftlichen Prinzip Rechnung tragen.
3. Die Entscheidung muß die Aufrechterhaltung des finanziellen Gleichgewichts in jedem Augenblick gewährleisten.
4. Die Entscheidung muß auch den anderen Bedingungen, unter denen sich der betriebliche Kombinationsprozeß vollzieht und die zu Engpässen in der Planung werden können, gerecht werden.

H. Albach formuliert das "statische Modell" wie folgt (vgl. ebenda S. 303ff.):

$$(43\text{-}81) \quad c'x + v'x = C_o \longrightarrow \text{Max!}$$

(c = Kapitalwert der Investitionsvorhaben; v = Kapitalwert der der Finanzierungsmöglichk.)

unter den Nebenbedingungen:

(43-82) Bx + Dy ≤ w

(B = Einnahmen-Ausgaben-Matrix der Investitionsobjekte; D = Einnahmen-Ausgaben-Matrix der Finanzierungsmöglichkeiten; w = Verfügbarkeit an eigenen Mitteln)

(43-83) x ≤ k

(x = Vektor der Investitionsmöglichkeiten; k = Vektor der Kapazitäten der Investitionsproj.)

(43-84) y ≤ 1 (y = Vektor der Finanzierungsmöglichkeiten)

(43-85) x,y ≤ 0.

4.3.7 Abschließende kapitaltheoretische Beurteilungen

4.3.7.1 Fisher-Separation vs. Investitions-Finanzierung-Konjunktion

Wegen der **Fisher-Separation** - der Trennung von Finanzierung und Investition - geht der bei strategischen Projekten erforderliche hochkomplexe, nach innen und außen gerichteten Planungs- und Abstimmungsprozeß des Unternehmens bei den außenorientierten Capital Asset Pricing Modellen (CAPM) mangels interner Informationen völlig vorbei. Insbesondere ergeben sich bei Capital Asset Pricing Modellen folgende konkrete **kapitaltheoretische Defizite**:
- die Höhe zusätzlicher Kapitalbedarfe für Investitionsprojekte ist nicht erkennbar;
- entsprechend läßt sich ihre Finanzierungsrelevanz unter Berücksichtigung der in der betrieblichen Praxis allgemein beachteten Finanzierungsregeln nicht beurteilen, insbesondere in Richtung
  - Einsatz vorhandener liquider Mittel (nicht zuletzt aus dem Cash-Flow),
  - Umfang der erforderlichen Außenfinanzierung;
- entsprechend läßt sich nicht abschätzen,
  - ob neben einer - temporären oder dauernden - Fremdfinanzierung
  - auch eine - temporäre oder dauernde - Eigenkapitalzufuhr erforderlich ist;
- entsprechend läßt sich nicht abschätzen,
  - wann die Finanzierung von Außen einsetzen soll bzw.
  - wann und in welcher Höhe eine Rückzahlung der von Außen zugeführten Mittel erfolgen kann;
- entsprechend lassen sich nicht zwischenzeitlich nichtbenötigte Finanzmittel optimal disponieren, so daß es zu keiner geregelten betrieblichen Kassenhaltung kommt.

Alle diese kapitaltheoretischen Defizite lassen sich, wie die vorstehenden Ausführungen dieses Kapitels zeigen, im Wege einer Investitions-Finanzierungs-Konjunktion weitgehend auflösen, so daß es betriebswirtschaftlich geraten erscheint, auch **das Paradigma der Fisher-Separation aufzugeben**. Auf diese Weise kann die Betriebswirtschaftslehre auf konkrete kapitaltheoretische Fragestellungen und Probleme eingehen und zu ihrer Lösung beitragen. Praktisch sind in den vorstehenden Ausführungen Investition, Finanzierung und Kassenhaltung zu einem schlüssigen Gesamtkonzept zusammengeschweißt worden, so daß von einem **finanzwirtschaftlichen Kompaktansatz** zu sprechen ist.

4.3.7.2 Betriebswirtschaftliche Relevanz der mathematischen Simultanmodelle

Diese Simultanmodelle der strategischen Finanzplanung haben in der betrieblichen Praxis bisher keinen Eingang gefunden. Begründen läßt sich dies u.a. damit,

- daß sie überaus arbeitsaufwendig sind, wobei der Optimierungsvorgang nicht leicht vom Top-Management nachvollzogen werden kann und so in bedenklicher Weise den Controlling-Bedürfnissen entgleitet, was seine Agent-Rolle in Frage stellt,

- daß sie die Vergangenheitsinvestitionen der Kapitalgeber negieren, deshalb nur Projekteffekte aufweisen - praktisch damit eine Gründung der Unternehmung auf der "grünen Wiese" voraussetzen - und so keinen Gesamtstatus des Unternehmens abbilden,

- daß, sofern sie die Kapitalwertmethode benutzen, für sie die oben formulierten methodischen Bedenken gelten,

- daß sie pseudooptimal sind, da eine optimales Investitionsprogramm aus rechentechnischen Gründen den Einsatz von Bruchteilen von Maschinen fordern kann,

- daß sie praktisch alle Interaktionsprozesse des Top-Managements mit dem Principal und den Fremdkapitalgebern negieren, die bei der Sukzessivplanung möglich sind (vgl. oben), bzw. diese Prozesse als bereits beendet voraussetzen, im letzteren Fall würde jedoch ein wesentlicher Teil der Unternehmensoptimierung außerhalb der Simultanplanung stattfinden.

Bei L. Perridon - M. Steiner finden sich folgende Kritikpunkte an der Simultanplanung (vgl. LV 48 S. 130f., vgl. auch 4.3.2):
- "Ein Nachteil, der alle Modelle für Programmentscheidungen gleichermaßen betrifft, ist die Starrheit der Lösung."
- "Empirische Untersuchungen haben ergeben, daß das mittlere Management bei der Budgetfestsetzung mitwirken will. Eine Nichtbeteiligung kann zu einer Abschwächung der Motivation, bzw. in gewissen Fällen, z.B. wenn das vorgebene Budget in keiner Weise mit den individuellen Vorstellungen übereinstimmt, zu einer offenen oder versteckten Nicht-Akzeptierung der Planwerte führen. Als Folge ergeben sich Leistungsminderungen... Bei der sukzessiven Ermittlung der Finanzplandaten kann im allgemeinen eine bessere Beteiligung der Organisationseinheiten am Entscheidungsprozeß erreicht werden, als dies bei den simultanen Planungsverfahren der Fall ist."

4.4 Finanzmanagement durch Kapital-Hedging

4.4.1 Bedeutung des Kapital-Hedgings

4.4.1.1 Funktionsweise des Kapital-Hedgings

Die Furcht vor Verlusten aus ungünstigem Geschäftsgang, vor Verlusten aufgrund des Währungsrisikos, vor Konjunkturrisiken und vor Verlusten sonstiger Art favorisiert zum Ausgleich von Risiken nicht nur **Währungs-Hedging-Geschäfte**, sondern allgemein **Kapital-Hedging-Strategien** durch Kapitalaufspaltung zum Aufbau von Gegenpositionen derart verfolgen,

- daß sie einen Teil des zur Verfügung stehenden Kapitals in der Leistungsstruktur des eigenen Unternehmens anlegen, Industrieunternehmen z.B. in Maschinen, mit gewöhnlich **variablen Gewinnen**, die der Höhe nach häufig (branchen-)konjunkturellen Einflüssen, aber auch eigenen unternehmerischen Mißerfolgen unterworfen sind, und

- daß sie einen anderen Teil des Kapitals in einer Größenordnung, die weit über die normalen Liquiditätsbedürfnisse hinausgeht, außerhalb des Unternehmens z.B. in Wertpapiere anlegen, möglichst zu **festen Zinsen**; das garantiert ihnen ständiges Einkommen auch bei schlechter Konjunktur.

Daraus ist nicht zu folgern, daß dieses Kapital-Hedging zu einem totalen Hedging in Form eines vollständigen ± Ausgleichs führt, vielmehr kommt es nur zu einer Dämpfung der Entwicklung der Gesamtkapitalrentabilität, wie es sich einem Zahlenbeispiel darstellen läßt (vgl. Tab. 44-1), solange die Verzinsung des Gesamtkapitals - z.B. für t_1: $8,5 \cdot 0,3 + 22,5 \cdot 0,7 = 2,55 + 15,75 = 18,3\%$ - über der Fremdkapitalverzinsung liegt (vgl. t_1, t_2, t_3); sonst schlägt der Leverage-Effekt ins Negative für die Eigenkapitalrentabilität um (vgl. t_3). Beträgt z.B. der Eigenkapitalanteil 60% und beträgt die Verzinsung des Fremdkapitals durchwegs 8%, dann verzinst sich z.B. das Eigenkapital in t_1 mit: $(18,3 - 8,0 \cdot 0,4)/0,6 = 25,2\%$.

Tab. 44-1: Dämpfung der Gesamtkapitalrentabilitätsentwicklung durch das Kapital-Hedging

Verzinsung	Zeit:	t_1	t_2	t_3	t_4
- des Finanzinvestitionsanteils von 30%:		8,5%	8,4%	8,2%	8,7%
- des Sachinvestitionsanteils von 70%:		22,5%	9,7%	2,3%	14,7%
Durchschnittsverzinsung		18,3%	9,3%	4,1%	12,9%
Abweichung vom Rentabilitätsziel (15%)*		+3,3%	-5,7%	-10,9%	+2,1%
Eigenkapitalrentabilität		25,2%	10,2%	1,5%	16,2%

* = in Prozent-Punkten

Das bedeutet wiederum, daß bei der Kapital-Hedging-Strategie der **Unternehmensgewinn** auf längere Sicht auf **zwei relativ gleichgewichtigen Säulen** steht:
- dem **Betriebsergebnis** (BE) aus dem sachlichen Betriebskapital (SKap) und
- dem **Zins-(Finanz-)überschuß** (ZÜ) aus dem Finanzkapital (FKap), gewöhnlich Bestandteil des "neutralen Ergebnisses".

4.4.1.2 Empirischer Nachweis des Kapital-Hedgings

Das Kapital-Hedging ist zumindest bei Großunternehmen empirisch nachweisbar; Großunternehmen wie Siemens und VW haben laut ihrer Geschäftsberichte für 1992 einen Großteil ihres Kapitals in Wertpapieren angelegt (vgl. Tab. 44-2) und nicht in Sachkapital (= Betriebskapital). Die Streubreite beträgt 13,87% bis 27,4%, wobei der Finanzmittelanteil bei Siemens über die Jahre relativ stabil ist, während bei VW relativ starker Abfall zum Vorjahr zu verzeichnen ist. Der enorme Anteil der Finanzmittel bei Siemens rührt nicht zuletzt aus dem großen Anteil der Aktivitäten im Anlagenbau her, aus dem ca. 20 Mrd. DM Anzahlungen von Kunden stammen.

Tab. 44-2: Finanzmittelanteil an der Bilanzsumme

Unternehmen	Volkswagen*		Siemens**	
Jahr	1991	1992	1991	1992
(1) Finanzmittel in Mio. DM	13.759	10.444	18.566	19.677
(2) Betriebskapital (Mio. DM)	56.331	64.840	50.902	52.123
(3) Bilanzsumme in Mio. DM	70.090	75.284	69.468	71.800
(4) Finanzmittel in % von (2)	24,43%	16,11%	36,74	37,75%
(5) Finanzmittel in % von (3)	19,63%	13,87	26,73%	27,4%

* Geschäftsbericht S. 58f. des Volkswagen-Konzerns
** Geschäftsbericht S. 52 des Siemens-Konzernabschlusses

Der Zinsertrag aus den Finanzmitteln trägt sowohl bei Volkswagen wie Siemens erheblich zur Stabilisierung des Unternehmenserfolgs bei (vgl. Tab. 44-3), und zwar
- in vertikaler Betrachtungsweise:
  - so beträgt der durchschnittliche Zinsanteil bei VW am Gesamtgewinn (40,8% + 55,1%) 48,0%, während der durchschnittliche Finanzmittelanteil an der Bilanzsumme nur (19,63% + 13,87%) 16,75%, was einen Faktor von 48/16,75 = 2,9 ergibt;
  - so beträgt der durchschnittliche Zinsanteil bei Siemens am Gesamtgewinn (72,8% + 86,0%) 79,4%, während der durchschnittliche Finanzmittelanteil an der Bilanzsumme

nur (26,73% + 27,4%) 27,0% beträgt, was einen gleichgelagerten Faktor von 79,4/27,0 = 2,94 ergibt,
- wie auch im Jahresvergleich:
  - so geht der Zinsertrag bei VW im Vergleich zum Vorjahr auf 60,2% zurück, der Betriebsgewinn sogar auf 33,7%, der Gesamtgewinn stabilisiert sich bei 44,5 %;
  - so steigt der Zinsertrag bei Siemens auf 110,4%, während der Betriebsgewinn auf 48,1% absackt, so daß sich der Gesamtgewinn bei 93,5% vom Vorjahr stabilisieren kann.

Tab. 44-3: Zinsanteil der Finanzmittel am Jahresüberschuß

Unternehmen	Volkswagen*		Siemens**	
Jahr	1991	1992	1991	1992
(1) Zinsertrag in Mio. DM	1.228	739	2.490	2.750
(2) Betriebsergebnis Mio. DM	1.785	602	929	447
(3) Finanz-/Betriebsertrag	68,8%	122,8%	268,0%	615,2%
(4) Gesamtgewinn (1) + (2)	3.013	1.341	3.419	3.197
(5) Zinsertrag/Gesamtgewinn	40,8%	55,1%	72,8%	86,0%
(6) Zinsertrag i.V.z. Vj.	-	60,2%	-	110,4%
(7) Betriebergebnis z. Vj.	-	33,7%	-	48,1%
(8) Gesamtgewinn i.V.z. Vj.	-	44,5%	-	93,5%

* Geschäftsbericht S. 60 des Volkswagen-Konzerns
** Geschäftsbericht S. 44 u. 52 des Siemens-Konzernabschlusses, Zinsertrag abzüglich Erträge von Verbundenen Unternehmen

Der stabilisierte Faktor von ca. 2,9 bei beiden Weltkonzernen mit breitgefächerten Produktprogramm mit einem so erzielten spezifischen Produkt-Hedging-Effekt zeigt, daß im Finanzanlagenbereich durch "Diversifikation" die "risikolose" Rentabilität sicherer zu erzielen ist als durch Realinvestitionen über Produkte und Dienstleistungen.

Siemens betreibt sogar ein **doppeltes Kapital-Hedging**,
- indem der Kapitalbestand auf der **Aktivseite der Bilanz** aufgeteilt wird in Sachanlagen und - in konventioneller Sicht überproportional stark - in Finanzanlagen **und**
- indem die Finanzschulden auf der **Passivseite der Bilanz** entsprechend der großen Exportabhängigkeit des Unternehmens zur Absicherung von Währungsrisiken zum größten Teil im Ausland gehalten werden: "Die Finanzschulden, die wir zum größten Teil im Ausland zur Absicherung von Währungsrisiken halten, lauten zu knapp der Hälfte auf US-Dollar" (Geschäftsbericht '92 von Siemens S. 33).

Über die **stabilisierte Unternehmensposition durch die Kapitalspaltung** zieht das einzelne Unternehmen verschiedene **Vorteile**:
- es baut sich ein direktes Hedging zum Fremdkapital auf;
- es stellt den Principal (Unternehmer) zufrieden, da auch bei ungünstigen Geschäftsumständen noch eine Dividende gezahlt werden kann;
- es unterstützt die in der Unternehmenspraxis zu beobachtende Dividendenstabilisierung (vgl. 2.3.4.2);
- es stellt die Agents d.h. das Top-Management zufrieden, da dann auch eine gewinnabhängige Manager-Tantieme gezahlt werden kann;
- es stellt die Belegschaft zufrieden, welche mit ungekürzten Sozialleistungen rechnen kann;
- es wahrt das gute Image bei Lieferanten und Kunden, aber auch in der weiteren Öffentlichkeit;

- es baut keine übergroße Herstellungskapazität auf,
  - welche das Unternehmen selbst unter einen eigenen Konkurrenzdruck setzen kann,
  - welche in konjunkturschwachen Zeiten das Unternehmen wegen niedriger Auslastung unter einen starken Fixkostendruck setzt,
  - welche in beiden Fällen das Unternehmen unter einen starken gewinn- und rentabilitätssenkenden Preisdruck setzen kann.

Als **potentielle Nachteile** wären zu verzeichnen:
- das Management wird von dem eigentlichen unternehmerischen Aufgabengebiet der Erstellung produktiver Leistungen abgelenkt und verfremdet sich zum "Portfolio-Manager";
- entsprechend nimmmt der unternehmerische "Drive" ab, die traditionellen Märkte zu beherrschen und neue (Güter-)Märkte zu erschließen;
- dadurch wiederum sinkt die Konkurrenzfähigkeit und Überlebensfähigkeit des Unternehmens;
- hohe Finanzanlagen können - intern - zu unüberlegten Akquisitionen fremder Unternehmen führen, eventuell wird das Unternehmen - extern - unter Hinweis auf die große "Liquidität" des Unternehmens dazu gedrängt, aus übergeordneten - "nationalen" - Interessen notleidende inländische Unternehmen zu erwerben, die eventuell nur marginal in das Konzept des Grundgeschäfts passen und das Unternehmen so zu einem "Conglomerate" machen mit erheblichen Steuerungsproblemen - was bei gewissen Unternehmensakquisitionen von Daimler-Benz der Fall gewesen sein dürfte.

4.4.2 Dynamik des Kapital-Hedgings

4.4.2.1 Aufbau des Kapital-Hedging-Kalküls

Das Unternehmen wird die sich aus dem Kapital-Hedging ergebende kombinierte Rendite ($r_{S/F}$) langfristig zu maximieren versuchen, indem es im Zeitablauf die Kapitalien in den Sektor mit der jeweils - unter Beachtung des Risikos - günstigsten Verzinsung lenkt:

(44-1) $r_{S/F} = (BE + ZÜ)/(SKap + FKap) \cdot 100 \longrightarrow max!$

Dabei ist die Rendite mit dem Risikofaktor (RF) zu bewerten, so ist z.B. bei einem Verlustrisiko von 20% RF = 1 - 0,2 = 0,8, mit dem Ergebnis der "risikolosen Rendite" (r_r):

(44-2) $r_r = r_x \cdot RF$

4.4.2.2 Rentabilitätseffekte durch Kapital-Hedging in verschiedenen Konjunkturphasen

Das Unternehmen wird sich den sich ändernden konjunkturellen Verhältnissen dadurch anpassen, indem es freiwerdende Kapitalien in den am günstigsten sich entwickelnden Kapitalsektor: Finanz- bzw. Betriebskapital lenkt und entsprechend Finanz- bzw. Sachinvestitionen tätigen.

Hochkonjunktur: Erwartungswerte: r_S = 18%; Risiko$_S$ = 15%; r_F = 8%; Risiko$_F$ = 5%.

Dann ist:

(44-3) $r_{rS} = 18 \cdot (1 - 0,15) = 18 \cdot 0,85 = 15,3\%$.

(44-4) $r_{rF} = 8 \cdot (1 - 0,05) = 8 \cdot 0,95 = 7,6\%$.

Hier ist mit Vorrang innerbetrieblich in Betriebskapital zu investieren.

Konjunkturflaute: Erwartungswerte: r_S = 8%; Risiko$_S$ = 40%; r_F = 6,5%; Risiko$_F$ = 8%.

Dann ist:

(44-5) r_{rS} = 8,0 · (1 - 0,40) = 8,0 · 0,60 = 4,8%,

(44-6) r_{rF} = 6,5 · (1 - 0,08) = 6,5 · 0,92 = 6,0%.

Hier ist mit Vorrang außerbetrieblich in Finanzkapital zu investieren.

4.4.2.3 Dynamische Kapitalstrukturierung beim Kapital-Hedging in verschiedenen Konjunkturphasen

Beträgt die Aufteilung des Unternehmenskapital (GK) allgemein:

(44-7) GK = xSKap + yFKap = 100,

so könnte die Aufteilung in der Hochkonjunktur lauten:

(44-8) GK_H = 90SKap + 10FKap = 100,

und in der Konjunkturflaute bei günstigem Cash-Flow:

(44-9) GK_F = 70SKap + 30FKap = 100,

und in der Konjunkturflaute bei ungünstigem Cash-Flow zur Begleichung fester Ausgaben:

(44-10) GK_F = 98SKap + 2FKap = 100.

Sollte der letztere Zustand am Ende der Konjunkturflaute am Beginn eines neuen Aufschwungs bestehen, ist das Unternehmen heil mit Hilfe eines eventuellen Kapital-Hedgings durch die Depression gekommen und kann neu seine Kapitalstruktur zur Risikosicherung aufbauen.

4.4.2.4 Betriebswirtschaftliche Beurteilung des Eigen-Hedgings

Insgesamt läßt sich sagen, daß das Eigen-Hedging die wirtschaftlichste Form der Kapitalabsicherung des Unternehmens darstellt, da es weitgehend ohne die beträchtlichen, von den Banken für ihren Hedging-Service durch Swaps, Futures und Options in Rechnung gestellten Transaktionskosten in Form von Spesen und Courtagen auskommt und so den Finanzüberschuß im Unternehmen hält. Für exportorientierte Unternehmen empfiehlt sich das Doppel-Hedging à la Siemens; dadurch werden als Gegenposition zu den Auslandsguthaben aus Verkäufen Auslandsschulden aufgebaut, deren Wert dann steigt, wenn der Wert der Verkaufsguthaben aufgrund von Wechselkursänderungen sinkt, und umgekehrt. Da es auch auf den Realisierungszeitpunkt ankommt, sind die Auslandsschulden wie ein Flickenteppich zu stückeln, um laufend parallel zu Umtausch und zu Liquidation von Verkaufserlösen die Hedgingfunktion zu erfüllen.

Lösen Sie Aufgabe Nr. 44-1 in Anlage A!

5. Praktische Fälle von Investitions-Finanzierungs-Konjunktion

5.1 Substrategische Investitionsprojekte

In Bezug auf die Investitions-Finanzierungs-Konjunktion ist projektmäßig zu unterscheiden:
- substrategische Projekte werden aus bereits aufgestellten Investitionsbudgets "bedient";
- strategische Projekte müssen fallweise untersucht werden, ob sie finanzierbar sind.

Bei substrategischen Projekten handelt es sich vornehmlich um Kapazitätsprojekte bei denen Rentabilitätsziele, kaum jedoch Marktanteilsziele eine Rolle spielen.

5.1.1 Make or Buy? und die Umkehrung

5.1.1.1 Historie von Make or Buy-Entscheidungen

In den Fünfziger Jahren ging die Ford Motor Corporation dazu über, "Angebote von völlig unabhängigen Zulieferern ein(zuholen), für viele Kategorien von Komponenten, die vorher aus dem Unternehmen selbst geliefert worden waren. Die Zulieferer erhielten detaillierte Zeichnungn der benötigten Teile und wurden nach ihrem Stückpreis gefragt. Der niedrigste Anbieter erhielt im allgemeinen einen Einjahresvertrag. Bei einem Nachfragerückgang wurden diese Zulieferer durch zurückgezogene Verträge entlassen, genau wie Arbeiter" (LV 67 S. 146). Wie der Verfasser während seiner Tätigkeit bei Ford beobachten konnte, orientierte sich dieses Unternehmen bei den sog. Make or Buy-Entscheidungen nicht an den geringsten Stückkosten, sondern am Doppelkriterium der angemessenen Differenzrentabilität des zusätzlich eingesetzten Kapitals und einer maximal zulässigen Amortisationsdauer (vgl. auch das empirische Beispiel von Ford in LV 29 S. 316ff., worauf die Rentabilitäts- und Amortisationsdauerrechnung für das Integrationsprojekt unten basiert); der Rentabilitätsvergleich besitzt gegenüber dem (Stück-)Kostenvergleich den Vorteil, daß nur bei ihm unmittelbar Zielsetzungen des Unternehmens, wie sie etwa in der Zielrendite ausgedrückt sind, zur Geltung kommen können.

Make or Buy-Entscheidungen erhalten im Rahmen der Lean Production eine aktuelle Bedeutung. Unter Lean Production ist eine dreistufige kaskadenförmige Unternehmensphilosophie japanischer Provenienz zu verstehen:
Stufe 1: Reduktion der Produktion auf wenige (System-)Teile;
Stufe 2: Reduktion der (eigenen) Entwicklung auf wenige (System-)Teile;
Stufe 3: Reduktion der Managementhierarchie auf wenige Stufen, die vorbereitet wird durch Stufen 1 und 2.

Lean Production zielt demnach nicht auf Einzelteile, sondern auf ganze Systemkomponenten. Allgemeines betriebswirtschaftliches Ziel sollte es Make or Buy-Entscheidungen sein, die betriebliche Rentabilität langfristig zu verbessern. Dies geschieht mit Hilfe von Wertanalyse-Techniken und durch Aushandeln von Zulieferer-Preisen, wobei im Rahmen betrieblicher Kooperation Gewinne aus eingeführten Neuerungen beim Zulieferer partnerschaftlicher geteilt werden (vgl. LV 67 S. 156ff.). Letztere Gewinnteilung ist keine typisch japanische Management-Technik, sondern wurde nach Beobachtung des Verfassers schon in den Sechziger Jahren von den Ford Werken bzw. vom gesamten Ford Konzern praktiziert.

5.1.1.2 Integrationsprojekte

Ziele von Make or Buy-Entscheidungen

Bei den sog. Make or Buy-Entscheidungen, bei denen es darum geht, ob eine oder mehrere Produktionsstufen, die bisher beim Lieferanten von Fertigteilen lagen, im Betrieb integriert werden sollen, verfolgen die Unternehmen gewöhnlich gleich mehrere Rationalisierungsziele:
- sie wollen die Qualität der Fertigteile stärker kontrollieren;

- sie können den Fertigungsfluß stärker harmonisieren, wenn sie alle wichtigen Produktteile unter einem Dach herstellen;
- sie können bei eigener kostengünstiger Produktion die betriebliche Rentabilität verbessern.

Ermittlung der Projektkosten

Als **Transaktionskosten** kommen beim Übergang vom Fremdbezug zur Selbstherstellung folgende Positionen in Betracht:
- Kosten der technisch-betriebswirtschaftlichen Vorplanung;
- Kosten der Gelände-/Betriebsräumebeschaffung;
- (Recycling-)Sanierungskosten beim Betriebsgebäude zur Aufnahme der neuen Fertigung;
- Kosten der Teileentwicklung (Entwicklung der Geometrie);
- Kosten ihrer Verfahrensentwicklung;
- interne Aufstell-, Abnahme- und Testkosten bei der neuen Anlage;
- Anlaufkosten bei der neuen Anlage;
- Einstellungs- und Schulungskosten für das benötigte Personal.

Beim Übergang zur Eigenfertigung müssen nicht nur genügend Finanzmittel, sondern auch das technologische Know-how muß bereitstehen.
Für die Investitionsrechnung bei Integrationsentscheidungen bietet sich die kostenorientierte Differenzrentabilität rd2 an. Diese läßt sich auch dynamisch, d.h. zeitraumbezogen darstellen (vgl. Tab. 51-4). Dabei stehen die einzusparenden Kosten des Status quo als "Erträge" in Zeile 1 (die Kosten des bisherigen Lieferanten), die künftigen eigenen Kosten des "neuen" Status in den Zeilen 2 bis 9. Bei den Positionen des Working Capitals sind alter und neuer Status schon zu Nettowerten saldiert. Die Werkzeug- und Maschinenanlagewerte entsprechen denen des neuen Status. Entscheidend ist, daß die durchschnittliche Differenzrentabilität rd2 die betriebliche Zielrendite rz übersteigt.

Beispiel:

Die Selbstherstellung eines bestimmten Produktteils soll in den Planjahren 19+1 - 19+3 erfolgen. Der Bedarf der Produkte A, B und C an diesem Produktteil ist unterschiedlich hoch, so daß eine Stücklistenauflösung erforderlich ist durch Multiplikation der Verkaufsmenge mit der jeweiligen Stücklistenzahl (vgl. Tab. 51-1).

Tab. 51-1: Stücklistenauflösung

Planjahr	19+1	19+2	19+3
Produkt A - Verkaufsmenge	45.000	42.000	41.000
- Stückliste	2	2	2
- Fertigungsmenge	90.000	84.000	82.000
Produkt B+C - Verkaufsmenge	75.000	87.000	86.000
- Stückliste	4	4	4
- Fertigungsm.	300.000	348.000	344.000
Total Fertigungszahl	390.000	432.000	426.000

Bisher bezog der Betrieb das Fertigteil zum Preis von 5,-DM/Stück vom Lieferanten. Bei Eigenfertigung ergäben sich bei den variablen Kostenpositionen folgende Stückwerte:

```
Materialverbrauch 0,12 kg,  Preis 3,50 DM/kg    = 0,42  DM/Stück
+ Fertigungszeit 4min zu Stundenrate 16,20 DM
  = Lohnkosten                                  = 1,08  DM/Stück
+ variable Gemeinkosten = 40% von den Lohnk.    = 0,432 DM/Stück
= total                                           1,932 DM/Stück
```

Danach betragen die gesamten variablen Stückkosten = 1,932 DM.

Durch Multiplikation der Fertigungszahlen mit den vorstehenden Stückwerten lassen sich sowohl die eingesparten Lieferantenkosten ("Erträge") wie auch die eigenen variablen Kosten ermitteln (für Zeilen 1 und 2 in der Rentabilitätstabelle):

Planjahr	19+1	19+2	19+3
Fertigungsmenge x aus Tab. 44-7	390.000	432.000	426.000
eingesparte Lieferantenk. 5,- · x =	1.950.000	2.160.000	2.130.000
eigene variable Kosten 1,932 · x =	753.480	834.624	823.032
davon Materialkosten 0,42 · x =	163.800	181.440	178.920

Für vier gleichartige Maschinen sind 1,2 Mio. DM zu investieren, bei einer Lebensdauer von 6 Jahren ergibt dies auf Lifetime-Basis 0,2 Mio. DM Abschreibungen pro Jahr. Die Investitionen für vier gleichartige Werkzeuge betragen 0,9 Mio. DM, bei einer Lebensdauer von drei Jahren führt das zu 0,3 Mio. DM Abschreibungen pro Jahr (Zeilen 3 und 4 in der Rentabilitätstabelle).

Die Sachversicherung beträgt 1,2% von 100% der gesamten Investitionssumme, in Bezug auf Instandhaltung und Reparaturen ist mit 2% der Investitionssumme pro Jahr zu rechnen:

2.100.000 · 0,012 = 25.200,-DM   (für Zeile 5 in Tab. 51-4);
2.100.000 · 0,02 = 42.000,-DM   (für Zeile 6 in Tab. 51-4).

Hinzukommen Gebäudekosten, zusätzliche Verwaltungskosten, etc. als sonstige fixe Gemeinkosten (für Zeile 7 in der Rentabilitätstabelle).

Die Projektanlaufkosten (für Zeile 8 der Rentabilitätstabelle) werden anhand eines Erfahrungsprozentsatzes errechnet:

(51-1) $AnlKn = 32 \cdot 2.100.000/100 = 672.000,-DM$.

Der Planungsaufwand läßt sich anhand von Mann-Monaten bemessen, wobei 6.000,-DM pro Mann-Monat an Kosten anfallen:

• Teileentwicklung	25 Mann-Monate =	150.000,-DM
• Verfahrensentwicklung	10 Mann-Monate =	60.000,-DM
• Vorplanung	25 Mann-Monate =	150.000,-DM
Total	60 Mann-Monate =	360.000,-DM.

Die Gewinnerhöhung durch das Projekt ergibt sich in Tab. 51-4 durch Subtraktion der eigenen Kosten (Zeile 10) von den "Erträgen" (Zeile 1).

Ermittlung des Kapitaleinsatzes für das Projekt

Kompliziert ist die Verfolgung des Kapitaleinsatzes beim Projekt. Bei der Errechnung der Positionen des Working Capitals kommen nicht die summarischen Standardrelationen wie bei der Planung der Bilanz in Frage, sondern es wird hier analytisch auf Arbeitstagebasis gerechnet. Nach Abzug von Wochenenden, Feiertagen und Betriebsferien rechnet der Betrieb mit 240 Arbeitstagen pro Jahr. Die Lieferantenverbindlichkeiten begleicht er im allgemeinen nach 15 Arbeitstagen. Dann beträgt der Prozentsatz der Lieferantenverbindlichkeiten (LP):

(51-2) $LP = 15 \cdot 100/240 = 6,25\%$ der Materialkosten.

Dieser Lieferantenverbindlichkeitenstandard ist sowohl auf die bisher bezogenen Fertigteile wie auch auf das Rohmaterial bei Eigenfertigung zu beziehen (vgl. Tab. 51-2). Dabei zeigt sich, daß sich bei Eigenfertigung die Lieferantenverbindlichkeiten erheblich mindern. Da dieses Kapital zinslos zur Verfügung steht, ist diese Entwicklung negativ zu betrachten.

Tab. 51-2: Entwicklung der Lieferantenverbindlichkeiten

() = negativ Planjahr	19+1	19+2	19+3
(1) Kosten der Fertigteile	1.950.000	2.160.000	2.130.000
(2) Lieferantenv. 6,25% von (1)	121.875	135.000	133.125
(3) Rohmaterialkosten (vgl. oben)	163.800	181.440	178.920
(4) Lieferantenv. 6,25% von (3)	10.238	11.340	11.183
(5) Lieferantenv. netto (2) - (4)	(111.637)	(123.660)	(121.942)

Bei Fremdbezug (FB) beträgt die Materialdurchlaufzeit 20 Arbeitstage. Entsprechend beläuft sich der Vorräteprozentsatz bei Fremdbezug (VP_F) auf

(51-3) $VP_F = 20 \cdot 100/240 = 8,33\%$ der bezogenen Fertigteile.

Bei Eigenfertigung (EF) verlängert sich die Materialdurchlaufzeit, hier auf 43 Arbeitstage. Entsprechend erhöht sich der Vorräteprozentsatz bei Eigenfertigung (VP_E) auf

(51-4) $VP_E = 43 \cdot 100/240 = 17,92\%$ der variablen Kosten.

Auch hier sind wieder die Nettowerte zu errechnen (vgl. Tab. 51-3). Dabei zeigt sich, daß die Vorräte sinken.

Tab. 51-3: Entwicklung der Vorräte bei Eigenfertigung

Planjahr	19+1	19+2	19+3
(1) Fertigteile	1.950.000	2.160.000	2.130.000
(2) Vorräte bei FB = 8,33% von (1)	162.435	179.928	177.429
(3) variable Kosten	753.000	835.000	823.000
(4) Vorräte bei EF = 17,92% von (3)	134.938	149.632	147.482
(5) Nettovorräte = (2) - (4)	27.497	30.296	29.947

Die jährlichen Werkzeuganlagewerte entwickeln sich in entsprechender Abwandlung der Formel 33-22 wie folgt (für Zeile 16 der Rentabilitätstabelle):

jährl. Anlagewerte = (Buchwert am Anfang + Buchwert am Ende)/2

für das 1. Jahr = (900.000 + 600.000)/2 = 750.000,-DM

für das 2. Jahr = (600.000 + 300.000)/2 = 450.000,-DM

für das 3. Jahr = (300.000 +   0   )/2 = 150.000,-DM.

Als Durchschnittswert sind 50% der Investitionssumme = 450.000,-DM anzusetzen.

Entsprechend dieser abgewandelten Formel lassen sich auch die Maschinenanlagewerte ermitteln. Dabei ist der Investitionssumme von 1,2 Mio. DM eine eine längere Lebensdauer von sechs Jahren zugrunde zu legen. Dann beträgt z.B. der Durchschnittsbuchwert für das erste Jahr: (1,2 + 1)/2 = 1,1 Mio. DM (für Zeile 17 der Rentabilitätstabelle).

Tab. 51-4: **Differenzrentabilität einer Eigenfertigung**

(in 1.000,-DM) Planjahr	19+1	19+2	19+3	Total	⌀
(1) "Erträge"	1.950	2.160	2.130	6.240	2.080
(2) variable Kosten	753	835	823	2.411	804
(3) Maschinenabschreibungen	200	200	200	600	200
(4) Werkzeugabschreibungen	300	300	300	900	300
(5) Sachversicherung	25	25	25	75	25
(6) Instandh., Reparaturen	42	42	42	126	42
(7) sonstige fixe Gemeink.	168	168	168	504	168
(8) Anlaufkosten	672	-	-	672	224
(9) sonstige Transaktionsk.	360	-	-	360	60
(10) total Kosten Eigenf.	2.520	1.570	1.558	5.648	1.823
(11) eingesp. Kosten (1)-(10)	-570	590	572	592	257
(12) eing. K. nach 30% St.	-399	413	400	414	176
(13) Lieferantenverb. netto	(112)	(124)	(122)	(358)	(119)
(14) Vorräte netto	27	30	30	87	29
(15) Working Capital	85	94	92	271	90
(16) Werkzeuganlagewerte	750	450	150	-	450
(17) Maschinenanlagewerte	1.100	900	700	-	900
(18) Kapitaleinsatz	1.935	1.444	942	-	1.440
(19) Rentabilität nach St.	-20,6%	28,6%	42,4%	-	12,2%

Ermittlung der Projektrentabilität

Die **Projektrentabilität** läßt sich als kostenorientierte Differenzrentabilität (rd2) auf **zweierlei Weise** errechnen:
1. **Kurzzyklische Rentabilität.** Hier wird der Durchschnitt der Maschinenbuchwerte für die ersten drei Jahre errechnet: Dies ergibt eine durchschnittliche Kapitalbindung von (1,1 + 0,9 + 0,7)/3 = 0,9 Mio. DM (= 75 % der Investitionssumme) und eine entsprechende Rentabilität 12,2% nach 30% Steuern, welche die angestrebte Zielrendite von rz = 15% (vgl. 3.3.3.1) nicht erreicht. Zusätzlich könnte einer zweiter Kurzzyklus mit 25% der Investitionen als durchschnittliches Anlagevermögen und entsprechend günstiger Rentabilität angesetzt werden.
2. **Langzyklische Rentabilität.** Hier werden 50% der Investitionssume der Maschineninvestitionen = 1,2 · 0,5 = 0,6 Mill. DM angesetzt. Dadurch senkt sich die durchschnittliche Kapitalbindung auf Lifetime-Basis um 0,3 Mio. DM von 1,44 auf 1,14 Mio. DM. Entsprechend erhöht sich die durchschnittliche Projektrentabilität auf 15,4% und liegt damit gerade über der Mindestrendite von 15%.

Der langzyklischen Rentabilität kommt wegen der Ausgewogenheit bei der Projektbeurteilung das größere Gewicht zu, wenn angenommen werden kann,
- daß das Projekt zur Langzeitinvestition wird und
- daß es bei den Werkzeuginvestitionen zu einer homogenen Supplementsinvestition kommt.

Die Amortisationsdauer ist bei diesem Kosteneinsparungsprojekt bereits oben berechnet worden (vgl. 3.3.4.2) und liegt bei 3,1 bzw. bei 3,7 Jahren.

5.1.1.3 Investitions-Finanzierungs-Konjunktion

Ein Integrationsprojekt ist auch bei des Doppelkriteriums der Zielrentabilität und der maximalen Amortisationsdauer erst dann zu genehmigen, wenn genügend Finanzmittel vorhanden sind. Gewöhnlich stellen die Unternehmen ein Investitionsbudget auf, das sich unterteilen läßt in normale Investitionen und Ersatzinvestitionen. Letzteres kann notwendig werden, wenn Ersatzinvestitionen mit einem anderen Rentabilitätskriterium beurteilt als normale Investitionen (vgl. 5.1.2).

Nach Möglichkeit sind die Investitionsprojekte nach Renditen in fallender Folge zu sortieren und dann nach einander zu genehmigen, solange die Mittel des Investitionsbudgets ausreichen. Da die Investitionsprojekte gewöhnlich im Zeitablauf zur Entscheidung anstehen läßt sich diese Forderung zur optimalen Ausschöpfung des Investitionsbudgets nicht immer realisieren, so daß die Reihenfolge nicht optimal, sondern erratisch sein kann:

Budget für normale Investitionen			2.500.000,-DM
Projekt Nr.	rd2	Investitionsbedarf	noch verfügbar
536	22,5%	750.000,-DM	1.750.000,-DM
538	19,4%	300.000,-DM	1.450.000,-DM
539	28,2%	450.000,-DM	1.000.000,-DM
541	24,7%	850.000,-DM	150.000,-DM
543	27,8%	250.000,-DM	?

Reichen die Budgetmittel für vorteilhafte Investitionsalternativen nicht aus, ist bei der Geschäftsleitung eine Aufstockung des Investitionsbudgets zu beantragen, was zu Finanzierungsverhandlungen mit den Kapitalgebern des Unternehmens führen kann, so daß wegen Finanzmittelknappheit günstigere Projekt eventuell entweder ausgeschlossen oder zeitlich verschoben werden können.

Lösen Sie Aufgabe Nr. 51-1 in Anlage A!

5.1.1.3 De-Integrationsprojekte

De-Integrationsziele

Die Ausgliederung von betrieblichen Produktionsstufen mit entsprechender Kapitalfreisetzung bietet sich an,
- wenn die betrieblichen Anlagen nicht gut ausgelastet sind,
- wenn es Fertigungsschwierigkeiten gibt,
- wenn Kapital im Betrieb knapp ist,
- wenn der Betrieb verkleinert werden soll, um die Betriebshierarchie abzuflachen.

De-Integrationskosten

Als **Transaktionskosten** fallen beim Übergang von Make auf Buy folgende Positionen an:
- Kosten der technisch-betriebswirtschaftlichen Vorplanung z.B. 5.000,-DM;
- Abbruchkosten z.B. 7.000,-DM;
- Umstellungskosten 9.000,-DM;
- Umschulungskosten/Kosten des Sozialplans 24.000,-DM, insgesamt 45.000,-DM.

Beispiel:
Ein Lieferant macht das Angebot, ein Produktteil, das der Betrieb bisher selbst fertigte, zum Preis von 27,50 DM/Stück zu liefern. Da pro Periode 10.000 Stück benötigt werden, ergibt dies Fertigteilkosten in Höhe von 275.000,-DM (vgl. Tab. 51-5). Bei Aufgabe der Eigenfertigung lassen sich 2,50 DM an Materialkosten/E insgesamt pro Periode also 25.000,-DM sparen. Es könnten zudem bei der De-Integration 2 Personen an direktem Personal freigesetzt werden, Jahreslohn einschließlich Personalnebenkosten pro Person 60.000,-DM. Zudem gibt es abbaufähige Nebenkosten pro Person von 20.000,-DM/Jahr.
Die Transaktionskosten von 45.000,-DM sind auf die potentielle Restnutzungsdauer der Anlage von 3 Jahren zu verteilen = 15.000,-DM/Jahr.
Die Gebrauchtanlagen, die einen Buchwert von 140.000,-DM besitzen, ließen sich jetzt noch zu 160.000,-DM verkaufen, in drei Jahren gäbe es nur Schrotterlöse in Höhe von 10.000,-DM.

Tab. 51-5: **Differenzrentabilität eines De-Integrationsprojekts**

( ) = negativ	St. quo Eigenfertig.	neuer St. Fremdbezug	Differenz
KOSTEN			
(1) Fertigteile		275.000	
(2) Materialkosten	25.000		
(3) Personalkosten	120.000		
(4) personalabhängige Kosten	40.000		
(5) Abschreibungen	50.000		
(6) Reparaturkosten	15.000		
(7) φ Transaktionskosten	15.000		
(8) total Kosten	265.000	275.000	(10.000)
(9) Kostenerhöhung nach 30% Steuerersparnis			(7.000)
(10) Ertragssteuern aus Buchgewinn			(2.000)
(11) gesamte Kostenerhöhung = (8) + (9)			(9.000)
KAPITALEINSATZ			
(12) Vorräte - 8,33% von (1)	-	21.658	(21.658)
- 17,92% von (2) + (3)	25.984	-	25.984
(13) Lief.verb. 6,25% von (1) oder (2)	1.563	16.250	14.687
(14) Anlagevermögen	160.000	-	160.000
Kapitalfreisetzung			179.013

rd3 = 9.000 · 100/179.013 = 5%

Es ist also beim jetzigen Verkauf mit einem Buchgewinn von 20.000,-DM zu rechnen sowie mit Einsparungen bei der Instandhaltung von 15.000,-DM.

Unter Verwendung der beim Integrationsprojekt entwickelten Standardprozentsätze für das Working Capital läßt sich eine Differenzrentabilitätsrechnung aufziehen. Die Abschreibungen richten sich hier nicht nach den Restbuchwerten, die als **"sunk cost"** d.h. als "historische" Kosten zu vernachlässigen sind, sondern gemäß dem Opportunitätskostenprinzip nach dem tatsächlich entgehenden Nutzen, das sind die eventuell zu erwartenden Verkaufspreise: $(160.000 - 10.000)/3 = 50.000,-DM$.

Ermittlung der Projektrentabilität

Für dieses Beispiel ergibt sich eine Kostenerhöhung von 10.000,-DM beim Übergang zum Fremdbezug, die sich um 30% Ertragssteuerersparnisse mindern läßt. Hinzukommen allerdings 6.000,-DM an zusätzlichen Ertragssteuern auf den Buchgewinn von 20.000,-DM, die auf 3 Jahre zu verteilen sind. Die effektive Kostenerhöhung von 9.000,-DM ins Verhältnis gesetzt zur Kapitalfreisetzung von DM 179.013,- ergibt den Quotienten rd3 = 5%.

Fall A: Da die anderweitige Wiederanlage p_{eff} = 9,5% beträgt, lohnt sich die Kapitalfreisetzung nur knapp, weil die Wiederanlage mit 30% zu versteuern ist: 0,7 · 9,5 = 6,65%.

Fall B: Kann alternativ ein Kredit zu einem Zinssatz von p_{Kz} = 14,5% abgelöst werden, ergibt dies mit 0,7 · 14,5 = 10,15% eine reichliche Zinsspanne zu 5%.

Die Kapitalfreisetzung bezieht sich auf 100% des zu erwartenden Verkaufserlöses der gebrauchten Anlagen und nicht auf die gewöhnliche Kapitalbindung in Höhe von 50%. Ein besonderes Beurteilungsproblem bei Kapitalfreisetzungsprojekten ergibt sich daraus, daß nicht mit identischen Investitionszyklen gerechnet werden kann.

Investitions-Finanzierungs-Konjunktion

Die durch ein De-Integrations-Projekt wieder freiwerdenden Finanzmittel wird das Unternehmen wieder anlegen. In Frage kommen Finanzanlagen wie auch Sachanlagen. Ob die Finanzmittel dazu verwandt werden, das bereits aufgestellte Investitionsbudget aufzustocken, muß im Einzelfall entschieden werden. Bei Vorhandensein vorteilhafter Investitionsprojekte wäre dies zumindest denkbar.

Lösen Sie Aufgabe Nr. 51-2 in Anlage A!

5.1.2 Ersatz- und Modernisierungsinvestitionen

5.1.2.1 Ersatzgründe

Wegen des technischen Fortschritts können die Produzenten von Investitionsgütern ständig leistungsfähigere Anlagen anbieten, die bei guter Auslastung kostengünstiger fertigen als die alten Anlagen. Alte Anlagen verursachen hohe Reparatur- und Instandhaltungskosten verbunden mit hohen Maschinenausfallkosten. Deshalb verbindet sich häufig eine etwaige Ersatzinvestition mit Modernisierungszielen.

5.1.2.2 Beurteilungszeitraum

Die Wirtschaftlichkeitsrechnung ist allerdings dadurch erschwert (vgl. Abb. 51-1),
- daß eine neue Anlage im Allgemeinen eine höhere Leistung ausweist und
- daß die alte Anlage nur noch eine kurze Lebensdauer besitzt.

Entsprechend kann sich der Vorteilhaftigkeitsvergleich der neuen Anlage gegen die alte Anlage nur auf eine kurze Zeitspanne beziehen (Zeit zwischen A und B in Abb. 51-1). Da sich in dieser kurzen Zeit (schraffierte Fläche) die Investitionen für die neue(n) Anlage(n) nicht amortisieren, ist anstelle eines durchschnittlichen Anlagevermögens in Höhe von meistens 50% die Investitionssumme in voller Höhe von 100% anzusetzen. Hier spielen die Restbuchwerte der alten Anlage ebenfalls keine unmittelbare Rolle, vielmehr sind gemäß dem Opportunitätskostenprinzip die erzielbaren Gebrauchtmaschinenwerte anzusetzen.

5.1.2.3 Vergleichskalkül

Als spezifische Transaktionskosten fallen bei Ersatz- bzw. Modernisierungsinvestitionen an:
- Kosten der technisch-betriebswirtschaftlichen Vorplanung;
- Auslauf- und Umstellungskosten und
- Anlaufkosten.

Abb. 51-1: Planungshorizonte bei Ersatzinvestitionen

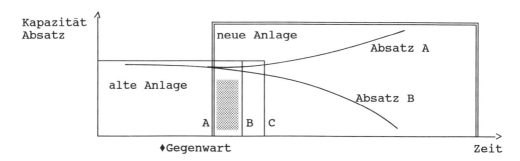

Die Differenz zwischen Anschaffungsausgaben für die neue Anlage und den Gebrauchtmaschinenpreisen sind die "Out-of-the-pocket-cost" des Projekts. Auf diesen Betrag sind bei Ersatzinvestitionen die jährlichen Kosteneinsparungen durch die neue Maschine zu beziehen, wodurch sich die Spezialform der Differenzrentabilität rd4 ergibt:

(51-5) (rd4) = eingesparte Kosten · 100/Out-of-the-pocket-cost.

Beispiel:

Zur Rentabilitätsberechnung ist von folgenden Informationen auszugehen:
- Variable Kosten: In den verbleibenden 3 Jahren sind durchschnittlich jährlich 10.000 Stück herzustellen, auf der alten Anlage zu 14,61 DM variable Stückkosten = 146.100,-DM gesamte variable Kosten, auf der neuen Anlage zu 9,65 DM variable Stückkosten = 96.500,-DM gesamte variable Kosten.
- Transaktionskosten:
  ```
  Vorplanungskosten     2 Mann-Monate à 6.000,-DM =     12.000,-DM
  + Auslauf-, Umstellungs- und Anlaufkosten = 38,4% der
    Investitionen (vgl. 4.3.1.7) = 0,384 · 205.000 =    78.200,-DM
  = Total Transaktionskosten                            90.200,-DM
  ```
  Diese Transaktionskosten sind auf die drei Jahre der potentiellen Nutzung der alten Anlage zu verteilen = 30.667,-DM an durchschnittlichen Transaktionskosten.
- Abschreibungen: Die alte Anlage steht jetzt mit 65.000,-DM zu Buch. Verkaufen ließe sie sich jetzt für 35.000,-DM, in 3 Jahren ergäbe sie nur noch 5.000,-DM an Schrotterlösen. Dann betragen die Abschreibungen: (35.000 - 5.000)/3 = 10.000,-DM. Die neue Anlage kostet bei der Anschaffung 205.000,-DM. Nach 10 Jahren Nutzung ergibt sie ebenfalls nur noch einen Schrotterlös von 5.000,-DM. Dann betragen die Abschreibungen auf Lifetime-Basis: (205.000 - 5.000)/10 = 20.000,-DM Abschreibungen.
- Buchverlust: Würde die alte Anlage jetzt verkauft, ergäbe dies einen Buchverlust von 65.000 - 35.000 = 30.000,-DM. Darauf lassen sich 30% an Ertragssteuern sparen = 9.000,-DM. Dieser Betrag ist auf 3 Jahre zu verteilen = 3.000,-DM.
- Reparatur- und Instandhaltungskosten: für die alte Maschine liegen Erfahrungswerte aus den letzten Jahren vor, für die neue Maschine ist ein Erwartungssatz in % der Investitionssumme anzusetzen, hier etwa 2%.
- Sonstige feste Kosten: hier handelt es sich vor allem um Raumkosten, die für beide Alternativen gleich hoch sind.

Mit rd4 = 7,1% ginge dieses Projekt (vgl. Tab. 51-6) in das obige Ersatzbudget ein.

Tab. 51-6: **Differenzrentabilität einer Ersatzinvestition**

() = negativ	Status quo alte A.	neuer St. neue Anl.	Differenz
KOSTEN			
(1) variable Kosten	146.100	96.500	
(2) ⌀ Transaktionskosten	-	30.667	
(2) Abschreibungen	10.000	20.000	
(3) Reparatur, Instandhaltung	8.000	4.000	
(4) sonstige feste Kosten	10.000	10.000	
(5) total Kosten	174.100	161.167	12.933
(6) Kosteneinspar. nach 30% St.			9.053
(7) Steuerersp. aus Buchverlust			3.000
(8) total versteuerte Gewinnerhöh.			12.053
(9) Out-of-the-pocket-cost	35.000	205.000	(170.000)
rd4 = 12.053 · 100/170.000 = 7,1%			

5.1.2.4 Investitions-Finanzierungs-Konjunktion

Wegen der unterschiedlichen Berechnung des Kapitaleinsatzes ist rd4 nicht mit der normalen betrieblichen Zielrendite rz vergleichbar. Deshalb ist für Ersatzinvestitionen ein eigenes Investitionsbudget aufzustellen, aus dem die Ersatzprojekte nach fallender Rendite solange zu genehmigen sind, bis es erschöpft ist:

```
Ersatzinvestitionsbudget                    2.000.000,-DM
Projekt Nr.   rd4      Investitionsbedarf   noch verfügbar
   535       31,3%          600.000,-DM      1.400.000,-DM
   537       18,2%          300.000,-DM      1.100.000,-DM
   540       12,7%          900.000,-DM        200.000,-DM
   542        7,1%          170.000,-DM         30.000,-DM
```

5.1.2.5 Beurteilung des Kalküls

Zu kritisieren an dieser Rechnung ist vor allem,
- daß es sich ausschließlich um einen innerbetrieblichen Vergleich handelt, wodurch eine eventuelle ungünstige eigene Produktionsstruktur verdeckt wird,
- daß sich die Rechnung auf die kurze Restlebensdauer der alten Anlage beschränkt, wodurch eventuell verdeckt wird, daß die neue Anlage bald durch das Aufkommen neuer Produkte überholt ist, so daß mit der Absatzentwicklung B zu rechnen ist, bei der entgegen gesetzt zur Absatzentwicklung A kaum mit einem günstigen Rentabilitätseffekt zu rechnen ist.

Diese Einengung des Entscheidungshorizonts läßt sich vermeiden, wenn für die neue Anlage eine **Differenzrentabilitätsrechnung** erstellt wird **ähnlich einem Kostensparungsprojekt** (vgl. 5.1.1.2), wobei die neu zu beschaffende Anlage auf die volle Lebenszeit im Wege eines zwischenbetrieblichen Vergleichs an einem leistungsfähigen Lieferanten zu messen ist. Dann ließe sich auch eine normale Rentabilitätsrechnung bei Ansatz durchschnittlicher Kapitalbindung durchführen und so eine Ersatzinvestition normalen Anforderungskriterien unterwerfen. **Die Phase des Ersatzes alter Anlagen ist deshalb eine günstige Gelegenheit, um durch hohe rentabilitätsmäßige Anforderungen an die Installation neuer Anlagen im Sinne des Lean Production die Produktionstiefe durch De-Integration abzuflachen** (vgl. 5.1.1.3).

Eine zwischenzeitliche Alternative besteht
1. in der Generalüberholung der alten Anlage, so daß sich die Lebensdauer verlängert (von B nach C in Abb. 51-1) und/oder
2. in der Produktion bei einem Lieferanten eventuell mit einer Auslagerung der Werkzeuge.

Lösen Sie Aufgabe Nr. 51-3 in Anlage A!

5.2 Strategische Investitionsprojekte

Bei strategischen Projekten insbesondere bei Produktprojekten spielen neben Rentabilitätszielen Marktanteilsziele eine hervorragende Rolle. Es kann sogar gesagt werden, Produktprojekte vornehmlich zur Wahrung bzw. Verbesserung des Unternehmensmarktanteils lanziert werden.

5.2.1 Produkteliminierung

5.2.1.1 Aufbau des Kalküls

Erwirtschaftet ein Produkt einen geringen Deckungsbeitrag in % vom Erlös oder ist sein Gewinn nach Abrechnung auf Vollkostenbasis sehr gering oder gar negativ, bietet sich die betriebswirtschaftliche Überlegung an, dieses Produkt zu eliminieren. Dabei sind jedoch im besonderen Maße die negativen **Spillover-Effekte** als Transaktionskosten zu beachten.

Zur Beurteilung einer derartig gravierenden Entscheidungsalternative bietet sich die **Alternativrentabilität** an, und zwar auf der Basis des **Normaljahrkonzepts**, da die Auswirkungen langfristiger Natur sind und deshalb über einen Produktzyklus hinausgehen. Dabei bewirken folgende Effekte die **Statusveränderung**:

- **Effekt des Wegfalls des Produkts xz (P_E);**

- **Substitutionseffekte bei anderen Produkten (S_E);**

- **Kapazitätseffekte (K_E).**

Dann entwickelt sich die Rentabilität des Status quo (r_{Stq}) zum neuen Status (r_{nSt}):

(52-1) $r_{Stq} \pm P_E \pm S_E \pm K_E = r_{nSt}$

bzw. $r_{nSt} = r_{Stq} \pm P_E \pm S_E \pm K_E$.

5.2.1.2 Zahlenbeispiel

Produkt A4 gehört in die untere Preisklasse. Bei der Eliminierung ergeben sich Ausstrahlungseffekte derart, daß dem leistungsmäßig nächst höherem Produkt B (Mittelklasse) Aufsteiger fehlen werden, und später auch dem Produkt C. Die Zahl der dann fehlenden Aufsteiger richtet sich nach der Markentreue, die von der Marktforschungsabteilung auf 30% veranschlagt wird, so daß beim Wegfall von 45.000 Einheiten von Produkt A 13.500 Einheiten bei Produkt B und 4.050 Einheiten bei Produkt C auf längere Sicht fehlen (vgl. Tab. 52-1). Andererseits werden 25% der bisherigen Kunden von Produkt A bei seinem Fehlen gleich auf Produkt B umsteigen = 11.250 Einheiten und dann zu 30% weiter nach Produkt C aufsteigen. Die Produkteliminierung läßt sich leicht durchführen, so daß schon das nächste Planjahr 19+1 als Absprungsbasis für das "Normaljahr" zu wählen ist (vgl. Tab. 61-1 und 61-2).

Tab. 52-1: Absatzmäßiger Ausstrahlungseffekt einer Produkteliminierung

Produkt	A4	B2	C3	Total
(1) altes Planvolumen	45.000	56.000	19.000	120.000
(2) fehlende Aufsteiger 30%	-	(13.500)	(4.050)	(17.550)
(3) Umsteiger 25%/Aufst. 30	-	11.250	3.375	14.625
(4) neues Planvolumen	-	53.750	18.325	72.075
(5) Absatzverluste	(45.000)	(2.250)	(675)	(47.925)

Tab. 52-2: Volumeneffekt der Produkteliminierung

Produkt	A4	B2	C3	Total in 1.000 DM
Volumenverluste in E	45.000	2.250	675	
Preis/Stück	650,-	890,-	1.150,-	32.029
-direktes Material/Stück	200,-	300,-	450,-	9.979
-Fertigungslohn/Stück	80,-	130,-	160,-	4.001
-variable Gemeink./Stück	32,-	52,-	64,-	1.600
=Deckungsbeitragseffekt	338,-	408,-	476,-	16.449

Die Eliminierung von Produkt A beeinflußt auch die Produkte B und C, wenn auch in relativ geringem Ausmaß. Diese Volumeneffekte sind auf Deckungsbeitragsbasis auszurechnen (vgl. Tab. 52-2 unter Übernahme der Stückwerte [Standards] aus dem Budget) und dann in die Rentabilitätstabelle (vgl. Tab. 52-3) als gesonderter Volumeneffekt auszuweisen:

```
z.B. 45.000 · 650 + 2.250 · 890 + 675 · 1.150 = 32.028.750,-DM.
```

Da das Absatzvolumen um 40% von 120.000 auf 72.075 Einheiten sinkt, können nicht nur in der Fertigung, sondern auch in Verwaltung und Vertrieb, aber auch in Forschung und Entwicklung Kapazitäten abgebaut werden. Sobald das reduzierbare Personal und die überflüssigen Betriebsmittel festgestellt sind, lassen sich auch die entsprechenden Kostenreduktionen ermitteln. Sie sind als gesonderter **Kapazitätsabbaueffekt** in die Rentabilitätstabelle einzutragen. Da sich bei einem größeren Kapazitätsabbau nicht immer alles freiwerdende Personal im Betrieb "umsetzen" läßt bzw. durch Fluktuation rechtzeitig abgeht, ist vor allem wegen des Kündigungsschutzes ein Sozialplan zu erstellen; hinzukommen als weitere Transaktionskosten Auslauf- und Sanierungskosten. Diese Transaktionskosten sind auf die Wirkungsdauer (Lifetime) zu verteilen, wobei hier angenommen wird, daß erst nach 10 Jahren eine neue Produkteliminierung stattfinden wird:

```
Kosten eines Sozialplans          4,8 Mio. DM
+ Auslaufkosten                   2,5 Mio. DM
+ Sanierungskosten                1,5 Mio. DM
= sonstige Transaktionskosten     8,8 Mio. DM
```

Die durchschnittlichen sonstigen Transaktionskosten errechnen sich auf Lifetime-Basis:

```
8,8/10 = 0,88 Mio. DM.
```

Tab. 52-3: **Alternativrentabilität einer Produkteliminierung**

in 1.000,-DM ( ) = negativ	Status quo	Volumen-verluste	Kapaz. abbau	neuer Status
(1) Erlöse	100.940	(32.029)	–	68.911
(2) direkte Materialkosten	34.350	9.979	–	24.371
(3) Fertigungslohn	13.920	4.001	–	9.919
(4) variable Gemeinkosten	5.568	1.600	–	3.968
(5) **Deckungsbeitrag**	47.102	(16.449)	–	30.653
(6) Forschungs- u. Entw. Kosten	4.100	–	820	3.280
(7) Verwaltungskosten	6.200	–	1.460	4.740
(8) Vertriebskosten	7.250	–	1.930	5.320
(9) Werbung u. Verkaufsförder.	2.560	–	600	1.960
(10) Fertigungsgemeinkosten	10.320	–	2.010	8.310
(11) Kapazitätsänderungskosten	600	–	200	400
(12) ø sonst. Transaktionsk.	–	–	(880)	880
(13) Total fixe u. nichtvar. K.	31.030	–	6.940	24.090
(14) Gewinn vor Steuern	16.072	(16.449)	6.940	6.563
(15) **Gewinn nach 30% St.**	11.250	(11.514)	4.858	4.594
(16) Anlagevermögen	28.112	–	4.840	23.272
(17) Nettovorräte 6% von (2)	2.061	599	–	1.462
(18) Nettoforder. 5% von (1)	5.047	1.601	–	3.446
(19) Geldmittel 5,2% v. (1)+(2-4)	8.048	2.476	–	5.572
(20) **Kapitaleinsatz**	43.268	4.676	4.840	33.752
(21) Rentabilität nach 30% St.	26%			13,6%

Die Ausgangswerte für den Status quo sind der Plan-GuV (vgl. Tab. 61-2) zu entnehmen, und zwar für das Planjahr 19+1. Da die Änderungen zu Gegenwartspreisen geplant sind, werden Preis- und Kostenerhöhungen eliminiert. Das Anlagevermögen entstammt der Plan-bilanz (vgl. Tab. 61-1). Die Positionen des Working Capitals sind einheitlich anhand der obigen Standardrelationen zu entwickeln.

Die Änderungseffekte saldiert gegen den Status quo ergeben den neuen Status. Zwar reduziert sich der Kapitaleinsatz von 43.268 auf 33.752 Mio. DM, da aber auch der versteuerte Gewinn erheblich von 11.250 auf 4.594 Mio. DM sinkt, halbiert sich die ursprüngliche Programmrendite. Die Eliminierung von Produkt A hätte demnach katastrophale finanzielle Folgen für das Unternehmen, das zudem erheblich an **Marktanteil** verlieren würde.

Lösen Sie Aufgabe Nr. 52-1 in Anlage A!

5.2.2 Kombinierte Produktprogramm- und Kapazitätserweiterung

5.2.2.1 Inkrementale Kosten vs. Capacity carrying Cost

Ist das Unternehmen auf verschiedenen Kapazitätsstufen nicht voll ausgelastet, verlockt dies leicht dazu, diese Leerkapazitäten mit einem zusätzlichen Produkt auszufüllen, das eventuell mit seinem Deckungsbeitrag z.B. von pro Stück 18,74 DM nur einige zusätzliche (inkrementale) Fixkosten für Kapazitätserweiterungen etwa auf den Produktionsstufen C und D mit 9,30 DM (vgl. Abb. 52-1) trägt, während die volltragenden stückfixen Kosten (full capacity carrying cost) sich auf 25,01 DM belaufen.

Das mag kurzfristig angehen, wenn es für diese Leerkapazitäten keine andere Beschäftigung gibt. Wachsen auf längere Sicht die volltragenden Produkte in den weiten Kapazitätsmantel hinein, gilt es, das wenig ertragreiche Produkt wieder zu eliminieren; andernfalls drückt es langfristig die Unternehmensrentabilität nach unten.

Abb. 52-1: Inkrementale und volltragende Fixkosten

Kapazitätsstufen	TE = Tageseinheiten			Fixkosten/Einheit volltragend	inkremental
E	900 TE		kf1	4,50	-
D	700 TE	350 TE	kf2	3,70	3,90
C	850 TE	300 TE	kf3	5,20	5,40
B	900 TE		kf4	7,40	-
A	1.000 TE		kf5	4,21	-
	bisherige	neue Kapazitätsauslastung		25,01 DM	9,30 DM

5.2.2.2 Vergleichskalkül: Kombinierte Produktprogramm- und Kapazitätserweiterung

Häufig lohnen sich größere Erweiterungsinvestitionen, wie der Bau eines neuen Zweigwerks, erst in Verbindung mit der Einführung eines neuen schnell wachsenden Produkts; andernfalls dauerte es gewöhnlich sehr lange, bis diese neue Kapazität durch das bestehende Produktprogramm gut auszulasten ist. Derartig komplexe kombinierte Produkt- und Kapazi-

tätsprogramme lassen auf transparente Weise mit Hilfe der Alternativrentabilität beurteilen, und zwar wiederum auf der Basis des Normaljahrkonzepts, da die Lebensdauer - bei Erfolg - überzyklischer Natur sein wird.
Dabei wird die Rentabilität des Status quo durch folgende Effekte verändert:
- Kosten der Kapazitätserweiterung (KE_E);
- Effekte des zusätzlichen Produkts xz (zP_E);
- Substitutionseffekte bei anderen Produkten durch das neue Produkt xz (S_E).

Das ergibt dann folgende Veränderung der Rentabilität durch das Kombinationsprogramm:

$$(52\text{-}2) \qquad r_{Stq} \pm KE_E \pm zP_E \pm S_E = r_{nSt}$$

$$\text{bzw.} \quad r_{nSt} = r_{Stq} \pm KE_E \pm zP_E \pm S_E.$$

5.2.2.3 Zahlenbeispiel

Das Unternehmen will in Planjahr 19+3 das Produkt D der Oberklasse in Verbindung mit der Errichtung eines neuen Zweigwerks einführen.

I. Modul: Produktmodul

Produkt D ist mit Produkt C verwandt, so daß sich der Preis und die variablen Stückkosten vom bereits existierenden Produkt C ableiten lassen (vgl. Tab. 52-4). Dabei ist der Produktwert der Änderungen bei Produkt D gegenüber Produkt C von der Marktforschung zu ermitteln. Das erwartete Verkaufsvolumen für Produkt D beläuft sich auf 26.000 Einheiten pro Jahr, davon sind 6.000 Einheiten von dem verwandten Produkt C substituiert. Der daraus resultierende **Substitutionseffekt** für Produkt C, der gesondert bei der Alternativrentabilität auszuweisen ist (vgl. Tab. 52-6), errechnet sich durch Multiplikation des Substitutionsvolumens mit Preis und variablen Stückkosten von Produkt C:

- substituierte Erlöse = 6.000 · 1.150 = 6,9 Mio. DM
- substituierte variable Kosten = 6.000 · 663 = 3,978 Mio. DM.

Tab. 52-4: Produktüberleitung

( ) = negativ	Preis Produktwert	variable Kosten	Deckungs- beitrag
Produkt C	1.150,-DM	663,-DM	487,-DM
+ bessere Verarbeitung	40,-DM	(25,-)DM	15,-DM
+ besseres Material	60,-DM	(76,-)DM	(16.-DM)
+ erleichterte Bedienung	40,-DM	(26,-)DM	14,-DM
+ mehr Leistung	90,-DM	(42,-)DM	48,-DM
= Produkt D	1.380,-DM	832,- DM	548,-DM

Hinzukommt wegen des geringeren Verkaufsvolumens eine Einsparung von produktgebundenen Werkzeugen in Höhe von 0,8 Mio. DM, verteilt auf einen Modellzyklus von vier Jahren ergibt dies eine Einsparung von 0,2 Mio. DM pro Jahr.

Die variablen **Effekte für Produkt D** errechnen sich wie folgt:

- Erlöse für Produkt D = 26.000 · 1.380 = 35,88 Mio. DM
- variable Kosten für Produkt D = 26.000 · 832 = 21,632 Mio. DM.

Hinzukommen produktgebundene Werkzeuge in Höhe von 2,5 Mio. DM, verteilt auf einen Modellzyklus von vier Jahren ergibt dies auf Lifetime-Basis 0,625 Mio. DM zusätzliche Abschreibungen pro Jahr.

Als Transaktionskosten i.e.S. sind als Erfahrungssatz 32% der Investitionssumme für Anlaufkosten (AnlKn) anzusetzen (vgl. LV 32 S. 876). Das ergibt folgende auf vier Modelljahre verteilte produktbezogene Anlaufkosten:

(52-3) AnlKn = 32 · 2,5 /100 = 0,8 Mio. DM,

(52-4) 0,8/4 = 0,2 Mio. DM/Jahr.

Die zusätzlichen Gemeinkosten für das neue Produkt D errechnen sich wie folgt:
- Zur Betreuung der neuen Produktlinie D erhöhen sich die jährlichen Verwaltungskosten um 0,52 Mio. DM und die jährlichen Vertriebskosten um 0,8 Mio. DM.
- Es ist zudem eine Einführungswerbung von 2,6 Mio. DM erforderlich, verteilt auf 4 Modelljahre ergibt dies jährlich 0,65 Mio. DM.
- Als zusätzliche Entwicklungskosten für das Produkt D zur "Wartung" der neuen Produktlinie D werden jährlich 0,6 Mio. DM anfallen.
- Hinzukommen 5 Mio. DM als Kosten der Erstentwicklung, die als Transaktionskosten auf Produkt-Lifetime-Basis zu verteilen sind. Bei einer geschätzten Produktlebensdauer von 20 Jahren ergibt dies: 5/20 = 0,25 Mio. DM/Jahr.
- Insgesamt ergeben sich als Entwicklungskosten: 0,6 + 0,25 = 0,85 Mio. DM.

II. Modul: Kapazitätsmodul

Das neue Produkt D soll in einem neuen Zweigwerk in... mit einer Kapazität von 28.000 Einheiten in der ersten Ausbaustufe hergestellt werden. Dazu sind erhebliche Investitionen im Anlagevermögen erforderlich (vgl. Tab. 52-5) mit den dazugehörigen Abschreibungen. Die jährlichen Fertigungsgemeinkosten für die neue Fabrik werden 2,46 Mio. DM, die zusätzlichen jährlichen Verwaltungskosten vor allem für den Einkauf 0,74 Mio. DM betragen.

Zur Errechnung der zusätzlichen durchschnittlichen Kapitalbindung sind die Landinvestitionen zu 100% und die restlichen Investitionen zu 50 % anzusetzen.

Tab. 52-5: Investitionen und Kapitalbindung der Kapazitätsexpansion
(in 1.000,-DM)

Ausbaustufen	Ausbaustufe I				Ausbaustufe II	Ausbaustufe I + II
Produkt.stufen	Chassis	Karosse	Endmont.	Total		
Jahreskapazität	29.500	30.000	28.000	28.000	26.000	54.000
Tageskapazität	123	125	117	117	108	225
INVESTITIONEN						
Land	-	-	-	1.300	-	1.300
Gebäude	-	-	-	2.760	2.400	5.160
Einrichtungen	-	450	305	1.355	945	2.300
Maschinen	600	1.220	2.300	4.500	3.400	7.900
Universalwerkz.	980	890	650	1.880	1.210	3.090
Total Investit.	340					
	1.920	2.560	3.255	11.795	7.955	19.750
durchschnittliche Kapitalbindung				6.548	3.978	11.175

Als kapazitätsbezogene Transaktionskosten sind anzusetzen:

1.) Die kapazitätsbezogenen Anlaufkosten (AnlKn) orientieren sich an den Investitionen für Einrichtungen, Maschinen und Werkzeuge:

(52-3) AnlKn = 32 · 7,735/100 = 2,475 Mio. DM

2.) Die Personalvorlaufkosten belaufen sich auf 3,2 Mio. DM und ergeben sich aus der Kumulation der Kosten beim Personalaufbau für die neue Fabrik (vgl. LV 32 S. 877).

Dies ergibt insgesamt 5,675 Mio. DM an kapazitätsbezogenen Transaktionskosten, die auf einen dreissigjährigen Fabrikzyklus zu verteilen sind = 0,189 Mio. DM pro Jahr.
Die Transaktionskosten fallen geballt zu Beginn eines Projekts an. Bei einer langfristigen Betrachtungsweise belasten demnach die Transaktionskosten vor allem die momentane Liquidität und weniger die Rentabilität des Unternehmens.

III. Modul: Rentabilitätsrechnung

Für Produkt D ist eine Entwicklungszeit von zwei Jahren geplant. Entsprechend kann die Einführung erst im Planjahr 19+3 erfolgen. Zu diesem Zeitpunkt ist auch die neue Fabrik fertiggestellt. Das Planjahr 19+3 ist entsprechend als Normaljahr zu nehmen mit den Werten aus der Plan-GuV (vgl. Tab. 61-2), allerdings zu Gegenwartspreisen wie die Planung der fixen und nichtvariablen Kosten. Beim Ansatz des Working Capitals sind die Relationen aus 3.3.3.1 zu verwenden.

In der Rentabilitätsübersicht sind der Substitutionseffekt bei Produkt C, der Kapazitätserweiterungseffekt durch den Bau des Zweigwerkes wie auch der Produkteinführungseffekt von Produkt D zu analytischen Zwecken gesondert auszuweisen. Dabei zeigt sich, daß die Lifetime-mäßige Verteilung der hohen Produkt- und Kapazitätsanlaufkosten beim Normaljahrkonzept auf die Zeit der Produkt- bzw. Kapazitätszyklen diese "Investitionen" auf ein erträgliches Niveau absenkt und so die Einführung von Produkt D wie auch der neuen Fabrik einigermaßen rentabel erscheinen läßt.

Anders sähe dies bei der Verwendung von Abzinsungsmethoden aus; dann würden die investiven Ausgaben zu Anfang des Projekts stark ins Gewicht fallen und bei Ansatz von konkurrenzfähigen Preisen - insbesondere Industrieunternehmen müssen sich gewöhnlich geringen Gewinnmargen und entsprechend niedrigen Preisen zufrieden geben - und bei Ansatz eines Kalkulationszinsfußes in der Höhe der langfristigen Unternehmensrentabilität wäre dieses kombinierte Projekt vermutlich negativ zu beurteilen. Das entspricht aber nicht den langfristigen Interessen eines Unternehmens, so daß auch aus strategischen Gründen das in der betriebswirtschaftlichen Literatur favorisierte **Abzinsungs-Paradigma** fallengelassen und durch die Alternativrentabilität auf Normaljahrbasis ersetzt werden sollte.

Die Beurteilung dieses Projekts ist in einer Finanzstudie zusammenzufassen und mit einer Empfehlung der Unternehmensleitung zu unterbreiten.

IV. Modul: Finanzstudie

A. Beschreibung des Projekts

Das Unternehmen kann das neue Produkt D für die Oberklasse entwickeln und es in einem neu zu errichtenden Zweigwerk produzieren. Dieses Zweigwerk in .. kann in zwei Ausbaustufen errichtet werden.

B. Finanzielle Ergebnisse

Das Unternehmen hat bei diesem Kombinationsprojekt die größten Investitionen seiner Geschichte zu finanzieren:

Kapazitätsinvestitionen der ersten Ausbaustufe	11,795 Mio. DM
+ produktgebundene Werkzeuge	2,500 Mio. DM
= Total aktivierungsfähige Investitionen	14,295 Mio. DM
Produktentwicklungskosten	5,000 Mio. DM
+ Kapazitätsänderungskosten	3,200 Mio. DM
+ Kapazitätsanlaufkosten	2,475 Mio. DM
+ Produktanlaufkosten	0,800 Mio. DM
+ Produkteinführungswerbung	2,600 Mio. DM
= Total Transaktionskosten	14,075 Mio. DM
Total "Investitionen"	28,370 Mio. DM

Die Transaktionskosten können - verglichen mit den (Hardware-)Investitionen - einen beträchtlichen Umfang annehmen, doch da sie kostenmäßig auf Lifetime-Basis verrechnet werden, fallen sie weniger rentabilitätsmäßig als stärker liquiditätsmäßig zur Last.

Der versteuerte Gewinn steigt erheblich durch das Kombinationsprojekt von 15,481 auf 18,626 Mio. DM, jedoch sinkt die Vergleichsrendite wegen der hohen investen Vorleistungen leicht von 29,4 auf 28,6% [vgl. Rentabilitätsübersicht (Tab. 52-6) in der Anlage].

C. Folgen für den Marktanteil

Durch die Steigerung des Verkaufsvolumens von 127.000 Einheiten auf 147.000 Einheiten kann das Unternehmen nicht nur seinen bisherigen Marktanteil wahren, sondern sogar steigern.

Tab. 52-6: **Alternativrentabilität eines kombinierten Produkt- und Kapazitätsexpansionsprogramms**

in Mill. DM ( ) = negativ	Status quo	Änderungseffekte			neuer Status
	Produkt A - C	Substit. Prod. C	Kapaz. effekt	Produkt D	Produkt A - D
(1) Verkaufsvolumen	127.000	(6.000)	-	26.000	147.000
(2) Erlöse	115,010	(6,900)	-	35,880	143,990
(3) variable Kosten	61,244	3,978	-	(21,632)	78,898
(4) **Deckungsbeitrag**	53,766	(2,922)	-	14,248	65,092
(5) F & E Kosten	4,100	-	-	(0,850)	4,950
(6) Verwaltungskosten	6,500	-	(0,740)	(0,520)	7,760
(7) Vertriebskosten	7,400	-	-	(0,800)	8,200
(8) Werb.+ Verkaufsförd.	2,600	-	-	(0,650)	3,250
(9) Fertigungsgemeink.	10,650	0,200	(2,460)	(0,625)	13,535
(10) ø Anlaufkosten	-	-	-	(0,200)	0,200
(11) ø s. Transakt.k.	0,400	-	(0,189)	-	0,589
(12) **Total Kf + s. K.**	31,650	0,200	(3,389)	(3,645)	38,484
(13) **Gewinn vor Steuern**	22,116	(2,722)	(3,389)	10,603	26,608
(14) **Gewinn nach 30% St.**	15,481	(1,905)	(2,372)	7,422	18,626
(15) Anlagevermögen	34,117	0,400	(6,548)	(1,250)	41,515
(16) Nettovorräte	3,675	0,239	-	(1,298)	4.734
(17) Nettoforderungen	5,751	0,345	-	(1,794)	7,200
(18) Geldmittel	9,165	0,566	-	(2,991)	11,590
(19) **Kapitaleinsatz**	52,708	1,550	(6,548)	(7,333)	65,039
(20) **Rentabilität**	29,4%				28,6%

D. Empfehlung

Trotz der leichten Rentabilitätsverschlechterung empfiehlt die Finanzleitung die Realisierung des kombinierten Produkt- und Kapazitätserweiterungsprojekts:
- Nur durch dieses Expansionsprojekt kann das Unternehmen wegen der beschränkten Ausbaufähigkeit des Stammwerks auf Dauer den Marktanteil halten, eventuell sogar verbessern. Um zu starke Abwehrreaktionen im Inland zu vermeiden, ist zu empfehlen, sich verstärkt um Auslandsmärkte zu bemühen.
- Das Unternehmen wird dadurch auf längere Sicht von der Tendenz zu höherwertigen Produkten profitieren, wie von der Marktforschung prognostiziert und wie der Trend der letzten Jahre belegt.
- Das Unternehmen kann bei späterer Realisierung der zweiten Ausbaustufe mit einer erheblichen Rentabilitätssteigerung rechnen. Zunächst sind jedoch Vorleistungen gefordert.

Kritische Stellungnahme

An hochkomplexen Projekten wie dies vorstehende kombinierte Produkt- und Kapazitätsprogramm lassen sich immer - formal und inhaltlich - kritische Punkte entdecken. Der kritische Kommentar eines Mitglieds des Top-Managements zu der vorstehenden Finanzstudie könnte deshalb wie folgt lauten:
1.) Die Finanzstudie läßt das Projekt in einem zu rosigen Licht erscheinen:
- wegen der Eliminierung der Preis- und Kostensteigerungen liegt die Rentabilität des Normaljahrs und damit die des neuen Status auf einem überhöhten Niveau;
- es sind keine Kapazitätsänderungskosten für Ersatzanlagen im neuen Zweigwerk eingeplant, diese werden jedoch spätestens in ein paar Jahren nach Betriebsbeginn kommen, der Betrag für die Personalvorlaufkosten täuscht, er sollte besser bei den Anlaufkosten untergebracht oder gesondert dargestellt werden;
- es sind im Normaljahr keine Produktanlaufkosten für das laufende Produktprogramm eingeplant, ein Blick in die Plan-GuV (vgl. Tab. 61-2) lehrt aber, daß sie von Zeit zu Zeit kommen.

2.) Es sollte versucht werden, durch stärkere Rationalisierung die Fertigungskosten zu senken und so schon in der ersten Ausbaustufe zu einer Rentabilitätsverbesserung zu gelangen. So könnte die Fertigung gemeinsamer Produktkomponenten stärker konzentriert werden. Die dabei entstehenden zwischenbetrieblichen Frachten sind nicht zu hoch zu veranschlagen, da das Stammwerk und das Zeigwerk geographisch nicht allzu weit auseinander liegen. Dies sollte jedoch in einer speziellen Studie vorab untersucht werden.

3.) Es erscheint gewagt, einfach ein von Produkt C abzuleitendes Produkt dem Markt als ein "neues" Produkt anzubieten, und das in dem Absatzsegment der hohen Preisklasse mit seinen anspruchsvollen Käufern.

4.) Aus all diesen Gründen wird empfohlen, die Realisierung des Projekts auf einen späteren Zeitpunkt zu verschieben, damit eine gründlichere Studie, vor allem aber ein wirklich neues Produkt vorbereitet werden kann.

5.2.2.4 Investitions- und Finanzierungs-Konjunktion

Das neue Produkt D erzeugt nach der Investitionsphase und mit Beginn der Produktions- und Verkaufsphase einen eigenen Cash-Flow, der zur Projektamortisation und zur Projektfinanzierung heranzuziehen ist. Gegen den Cash-Flow des neuen Produkts ist jedoch der entgehende Cash-Flow des Substitutionsvolumens von Produkt C zu verrechnen:

```
Periode                                                    19+3

geschätztes Verkaufsvolumen für Produkt D x_D            12.000 E
Deckungsbeitrag: 548,-DM/E (vgl. Tab. 52-4)·(x_D)      = 6,576 Mio. DM
-zusätzl. feste Kosten für Produkt D (geschätzt)       = 1,234 Mio. DM
   geschätztes Substitutionsvolumen für Produkt C x_C     4.000 E
-Deckungsbeitrag: 476,-DM/E (vgl. Tab. 52-2)·(x_C)     = 1,904 Mio. DM
= Nettofinanzierung aus Cash-Flow                        3,438 Mio. DM
```

Es wird erwartet, daß sich 60% der durch das Projekt zu erwartenden Working Capital-Effekte im Anlaufjahr t3 aufbauen:

$0{,}6 \cdot (1{,}298 + 1{,}794 + 2{,}991 - 0{,}239 - 0{,}345 - 0{,}566)$
$= 0{,}6 \cdot 4{,}933 = 2{,}960$ Mio. DM Working Capital-Effekt.

Die **Investitionen** sind zu **kalendarisieren** und der periodische Finanzbedarf des neuen Projekts ist mit dem Finanzbedarf des bisherigen Unternehmensprogramms abzugleichen. Die Kalendarisierung kann sich auf vertragliche Angaben stützen, aber auch aufgrund von Erfahrungen gewonnenen Ausgabenmuster:
- Die Kapazitätsinvestitionen basieren auf der Bau- und Installationsplanung sowie auf den diesbezüglichen Zahlungsvereinbarungen.
- Die Ausgabenverteilung der Werkzeuginvestitionen läßt sich anhand eines Erfahrungsmusters vornehmen, dabei ist davon auszugehen, daß nach Produktionsbeginn noch Ausgaben für Anpassungsmaßnahmen anfallen werden:

Zeit	Total	t1	t2	t3
Ausgabenmuster	100%	44%	48%	8%
Werkzeuginvestitionen	2.500,-DM	1.100,-DM	1.200,-DM	200,-DM

- Ähnliches gilt für die Produktentwicklungskosten.

Tab. 52-7: Finanzbedarfsrechnung für das Projekt und für den neuen Status

(in 1.000,-DM) Zeit	19+1	19+2	19+3	Total
Kapazitätsinvestitionen 1. Ausbaust.	4.300	5.600	1.895	11.795
+ produktgebundene Werkzeuge	1.100	1.200	200	2.500
+ Produktentwicklungskosten	2.100	2.400	500	5.000
+ Kapazitätsänderungskosten	-	3.200	-	3.200
+ Kapazitätsanlaufkosten	-	-	2.475	2.475
+ Produktanlaufkosten	-	-	800	800
+ Produkteinführungswerbung	-	-	2.600	2.600
= Total Projektinvestitionen	7.500	12.400	8.470	28.370
+ Working Capital-Effekt des Projekts	-	-	2.960	2.960
- Cash Flow-Effekt des Projekts	-	-	3.438	3.438
= Kapitalbedarf des Projekts - netto	7.500	12.400	7.992	27.892
+ Kapitalb. Status quo (Tab.)	4.743	9.761	1.970	16.474
= Gesamtkapitalbedarf neuer Status	12.243	22.161	9.962	44.366

Steht - pro-Forma - der Gesamtkapitalbedarf für den neuen Status fest, ist zu überprüfen, ob sich dieser Kapitalbedarf finanzieren läßt. Die Problemlösung kann kaskadenförmig über mehrere Stufen laufen. Der Finanzbedarf des Projekts mit der Verschuldungsreserve des Status quo gemäß der Cash Flow-Verschuldungsregel (vgl. 4.1.2.3) abzugleichen, das aus dem Cash Flow-Zuwachs des zu realisierenden Projekts herrührt, hier bei $\varphi VF = 3$: $3{,}391 \cdot 3 = 10{,}173$ Mio. DM in 19+3:

(in 1.000,-DM)	19+1	19+2	19+3
Verschuldungsreserve Status quo CF_{III}	21.362	11.633	23.893
+ Verschuldungspotential des Projekts*	-	-	10.173
= Verschuldungsreserve des neuen Status	21.362	11.633	34.066
- Finanzbedarf des neuen Projekts	7.500	12.400	8.039
= Kapital-über-(Unter-)Deckung	13.862	(767)	26.027

* ohne eventuellen Ertragssteuerabzug

Es zeigt sich, daß nur im Planjahr 19+2, in dem schon eines neues Produkt gestartet wird, mit leichten Finanzierungsschwierigkeiten zu rechnen ist. Als Ausweg bietet sich u.a. an, Ersatzinvestitionen in diesem Jahr zu strecken, eventuell auch nur Zahlungen zu verschieben. Dieses Beispiel zeigt auch, daß ein Unternehmen bei ausreichender Verzinsung im Status quo alle Entwicklungs- und Wachtumschancen besitzt, wenn der sich entwickelnde Cash Flow zum Verschuldungsmaßstab gewählt wird, wobei die eine oder andere - überwindbare - Verschuldungsdelle nicht auszuschließen ist.

Lösen Sie Aufgabe Nr. 52-2 in Anlage A!

5.2.3 Wechsel des Distributionssystems

5.2.3.1 Aufbau des Kalküls

Plant das Unternehmen den Übergang vom Fremdvertrieb zum Eigenvertrieb, ähnelt der Kalkül strukturell der Make or Buy-Entscheidung (vgl. 5.1.1) mit dem Unterschied, daß es sich beim Wechsel des Distributionssystems nicht um eine substrategische, sondern um eine strategische Entscheidung handelt:

- die materielle Reichweite ist größer; nicht zuletzt werden die Transaktionskosten und die Investitionen erheblich größer als bei einem Make or Buy-Projekt sein,

- die zeitliche Reichweite ist größer; während ein Make or Buy-Projekt gewöhnlich einen technologisch begrenzten Investitionszyklus besitzt, kann sich ein Wechsel im Distributionssystem praktisch unbegrenzt in die Zukunft erstrecken.

Aus diesen Gründen empfiehlt sich nicht wie bei Make or Buy-Entscheidungen der Einsatz der Differenzrentabilität, sondern die Verwendung der Alternativrentabilität. Basis hierzu ist gewöhnlich die Konstruktion des Normaljahrs, bei dem im Status quo - neuer Status-Vergleich die **Änderungseffekte** zu verrechnen sind. Dabei soll "Stichtag" für die Einführung des eigenen Distributionssystems nach einer Planungs- und Organisationsphase von einem Jahr das übernächste Planjahr (= 19+2) sein.

5.2.3.2 Zahlenbeispiel

Zunächst sind die **finanziellen Auswirkungen der Einzeleffekte** zu ermitteln:

1. Wegfalleffekte (W_E)

Die bisher vom Unternehmen den Händlern gewährten Rabatte vom empfohlenen Endverkaufspreis fallen weg. Diese Rabatte sollen sich hier im Beispiel auf 15% vom Endverkaufspreis betragen haben. Diese sind im Wege der im-Hundert-Rechnung den Planerlösen von 19+2 (wieder) hinzuzurechnen:
15/(100 - 15) = 17,65% von 118,189 = 20,86 Mio. DM, die bei den Rabatten zu sparen sind.

Der Umsatz des Unternehmens stellt sich jetzt auf 118,189 + 20,86 = 139,049 Mio. DM.

2. Synergieeffekt (Sy_E)

Durch die Übernahme des Vertriebs in eigene Hände erwartet das Unternehmen eine bessere Marktkontrolle und damit einen Synergieeffekt. Es wird erwartet, daß sich deshalb Absatz und Umsatz um 5% von 129.000 Einheiten im Normaljahr = 6.450 Einheiten steigern lassen. Das ergibt bei einem ϕ Deckungsbeitrag von 406,59 DM/Einheit einen zusätzlichen Gewinn von 6.450 · 406,59 = 2,623 Mio. DM, abzüglich eines Sicherheitsabschlags von 20% u.a. für Forderungsverluste = 2,01 Mio. DM.

3. Erforderliche eigene Leistungen (zL_E)

3.a) Transaktionseffekte

Die Transaktionsausgaben für den Organisationswechsel sind auf Lifetime-Basis zu verteilen, hier werden 20 Jahre als Lifetime angenommen:

```
Kosten der Vorplanung                              3,5 Mio. DM
+ Abfindungen an Händler                           7,8 Mio. DM
+ Annoncenausgaben etc. für die Erstanwerbung      2,1 Mio. DM
+ Organisationskosten                              7,6 Mio. DM
= Total Transaktionsausgaben                      21,0 Mio. DM
```

dividiert durch 20 = 1,05 Mio. DM als ϕ Transaktionskosten.

3.b) Laufende Kosten pro Normaljahr

```
Personalkosten des vergrößerten Innendiensts            0,5 Mio. DM
+ Personalkosten des eigenen Außendiensts               4,7 Mio. DM
+ Sachkosten des Innen- und Außendiensts                2,8 Mio. DM
+ Pachten                                               2,0 Mio. DM
+ Provisionen 4% vom Umsatz (139,049 Mio. DM)           5,6 Mio. DM
= Total laufende Kosten pro Jahr                       15,6 Mio. DM
```

3.c) Investitionen

in Mio. DM	Ausgaben	Abschreib.	Kapitalbind.
Betriebsmittel (8 Jahre)	6,4	0,8	3,2
+ Grundstücke	2,7	-	2,7
+ Gebäudeausgaben (40 J.)	12,2	0,3	6,1
= Total	21,3	1,1	12,0

Dann läßt sich die Alternativrentabilität errechnen:

(52-5) $\quad r_{Stq} \pm W_E \pm Sy_E \pm zL_E = r_{nSt}$

(52-6) bzw. $r_{nSt} = r_{Stq} \pm W_E \pm Sy_E \pm zL_E$.

Gewinn des neuen Status

```
Unversteuerter Gewinn des Status quo          12,077 Mio. DM
+ Einsparung an Rabatten                      20,860 Mio. DM
+ Synergieeffekt                               2,010 Mio. DM
- φ Transaktionskosten                         1,050 Mio. DM
- laufende Kosten pro Jahr                    15,600 Mio. DM
- Abschreibungen                               1,100 Mio. DM
= unversteuerter Gewinn des neuen Status      17,197 Mio. DM
```

Das ergibt einen Gewinn neuer Status nach 30% Steuern von 12,038 Mio. DM.

Kapitaleinsatz des neuen Status

```
Kapitaleinsatz des Status Quo (Tab. 52-6)              52,708 Mio. DM
+ zusätzliches Anlagevermögen                          12,000 Mio. DM
+ zusätzliche Forderungen (8% von 20,86 Mio. DM)        1,669 Mio. DM
+ zusätzliche Geldmittel (5,2% von 20,86 Mio. DM)       1,085 Mio. DM
= Kapitaleinsatz des neuen Status                      67,462 Mio. DM
```

Rentabilität des neuen Status

(33-30) $r_{\text{neuer Status}} = 12{,}038 \cdot 100/67{.}462 \quad = \quad 17{,}84\%$
$r_{\text{Status quo}}$ laut Langfrist-Budeget $\quad = \quad 16{,}00\%$

Statusverbesser. durch anderes Distributionssystem 1,84%-Punkte.

Im neuen Status ist mit einer signifikanten Rentabilitätsverbesserung von 1,84%-Punkte zu rechnen, welche das Projekt des Wechsels des Distributionssystems ungeachtet etwaiger Risiken realisierungswürdig erscheinen lassen.

Lösen Sie Aufgabe Nr. 52-3 in Anlage A!

6. Finanzplanung zur Unterstützung des Finanzmanagements

6.1 Langfristige Liquiditätsplanung und -kontrolle

6.1.1 Planbilanz und Plan-GuV als Ausgangsbasis der Planung

Die Liquidität des Betriebs ist in langfristiger Sicht - etwa die nächsten drei bis vier Jahre im voraus - gesichert, wenn rechtzeitig Finanzlücken im Wege der Planung erkannt und der erkannte Finanzbedarf durch den Cash-Flow, durch Kreditaufnahme, durch Kapitalerhöhung, etc. abgedeckt wird. Dabei sind sinnvollerweise die oben angeführten Finanzierungsregeln zu beachten.

Zum Aufbau einer langfristigen integrierten Mittelherkunfts- und -verwendungs-Rechnung ist auf das Zahlenwerk von Planbilanz und -GuV zurückzugreifen (vgl. Tab. 61-1 - 61-2), welche beide im Rahmen des Managerial Budgetings fundiert zu planen und aufzubauen sind.

Tab. 61-1: Planbilanzen der AZ-Aktiengesellschaft (entn. LV 32 S. 907)

Planjahr A K T I V A (in 1.000,-DM)	19+0[1]	19+1	19+2	19+3
ANLAGEVERMÖGEN (aus Tab. 43-11)				
Grundstücke	1.500	1.500	1.500	1.500
Gebäude	4.830	4.669	4.508	5.127
Einrichtungen	5.780	6.530	7.041	7.791
Maschinen	9.330	10.733	12.954	13.635
Werkzeuge	4.740	4.680	6.885	6.064
Total Anlagevermögen	26.180	28.112	32.888	34.117
UMLAUFVERMÖGEN (aus Tab. 43-13)				
Roh-, Hilfs- und Betriebsstoffe	964	1.031	1.170	1.188
unfertige Erzeugnisse	2.458	2.800	3.287	3.444
fertige Erzeugnisse	1.966	2.240	2.630	2.755
Forderungen	7.658	8.237	9.455	9.764
kurzfristige Wertpapiere	5.744	6.177	7.091	7.323
Kasse, Bankguthaben	1.915	2.059	2.364	2.441
Total Umlaufvermögen	20.705	22.544	25.997	26.915
Bilanzsumme	**46.885**	**50.656**	**58.885**	**61.032**
P A S S I V A (in 1.000,-DM)				
EIGENKAPITAL				
Grundkapital	20.000	20.000	20.000	20.000
Rücklagen	6.349	9.475	11.353	12.184
einbehaltener Jahresgewinn	3.126	1.878	831	3.028
Total Eigenkapital	29.475	31.353	32.184	35.212
SCHULDEN				
Darlehen	12.610	14.153	20.814	19.784
Lieferantenverbindlichkeiten	1.928	2.061	2.341	2.375
Kundenanzahlungen	2.872	3.089	3.546	3.661
Total Schulden	17.410	19.303	26.701	25.820
Bilanzsumme	**46.885**	**50.656**	**58.885**	**61.032**

[1] Vorschauwerte für das laufende Jahr

Tab. 61-2: Plan-GuV der AZ-Aktiengesellschaft (entn. LV 32 S. 913)

(in 1.000,-DM) Planjahre	19+0[1]	19+1	19+2	19+3
(1) Erlöse (Tab. 43-17 Zeile 13)	95.730	100.940	113.600	115.010
(2) Preisänderungen (dito Z. 14)	-	2.019	4.589	7.039
(3) Total Erlöse (1)+(2)	95.730	102.959	118.189	122.049
(4) direkte Materialkosten	32.140	34.350	39.011	39.589
(5) direkte Lohnkosten	11.990	13.920	15.551	15.465
(6) variable Gemeinkosten	5.020	5.568	6.217	6.190
(7) Kostenpreise	-	2.154	4.960	7.637
(8) Total variable Kosten	49.150	55.992	65.739	68.881
(9) Deckungsbeitrag (3) - (8)	46.580	46.967	52.450	53.168
(10) Forsch. u. Entwicklungsk.	4.020	4.100	4.080	4.100
(11) Verwaltungskosten	5.995	6.200	6.300	6.500
(12) Vertriebskosten	6.840	7.250	7.400	7.400
(13) Werb. u. Verkaufsförderung	2.400	2.560	5.200	2.600
(14) Fertigungsgemeinkosten	9.110	10.320	10.500	10.650
(15) Produktanlaufkosten	-	-	3.187	-
(16) Kapazitätsänderungskosten	400	600	700	400
(17) Kostenpreise	-	1.241	3.006	3.947
(18) Total fixe u. sonstige K.	28.765	32.271	40.373	35.597
(19) Gewinn vor Steuern	17.815	14.696	12.077	17.571
(20) Ertragssteuern 30% auf (19)	5.345	4.409	3.623	5.271
(21) Gewinn nach Steuern	12.470	10.287	8.454	12.300

[1]) Vorschauwerte für das laufende Jahr

6.1.2 Aufbau der langfristigen Mittelherkunfts- und -verwendungs-Rechnung

Die langfristige Mittelherkunfts- und Verwendungsrechnung (MHV-Rechnung, vgl. Tab. 61-6) läßt sich wie folgt entwickeln:

I. Schritt: Ermittlung des Kapitalbedarfs auf der Vermögensseite
  a) Übernahme der Anlageinvestitionen aus dem Investitionsplan (vgl. Tab. 61-3).

Tab. 61-3: Konsolidiertes Investitionsbudget (entn. LV 32 S. 903f.)

(in 1.000,-DM) Planjahr Investitionen nach Vermögensgruppen	19+1	19+2	19+3
-Grundstücke	-	-	-
-Gebäude	-	-	800
-Einrichtungen	1.300	1.100	1.400
-Maschinen	2.400	3.500	2.100
-Werkzeuge	1.500	4.500	1.200
Total Invest. nach Vermögensgruppen	5.200	9.100	5.500
Abschreibungen	3.268	4.324	4.271

b) Ermittlung des Kapitalbedarfs für das sog. Working Capital (vgl. Tab. 61-4) = Umlaufvermögen minus (zinsloses) Abzugskapital aus der Planbilanz (vgl. Tab. 61-1).

Tab. 61-4: Kapitalbedarf aus dem Working Capital

(in 1.000,-DM)	19x0	19+1	19+2	19+3
Umlaufvermögen	20.705	22.544	25.997	26.915
- Lieferantenverbindlichk.	1.928	2.061	2.341	2.375
- Kundenanzahlungen	2.872	3.089	3.546	3.661
= Working Capital	15.905	17.394	20.110	20.879
Differenz zum Vorjahr	-	1.489	2.716	769

c) Feststellen der geplanten Darlehensrückzahlungen (vgl. Tab. 61-5).
d) Addition von a) + b) + c) = total Finanzbedarf.

Tab. 61-5: Ermittlung des betrieblichen Kreditbedarfs (entn. LV 32 S. 907)

(in 1.000,-DM) Planjahr	19+1	19+2	19+3
Bilanzsumme der Aktiva	50.656	58.885	61.032
-Grundkapital + Rücklagen	29.475	31.353	32.184
-Kundenanzahl. + Lieferantenverb.	5.150	5.887	6.036
-einbehaltener Gewinn (nach 60% St.)	1.878	831	3.028
=erforderliche Darlehen - netto	14.153	20.814	19.784
+geplante Darlehenstilgungen	3.200	3.100	3.000
=erforderl. Darlehen - Kreditbedarf	17.353	23.914	22.784

II. Schritt: Vortragen des "total Finanzbedarf" in die "total Finanzmittel"-Zeile.

III. Schritt: Ermittlung des Cash-Flow:

(in 1.000,-DM)	19+1	19+2	19+3
einbehaltener Gewinn (Tab. 61-1)	1.878	831	3.028
+ Abschreibungen (Tab. 61-3)	3.268	4.324	4.271
= Cash Flow	5.146	5.155	7.299

IV. Schritt: Saldieren total Finanzmittel gegen Cash-Flow = Finanzierungslücke, die dann durch Verhandlungen mit der Hausbank und mit anderen potentiellen Kreditgebern zu schließen ist:

(in 1.000,-DM)	19+1	19+2	19+3
total Finanzbedarf	9.889	14.916	9.269
- Cash Flow	5.146	5.155	7.299
= Finanzierungslücke	4.743	9.761	1.970

Anschließend ist die langfristige MHV-Rechnung einer finanziellen "Plausiblitätsprüfung zu unterziehen, d.h. es ist zu überprüfen, ob das für den (Bilanz-)Ausgleich erforderlichen Kreditausmaß von den den Finanzierungsregeln abgedeckt ist; andernfalls sind Investitionen zu strecken, da sie wahrscheinlich nicht zu finanzieren, zumindest nicht in der Periode, in der die betrieblichen Verschuldungsmöglichkeiten überreizt werden (vgl. 4.1.3.3).

Tab. 61-6: Langfristige MHV-Rechnung (in 1000,-DM)

MITTELHERKUNFT	19+1	19+2	19+3
(1) = Cash-Flow	5.146	5.155	7.299
(2) + Finanzierungslücke	4.743	9.761	1.970
(3) = total Finanzmittel	9.889	14.916	9.269

MITTELVERWENDUNG	19+1	19+2	19+3
(1) Anlageinvestitionen (aus Tab. 61-3)	5.200	9.100	5.500
(2) + Entwicklung des WCs (aus Tab. 61-4)	1.489	2.716	769
(3) + Darlehnsrückzahlung (aus Tab. 61-5)	3.200	3.100	3.000
(4) = total Finanzbedarf	9.889	14.916	9.269

6.1.3 Langfristige Liquiditätskontrolle als Ex-ante-Rechnung

Die **langfristige Liquiditätskontrolle** reicht in die nächsten Jahre hinein und ist deshalb von Natur aus **weniger eine Ist-Kontrolle**, sondern ist **in erster Linie eine Ex-ante-Kontrolle**,
- bei der die Vergangenheitsvorgänge finanziell in die Zukunft fortgeschrieben werden,
- bei der die erwarteten künftigen Vorgänge bzw. Unternehmensentscheidungen finanziell ausgelotet werden und
- bei der die diesbezüglichen Finanzauswirkungen saldiert sowie auf Finanzierungsmöglichkeit hin zu beurteilt werden.

Eine Finanzierung erscheint dann nicht möglich, wenn die betriebliche Verschuldungsreserve ausgeschöpft ist. Dies kann leicht bei großen strategischen Projekten wie ein kombiniertes Produkt- und Kapazitätserweiterungsprogramm der Fall sein:

(in 1.000,-DM)	19+1	19+2	19+3
Verschuldungsreserve Status quo CF_{III}	21.362	11.633	23.893
+ Verschuldungspotential des Projekts*	-	-	10.173
= Verschuldungsreserve des neuen Status	21.362	11.633	34.066
- Finanzbedarf des neuen Projekts	7.500	12.400	8.039
= Kapital-Über-(Unter-)Deckung	13.862	(767)	26.027

* ohne eventuellen Ertragssteuerabzug

Um das Unternehmen innerhalb der Verschuldungsreserve zu halten, könnte die Unternehmensleitung beschließen,
- eine Produktion in 19+2 auszulagern und dabei nach Abzug der Transaktionskosten netto 160.000,-DM - 15.000,-DM Transaktionskosten 145.000,-DM zu sparen, sowie
- zwei Rationalisierungsprojekte mit einem Investitionsvolumen von 1,2 Mio. DM von 19+2 auf 19+3 zu verschieben.

Dann wäre mit folgenden Finanzeffekten zu rechnen:

(in 1.000,-DM) ( ) = negativ	19+1	19+2	19+3
Kapital-Über-(Unter-)Deckung	13.862	(767)	26.027
Kapitalfreisetzung durch De-Integration	-	145	-
Investitionsverschiebung (vgl. Tab. 61-3)	-	1.200	(1.200)
korrigierte Kapital-Über-(Unter-)Deckung	13.862	578	24.827

Ist diesem Falle würde durch diese beiden Kapitaldispositionen im Wege des langfristigen Ex-ante-Finanzcontrollings die verschuldungsmäßige Kapitalunterdeckung nicht nur ausgemerzt, sondern sogar ein nennenswerter Verschuldungs-Slack in 19+2 geschaffen. Demnach erlaubt

langfristiges Ex-ante-Finanz-Controlling ein **rationales strategisches Finanzmanagement** des Unternehmens, wodurch Finanzkrisen frühzeitig erkannt und durch präventives Krisenmanagement beseitigt. Dies ist für das Unternehmen um so günstiger, als genügend Zeit bleibt,
- finanzielle Schwachpunkte des Unternehmens durch ein umfassendes Finanzkonzept zu beseitigen und
- die Unternehmensstruktur durch allseitig ausgewogene Operationen zu stärken etwa durch Produktionsauslagerungen (De-Integration) im Sinne der Lean Production.

Ein Ausgleich bei Kapitalunterdeckung läßt sich demnach herbeizuführen,
- indem zusätzliches Eigenkapital, eventuell auch nur in Form eines kurzfristigen Gesellschafterdarlehens zur Zwischen-(Überbrückungs)Finanzierung, aufgenommen wird - bei einem Einzelkaufmann erfolgt dies formlos durch Einlage aus Privatvermögen in die Kasse mit ebenso formloser Liquidation per Kassenentnahme, wenn ein Finanzüberschuß vorhanden ist,
- indem Großprojekte in mehrere Ausbaustufen aufgeteilt und so "abgeflacht" werden,
- indem Anlagen nicht liquiditätsbelastend voll gekauft, sondern liquiditätsschonend per Teilzahlung oder Leasing beschafft werden,
- indem kleinere substrategische Projekte verschoben bzw. gestrichen werden,
- indem ganze Rationalisierungsprogramme zeitlich verschoben werden,
- indem Vermögensteile liquidiert werden.

Lösen Sie Aufgabe Nr. III-71 in Abschnitt 3.9!

6.2 Mittelfristige Liquiditätsplanung und -kontrolle

6.2.1 Aufbauformen für die mittelfristige Liquiditätsplanung

Die mittelfristige Liquiditätsplanung und -kontrolle erfolgt auf Monats- bzw. Quartalsbasis. Dafür stehen zwei Alternativen zur Verfügung:
- die Jahresbudgetbeträge sind anhand von Verkaufszahlen aufzubrechen oder
- sie sind anhand von empirischen Zahlungsmustern aufzuteilen (vgl. auch LV 8.14 S. 539ff.), wobei die Unternehmen die rollierende Planungstechnik nach Schmalenbachs empirischen Untersuchungen mindestens seit den Dreissiger Jahren kannten (vgl. LV 52a S. 41ff.).

6.2.2 Mittelfristige Liquiditätsplanung auf der Basis von Einnahmen und Ausgaben

Zur Planung der Einnahmen und der laufenden Betriebsausgaben im variable Kostenbereich sind die auf Jahresbasis budgetierten Erlöse und variable Kosten (vgl. Tab. 61-2) mit Hilfe von empirisch gewonnenen Monatsverkaufsprozentsätzen, welche den saisonalen Schwankungen entsprechen, aufzuteilen (vgl. LV 32 S. 568f.):

Monat	Jan.	Feb.	März	April	....	Total
Verkäufe in %	9,5	10,5	11,5	14,0	....	100,0
Erlöse in Mio. DM	9,7	10,7	11,7	14,3	....	102,0
var. Kosten in Mio. DM	5,3	5,9	6,4	7,8	....	56,0

Die Einnahmen entsprechen nur bei Barverkäufen den Erlösen. Doch dies ist relativ selten der Fall, vielmehr ist mit zeitlichen Verzögerungen aufgrund von Zahlungsstundungen (=Forderungen) zu rechnen. Deshalb ist ein unternehmensindividuelles empirisches monatliches Einnahmenmuster zu ermitteln. Bei stark exportabhängigen Unternehmen empfiehlt es sich sogar, Inlands- und Auslandsverkäufe jeweils spezifischen **Einnahmenmustern** zu unterwerfen, um so die Genauigkeit der Finanzplanung zu verbessern. Eine ähnliche Aufteilung ist bei den variablen Kosten nicht erforderlich, eher eine Aufteilung nach Kostenarten: direkte Löhne; direkte Materialkosten, variable Gemeinkosten. Dann kann die Planung der Einnahmen aus den Erlösen für das Planjahr 19+1 für den Monat Januar wie folgt aussehen:

	in Mio. DM			
	Verkaufsmonat	1. Folgemonat	2. Folgemonat	Total
Einnahmenmuster	60%	30%	10%	100%
Einnahmen	5,814	2,907	0,969	9,69

Während die Erlös-Transformation in Einnahmen zu einem zeitlichen Nachlauf führt, ergibt die Variable-Kosten-Ausgaben-Transformation wegen des Vorräteaufbaus einen Ausgabenvorlauf, der sich trotz früher Bestellungen nur wegen der gegenlaufenden Lieferantenverbindlichkeiten einigermaßen günstig stellt:

vorlaufender Vormonat	vorlaufender Monat	Monat des Kostenanfalls	Total
5%	20%	75%	100%

Die Durchführung der Einnahmen- und Ausgabenplanung kann in **zwei Formen** erfolgen:

1. Rollierende Einnahmen- und Ausgabenplanung

Die Einnahmen bzw. Ausgaben ergeben sich anhand der empirischen Einnahmen- und Ausgabenmuster. Sie sind rollierend einzusetzen und zu addieren:

(Milll. DM)	Erlöse	Einnahmen				
		Januar	Februar	März	April	Mai ..
Übertrag		3,143	1,181			
Januar	9,69	5,814	2,907	969		
Februar	10,71		6,426	3,213	1,071	
März etc.	11,73			7,038	3,519	1,173
total Einnahmen		8,957	10,514	11,220	...	...

2. Erlös-Ausgaben-Transformation mit Hilfe des Matrizenkalküls

Zur Erlös-Ausgaben-Transformation eignet sich auch ein Matrizenkalkül (vgl. LV 33):

$$\begin{matrix} \text{Erlöse} & \text{Faktor} & \text{Einnahmen} \end{matrix}$$

$$\begin{bmatrix} 9,69 & 0 & 0 \\ 10,71 & 9,69 & 0 \\ 11,73 & 10,71 & 9,69 \end{bmatrix} \begin{bmatrix} 0,6 \\ 0,3 \\ 0,1 \end{bmatrix} \begin{bmatrix} 5,814 & 0 & 0 \\ 6,426 & 2,907 & 0 \\ 7,038 & 3,213 & 969 \end{bmatrix} = \begin{bmatrix} 5,814 \\ 9,333 \\ 11,220 \end{bmatrix}.$$

6.2.3 Mittelfristige Liquiditätskontrolle

Je nach Form der Durchführung läßt sich die mittelfristige Liquiditätsplanung unterschiedlich kategorisieren:
- rollierende Planung = reine Ex-ante-Kontrolle;
- gemischt Ist-rollierende Planung = gemischt Ist-Ex-Ante-Kontrolle.

Letztere Form ist zu empfehlen, um eine vollständige Übersicht über das laufende Budgetjahr zu bekommen. Dann stellen sich die Kontrollwerte (KW) als ein Gemisch aus Ist-Werten (IW) und Vorschauwerten (VW):

(62-1) KW = IW + VW.

Die **Vorschauwerte** errechnen sich, indem die Planwerte für das restliche Jahr anhand der **Ist-Ergebnisse trendmäßig hochgerechnet** werden, und zwar in **zwei Richtungen**:
- **Trend der Absatzmengen;**
- **Trend der Einkaufs- wie Verkaufspreise.**

Eventuell sind dabei gewisse **Friktionen** zu berücksichtigen:
- unwirtschaftliche Verbrauche;
- Preisaufschläge bzw. -nachlässe auf Teilmärkten;
- Änderung der Zahlungsbedingungen;
- Änderung des Absatzesmixes;
- Änderung des Inland-Ausland-Mixes.

Da im Rahmen der mittelfristigen Liquiditätskontrolle die Kassenmittelbestände nicht à jour sind, können bei ihr keine konkreten Dispositionen über kurzfristigere Finanzanlagen, sondern lediglich gewisse Vordispositionen getroffen werden.

6.3 Kurzfristige Liquiditätsplanung und -kontrolle

6.3.1 Kassenhaltungsmodelle

Im Laufe der betrieblichen Geschäftstätigkeit sammeln sich in der Kasse Überschüsse an, die es nutzbringend zu verwenden gilt. In der betriebswirtschaftlichen Theorie sind verschiedene Kassenhaltungsmodelle entwickelt worden, welche in diese Richtung zielen - vornehmlich durch Optimierung der Kassenhaltung (vgl. LV 50 S. 428ff., LV 48 S. 186ff., LV 60 S. 406ff.):

- **Baumol-Modell** (vgl. LV 2). Dabei unterstellt W.J. Baumol, daß die Einzahlung T am Anfang der Periode erfolgt und die Abflüsse permanent während der Periode (vgl. Abb. 63-1a, vgl. auch 4.3.4), so daß ein Teil der Kassenbestände R - gleichzeitig L_1 = Kasse - angelegt werden kann. Dabei wird das Modell der optimalen Lagerhaltung zur Bestimmung der optimalen Kassenhaltung herangezogen: an die Stelle der Lagerkosten treten die entgangenen Gewinne für zinslos gehaltene Beträge i; an die Stelle der Bestell- bzw. Rüstkosten die Kosten b der Kreditbeschaffung oder der kurzfristigen Geldanlage (Transferkosten). Dann betragen die Gesamtkosten der Kassenhaltung K:

```
(63-1)  K = b·T/L + i·L/2.

Dabei sind b·T/L = Transaktionskosten und
          i·L/2 = Opportunitätskosten = entgangene Zinserträge
                  aus einer Wertpapieranlage.
```

Dann errechnet sich der optimale Kassenbetrag:

```
(63-2)  L_opt = √(2 · b · T)/i.
```

J. Süchting kritisiert an dem Baumol-Modell (vgl. LV 60 S. 408),
- daß eine vollständige Information nicht nur über Zinssätze und Bankprovisionen, sondern auch über die Zahlungsströme unterstellt würde,
- daß das Modell einen mehr statischen Charakter besitze, da während der Gesamtperiode keine Einzahlungen von außerhalb des Wertpapierkontos zugelassen würde.

- **Beranek-Modell** (vgl. LV 3). W. Beranek zieht eine Wahrscheinlichkeitsverteilung über den zu erwartenden Kassenbestand mit ein. Wird ein kritischer Minimumbestand unterschritten, seien Costs of being short of cash zu zahlen. Diese Short Costs zeigen sich
  - in Form von Kreditkosten oder
  - in Form von entgangenen Skontierbeträgen oder
  - in Form von impliziten Kosten wegen verschlechterter Kreditwürdigkeit bei schleppender Zahlungsweise.

216   6. Finanzplanung

In Abb. 63-1b gibt die Strecke 0B die verfügbaren Zahlungsmittel an, die entweder in der Kasse bleiben oder auf ein Wertpapierkonto kommen sollen. Bei Anlage auf einem Wertpapierkonto ist einerseits mit den Erträgen 0E, andererseits mit höheren Short Costs in Höhe von 0S wegen Unterschreitung des Kassenmindestbestands zu rechnen. Die Differenz zwischen diesen beiden Positionen ergibt die Nettokosten K. Die Differenz zwischen diesen beiden Kurven ergibt als maximalen Ertrag den optimalen Transferertrag in die Kasse $0L_O$, so daß der verbleibende Betrag L_OB als Wertpapiere anzulegen ist.

Abb. 63-1: Kassenhaltungsmodelle

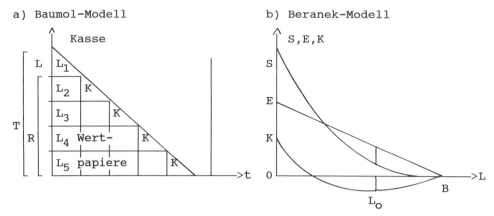

- **Miller-Orr-Modell** (vgl. LV 40). M.H. Miller - D. Orr gehen davon aus, daß Ein- und Auszahlungen während der Periode unregelmäßig erfolgen, daß aber über eine zunehmende Zahl von Perioden eine Normalverteilung unterstellt werden kann. Während der Perioden t nimmt der Kassenbestand mit der Wahrscheinlichkeit p zu bzw. mit der Wahrscheinlichkeit (1 - p) = q zu m-Geldeinheiten ab. Zur Vereinfachung der Optimierung wird unterstellt, daß p = q = 0,5. Zur Optimierung der Kassenhaltung kann sich der Kassenbestand zwischen einer Kontrollobergrenze h und Kontrolluntergrenze z frei bewegen. Wird die Kontrollgrenze überschritten, werden die Überschreitungsbeträge (h - z) einer Geldanlage zugeführt, bei einer Unterschreitung werden Geldanlagen z zur Kassenauffüllung liquidiert (vgl. Abb. 63-2). Die Optimierungspunkte errechnen sich wie folgt:

(63-3) $z_{opt} = \sqrt[3]{(3 \cdot b \cdot m^2 \cdot t)/4i}$

(63-4) $h_{opt} = 3 \cdot z_{opt}$.

Abb. 63-2: Miller-Orr-Kassenhaltungsmodell

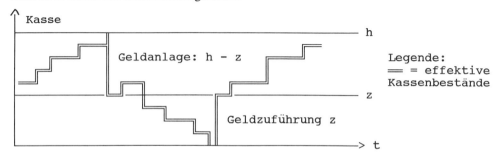

Lösen Sie Aufgabe Nr. 63-2 in Anlage A!

6.3.2 Betriebliches System der Kassenmittelsteuerung

Die kurzfristige Liquiditätsplanung ist praktisch eine rollierende Kassenplanung für jeweils etwa 20 Arbeitstage im voraus. Die Zahlenangaben sind aus der mittelfristigen Liquiditätsplanung abzuleiten, vor allem aber aus der Planbilanz (vgl. Tab. 61-1). Die eigentliche Kassenplanung erfolgt nach dem Prinzip der Fortschreibung:

(63-5) Letzter Endbestand = Anfangsbestand + Einnahmen - Ausgaben = neuer Endbest.

Im Wege der rollierenden Planung sind ständig zusätzliche Arbeitstage in die Planung einzuführen, sind die Kassenbestände laufend fortzuschreiben. Verfügt die Betriebsleitung über wesentliche Zahlungen etwa für Anlagenkäufe oder Dienstleistungen, so sind diese gesondert in der Kassenplanung zu berücksichtigen. Werden die Kassenbestände knapp, sind durch entsprechende Finanzdispositonen zusätzliche Mittel zu besorgen. Umgekehrt sind bei hohen Kassenüberschüssen Kredite zurückzuzahlen.

Tab. 63-1: Planung der betrieblichen Barliquidität - Kasse und Bankguthaben (in DM)

Arbeitstag im Monat	12	13	14
(1) Kassenanfangsbest.	2.798.865,-	→2.967.865,-	→3.222.865,-
(2) +Einnahmen aus Verk.	150.800,-	300.000,-	
(3) +Sonstige Einnahmen	20.000,-	-	
(4) =Verfügbare Mittel	2.968.865,-	3.267.865,-	
(5) +Materialausgaben	1.000,-	45.000,-	
(6) +Löhne, Gehälter	-	-	
(7) +Investitionsausg.	-	-	
(8) +Sonstige Ausgaben	-	-	
(9) =total Ausgaben	1.000,-	45.000,-	
(10) Kassenendbestand	2.967.865,-	3.222.865,-	

Die Vorgaben zur Kassenhaltungssteuerung lassen sich konsistent aus der Planbilanz ableiten (vgl. 63-1). Dort sind für das Planjahr 19+1 - gerundet - 2 Mio. DM für Kasse und Bankguthaben (KBG) vorgesehen sowie 6 Mio. DM für kurzfristig anzulegende Wertpapiere (kaW) als Liquiditätsreserve. Dann betragen die gesamten periodischen Geldmittel (GM_t):

(63-6) $GM_t = KBG_t + kaW_t = 2 + 6 = 8$ Mio. DM für 19+1.

Dieser Gesamtbetrag ist als obere Interventionslinie zu betrachten, unterhalb sich derer verschiedene Zwischeninterventionslinien aufbauen (vgl. Abb. 63-3), aufgrund derer sich unterschiedliche Kassenliquiditätsgrade/-schichten zur Zwischenanlage der erheblichen Geldmittelbeträge ergeben.

Abb. 63-3: Interventionslinien der Kassenhaltung

```
liquide Mittel     ▲
Obere Inter-       │
ventionslinie      ├──────────────────────────────OIL z.B. 8 Mio. DM
= 100%             │  4. Liquidität = hoch verzinsliche
Mittlere Inter-    │                  Wertpapiere      (Liq4)
ventionslinie I    ├──────────────────────────────MIL I z.B. 6 Mio. DM
= 75%              │  3. Liquidität = höher verzinsliche
Mittlere Inter-    │                  Wertpapiere      (Liq3)
ventionslinie II   ├──────────────────────────────MIL II z.B. 4 Mio. DM
= 50%              │  2. Liquidität = leicht liquidierbare
Untere Inter-      │                  Wertpapiere      (Liq2)
ventionslinie      ├──────────────────────────────UIL z.B. 2 Mio. DM
= 25%              │  1. Liquidität = Barliquidität = Kasse + Bank-/
                   │                  Postscheckguthaben (Liq1)
                   └──────────────────────────────> t
```

Dann sind u.a. folgende Kasseninterventionen unter Beachtung des effektiven Kassenmittelbestands (GM_{eff}) möglich:

Fall A: <u>R</u>ückzahlung von <u>K</u>rediten in Höhe von RK, wenn GM_{eff} > OIL z.B. GM_{eff} = 10,8 Mio. DM:

(63-7) RK = GM_{eff} - OIL = 10,8 - 8,0 = 2,8 Mio. DM.

Fall B: <u>A</u>ufstockung der <u>G</u>eldmittel in Höhe von AG durch Kreditaufnahme, wenn die effektiven Geldmittel z.B. 3,4 Mio. DM unter OIL gefallen sind:

(63-8) AG = GM_{eff} - OIL = 6,4 - 8,0 = -1,6 Mio. DM.

Fall C: Aufstockung der Barliquidität auf AB durch den Verkauf von Wertpapieren von Liq2, wenn die <u>G</u>ut<u>h</u>aben (GH) unter UIL gesunken sind und "short of cash" sind: GH < UIL z.B. GH = 1,7 Mio. DM; dann fließt die Liquidität 2. Grades (Liqu2) zu 50% dem Guthaben zu:

(63-9) AB = GH + Liq2 = 1,7 + 1,0 = 2,7 Mio. DM.

Fall D: Aufstockung der Liq2 durch Kassenentnahme; wie aus Tab. 37-7 hervorgeht, übersteigt die Barliquidität am 13. Arbeitstag die 3. Mio. DM-Marke, dies kann in Umkehrung des Falls C zum Anlaß genommen werden, der Liq2 wieder 1 Mio. DM zuzuführen, dabei kann die Kassenvorschau Auskunft darüber geben, wie lange diese Beträge anzulegen sind:

- bei Verfügbarkeit für wenige Tage zu Tagesgelder,

- bei Verfügbarkeit für über zwei Wochen zu Zehn-Tage-Gelder,

- bei Verfügbarkeit für über sechs Wochen zu 30-Tage-Gelder.

Bei diesem System der betrieblichen Kassenhaltung handelt es sich weniger um eine Kassenmittelplanung unter Annahme bestimmter starrer probabilistischer Bedingungen als vielmehr um eine den stochastischen Bedingungen der Betriebe angepaßte Kassenmittelsteuerung.

6.3.3 Kontrolle der betrieblichen Außenstände

Zur Kontrolle der betrieblichen Außenstände im Rahmen des Cash-Managements sind laut Swinne (in LV 38 Sp. 1207f.) die DSO/DCG-Zahlen entwickelt worden, die auf Unternehmens-, Sparten-, Produktlinien- und Geschäftsfeldbasis eingesetzt werden können.

Die DSO-Zahl (<u>D</u>ays' <u>S</u>ales <u>O</u>utstanding) zeigt trendmäßig die Entwicklung der Außenstände:

(63-10) DSO = (Fb_{me} · 90)/MU,

dabei bedeutet: Fb_{me} = Forderungs<u>b</u>estand am <u>M</u>onats<u>e</u>nde
MU = <u>M</u>onats<u>u</u>msatz.

Die DCG-Zahl (<u>D</u>ays' <u>C</u>redit <u>G</u>ranted) verfolgt trendmäßig die Entwicklung beim Abbau überfälliger <u>F</u>orderungen (üF) im Vergleich zum Umsatz dieses Monats:

(63-11) DCG = ($üF_{me}$ · 90)/MU,

dabei ist $üF_{me}$ = Stand der überfälligen Forderungen am Monatsende.

6.3.4 Geldanlagen in form von Optionsgeschäften

6.3.4.1 Bedeutung und Grundbegriffe bei Optionsgeschäften

Temporär überschüssige Mittel können für bestimmte Zeiten
- zu festen Zinssätzen (vgl. auch 2.6.3.2 "Industrieclearing") oder
- zu Termingeschäften oder
- als Optionen (vgl. u.a. LV 43) spekulativ angelegt werden.

Optionsgeschäfte wurden schon in der Antike getätigt. Im 17. Jahrhundert erreichte der Optionshandel mit dem Handel der Tulpenzwiebel in Holland eine neue Blüte, endete aber in einer Überspekulation. Der Terminhandel mit Wertpapieren wurde in Deutschland 1931 wegen der Wirtschaftskrise eingestellt und erst 1970 auf den Handel mit Aktien beschränkt wieder aufgenommen. Als Absicherungsinstrument dient die seit 1990 in Deutschland existierende Deutsche Terminbörse (vgl. 2.1.6.4).

Grundlage von Optionen sind Wertpapiere, aber auch Währungen wie der Dollar. Bei der Deutschen Terminbörse (DTB) gibt es Calls (= Kauf-Option) und Puts (= Verkauf-Option) auf einige Standardwerte und auf den Deutschen Aktienindex (Dax).

Dabei gelten u.a. folgende **Optionsbegriffe**:

- **Basispreis (BP = Strikepreis, Ausübungspreis, Bezugspreis)**, welchen der Optionsbesitzer bei Ausübung der Option zahlt beim Call und erlöst beim Put. Er wird z.B. bei Aktien von Monat zu Monat gemäß dem Kursverlauf der Aktien angepaßt.

- **Stillhalter**. Es ist der Aussteller einer Option, der den entsprechenden Basispreis in einem Depot bis zum Ablauf der Optionsfrist hinterlegt und dem dafür der Ausgabepreis (Aufgeld) der Option gutgeschrieben wird.

- **Aufgeld**. Es stellt den für die Option zu zahlenden Preis dar und ist zu den Transaktionskosten (Kta) zu zählen wie etwaige in Rechnung gestellte Bankspesen.

- **Hebelfaktor (Leverage Factor)**. Er gibt an, im welchen Maße eine Preisänderung den Optionswert ändert.

- **Tageskurs zum Realisationszeitpunkt (TKR)**.

- **Innerer Wert (intrinsic Value)**. Er ist die Differenz zwischen aktuellem Kurs und Basiswert. Ist die Differenz z.B. beim Call positiv, ist die Option "im Geld (in-the-money)", ist sie negativ, ist sie "aus dem Geld (out-of-the-money)".

6.3.4.2 Alternativen bei den Optionsgeschäften

Auflösung von Optionspositionen

Optionspositionen können wie folgt aufgelöst werden (vgl. LV 43 S. 49ff.):

- Glattstellen. Sie stellt eine Transaktion dar, bei der
  - entweder der Käufer (Optionsbesitzer) die früher gekaufte Option wieder verkauft
  - oder der Optionsschreiber (Stillhalter) die früher verkaufte Option zurückkauft, wobei diese Transaktion gewinnbringend ist, wenn er sie billiger zurückkauft, als er sie verkauft hat.

- Ausüben. Nur der Optionsbesitzer kann zwischen Ausübung und Verfall optieren. Es kann ein "Call" wahrgenommen oder ein "Put" ausgeübt werden.

- Verfall. Hier wird das Verfallsdatum abgewartet. Dann gibt es zwei Alternativen:
  - bei sog. "In-the-money"-Positionen besitzt die gekaufte Option einen inneren Wert, den der

Broker der Option mangels anderweitiger Abmachung für den Optionsbesitzer automatisch einlöst - wobei ein Broker als Makler entweder für fremde Rechnung gegen Kommission Wertpapiere kauft oder verkauft (Agent) oder für eigene Rechnung (Principal);
- bei sog. "Out-of-money"-Positionen werden diese von den Konten des Optionsbesitzers gestrichen, zugleich entfallen alle Verpflichtungen der Clearingstelle.

Formen des Optionsgeschäfts

Die **Optionsgeschäfte** können in **zwei grundlegenden Formen** erfolgen:

1. Call-Kaufoption. Der Call berechtigt den Käufer, zu einem bestimmten künftigen Zeitpunkt eine bestimmte Menge von Wertpapieren zu einem in der Gegenwart festgelegten Preis zu kaufen. Bei ihr rechnet der Investor optimistisch damit,
- daß der Kurs über den Basiswert steigen wird und
- daß die Differenz zwischen den beiden Werten ihm zufällt.

Beispiel:
Basispreis: 1,45 DM per Dollar; Aufgeld (= Kaufpreis der Option): 10,-DM pro 100-Dollar-Call. Dann liegt die Gewinnschwelle (GS) für den Käufer des Call beim 1,45 + 0,10 = 1,55-Dollar-Kurs. Jede Kurssteigerung darüber hinaus ist für dem Käufer Gewinn. Sinkt der Kurs unter 1,55 DM pro Dollar verliert der Käufer der Option zunehmend, beim Kurs von 1,45 DM pro Dollar den ganzen Preis der Option. Für ein weiteres Absinken unter 1,45 DM pro Dollar trägt der Käufer allerdings kein Risiko, sondern der Stillhalter.

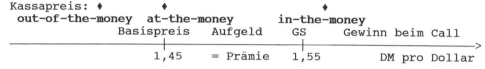

Fall A: TKR = 1,42: **TKR < (BP + Kta)**; Folge: der Optionskäufer gewinnt nichts und verliert das Geld für den Optionsankauf vollständig (VOB):

(63-12) VOB = TKR - BP - Kta = 1,42 - 1,55 - 0,10 = -0,23 DM/$,

aber Verlustbegrenzung auf -,10 DM/Dollar für den Kunden, den Verlust von 1,42 - 1,45 = -0,03 DM trägt der Stillhalter.

Fall B: TKR = 1,49: **(BP + Kta) < TKR > BP**; Folge: der Optionskäufer gewinnt nichts und verliert einen Teil des Optionspreises von 0,10:

(63-13) VO = TKR - BP - Kta = 1,49 - 1,45 - 0,10 = -0,06 DM/$.

Fall C: TKR = 1,63: **TKR > (BP + Kta)**; Folge: der Optionskäufer macht einen Gewinn (GO):

(63-14) GO = TKR - BP - Kta = 1,63 - 1,45 - 0,10 = +0,08 DM/$.

2. Put-Verkaufsoption. Beim Put erwirbt der Käufer das Recht, aber nicht die Verpflichtung, innerhalb einer bestimmten Zeit zu einem bestimmten Preis eine Option zum zugrundeliegenden Basispreis zu verkaufen. Fällt der Kurs unter den vereinbarten Basispreis, fällt die Differenz dem Käufer zu.

Beispiel:
Basispreis: 1,50 DM pro Dollar; Aufgeld: 8,-DM pro 100-Dollar-Call. Dann liegt die Gewinnschwelle für den Käufer beim Kurs: 1,50 - 0,08 = 1,42 DM pro Dollar. Sinkt der Kurs weiter darunter, gewinnt der Käufer und die Bank verliert.

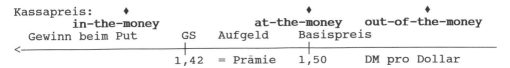

Ähnliches gilt beim Erwerb von Aktien auf Optionsbasis und für Optionsanleihen (vgl. 2.2.2.1, 2.4.2.2).

6.3.4.3 Optionsstrategien

Die beiden grundlegenden Formen des Optionsgeschäfts lassen sich in zahlreichen Strategien realisieren (LV 43 listet im Anhang 21 Optionsstrategien auf). Diese basieren entweder auf dem Time-Spread, welcher eine Optionsposition im Call oder Put mit gleichen Strikepreisen, aber unterschiedlichen Verfalldaten darstellt, oder auf dem Price-Spread mit Optionen zwischen verschiedenen Strikepreisen, aber gleichen Verfalldaten.

Als **Optionsstrategien** kommen u.a. in Frage:

- die Straddle-Strategie, welche eine Optionsposition aus gekauften oder verkauften Kombinationen von Calls und Puts mit gleichen Strikepreisen und Verfallsdaten darstellt;

- die Strangle-Strategie, welche eine Optionsposition ähnlich der Straddle-Position darstellt, wobei der der Strikepreis des Call höher sein muß als der Strikepreis des Put;

- der Bear-Price-Spread, welcher Gewinn mit Calls oder Puts bringt, sofern der Preis des zugrunde gelegten Werts sinkt, dabei wird eine Option mit höherem Strikepreis gekauft und Option mit tieferem Strikepreis geschrieben, während beim Bear-Time-Spread eine Option mit kürzerer Laufzeit gekauft und eine Option mit längerer Laufzeit geschrieben wird;

- der Bull-Time- oder -Price-Spread, der Gewinn bringt, sofern der Preis des zugrunde liegenden Wertes steigt, ansonsten wie Bear-Spread;

- der Butterfly-Kauf oder -Verkauf, welcher eine Optionenkombination aus Calls oder Puts mit drei verschiedenen Strikepreisen darstellt etwa durch Kauf eines Bull- und Bear-Price-Spreads mit entsprechenden Strikepreisen.

6.4.3.4 Betriebswirtschaftliche Beurteilung der Optionsgeschäfte

Hinsichtlich einer betriebswirtschaftlichen Beurteilung von Optionsgeschäften ist zu sagen, daß von ihrem regulären Einsatz zu Finanzdispositionen abzuraten ist;
- die an den Stillhalter, gewöhnlich Finanzierungsinstitute, zu leistenden Kapitalkosten insbesondere für das Aufgeld, welches der Stillhalter als Risikoprämie wegen der einseitigen Kündbarkeit der Option zu einem für ihn günstigen Zeitpunkt durch den Optionsinhaber erhebt, sind relativ hoch,
- die hohe Verlustgefahr - bei praktisch 50% der Optionsgeschäfte entstehen Verluste - ist nicht vereinbar mit einem ordentlichen betrieblichen Finanzmanagement.

Bei den Optionsgeschäften handelt es sich demnach um unvollständige Nullsummenspiele, bei denen zwar der Verlust des Einen der Gewinn des Anderen ist, wobei allerdings die Stillhalter (Banken) in Form des Aufgelds den eigentlichen Nutzen ziehen. Demnach sind Optionsgeschäfte mehr zum Feld der privaten Spekulation zu zählen. Eine Ausnahme bilden die Währungsoptionsgeschäfte.

6.3.4.5 Währungsoptionen

Kontraktmotive für Währungsoptionen

Als **Kontraktmotive** für das Erwerben von Währungsoptionen gelten (vgl. LV 17 S. 270f.):

- **Hedging**, um ausstehende Zahlungen in fremder Währung gegen unvorteilhafte Kursschwankungen zu schützen (vgl. Abb 63-4);

- **Spekulation**, um mit geringem Kapitaleinsatz - in Höhe der Prämienzahlung - auf zukünftige Wechselkursentwicklungen zu spekulieren (mit Gewinn- oder Verlusteffekt);

- **Arbitrage**, um eventuell risikolose Gewinne zu erzielen;

- **Einkommenserzielung**, um aus dem Verkauf von Optionen Prämieneinkommen zu erzielen.

Abb. 63-4: Hedging mit Währungsoptionen (entn. LV 17 S. 271)

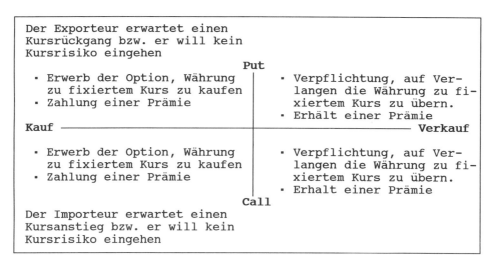

Pay-off-Diagramme

Sog. Pay-off-Diagramme (vgl. Abb. 63-5), auch XY-Diagramme genannt (vgl. LV 43 S. 22f.) werden dazu benutzt, um die Zahlungsstruktur einer Optionsstrategie offenzulegen, wobei gewöhnlich die Möglichkeit einer vorzeitigen Kündigung vernachlässigt wird. Auf der vertikalen Achse erfolgt die Darstellung der Gewinn-(+) bzw. Verlust-(-) Entwicklung relativ zur Ausgangslage. Verschiebungen nach rechts von der Ausgangslage - gewöhnlich Kassa- oder Terminkurs - entsprechen einer Aufwertung der Basiswährung und Linksverschiebungen einer Abwertung, wobei die Basiswährung daran zu erkennen ist, ob sie im Nenner steht z.B. bei SFr/US$ (an amerikanischen Börsen gilt das umgekehrte Verhältnis US$/SFr).

Beispiel (vgl. Abb. 63-5):
- Absicherung einer bestehenden Festgeldanlage in US$ für einen schweizerischen Investor;
- Instrument: Kauf von SFR-Putoptionen oder äquivalent: US$-Calloptionen;
- Resultat: Absicherung gegen eine Entwertung des Schweizer Franken und unbegrenzte Profitierungsmöglichkeiten bei einer Aufwertung.

Abb. 63-5: Pay-off-Diagramm einer synthetischen Calloption (entn. LV 17 S. 272)

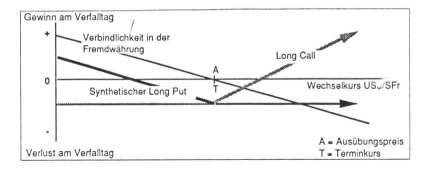

Optionspreisbildung

Die Optionspreisbildung wie auch die Bewertung von Optionen ist komplexer Natur. dabei wird gewöhnlich vom Black Scholes-Modell ausgegangen (vgl. auch 4.2.1.7). Eine andere Beurteilungsmöglichkeit bietet das Garman Kohlhagen-Modell, das von ähnlichen Beschränkungen ausgeht wie die ursprüngliche Black Scholes-Formel u.a. (vgl. LV 17 S. 444ff.):

- stabile Volatilität der Wechselkurse im Zeitablauf;

- Konstanz der Zinsen;

- standardnormalverteilte Wechselkursänderungen.

Dann stellen sich die Optionspreisformeln wie folgt:

(63-15) $C = S \exp(-r^f \tau) N(z) - X \exp(-r^d \tau) N(z - \delta\sqrt{\tau})$

(63-16) $P = S \exp(-r^f \tau)[N(z + \sigma\sqrt{\tau}) - 1] - X \exp(-r^d \tau)[N(z) - 1]$

Dabei ist

(63-17) $z = [\ln(S/X) - (r^d - r^f)\tau + 1/2 \sigma^2 \tau]/\sigma\sqrt{\tau}$

Legende:
- S = Kassakurs;
- X = Ausübungspreis der Option;
- σ = erwartete (annualisierte) Volatilität in der Periode in %;
- r^f = (stetiger) Depotsatz der Referenzwährung;
- r^d = (stetiger) Depotsatz der Basiswährung;
- τ = Laufzeit des Kontrakts in Jahresbruchteilen z.B. 60/360;
- $N(..)$ = Flächenabschnitt unter der Standardnormalverteilung.

Die Ausrechnung läßt sich in zwölf Stufen zerlegen, wobei von folgenden Angaben ausgegangen wird:

S = DM/US\$ = 1,50 stetiger DM-Zinssatz
 = 7% -> r^d = ln(0,07 + 1) = 0,0677

X = DM/US\$ = 1,52 stetiger US-Zinssatz
 = 8% -> r^f = ln(0,08 + 1) = 0,0770

σ = 10% Laufzeit = 3 Monate -> 90/360 = 0,25

Dann gilt für die Optionspreisberechnung folgender Algorithmus:

1. Stufe: $\ln(S/X) = -0,0132$;
2. Stufe: $(r^d - r^f - \sigma^2/2)\tau = -0,0036$;
3. Stufe: $(St\ 1 + St\ 2)/\delta\sqrt{\tau} = -0,3364$;
4. Stufe: $N(St\ 3) = 0,3683$;
5. Stufe: $N(ST\ 3 + \sigma\sqrt{\tau}) = 0,3873$;
6. Stufe: $\exp(-rf\ \tau) = 0,9809$;
7. Stufe: $ST\ 5\ (S) = 0,5809$;
8. Stufe: $St\ 6\ (St\ 7) = 0,5698$;
9. Stufe: $\exp(-r^d\ \tau) = 0,9832$;
10. Stufe: $St\ 4\ (X) = 0,5525$;
11. Stufe: $St\ 9(St\ 10) = 0,5432$;
12. Stufe: $St\ 8 - St\ 11: 0,0266$.

Demnach beträgt der Preis für die Währungscalloption 0,0266 DM pro US$.

Dies ist allerdings ein theoretischer Wert, der möglicherweise vom Markt nicht akzeptiert wird; eine Studie über den schwedischen Optionenhandel belegt, "dass at-the-money Optionen eine deutlich höhere implizierte Volatilität aufweisen, als dies aufgrund der Kursbewegungen des zugrundeliegenden Wertes hergeleitet werden kann. Obwohl es...keinen absolut richtigen Wert für Optionen gibt, wurden diese at-the-money Optionen zumindest in Relation zum theoretischen, gemäß dem Black-Scholes-Modell berechneten Preis konsequent überbewertet" (LV 43 S. 284).

6.4 EDV-Hardware und -Software zur Unterstützung des Finanzmanagements

6.4.1 Historie der Cash-Management-Systeme

Cash-Management umfaßt alle finanziellen Dispositionen des Unternehmens mit seiner Außenwelt. Neuerdings scheint dieser Begriff unter der Bezeichnung Cash-Management-System eine Einengung auf die computerunterstützten Finanzdienste der Banken für ihre Kunden zu erfahren, die wegen der Leistungserhöhung der Mikrocomputer zu einer zunehmenden Integration von internen und externen Finanzinformationen des Unternehmens führen (vgl. LV 28a S. 50ff.). Cash-Management-System und Electronic Banking zusammen machen das Electronic Funds Transfer Systems (EFTS) aus. Die gegenwärtigen Money Transfer Systeme unterstützen sowohl Überweisungen mit Formatvorgabe (predefined transaction) wie Überweisungen ohne Formatvorgabe (free-form transaction). Eine schnelle Weiterleitung von Interbank-Transaktionen erfolgt als predefined transaction mit Swift (vgl. 1.1.1).

Die ersten elektronischen Cash-Management-Systeme (ECMS) wurden Anfang der Siebziger Jahre für Großunternehmen in den USA entwickelt, wobei die Mellon Bank, welche schon 1969 ein solches System einführte, eine Pilotfunktion übernahm. Seit Beginn der Achziger Jahre werden ECMS von amerikanischen Unternehmen europäischen Unternehmen angeboten. Hierbei kam dem System CASHMAP, das 1982 gemeinsam von der Ruhrgas AG und der IBM entwickelt wurde, eine gewisse Pilotfunktion zu (vgl. 6.4.4).

6.4.2 Aufgaben von Cash-Management-Systemen

Die Aufgaben des Cash-Managements lassen sich sowohl aus der Rentabilitätszielsetzung des Unternehmens wie auch aus der finanziellen Nebenbedingung der Wahrung der betrieblichen Liquidität ableiten (vgl. 1.1.4). Dies führt zunächst zu folgenden detaillierten Zielen der betrieblichen Finanzdisposition (vgl. LV 28a S. 51):
- Gewährleistung der betrieblichen Zahlungsbereitschaft;
- Minimierung der Risiken bei der Geldaufnahme wie bei der Geldanlage;
- Maximierung der Rentabilität der Geldanlagen;
- Kostenoptimierung der Liquiditätshaltung (vgl. 4.3.4, 6.3.1).

Aus den Zielen der betrieblichen Finanzdisposition lassen sich konsistent die konkreten Aufgaben des Cash-Managements im Allgemeinen wie auch eines elektronischen Cash-Managements im Besonderen ableiten:
- Disposition der Zahlungsströme mit Hilfe der Kassenhaltungsplanung (vgl. 6.3.2);
- Überwachung und Steuerung der Zahlungsströme;
- Anlage freier bzw. Bereitstellung benötigter Liquidität;
- Optimierung des Währungsrisikos.

Die Internationalisierung der Unternehmen und Märkte hat zu der Notwendigkeit des internationalen Cash-Managements geführt, dessen Instrumente wie Leading, Lagging, Netting, Reinvoicing, Pooling schon angeführt wurden (vgl. 2.1.6.5, 2.6.3.2).

6.4.3 Anwendungsbeispiele von Cash-Management-Systemen

I. CASHMAP der Ruhrgas AG

Bei der Ruhrgas AG wurden diese Anforderungen an ein ECMS in drei Module gegliedert und auf einem Rechnersystem implementiert, welche zusammen dem Unternehmen zahlreiche finanzielle Serviceleistungen erbringen [(vgl. IBM-Nachrichten 33 (1983) Heft 266)].

a) Software und Hardware

Das Programmpaket CASHMAP zerfällt in drei Module:
1.) Liquiditätsplanung;
2.) Tagesfinanzdisposition;
3.) Dokumentation/Analyse aller Geldmarktoperationen.

Es besteht aus 230 APL-Programmen, die im Dialog mit VS/APL (Virtueller Speicher) unter VSPC abgewickelt werden. Die VSAM-Dateien werden täglich auf Magnetband gesichert. Alle List-Auswertungen erfolgen mit dem IBM-Programm-Berichtsgenerator ADRS. Die graphischen Auswertungen erzeugt die APL-GRAPHAC unter GDDM und gibt sie wahlweise über Bildschirm, Plotter oder Terminaldrucker aus.
Das Programm läuft auf dem IBM-Rechner 3033 unter OS/MVS.

b) Softwareleistungen

Das Programm von CASHMAP läßt folgende Auswertungen zu:
- Tages- und Termingeldeinlagen gegliedert nach Banken
- Inhaber-, Namenswertpapiere und Schuldscheindarlehen nach Depotbanken
- Fremdmittelaufnahmen gegliedert nach Banken
- Einzelbankauswertung
- tagesdurchschnittliche Anlagenhöhe pro Monat/Jahr je Bank
- Anlage/Aufnahmelimit je Bank
- Auswertung der Anlagen nach Schuldnerkategorie
- Vereinbarte Effektivzinssätze einschließlich korrespondierender Interbankensatz
- Anlagebeträge nach ursprünglicher Anlagedauer
- durchschnittliche Rendite nach Anlageformen

- kumulierte Zinserträge und -aufwendungen nach definiertem Zeitraum und nach Anlageformen.

II. Moneta

Das Cash-Management-System Moneta (vgl. Abb. 64-1) ist ein Produkt des Softwarehaus HanseOrga und wurde 1985 mit einer Pilotfunktion bei dem Mineralölunternehmen Texaco/DEA implementiert. Später setzten es auch Unternehmen wie Aral, Krupp und Preussen Elektra ein. Je nach nach Unternehmensbedarf kann alternativ von folgenden Modulen Gebrauch gemacht werden:
- automatisierte Einholung der täglichen Kontoinformationen aller Konten über Btx oder über das Multicash-System;
- Ermittlung der valutarischen Salden;
- Kontenabstimmung und Kontenclearing;
- Netting und Konzernverrechnungssystem;
- Zinsstaffelerrechnung;
- Disposition und Geldhandel.

Dieses ECMS arbeitet weitgehend computerunterstützt und ermöglicht eine weitgehende Integration von Finanzdaten mit dem Ziel der Einbindung des Cash-Managements in die Gesamtfinanzplanung des Unternehmens. Da 95% aller Zahlungseingänge in der Wertstellung bestimmbar sind, ist weitgehend eine taggenaue Planung möglich.

Lösen Sie Aufgabe Nr. 63-3 in Anlage A!

Abb.64-1: Abläufe des Cash-Managements bei der Aral AG (entn. LV 28a S. 55)

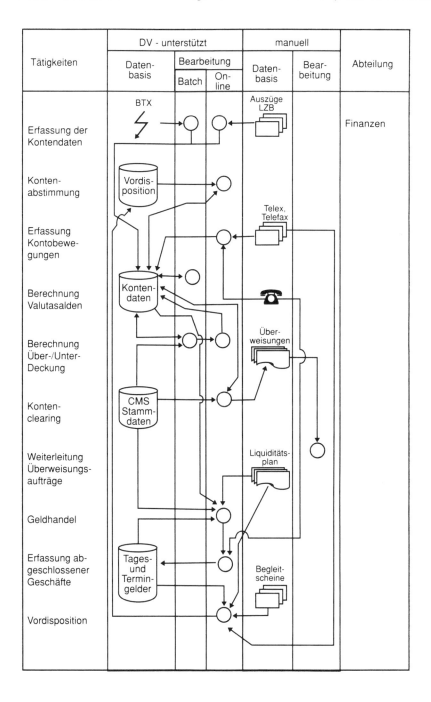

Anhang

A: Aufgabenprogramm

1. Einleitung

Aufgabe Nr. 11-1:
a) Listen Sie die Ziele auf, welche ein Unternehmen verfolgen könnte!
b) Versuchen Sie die Ziele in dem nachstehenden Raster einzuordnen!

	Mengenziele	Finanzziele	sonstige Z.
Oberziele			
Unterziele			

Aufgabe Nr. 11-2:
Führen Sie betriebswirtschaftliche Entscheidungsmodelle an, die auf der Gewinnmaximierung beruhen!

Aufgabe Nr. 11-3:
Führen Sie konkrete mengen-, finanzmäßige sowie sontige Anspruchniveaus an, welche in Forschung & Entwicklung, einkauf, fertigung und Vertrieb zum Zuge kommen können!

Aufgabe Nr. 11-4:
Führt eine Dominanz öko-sozialer Ziele nur zur Verschlechterung der betrieblichen Rentabilität oder gibt es auch positive Rückwirkungen für die Rentabilität?

Aufgabe Nr. 11-5:
Das zu verzinsende Fremdkapital besteht aus folgenden Positionen:

```
Darlehen        Betrag          Verzinsung
xa              500.000,-DM     7,8%
xb              355.000,-DM     8,5%
xc              640.000,-DM     6,9%
xd              150.000,-DM     7,2%
```

Dazu kommen 230.000,-DM Lieferantenverbindlichkeiten und 350.000,-DM Anzahlungen von Kunden. Das Eigenkapital beträgt 2,5 Mio. DM, davon 1,8 Mio. DM Grundkapital. Wie hoch muß die Kapitalrentabilität sein, wenn eine Dividende von 18% gezahlt werden soll?

Aufgabe Nr. 12-1:
An welcher Stelle könnten öko-soziale Ziele in die Unternehmensplanung einfließen?

Aufgabe Nr. 12-2:
a) Welche weiteren Kombiziele könnten vom Unternehmen verfolgt werden?
b) Das Unternehmen will 10% überflüssigen Personals abbauen und gleichzeitig 15% des Personals umschulen. Wie sähe die Adaption eines solchen Kombiziels zwischen Belegschaft und Unternehmensleitung aus?

Aufgabe Nr. 12-3:
Die Geschäftsleitung erwägt die Einführung eines neuen Produkts mit einem vierjährigen Produktzyklus. Entsprechend der Absatzprognose werden Produktionskapazitäten bereitgestellt. Um jederzeit lieferfähig zu sein, sind 10% des periodischen Absatzes als Mindestlagerbestand bereitzustellen:

Zeit	1	2	3	4
Kapazität	2.000	2.500	2.500	2.000
Absatz	1.500	2.000	2.800	1.000
Mindestlager(end)bestand	150	200	280	-

Planen Sie das optimale Produktionsprogramm bei minimalem Lagerbestand mit Hilfe der Fortschreibungstechnik!

Aufgabe Nr. 12-4:
Welche Rangfolge dürften die drei Status quo-Veränderungsprojekte haben
a) bei einem Unternehmen das hohe Rentabilitätsziele verfolgt bzw.
b) bei einem Unternehmen, das hohe Marktanteilsziele verfolgt,
c) bei einem Unternehmen, das in nächster Zukunft gute/schlechte Konjunktur erwartet?

Aufgabe Nr. 12-5:
Wiederholungsfragen:
- Was ist unter einem Kombiziel zu verstehen?
- Welche Aufgaben haben Unternehmensziele?
- Worin besteht der grundsätzliche Nachteil von Maximierungs- wie Minimierungszielen?
- Welche Bedeutung hat der Risikoaufschlag auf die Kapitalkosten zur Ermitlung der Zielrendite?
- Welche Bedeutung hat ein Anspruchsniveau für Organisationen, für Individuen?
- Auf welche Weise können Kapitalgeber ihre Finanzziele dem Unternehmen übermitteln?
- Welche Arten von Unternehmen sind auf Gewinnerzielung aus?
- Was bedeuten SWIFT und DTB?
- Was versteht Schumpeter unter Hebelwirkung?
- Wie lassen sich heterogene Kombiziele ansteuern?
- Wie läßt sich die Forderung: Get big! zielmäßig positionieren?

2. Die Finanzierung der Unternehmung

Aufgabe Nr. 21-1:
Wie sollte der Großaktionär handeln, wenn das Top-Management trotz Spekulationsverbots Optionen gekauft hat, aber dabei einen erheblichen Spekulationsgewinn gemacht hat?

Aufgabe Nr. 21-2:
Die Geschäftsleitung einer GmbH plant die riskante Akquisition eines anderen Unternehmens. Soll sie dabei den angebotenen Kredit der Hausbank in Anspruch nehmen oder einen potenten neuen Gesellschafter aufnehmen?

Aufgabe Nr. 21-3:
Wie kann eine Bank vermeiden, daß ein Unternehmen einen gewährten Kredit riskant anlegt bzw. den Gesellschaftern zu Konsumzwecken zur Verfügung stellt?

Aufgabe Nr. 21-4:
Beurteilen Sie die Sicherheiten in Bezug auf

Sicherheit der Verwertung

hoch			
mittel			
niedrig			
	niedrig	mittel	hoch

Schnelligkeit der Verwertung

Aufgabe Nr. 21-5:
Wohin sollten die Unternehmen in den einzelnen Konjunkturphasen tendieren?
                        Aufschwung   Konjunkturhoch   Abschwung   Konj.tief
zum Eigenkapital
zum fremdkapital

Aufgabe Nr. 21-6:
a) Von welchen Voraussetzungen würden Sie die Annahme des Vorschlags zur Gründungsfinanzierung von der Stadtsparkaase Köln abhängig machen?
b) Würden Sie ihn auch annehmen, wenn in absehbarer Zeit mit einer schlechten Konjunktur zu rechnen ist?

Aufgabe Nr. 21-7:
Überprüfen Sie den Vorschlag zur Wachstumsfinanzierung auf Schwachstellen!

Aufgabe Nr. 21-8:
Unter welchen Bedingungen dürften sich Gläubiger zur Stundung bereit erklären, um eine Sanierung zu ermöglichen?

Aufgabe Nr. 21-9:
Der Börsenkurs von Unternehmen A beträgt 466,-DM und der von Unternehmen B 297,-DM. Bilden Sie ein abgerundetes Tauschverhältnis und gleichen Sie etwaige Wertdifferenzen durch Zahlungen aus!

Aufgabe Nr. 21-10:
Aktiva 560.000,-DM; Bankenshulden 180.000,-DM; Lieferantenverbindlichkeiten 67.000,-DM; von den Forderungen in Höhe von 155.000,-DM sind 14,5% uneinbringlich; von den Vorräten in Höhe von 67.000,-DM sind 20% abzuschreiben; Notariatskosten 3% des Nettobetriebsvermögens. Kaufpreis 450.000,-DM. Wie groß ist der Veräußerungsgewinn/-verlust?

Aufgabe Nr. 21-11:
Ein Einzelunternehmen, eine Kommandit-Gesellschaft, eine Aktiengesellschaft suchen Finanzmittel für eine Unternehmensexpansion. Stellen Sie jeweils ein geeignetes "Bukett" von möglichen Kapitalgebern auf - vier oder fünf - und ordnen Sie diese zu einer Rangfolge der Kontaktnahme!

Aufgabe Nr. 21-12:
Unter welchen Umständen könnte der Euromarkt auch von mittelgroßen Unternehmen von Bedeutung sein?

Aufgabe Nr. 21-13:
Welche Vorteilen dürften Unternehmen erwarten, wenn sie Anleihen in ECU auflegen?

Aufgabe Nr. 21-14:
Läßt sich das Auf und Ab bei den einzelnen Emissionsarten erklären?

Aufgabe Nr. 21-15:
Welche Relevanz haben DTB-Kontrakte für das Finanzmanagement deutscher Unternehmen?

Aufgabe Nr. 21-16;
Wo würden Sie den Schwerpunkt beim Risiko-Management im internationalen Finanzmanagement legen
a) bei einem Unternehmen, das Know how-Verträge ins Ausland verkauft,
b) bei einem unternehmen, das Investitionsgüter ins Ausland verkauft.

Aufgabe Nr. 21-17:
a) Welche der angeführten Finanzierungsformen kommen für ein Einzelunternehmen, eine Kommandit-Gesellschaft, eine Aktiengesellschaft in Frage?

b) Bilden Sie jeweils eine Rangfolge der Bedeutung für die genannten Unternehmensformen!

Aufgabe Nr. 22-1:
Warum ist die Kapitalmobilität beim Einzelunternehmen besonders stark erschwert? Wie sieht es bei den anderen Unternehmensformen aus?

Aufgabe Nr. 22-2:
Welcher Kapitalanteil sollte B in Tab. 22-1 nach der Kapitalerhöhung unter Berücksichtigung der Stillen Reserven gutgeschrieben werden?

Aufgabe Nr. 22-3:
Ordnen Sie die Aktienemissionsformen zu:
    solide   neutral   spekulativ

Aufgabe Nr. 22-4:
Das Unternehmen BX erhöht das Grundkapital von 6 Mill. DM um 2 Mill. DM, Aktienkurs 430, Bezugskurs 320. Die Eintragung ins Handelsregister und Emissionsprospekt kosten 0,3 Mill. DM, Bankprovision 2%, Gesellschaftsteuer 2,5%.
a) Wie hoch ist das Bezugsrecht?
b) In welcher Höhe wird der neue Kurs liegen?
c) Wieviel DM fließen dem Unternehmen netto zu?

Aufgabe Nr. 22-5:
Sind Dividendenzahlungen Kosten für den Betrieb?

Aufgabe Nr. 22-6:
Wägen Sie ab zwischen zwischen Auslandslisting und Aktienemissionen am Euro-Markt!

Aufgabe Nr. 22-7:
Könnte die eine oder andere Form der Aktienanalyse zur Marktanalyse bei der Einführung junger Aktien eingesetzt werden?

Aufgabe Nr. 22-8:
Bietet die Subventionsfinanzierung eine gute Startbasis für junge Unternehmen oder ist der "Bürokratismus" zu groß?

Aufgabe Nr. 22-9:
Beeinträchtigen die Forderungen der KBG die unternehmerische Freiheit und Initiative?

Aufgabe Nr. 22-10:
Hat das Management Buyout bei den vorliegenden Kapitalkonditionen eine reale Überlebenschance?

Aufgabe Nr. 22-11:
Für welche Unternehmensarten dürfte die Subventionsfinanzierung von Umweltschutzprojekten im besonderen Maße in Frage kommen?

Aufgabe Nr. 22-12:
Soll ein finanziell angeschlagenes Maschinenbauunternehmen in Familienbesitz zur Rettung Going Public oder den Verkauf an ein anderes Unternehmen wählen? Wägen Sie ab?

Aufgabe Nr. 22-13:
Die Gewinnobligation ist in Deutschland fast unbekannt, wird dagegen in der Schweiz häufig zur Kapitalaufnahme benutzt. Läßt sich dies auf kulturelle Unterschiede zurückführen?

Aufgabe Nr. 23-1:
Führen Sie Gründe an für eine Kapitalerhöhung aus Gesellschaftsmitteln!

Aufgabe Nr. 23-2:
Wägen Sie ab, ob es opportun ist, Materialdurchlaufzeiten und Forderungen zu verkürzen!

Aufgabe Nr. 23-3:
Sind Pensionszusagen eher als Finanzierungs- oder als Disziplinierungsinstrumente zu betrachten?

Aufgabe Nr. 23-4:
a) Bei einer Betriebserweiterung stellt das Unternehmen 12 neue Maschinen à 500.000,-DM auf, die in 6 Jahren linear abgeschrieben werden. Die Abschreibungen gelten durch Finanzüberschüsse abgedeckt, außer im ersten Jahr, in dem 40% der Anlaufkosten nicht gedeckt werden. Die Anlaufkosten belaufen sich auf 15% der Investitionen. Wieviele Finanzmittel aus Abschreibungen stehen dem Unternehmen in den einzelnen Jahren und kumulativ zur Verfügung. Stellen Sie darauf aufbauend ein zwischenzeitliches Investitionsprogramm für Maschinen mit einer Investitionssumme von à 300.000,- bzw. à 500.000,-DM auf!
b) Läßt sich der Investitionsprozeß in Phasen einteilen?

Aufgabe Nr. 23-5:
Welche Dividendenstrategie erweckt am ehesten
a) den Eindruck der Solidität,
b) den Eindruck der Dynamik.

Aufgabe Nr. 23-6:
Das Unternehmen will ein neues Produkt mit einem vierjährigen Absatzzyklus bei einem Investitionsvolumen von 200.000,-DM herausbringen. Ermitteln Sie den periodischen Cash Flow des Projekts sowie die Amortisationsdauer!

```
     Zeit                  1           2           3           4
Absatz                  1.500       2.000       2.800       1.000
Preis pro Einheit       200,-DM     190,-DM     170,-DM     140,-DM
variable Stückkosten    100,-DM      80,-DM      70,-DM      65,-DM
sonstige feste Kosten* 70.000,-DM 70.000,-DM 70.000,-DM 70.000,-DM
An-/Auslaufkosten      90.000,-DM     -           -       15.000,-DM
* = ohne Abschreibungen
```

Aufgabe Nr. 23-7:
Soll sich ein junges Unternehmen über die Selbstfinanzierung "groß hungern" oder durchaus zu Krediten greifen, um zügig zu expandieren?

Aufgabe Nr. 24-1:
Anleihebetrag: 5 Mill. DM; Zinssatz: 8%; Laufzeit: 7 Jahre davon die ersten 2 Jahre tilgungsfrei; Emissionskurs: 98,5%; Rückzahlung mit Aufgeld von 1 ½%; Bankenprovision 3 ½%; Prospekte 50.000,-DM.
a) Stellen Sie den Zins- und Tilgungsplan der Anleihe auf!
b) Berechnen Sie die Kosten der Anleihe bei linearer Abschreibung des Agios!

Aufgabe Nr. 24-2:
a) Für wie innovativ sind die Finanzinnovationen auf dem Anleihesektor zu betrachten?
b) Für welche deutschen Unternehmen kommen sie in Frage?

Aufgabe Nr. 24-3:
In welcher Phase des Konjunkturzyklus sollte ein Unternehmen ein Wandelschuldverschreibung mit welcher Begründung begeben:
Aufschwung   Konjunkturhoch   Abschwung   Konjunkturtief

Aufgabe Nr. 24-4:
a) Wodurch unterscheiden sich Wandelschuldverschreibung und Optionsanleihe?
b) Würden Sie die Optionsanleihe als ein seriöses oder eher als ein spekulatives Finanzierungsinstrument klassifizieren?

Aufgabe Nr. 24-5:
Substanzwert 0,8 Mill. DM; Bruttomiete 0,1 Mill. DM/Jahr; Zielrendite des Investors 8%; Gestehungskosten 1,3 Mill. DM. Wird der Beleihungswert der Faustregel entsprechen?

Aufgabe Nr. 25-1:
Wie hoch dürfte die Annuität sein bei einem Investitionsbetrag von 650.000,-DM und bei einem Kalkulationszinsfuß von 12%?

Aufgabe Nr. 25-2:
Der Betrieb will seine Kapazität erweitern und benötigt dazu eine Maschine im Wert von 0,5 Mill. DM. Es ist mit erheblichen Anlaufkosten zu rechnen. Soll der Betrieb bei angespannter Liquidität Teilzahlungsfinanzierung betreiben oder Leasing?

Aufgabe Nr. 26-1:
Mit welchen Finanzierungsbeträgen aus dem Umsatzprozeß bei den Positionen Lieferantenverbindlichkeiten und Kundenanzahlungen beim Produktprojekt in Aufgabe 23-5 kann der Betrieb rechnen, wenn sich die Kundenanzahlungen auf 9% der Erlöse und die Lieferantenverbindlichkeiten sich auf 14% der Materialkosten belaufen werden, wobei die Materialkosten wiederum 60% der variablen Kosten betragen?

Aufgabe Nr. 26-2:
Erstellen Sie ein Operationsschema für das stille Factoring!

Aufgabe Nr. 26-3:
a) Wie soll ein mittelgroßes Maschinenbauunternehmen mit wenig bzw. mit viel Auslandserfahrung Switch-/Offset-Geschäfte bzw. Joint Ventures beurteilen? Kommen eher Parallel- bzw. Bartergeschäfte in Frage?
b) Ordnen Sie eventuell unter Mehrfachnennung zu:

	Außen-finanz.	Innen-finanz.	Fremd-finanz.	Eigen-finanz.	Beteilig.finanz.	Kapital-freisetz.
Leasing						
Factoring						
Bankkredit						
Bartergesch.						
Bund-Future						
Wandlung von Optionsanleihe						
Optionsaktie						

c) Wiederholungsfragen:
■ Welche Leasing-Formen gibt es?
■ Grenzen Sie von einander ab: Swaps; Optionen; Futures!
■ Skizzieren Sie die grundlegenden Instrumente zum Risiko-Management beim internationalen Finanzmanagement!
■ Wie Sie Bund-Futures strukturiert? Wozu lassen sie sich einsetzen?
■ Welcher Art können die Finanzbarrieren eines Unternehmens sein?
■ Welche Formen können Aktien bzw. Anleihen annehmen?
■ Was ist unter Auslandslisting zu verstehen? Wägen Sie Vor- und Nachteile ab!
■ Wie funktionieren Kompensationsgeschäfte?
■ Wie errechnet sich der Wert des Bezugsrechts?
■ Welche Möglichkeiten der Gründungsfinanzierung existieren?
■ Welche Funktionen des Eigenkapitals bzw. Fremdkapitals sind zu unterscheiden?

- Woran sind Offshore-Zentren zu erkennen?
- Was ist unter bilanzunwirksamen bzw. derivativen Geschäften zu verstehen?
- Unter welchen Gesichtspunkten sind Finanzierungsalternativen hauptsächlich zu beurteilen?

3. Die Investitionen des Unternehmens

Aufgabe Nr. 31-1:
Das Unternehmen will für das Verwaltungsgebäude eine repräsentativ-luxuriöse Eingangshalle bauen lassen. Nach welchen Kriterien sollten die für diese Prestigeinvestition eingegangenen Architektenangebote beurteilt werden? Lösungsvorschlag s. unten!

Aufgabe Nr. 31-2:
Bisher betrugen die Stückkosten 95,43 DM je Einheit (E). Senken sie sich bei "Rationalisierungsinvestition" mit einer Jahreskapazität von 10.000 E, wenn die Lebensdauer 8 Jahre beträgt, die Investitionen sich auf 0,72 Mio. DM belaufen, die Anlaufkosten 26% davon, die Lohnstückkosten 12,35 DM und die Materialstückkosten 44,50 DM betragen werden, dazu variable Gemeinkosten 22% von Lohn- und Materialkosten, sonstige fixe Gemeinkosten ohne Abschreibungen 23.500,-DM/Jahr, wenn mit einer Auslastung
a) von 80%,
b) von 90%,
c) 95% zu rechnen ist?

Aufgabe Nr. 32-1:

t	to	t1	t2	t3
x in Einheiten	-	1.000	2.000	800
Preis pr	-	100.-	100,-	80,-
kvst	-	40,-	35,-	32,-
Anlaufkosten	-	9.000,-	-	-
Kf	-	50.000,-	50.000,-	50.000,-
Investitionen	90.000,-	-	-	-

Planen Sie die Ein- uns Ausgaben des Projekts XZ, wobei zur Vereinfachung unterstellt wird, daß die Erlöse unmittelbar zu Einnahmen und die variablen Kosten zu entsprechenden periodischen Ausgaben führen.

Ergebnis:	to	t1	t2	t3	
Einnahmen	-	100.000	200.000	64.000	Lösung s. unten!
Ausgaben	90.000	69.000	90.000	45.600	

Aufgabe Nr. 32-2:
Errechnen Sie den Kapitalwert des Projekts XZ bei einem Kalkualtionszinsfuß von 12%.
Ergebnis: Co = 38.465 Geldeinheiten. Lösung s. unten!

Aufgabe Nr. 32-3:
Ermitteln Sie durch Näherungsrechnung den Internen Zinsfuß des Projekts XZ.
Ergebnis: ri = 35,6%. Lösung s. unten!

Aufgabe Nr. 32-4:
Errechnen Sie bei einem Kalkulationszinsfuß von 12% den Durchschnittsgewinn des Projekts XZ nach der Annuitätsmethode.
Ergebnis: ϕG = 15.660,08 DM. Lösung s. unten!

Aufgabe Nr. 33-1:
a) Führen Sie einen Kostenvergleich für das Projekt XZ durch, Zinssatz für kalkulatorische Zinsen 8%, Lieferantenpreis pro Stück 60,-DM, bei einer Mindestabnahme von 1.200 Stück im Jahr 10% Rabatt.
   Ergebnis: 101.800,-DM für XZ, 72.000,-DM für den Lieferanten.
b) Unterziehen Sie das Projekt XZ einem Grenzstückzahlvergleich auf Durchschnittsbasis mit einem Lieferanten, der 80,-DM/Stück verlangt. Ergebnis: 1277 E. Lösung s. unten!

Aufgabe Nr. 33-2:
a) Bereiten Sie das Projekt XZ zum Gewinnvergleich vor. Ergebnis: 23.133,33 DM.
b) Führen Sie für Projekt XZ eine Breakeven-Analyse auf Durchschnittsbasis durch.
   Ergebnis: 882 E. Lösung s. unten!

Aufgabe Nr. 33-3:
Errechnen Sie für Projekt XZ die Rendite in den einzelnen Projektjahren und die Durchschnittsrendite unter Verwendung der im Text entwickelten Relationen für das WC.
Ergebnis:

	t1	t2	t3	Σ	φ
Gewinn	1.000	80.000	-11.600	69.400	23.133
Kapitaleinsatz	89.680	73.240	24.395	-	62.439
Rentabilität n. 30% Steuern	0,78%	76,5%	-33,3%	-	25,9%

Lösung s. unten!

Aufgabe Nr. 33-4:
Die Unternehmensleitung will die Preise um 8% erhöhen. Zur Abstützung der Preiserhöhung soll die Produktqualität allgemein erhöht werden. Dadurch steigen variablen Kosten um 5%. Es müssen zudem Werkzeuge für 1,8 Mill. DM besorgt werden mit einer Lebensdauer von 4 Jahren. Als Anlaufkosten sind 38,4% der Investitionssumme anzusetzen. Wie entwickelt sich Alternativrentabilität im Normaljahr (Basis: Planjahr 19+1 in Tab. 61-1 und Tab. 61-2) für den Status quo)?
a) Tragen Sie - vertikal - Erlöse, variable Kosten, fixe und nichtvariable Kosten des Planjahrs 19+1 unter Ausschluß der Preis- und Kostensteigerungen vor und errechnen Sie den Deckungsbeitrag und den Gewinn des Planjahrs!
b) Tragen Sie das Anlagevermögen für 19+1 aus der Planbilanz vor und errechnen Sie anhand der Prozentsätze in 3.3.3.1 das Working Capital!
c) Errechnen Sie die Rentabilität des Status quo nach 30% Steuern!
d) Errechnen Sie die Auswirkungen des Kundenverlusts von 3% in einer gesonderten Spalte bei den variablen GuV-Werten und beim Working Capital!
e) Dasselbe wegen der 8%igen Preiserhöhung, wobei die 3% Kundenverluste vorher abzuziehen sind!
f) Ermitteln Sie die Effekte der Qualitätsverbesserung!
g) Saldieren Sie die Effekte von d)-f) gegen den Status quo! Ermitteln Sie so den neuen Status! Lösung s. unten!

	Ergebnisse:	Status quo	neuer Status
in 1.000,- DM	Gewinn	16.072	19.256
	Kapitaleinsatz	44.464	45.467
	Rentabilität nach 30% St.	25,3%	29,6%

Lösung siehe unten!

Aufgabe Nr. 33-5:
Führen Sie für Projekt XZ alle möglichen Amortisationsdauerrechnungen durch. Ergebnis: ta1 = 1,73 Jahre; ta2 = 1,76 J.; tadyn = 1,54 J. Lösung s. unten!

Aufgabe Nr. 33-6:
Im Status quo des Unternehmens sind bei Produkt A jährliche Verkäufe von 5.000 Einheiten zu erwarten bei einem Preis von 100,-DM, kv = 35,-DM, Kf = 250.000,-DM, Kapitaleinsatz 590.000,-DM. Vom neuen Produkt B lassen sich vermutlich 4.000 Einheiten, davon 1.000 Einheiten von Produkt A substituiert verkaufen: Preis = 150,-DM, kv = 50,-DM, sonstige feste Kosten jährlich ohne Abschreibungen = 60.000,-DM, Investitionen 600.000,-DM, Lebensdauer 4 Jahre.
Erstellen Sie eine Informationssynopse:
a) Statisch = Alternativrentabilität, wobei das Working Capital = 40% der (Erlöse + variablen Kosten);
b) Dynamisch = Annuitätsmethode, wobei ein Kalkulationszinsfuß von 12% einzusetzen ist.
Ergebnisse: φ G nach der Annuitätsmethode = 25.178,- DM; $r_{Status\ quo}$ = 12,7%, $r_{neuer\ Status}$ = 17,3%. Lösung siehe unten!

236 Anhang

Aufgabe Nr. 33-7:
Wiederholungsfragen:
- Wie läßt sich der Interne-Zinsfuß errechnen?
- Von welchen Finanzinformationen gehen die statischen bzw. dynamischen Methoden ausß
- Was ist unter einem strategischen Projekt zu verstehen?
- Welche Bedeutung hat das Normaljahr in der Investitionsrechnung?
- Definieren Sie das Working Capital!
- Wie läßt sich eine Zielrendite konstruieren?
- Wie läßt sich eine Risiko-Dekomposition vornehmen?
- Welche Faktoren führen bei der Kapitalwertmethode zu einem entscheidungslogischen Chaos?
- Welche psychologische Effekte sind bei Wirtschaftlichkeitsrechnungen zu erwarten?
- In welchen Formen läßt sich die Rentabilitätsrechnung durchführen? Welche sind relevant bei Unternehmensentscheidungen?
- Welches betriebswirtschaftliches Doppelkriterium wird häufig bei Wirtschaftlichkeitsrechnungen verfolgt?
- Ordnen Sie die Annuitätsmethode ein!
- Legen Sie die betriebswirtschaftliche Relevanz der Interne-Zinsfuß-Methode dar!
- Welches ist ist das Grundkriterium für einen Rationalisierungseffekt?
- Was ist unter unendlichen Investitionskette zu verstehen? Zu welchen Konsequenzen führen sie bei strategischen Investitionsprojekten?

4. Entscheidungskonzepte für das Finanzmanagement

Aufgabe Nr. 41-1:
r = 20%; FKz in % = 12%. Bei welchem Verschuldungsgrad ist r_e = 35%?

Aufgabe Nr. 41-1a:
Der Fremdkapitalzinssatz in Tab. 41-1 steigt kontinuierlich von t1 an um jeweils einen Prozentpunkt. Wie entwickelt sich die Eigenkapitalrentabilität?

Aufgabe Nr. 41-2:
Ordnen Sie die Finanzierungsregeln zu:

	konservativ	stabil	expansiv
langfristig wirksam			
kurzfristig wirksam			

Aufgabe Nr. 41-3:
Wie müßte die Planbilanz in Tab. 61-1 global gemäß dem finanzwirtschaftlichen Optimum strukturiert sein? Welche Finanzierungslücken bzw. -Slacks bestehen?

Aufgabe Nr. 41-4:
Das Unternehmen besitzt einem Kapitalbedarf für nächste Periode von 3,5 Mio. DM. Folgende Kapitalbeschaffungsmöglichkeiten stehen zur Verfügung:

	Betrag in Mio. DM	Kapitalkosten	Laufzeit in Jahren
Kredit A	1,0	8,5%	4
Kredit B	2,8	7,9%	5
Kredit C	2,2	8,3%	3
Kredit D	2,1	8,2%	7

Eine kurzfristige zwischenzeitliche Geldanlage erbringt bei einem Betrag von 0,1 - 0,5 Mio. DM 3%, bei 0,6 - 1,5 Mio. DM 4 % und über 1,5 Mio. DM 5% Zinsen. Ermitteln Sie das kostenminimale Finanzierungsprogramm!

Aufgabe Nr. 41-5:
Ermitteln Sie die Verschuldungsmöglichkeiten aus dem Cash Flow nach dem Beispiel in Tab. 51-4 für die einzelnen Jahre!

Aufgabe Nr. 42-1:
Ermitteln Sie anhand folgender Angaben den Cut-off des betrieblichen Investitions- und Finanzierungsprogramms!

Projekt	A	B	C	D	E	F
Kapitaleinsatz	300.000	700.000	400.000	600.000	500.000	250.000
Projektrendite	18%	21%	19%	19%	25%	28%
Finanzierungsalt.	F1	F2	F3	F4	F5	
Finanzbetrag	500.000	600.000	400.000	900.000	800.000	
Zinssatz	7,5%	8,6%	7,9%	7,7%	8,3%	
Auszahlung	98,0%	95,%	99,5%	100,0%	98,9%	

Aufgabe Nr. 42-2:
Welche Projekte wären zu genehmigen bei im Zeitablauf unterschiedlich hohen ϕKapitalkosten (vgl. Tab. 34-2)? Versuchen Sie eine Rangfolge aufzubauen!

Projekt	A	B	C	D	E	F
Kapitaleinsatz	300.000	700.000	400.000	600.000	500.000	250.000
Projektrendite	18%	21%	19%	19%	25%	28%
Risikoklasse	I	II	III	II	I	III

Aufgabe Nr. 43-1:
Dürfte die Zustimmungsbedürftigkeit größerer Investitionsvorhaben seitens des Aufsichtsrats bzw. des Beirats der Kapitaleigner die Entscheidungsqualität des Unternehmens verbessern?

Aufgabe Nr. 43-2:
Forschungs- & Entwicklungskosten 12 Mio. DM; Maschineninvestitionen 65 Mio. DM; Werkzeuginvestit. 22 Mio. DM; Anlaufkosten 20% der Investitionen; Forderungen 5 Mio. DM.
a) Planen Sie die zeitliche Verteilung dieser Investitionen anhand der Verteilungsverhältnisse in Tab. 43-1!
b) Stellen Sie anhand dieser Angaben ein allgemeines prozentuales zeitliches Verteilungsmuster für die einzelnen Kapitalbedarfskategorien auf!

Aufgabe Nr. 43-3:
Anschubfinanzierung 12,78 Mio. DM; weitere Eigenmittel in Höhe von 3,44 Mio. DM nach 50 Perioden; Investitionausgaben 0,2 Mio. DM pro Periode bis zum Kulminationpunkt in der 280. Periode, dann Rückfluß 0,4 Mio. DM pro Periode.
a) Wann müssen maximal wieviele Geldmittel von Außen zugeführt werden?
b) Ab wann ist eine Rückzahlung möglich?
c) Wann amortisiert sich dieses Projekt?

Aufgabe Nr. 43-4:
Die Kapitalbedarfsfunktion erreicht in der 130. Periode einen Wendepunkt und erreicht in der 250. Periode bei 54 Mio. DM den Kapitalkulminationspunkt: Anschubfinanzierung 18 Mio. DM, zusätzlich pro Periode 0,1 Mio. DM pro Periode (linear).
a) Wann ist eine zusätzliche Kapitalzufuhr erforderlich?
b) Wie groß ist der maximale Kapitalbedarf?

Aufgabe Nr. 43-5:
Aufbauend auf den Angaben von Aufgabe 43-3.
a) Wie gestalten sich Größe und Länge möglicher Zwischenanlagen zwischenzeitlich nicht benötigter Investitionsmittel nach den drei Finanzmittelinjektionen?
b) Lohnt sich in jedem Fall eine Zwischenanlage, wenn Bankspesen und Courtage in Höhe von 3,2% des Anlagebetrags anfallen werden und wenn pro Periode 0,8% Zinsen zu erzielen sind?

Aufgabe Nr. 44-1:
a) Kommt der Entwicklung der Durchschnittsverzinsung des Kapitals oder der Entwicklung der Eigenkapitalrendite größere Bedeutung bei der Beurteilung von Kapital-Hedging-Strategien zu?
b) Wiederholungsfragen:
- Wie wirkt der Leverage-Effekt?
- Wie könnte ein optimaler Verschuldungsgrad aussehen?
- Was ist unter einer Verschuldungsreserve zu verstehen? In welcher Abhängigkeit könnte sie stehen?
- Worauf beziehen sich die Kapitalmarktmodelle?
- Was ist unter einem Paradigma zu verstehen?
- Wie funktioniert das statische Capital Budgeting-Modell? Wie ist es betriebswirtschaftlich zu kritisieren?
- Wie ließe sich ein finanzwirtschaftliches Optimum aufbauen?
- Aus welchen Kategorien bestehen die Kapitalbedarfs- und die Finanzierungs-Funktion?
- Mit welchen Kapitalbedarfsverläufen ist zu rechnen?

5. Praktische Fälle vom Investitions-Finanzierungs-Konjunktion

Aufgabe Nr. 51-1:
a) Soll die Make or Buy-Entscheidung auf Stückkostenvergleich oder auf Rentabilitätsvergleich beruhen?
b) Das Unternehmen bezieht bisher ein Fertigteil zum Preis von 53,75 DM. Bei Eigenfertigung wären 100.000,-DM zu investieren bei einem erwarteten Liquidationserlös von 10.000,-DM. Die Anlaufkosten würden 30.000,-DM betragen, die zusätzlichen festen Kosten ohne Abschreibungen 40.000,-DM, die variablen Stückkosten kv 25,-DM. Bei insgesamt 240 Arbeitstagen (ArT) beläuft sich die Materialdurchlaufzeit zum Einbau der fremdbezogenen Fertigteile 24 ArT, bei Eigenfertigung 36 ArT. Die Lieferantenverbindlichkeiten werden nach 18 ArT beglichen.

Zeit	t1	t2	t3
Einkaufs- bzw. Produktionsvolumen	4.000	5.500	4.200

Ermitteln Sie
a) die jährliche und durchschnittliche Differenzrentabilität,
b) die Amortisationsdauer des Projekts!
Ergebnis: ϕr nach St. = 62,5% ta1 = 1,52 J., ta2 = 1,71 J. Lösung s. unten!

Aufgabe Nr. 51-2:
Wegen Materialverteuerung verlangt der Lieferant 2% für Fertigteile höhere Preise, die Gebrauchtmaschine läßt sich nur noch für 130.000,-DM veräußern.
Ergebnis: rd3 = 16.640 · 100/148.904,84 = 11,17% Lösung s. unten!

Aufgabe Nr. 51-3:
Der Lieferant der neuen Anlage gibt einen Preisnachlaß von 8%. Der Schrotterlös der alten Maschine wird 0,-DM betragen. Ergebnis: rd4 = 28.806,2 100/153.600 = 18,87% Lösung s. u.!

Aufgabe Nr. 52-1:
Die Marktforschungsabteilung erwartet neuerdings 40% Aufsteiger und 30% Umsteiger. Aktualisieren Sie die Rentabilitäts- sowie Amortisationsdauerrechnung!

Aufgabe Nr. 52-2:
Das Unternehmen hat bisher nur das Produkt A hergestellt und vertrieben. Es will durch die Einführung des Produkt B die Unternehmensbasis verbreitern und zugleich durch eine Realisierung des Integrationsprojekts in Aufgabe Nr. IV-63 die Fertigungstiefe vergrößern. Der Substitutionsverlust von Produkt A an B wird 20% betragen, die Forderungen 25%, die Vorräte 18% und die Lieferantenverbindlichkeiten 12%.

	Produkt A	Produkt B
Verkaufsvolumen im Normaljahr	5.000	3.500
Preis pro Einheit	370,-DM	420,-DM
variable Stückkosten	250,-DM	310,-DM
Fixkosten + sonstige Kosten	400.000,-DM	270.000,-DM
Investitionen	2.400.000,-DM	1.500.000,-DM

Führen Sie die Errechnung der Alternativrentabilität für dieses komplexe Vorhaben durch,
a) indem Sie den Status quo (für Produkt A) ermitteln,
b) indem Sie die Substitutionsverluste von A ermitteln,
c) indem Sie den Effekt der Einführung von Produkt B ermitteln,
d) indem Sie den Effekt des Integrationsprojekts (nur für Produkt A) ermitteln,
e) indem Sie die Effekte von b)-d) gegen den Status quo saldieren und so zum neuen Status des Unternehmens (Produkt A+B) gelangen!

Ergebnis

	Status quo	Substit.	Produkt B	Integrat	neuer St.
1) Volumen	5.000	(1.000)	3.500	4.000	
2) Preis/E	370,-	370,-	420,-	53,75	
3) kv	250,-	250,-	310,-	25,-	
8) = Gewinn	200	(120)	115	35	230
9) G. nach 30% St.	140	(84)	80,5	24,5	161
13) =Kapitaleinssatz	1.737,5	107,5	(1.182,5)	(48,1)	2.860,7
14) r = 6)·100/13)	8,1%				5,6%

Lösung s. unten!

Aufgabe Nr. 52-3:
a) Die Unternehmensleitung revidiert die Planung beim Wechsel des Distributionssystems: Einführung im dritten Planjahr; Forderungsverluste 2% des Umsatzes; Sicherheitsabschlag 30%; Betriebsmittelinvestitionen 7,7 Mio. DM; Abfindungen an Händler 6,5 Mio. DM; Annoncenkosten der Erstanwerbung 2,3 Mio. DM. Wie entwickelt sich die Alternativrentabilität?
b) Wiederholungsfragen:
■ Welchen Gewinn- und Kapitaleinsatz-Effekt haben De-Integrtionsprojekte? welche sind auf jeden Fall positiv zu entscheiden?
■ Was ist unter Capacity carrying cost zu verstehen?
■ Was ist unter Spillover-Effekten zu verstehen? Was bewirken sie?
■ Wie errechnet sich die Kapitalbindung im Kapazitäts-Modul?
■ Was ist unter out-of-the-pocket-cost zu verstehen?

6. Finanzplanung zur Unterstützung des Finanzmanagements

Aufgabe Nr. 61-1:
Wie wirken sich die Investitionen des kombinierten Produkt- und Kapazitätserweiterungs-Projekt in 5.2.2 in der langfristigen MHV-Rechnung aus?
a) Stellen Sie den Ausgleich in der MHV-Rechnung her!
b) Ermitteln Sie den neuen Kreditbedarf!
c) Überprüfen Sie, ob die vertikale Kapitalstrukturregel wie die Goldene Bilanzregel bei der Programmdurchführung eingehalten werden!

Aufgabe Nr. 61-2:
Beurteilen Sie die Praktikabilität und Realitätsnähe der beschriebenen Kassenhaltungsmodelle!

Aufgabe Nr. 61-3:
a) Werden sich Cash-Management-Systeme voll automatisieren lassen?
b) Wiederholungsfragen:
■ Wie funktioniert das Miller-Orr- bzw. das Baumol-Kassenhaltungsmodell?
■ In welchen Schritten läßt sich eine langfristige MHV-Rechnung aufbauen?
■ Was ist unter der DSO- bzw. unter der DCG-Zahl zu verstehen?

- Wie läßt sich der innere Wert einer Geldoption erklären?
- Welche Funktion hat der Stillhalter?
- Wie ist die Geschichte der Optionsgschäfte insb. in Deutschland verlaufen?
- Worin bestehen die Unterschiede zwischen einer Put- und Calloption?
- Worin bestehen die Unterschiede zwischen einer Straddle- und Strangle-Strategie?
- Was bedeutet der Strike-Preis?
- Wie sind die Pay-off-Diagramme bei Optionsgeschäften strukturiert?
- Was ist unter Transaktions- bzw. Opportunitätskosten zu verstehen?
- Wie läßt sich eine mittelfristige Liquiditätsplanung aufbauen?
- Welche Aufgaben lassen Sich Cash-Management-Systemen zuordnen?
- Wie verlief bisher die Geschichte der Cash-Management-Systeme?

7. Aufgabenlösungen

Lösungsvorschlag für Aufgabe Nr. 31-1:
Individualität; Funktionalität; Corporate Identity; Ästhetik.

Lösung von Aufgabe Nr. 32-1:

```
                          to      t1       t2       t3       Σ
Erlöse = Einnahmen = pr · x  -   100.000  200.000  64.000  364.000
Ausgaben
Kvst = kvst · x              -    40.000   70.000  25.600  135.600
+ Kf` = feste Ausgaben       -    20.000   20.000  20.000   60.000
+ Anlaufkosten               -     9.000      -       -      9.000
+ Investitionen           90.000     -        -       -     90.000
                          ------  ------  ------  ------  -------
= Total Ausgaben          90.000  69.000   90.000  45.600  294.600
é = Einnahmen - Ausgaben -90.000  31.000  110.000  18.400
Kf` = Kf - Abschreibungen = 50.000 - 30.000 = 20.000
```

Lösung von Aufgabe Nr. 32-2:
é aus Aufgabe Nr. 32-1
$Co_{12\%} = -90.000/1 + 31.000/1,12 + 110.000/1,12^2 + 18.400/1,12^3$
$= -90.000 + 27.679 + 87.690 + 13.096 = 38.465$

Lösung von Aufgabe Nr. 32-3:
é aus Aufgabe Nr. 32-1
$Co_{30\%} = -90.000/1 + 31.000/1,3 + 110.000/1,3^2 + 18.400/1,3^3$
$= -90.000 + 23.846 + 65.089 + 8.375 = 7.310$
$Co_{36\%} = -90.000/1 + 31.000/1,36 + 110.000/1,36^2 + 18.400/1,36^3$
$= -90.000 + 22.794 + 59.470 + 7.310 = -426$
ri ≈ 35,6%

Lösung von Aufgabe Nr. 32-4:
é für t1-3 aus Aufgabe Nr. 32-1
$\phi ét1-3 = (31.000 + 110.000 + 18.400)/3 = 53.133,33$ DM
$an = 90.000 · 0,12 · 1,12^3/(1,12^3 - 1) = 37.473,25$ DM
$\phi G = 53.133,33 - 37.473,25 = 15.660,08$ DM.

Lösung von Aufgabe Nr. 33-1a:

```
+ fixe Kosten                                               50.000,-DM
+ φ Anlaufkosten = 9.000/3 =                                 3.000,-DM
+ kalkulatorische Zinsen = 0,08 · 0,5 · 90.000 =             3.600,-DM
= fixe und nichtvariable Kosten                             56.600,-DM
+variable Kosten (1000 · 40 + 2000 · 35 + 800 · 32)/3 =     45.200,-DM
= gesamte Kosten                                           101.800,-DM
Lieferant: (1.000 · 60 + 2.000 · 54 + 800 · 60)/3 =         72.000,-DM
```

Lösung von Aufgabe Nr. 33-1b:
$\phi x = (1000 + 2000 + 800)/3 = 1.267 E$
$x_{gr} = (56.600 - 0)/[80 - (45.200/1267)] = 1277 E.$

Lösung von Aufgabe Nr. 33-2:
a) ϕErlöse s. Aufgabe Nr. 32-1: 364.000/3 =   121.333,33 DM
   - gesamte Kosten (45.200 + 50.000 + 3.000)   98.200,- DM
   = Gewinn   23.133,33 DM
b) statisch-durchschnittlich
$\phi pr = 121.333,33/1267 = 95,76$ DM $\phi kv = 45.200/1267 = 35,67$ DM
$gx = 53.000/(95,76 - 35,67) = 882 E.$

Lösung von Aufgabe Nr. 33-3:

	t1	t2	t3	Σ_{t1-3}	ϕ
$E = pr \cdot x$	100.000	200.000	64.000	364.000	121.333
$- KV$	40.000	70.000	25.600	135.600	45.200
= Deckungsbeitrag	60.000	130.000	38.400	228.400	76.133
$- Kf$	50.000	50.000	50.000	150.000	50.000
$- AnlK$	9.000	–	–	9.000	3.000
= G (vor 30% Steuern)	1.000	80.000	-11.600	69.400	23.133
$\phi NF = 5\%$ von E	5.000	10.000	3.200	18.200	6.067
$+ \phi NV = 6\%$ von KV	2.400	4.200	1.536	8.136	2.712
$+ \phi GM = 5,2\%$ von E + Kv	7.280	14.040	4.659	25.979	8.660
$+ \phi AV$	75.000	45.000	15.000	–	45.000
= KE	89.680	73.240	24.395	–	62.439
$r = G \cdot 0,7 \cdot 100/KE$	0,78%	76,5%	-33,3%	–	25,9%

$\phi AVt1 = (90.000 + 60.000)/2 = 75.000,-DM$
$\phi AVt2 = (60.000 + 30.000)/2 = 45.000,-DM$
$\phi AVt3 = (30.000 + 0)/2 = 15.000,-DM$
$\phi AV = (90.000 + 0)/2 = 45.000,-DM.$

Lösung von Aufgabe Nr. 33-4:

in 1.000,-DM	Status quo	Kunden- verl. 3%	Preis- erh. 8%	Qualit. verb. 5%	neuer Status
(1) Erlöse	100.940	(3.028)	7.833	–	105.745
(2) -variable Kosten	53.838	1.615	–	(2.611)	54.834
(3) =Deckungsbeitrag	47.102	(1.413)	7.833	(2.611)	50.911
(4) -Kf + sonst. Kosten	31.030	–	–	(0.625)	31.655
(5) =Gewinn	16.072	(1.413)	7.833	(3.236)	19.256
(6) Nettoford. 5% v. (1)	5.047	151	(392)	–	5.288
(7) +Nettovorr. 6% v. (2)	3.230	97	–	(157)	3.290
(8) +GM 5,2% von (1)+(2)	8.075	241	(407)	(136)	8.377
(8) +Anlagevermögen	28.112	–	–	(400)	28.512
(9) =Kapitaleinsatz	44.464	489	(799)	(693)	45.467
(10) Rentabil. nach 30% St.	25,3%				29,6%

Kv = 55.992 - 2.154 = 53.838;
Kf + s.K. = 32.271 - 1.241 = 31.030
3% Kundenverlust = 100.94·3/100 = 3.028;
8% Preiserhöhung = (100.940 - 3.028)·8/100 = 7.833;
5% Qualitätserhöhung = (53.838 - 1.615)·5/100 = 2.611;
Abschreibungen = 1,8/4 = 0,450 Mio. DM;
AnlKw = 38,4·1,8/100= 0,7/4 = 0,0175;
Kf + ϕAnlK = 0,45 + 0,175 = 0,625
Kontrolle: neuer Status Nettoforderungen = 5% von 105.745 ≈ 5.288

Lösung von Aufgabe Nr. 33-5:
a) ta1 = 90.000/(23.133 + 30.000) = 1,73 Jahre

b) ta2 = (90.000 + 9.000)/(23.133 + 30.000 + 3.000) = 1,76 Jahre
c) tadyn:
to   Gewinn + Abschreibung = Cash-Flow   90.000(Invest.)
t1   1.000 +   30.000   = 31.000   59.000
t2   80.000 +   30.000   = 110.000   -51.000
59.000/110.000 = 0,54   tadyn = 1 + 0,54 = 1,54 Jahre

Lösung von Aufgabe Nr. 33-6:
ALTERNATIVRENTABILITÄT   Projekteffekte
                   Status quo Substitution Produkt B neuer Status
Erlöse   500.000   (100.000)   600.000   1.000.000
- Kv   175.000   35.000   (200.000)   340.000
- Abschreibungen   ]   -   (150.000)   ]
- sonst. feste K.   250.000   -   (60.000)   460.000

                   Status quo Substitution Produkt B neuer Status
= Gewinn   75.000   (65.000)   190.000   200.000
Working Capital   270.000   54.000   (320.000)   536.000
Anlagevermögen   320.000   -   (300.000)   620.000
Kapitaleinsatz   590.000   54.000   (620.000)   1.156.000
Rentabilität   12,7%   22,1%   17,3%

ANNUITÄTSMETHODE
ø jährlicher Cash-Flow = 190.000 - 65.000 + 150.000 = 275.000,-DM
an = 600.000 · 0,12 · $1,12^3/(1,12^3 -1)$ = 249.822,-DM
ø G = 275.000 - 249.822 = 25.178,-DM.

INFORMATIONSSYNOPSE
                     Status quo   Projekteffekte   neuer Status
Annuitätsmethode
- Kapitaleinsatz   -   600.000,-DM   -
- Wertigkeit   -   ø G = 25.178,-DM   -
Alternativrentabilität
- Kapitaleinsatz   590.000   566.000,-DM   1.156.000,-DM
- Wertigkeit   12,7%   22,1%   17,3%

Lösung von Aufgabe Nr. 51-1:
       ( ) = negativ   t1   t2   t3   Σ   ø
1) Produktionsvolumen   4.000   5.500   4.200   13.700   4.567
2) "Erlöse" = 1)·53,75   215.000   295.625   225.750   736.375   245.458
3) - Kv = 1) · 25,-   100.000   137.500   105.000   342.500   114.167
4) - Anlaufkosten   30.000   -   -   30.000   10.000
5) - Abschreibungen   30.000   30.000   30.000   90.000   30.000
6) - sonst. feste Kosten 40.000   40.000   40.000   120.000   40.000
7) = Gewinn   15.000   88.125   50.750   153.875   51.291
8)   Gewinn nach 30% St. 10.500   61.688   35.525   107.713   35.904
9) Vorräte FB 10% von 2) 21.500   29.563   22.575   73.634   24.546
10) Vorr. EF 15% von 3)   15.000   20.625   15.750   51.375   17.125
11) Diff. Vorräte FB/FE   6.500   8.938   6.825   22.259   7.421
12) Lief.v. FB 7,5% v. 2)16.125   22.172   16.931   55.228   18.409
13) Lief.v. EF 7,5% v. 3) 7.500   10.313   7.875   25.688   8.563
14) Diff. FB/EF Lief.v. (8.625)   (11.859)   (9.056) (29.540)   (9.846)
15) ø Anlagevermögen   (85.000)   (55.000) (25.000)   -   (55.000)
16) KE = 15) - 11) + 14) 87.125   57.921   27.231   -   57.425
17) r = 8)·100/16) n. St. 12,1%   106,5%   130,5%   -   62,5%
øAVt1 = (100000 + 70000)/2= 85.000   øAV =(100000+10000)/2= 55.000
ta1 = 100.000/(35.904+30.000) = 1,52 J.
ta2 = (100.000+30.000)/(65.904+10.000) = 1,71 J.

Lösung von Aufgabe Nr. 51-2:

	Eigenfertigung	Fremdbezug	Differenz
Kosten (1) Fertigteile		265.200	
(2) Materialkosten	25.000		
(3) Personalkosten	120.000		
(4) personalabhängige K.	40.000		
(5) Abschreibungen	40.000		
(6) Reparaturkosten	15.000		
Total	240.000	265.000	(25.200)
Kostenerhöhung nach 30% Steuerersparnis			(17.640)
Ertragsteuerersparnis aus Buchverlust			1.000
Total zusätzliche Kosten			(16.640)
Kapital			
Vorräte 8,33% von (1)	–	22.091	(22.091)
17,92% von [(2) + (3)]	25.984	–	25.984
Lieferantenverb. 6,25%	1.563	16.575	15.012
Anlagevermögen	130.000	–	130.000
Kapitalfreisetzung			148.905

rd3 = 16.640 · 100/148.905 = 11,17%.

Lösung zu Aufgabe Nr. 51-3:

	Status quo	neuer Status	Differenz
variable Kosten	146.100	106.500	
Abschreibungen	11.666	18.360	
Reparaturen	8.000	3.772	
feste Kosten	10.000	10.000	
Total Kosten	175.766	138.632	37.134
Kosteneinsparung nach 30% Steuern			25.994
Steuerersparnis aus Buchverlust			3.000
Total versteuerte Gewinnerhöhung			28.994
Out-of-the-pocket-cost	35.000	188.600	(153.600)

rd4 = 28.994 · 100/153.600 = 18,87%.

Lösung von Aufgabe Nr. 52-2:

in 1.000 DM	Status quo	Subst.v.	Produkt B	Integrat.	neuer St.
1) Volumen	5.000	(1.000)	3.500	4.000	
2) Preis/E	370,–	370,–	420,–	53,75	
3) kv	250,–	250,–	310,–	25,–	
4) Erlöse = 1)·2)	1.850	(370)	1.470	–	2.950
5) - Kv = 1) · 3)	1.250	250	(1.085)	115*	1.970
6) = Deckungsb.	600	(120)	385	115	980
7) - Kf & Knv	400	–	(270)	(80)	750
8) = Gewinn	200	(120)	115	35	230
9) G. nach 30% St.	140	(84)	80,5	24,5	161
10) Ford. 25% v. 4)	462,5	92,5	(367,5)	–	737,5
11) +Nettovorräte 6%**	75	15	(65,1)	6,9	118,2
12) +⌀Anlageverm.	1.200	–	(750)	(55)	2.005
13) =Kapitaleins.	1.737,5	107,5	(1.182,5)	(48,1)	2.860,7
14) r = 6)·100/13)	8,1%				5,6%

*(4000 · 53,75 = 215.000) - (4.000 · 25 = 100.000) = 115.000
** Nettovoräte = 11% Vorräte - 5% Warenverbindlichkeiten = 6%

Anhang B: Literaturverzeichnis

1 Albach, H.: Investition und Liquidität, Wiesbaden 1962
2 Baumol, W.J.: The Transactions Demand for Cash: An Inventory Theoretic Approach, in: Quarterly Journal of Economics, Nov. 1952, S. 545ff.
3 Beranek, W.: Analysis for Financial Decisions, Homewood (Ill.) 1963, S. 345ff.
4 Black, F. - Scholes, M.: The pricing of Options and Corporate Liabilities, in: Journal of Political Economy, 81, 1973, S. 637ff.
5 Boulding, Kenneth E.: Time and Investment, in: Economica, Vol. III, 1936, S. 209f.
6 Blomeyer, K.: Exportfinanzierung, Wiesbaden 1979
7 Büschgen, H.E.: Grundlagen betrieblicher Finanzwirtschaft, 2. Aufl., Frankfurt/M 1979
8 Büschgen, H.E.: Internationales Finanzmanagement, 2. Aufl., Frankfurt/M 1993
9 Busse, F.J.: Grundlagen der betrieblichen Finanzwirtschaft, 2. Aufl., München - Wien 1991
10 Christians, F.W. (Hrsg.): Finanzierungs-Handbuch, Wiesbaden 1980
11 Compter, W.: Bankbetriebslehre, 3. Aufl., Darmstadt 1989
12 Dean, J.: Capital Budgeting, New York - London 1951
13 Diel, R.: Langfristige Fremdfinanzierung durch Emission von Industrieobligationen, in: LV 10, S. 177 - 199
14 Dohm, R.: Die langfristige Fremdfinanzierung durch Kreditinstitute und andere Finanzierungsinstitutionen, in LV 10, S. 151 - 175
15 Eilenberger, G.: Betriebliche Finanzwirtschaft, München-Wien 1985
16 Eisele, W.: Technik des betrieblichen Rechnungswesens, 2. Aufl., München 1985
17 Fastrich, H. - Hepp, St.: Währungsmanagement international tätiger Unternehmen, Stuttgart 1991
18 Fisher, I.: Income in Theory and Income Taxation in Practice, in: Econometrica, Vol. 5, 1937, Kapitel II und III
19 Gutenberg, E.: Grundlagen der Betriebswirtschaftslehre, 2. Bd.: Der Absatz, 14. Aufl., Berlin-Heidelberg-New York 1973
20 Gutenberg, E.: Grundlagen der BWL, 3. Bd.: Die Finanzen, 3. Aufl., Berlin-Heidelberg-New York 1969
21 Hahn, O. (Hrsg.): Handbuch der Unternehmensfinanzierung, München 1971
22 Heinen, E. (Hrsg.): Industriebetriebslehre, 5. Aufl., Wiesbaden 1976
23 Heiser, H.C.: Budgetierung - Grundsätze und Praxis der betriebswirtschaftlichen Planung, Berlin 1964
23a Hohmann, H.: Kompensationsgeschäfte als Handelsformen im Osteuropageschäft, in: Maschinenmarkt, 1992/6, S. 58ff.
24 Ihrig, H. - Pflaumer, P.: Finanzmathematik, München - Wien 1991
25 Jacob, H.: Kurzlehrbuch Investitionsrechnung, 3. Aufl., Wiesbaden 1984
26 Jacob, H.: Neuere Entwicklung in der Investitionsrechnung II, in: Zeitschrift für Betriebswirtschaft, 34. Jg. 1964, Heft 9
27 Kaplan, A.D.H. - Dirlam, J. - Lanzilotti, R.: Pricing in Big Business, A Case Approach, Washington D.C. 1958
28 Korndörfer, W.: Allgemeine Betriebswirtschaftslehre, 6. Aufl., Wiesbaden 1985
28a Kraemer, W.: Cash-Management-Systeme - Kopnzeption und Anwendungen, in: IM Information Management, 1/93, S. 50ff.
29 Kreis, R.: Entscheidungs- und führungsorientierte Betriebswirtschaftslehre, 2. Aufl., Herne-Berlin 1973
30 R. Kreis: Zielvorstellungen, Produktprogramm und Marktstrategien der Unternehmung, in: Betriebswirtschaftliche Forschung und Praxis, 1967, S. 211ff. und S. 321ff.
31 R. Kreis: Betriebswirtschaftliche Grundlagen einer optimalen Investitionsplanung, in: Betriebswirtschaftliche Forschung und Praxis, 1966, S. 571-584 und S. 637-668
32 R. Kreis: Handbuch der Betriebswirtschaftslehre, München - Wien 1993
33 Langen, H.: Die Prognose von Zahlungseingängen. Die Abhängigkeit der Bareinnahmen von Umsätzen und Auftragseingängen in dynamischer Betrachtung, in: Zeitschrift für Betriebswirtschaft, 1964, S. 289ff.
34 Lerner, E.M. - Carleton, W.: A Theory of of Financial Analysis, New York etc. 1966
35 Lintner, J.: The Valuation of Risk Assets and the Selection of Risky Investments in Stock Portfolios and Capital Budgets, in: Review of Economics and Statistics, 47, 1965, S. 13ff.

37 Löffelholz, J.: Repetitorium der Betriebswirtschaftslehre, 4. Aufl., Wiesbaden 1971
38 Macharzina, K. - Welge, M.K. (Hrsg.): Export und Internationale Unternehmung, Stuttgart 1989
39 Miller, J.A.: A Glimpse on Practice in Calculating and Using Return on Investment, in: N.A.A. Bulletin, Juni 1960
40 Miller, M.H. - Orr, D.: A Model of the Demand for Money by Firms, in: Quarterly Journal of Economics, Aug. 1966, S. 413ff.
41 Modigliani, F. - Miller, M.H.: The cost of capital, corporation finance, and the Theory of investment, in: American Economic Review, Vol. 1958, S. 261ff.
dieselben: The cost of capital, corporate finance, and the theory of investment: Reply, in: American Economic Review, vol. 49 (1959), S. 655ff., wiederabgedruckt in LV 56 S. 261ff.
42 Mossin, J.: Equilibrium in a Capital Asset Market, in: Econometrica, 34, 1966, S. 768ff.
43 Müller/Möhl, E.: Optionen - Grundlagen und Strategien für das Optionsgeschäft in der Schweiz und in Deutschland, Stuttgart 1989
44 Olfert, K.: Finanzierung, 4. Aufl., Ludwigshafen 1983
45 Olshagen, Ch.: Prozeßkostenrechnung - Aufbau und Einsatz, Wiesbaden 1991
46 Ost, J.: Factoring: Die andere Finanzierungsquelle, in: Die Welt, 223/1991, S. 17
47 Papula, L.: Mathematik für Ingenieure 1, 2. Aufl., Braunschweig - Wiesbaden 1984
48 Perridon, L. - Steiner, M.: Finanzwirtschaft der Unternehmung, 5. Aufl., München 1988
49 Sandig, C. - Köhler, R.: Finanzen und Finanzierung der Unternehmung, 3. Aufl., Stuttgart 1979
50 Schierenbeck, H.: Grundzüge der Betriebswirtschaftslehre, 11. Aufl., München - Wien 1993
51 Sharpe, W.F.: Capital Asset Prices: A Theory of Market Equilibrium under Conditions of Risk, in: Journal of Finance, Sept. 1964, S. 425ff.
52 Schmalenbach, E.: Die Beteiligungsfinanzierung, 8. Aufl., Köln und Opladen 1954
52a Schmalenbach, E., Die Aufstellung von Finanzplänen, 3. Aufl., Leipzig 1939
53 Schneider, D.: Investition, Finanzierung und Besteuerung, 6. Auflage, Wiesbaden 1990
54 Schneider, D., Allgemeine BWL, 3. Aufl., München-Wien 1987
55 Schneider, E.: Wirtschaftlichkeitsrechnung - Theorie der Investition, 5. Aufl., Tübingen - Zürich 1964
56 Seelbach, H. (Hrsg.): Finanzierung, München 1980
57 Solomon, E.: The Arithmetic of Capital Budgeting, in: E. Solomon: The Management of Corporate Capital, 2. Aufl., Glencoe, Ill., 1961
58 Spremann, K.: Investition und Finanzierung, 3. Aufl., München - Wien 1990
59 Störrle, W.: Eigen- und Fremdfinanzierung unter Berücksichtigung von Mischformen, in: LV 21, S. 377 - 415
60 Süchting, J.: Finanzmanagement, 3. Aufl., Wiesbaden 1980
61 Swoboda, P.: Finanzierungstheorie, Würzburg - Wien 1973
62 Terborgh, G.: Business Investment Management, Washington 1967
63 Thommen, J.-P.: Managementorientierte Betriebswirtschaftslehre, Bern - Stuttgart 1988
63a Thommen, J.-P.: Allgemeine Betriebswirtschaftslehre, Wiesbaden 1991
64 Vormbaum, H.: Finanzierung der Betriebe, 7. Aufl., Wiesbaden 1986
65 Wöhe, G.: Allgemeine Betriebswirtschaftslehre, 12. Aufl., München 1976
66 Wöhe, G. - Bilstein, J.: Grundzüge der Unternehmensfinanzierung, 5. Aufl., München 1988
67 Womack, J.B. - Jones, D.T. - Roos, D.: Die zweite Revolution in der Autoindustrie (The Machine That Changed the World, New York 1990), Frankfurt/M 1991

Anhang C: Stichwortverzeichnis (nach Kapiteln)

Abzinsung 3.2.1.3, 3.2, 3.4.1, 3.4.2.7
Additionsmethode 4.3.3.3
Agency-Risiko 2.1.2
Agio 2.2.2.1
AKA-Kredite 2.5.3.2
Aktienanalyse 2.2.2.5
Aktienemission 2.2.2.2
Aktienoptionen 2.1.6.4
Akzeptkredit 2.6.2.4
Amortisationsdauermethode 3.3.4, 3.4.2.2, 5.1.1.2/3
Anleihen 1.1.1, 2.4.1
Annuität 2.5.1.1
Annuitätsmethode 3.2.4, 3.4.1.2
Arbitrage 2.1.6.4
Auslandslisting 2.2.2.3
Avalkredit 2.6.2.5

Bankgarantien 2.6.4.4
Bankkredit 2.6.2
Bartergeschäfte 2.6.5.3
Barwert 3.2.2.1
Besitzkonstitut 2.1.3.3
Bestellerkredit 2.5.3.2
Beteiligungsfinanzierung 2.1.7.1, 2.2
Beteiligungsstrategien 2.2.4
Bezugsrecht 2.2.2.2
BGB-Gesellschaft 2.2.1.2
bilanzunwirksame Geschäfte 2.1.6.4
Bogen 2.2.2.1
Börse 2.1.5.1, 2.1.6.4, 2.2.5.2
Bund-Futures 2.1.6.4
Bürgschaft 2.1.3.3, 2.6.2.5

Capital Budgeting 4.2.2
Caps 2.1.6.5
Cash Flow 2.3.4, 3.3.4, 4.1.2.3, 4.3.3, 6.1.2
Cash-Management-System 6.4
Collars 2.1.6.5
Coupon 2.2.2.1

Darlehen 2.4.4
Dax-Future 2.1.6.4
Deferred Coupon Bonds 2.4.1.3
Deep Discount Bonds 2.4.1.3
Delkredere 2.6.3.1
Desinvestition 3.1.1, 3.3.3.3, 5.1.1.3
Deutsche Terminbörse (DTB) 1.1.1, 2.1.6.3/4
Dividende 2.2.2
Dividendenthese 2.2.1.3
Doppelwährungsanleihen 2.4.1.3

Eigenfinanzierung 2.1.7.1
Eigenkapital 1.1.5, 2.1.2, 2.1.3.5, 2.1.4.1, 2.2, 2.3.1, 4.1.2.2
Eigenkapitalrentabilität 4.1.1
Einnahmen 3.2.1.4, 6.2

Einzelunternehmen = Einzelkaufleute 2.1.7.1, 2.2.1.1
Emission 2.2.2.2, 2.4
Emissionskosten 2.4.1.2
Ersatzinvestition 3.1.2, 5.1.2, 3.4.2.6
Erstinvestition 3.1.2
Erweiterungsinvestition 3.1.2, 5.2.2, 3.4.2.6
Euro-Bonds 2.1.6.3
Euro-commercial-papers 2.1.6.3
Euro-Equity 2.2.2.4
Eurofinanzmärkte 2.1.6.1, 2.2.2.4, 2.4.1.3
Euro-Finanzplätze 2.1.6.3
Eurokredite 2.1.6.3
Euro-Währung 2.1.6.3
Ewige Rente 3.4.2.7

Factoring 2.6.3.1
Fibor 2.1.6.3, 2.4.1.3
Finance-Leasing 2.5.1.3
Finanzierung aus Abschreibungen 2.3.4.1
Finanzierung aus einbehaltenem Gewinn 2.3.4.3, 6.1
Finanzierungsfunktionen 4.3.
Finanzierungsregel 4.1
Finanzierungsreserve = Verschuldungsreserve
Finanzmakler 2.1.5.3
Floating rate notes 2.1.6.3, 2.4.1.3
Floors 2.1.6.5
Forfaitierung 2.5.3.1
Forward forward 2.1.6.5
Fusion 2.1.4.4
Futures 2.1.6.4

Garantie 2.1.3.3
Gewinnausschüttungsstrategien 2.3.4.2
Genußscheine 2.2.2.2
Gesamtkapitalrentabilität 4.1.1, 3.3.3
Going Private/Public 2.2.4
Gewinnobligation = Gewinnschuldverschreibung 2.2.5
Gewinnthesaurierung 2.3.4.2, 2.2.5.2
Gewinnthese 4.2.1.3
Gratisaktien 2.3.1, 2.3.4.2
Grundkapital 2.2.2.1
Gründungsfinanzierung 2.1.4.1

Haftung 2.1.1
Handel, börslicher 2.1.5.1
Hauptziele 1.1.4/5
Hedging 2.1.6.5, 4.4
Hypothekarkredit 2.4.3

Index-linked-Bonds 2.4.1.3
Indossament 2.6.2.1
Innenfinanzierung 2.1.7.1, 2.3
Interimsschein 2.2.2.2
Investition(srechnungen) 3., 4.3, 5.2

Japan Offshore Market (JOM) 2.1.6.2
Junk Bonds 1.1.1, 22.4.1.3

Kapazitätserweiterungseffekt 2.3.4.1
Kapitalbedarfsfunktionen 4.3.
Kapitalbeschaffung, Grundlagen 2.1
Kapitalbeteiligungsgesellschaft 2.2.3.2
Kapitalerhöhung 2.2.2.2, 2.3.1
Kapitalfreisetzung = Desinvestition
Kapitalgesellschaften 2.2.1.3, 2.2.2
Kapitalkosten 2.2.2.3, 2.4.1.2, 2.5.1.1
Kapitalmarkt 2.1.5, 2.1.6
Kapitalstrukturregel 4.1.2.2
Kapitalwert/-methode 3.2.2, 3.2.3, 3.4.1.2
Kassenhaltung 6.3.1/2, 6.4
KfW-Kredite 2.5.3.2
Kommanditgesellschaft 2.2.1.2
Kompensationsgeschäfte 2.6.5
Kontokorrentkredit 2.6.2.3
Körperschaftsteuer 2.3.4.2
Kostenvergleich 3.3.1
Kreditleihe 2.6.2.4/5
Kreditwürdigkeit 2.1.1.3
Kundenanzahlung 2.6.1.2

Leading/Lagging 2.1.6.5
Leasing 2.1.6.5, 2.5.1.5
Leverage-Effekt 1.1.1, 2.1.6.4, 2.1.7.1, 4.1.1.1, 4.1.2.1
LIBOR 2.1.6.3, 2.4.1.3
Lieferantenkredit 2.6.1.1
Liquidität 1.1.4, 2.2.1.1, 6.
Liquidation 2.1.4.5
Lohmann-Ruchti-Effekt 2.3.4.1
Lombardkredit 2.6.2.2

Make or Buy 5.1.1
Management-Buyout-Finanzierung 2.2.3.3
Management, Finanz- 1.3, 4., 6.4
Mantel 2.2.2.1
Matrizenmethode 4.3.3.3
Mittelwertverfahren 2.4.3.2
Multi Currency Notes 2.4.1.3
Multiple Component Facility (MCF) 2.1.6.3

Nachschußpflicht 2.2.1.3
Negationskredit 2.6.4.2
Note Issuance Facility (NIF) 2.1.6.3
Null-Kupon Anleihen 2.4.1.3

Obligationsfinanzierung 2.4.1
Offene Handels-Gesellschaft (OHG) 2.2.1.2
Operate-Leasing 2.5.1.3
Optionsgeschäfte 2.1.6.4, 2.2.4.2, 6.3.4

Parallelgeschäfte 2.6.5.2
Partizipationsscheine 2.2.2.2
Pensionsrückstellung 2.3.3
Personengesellschaften 2.2.1.2

Plan-Bilanz/-GuV 6.1
Privatdiskontkredit 2.6.4.3

Quotenaktien 2.2.2.1

Rationalisierungsinvestition 3.1.2
Realinvestition 3.1.2
Regreß 2.6.2.1
Rembourskredit 2.6.4.1
Rentabilitätsvergleich 3.3.3, 3.4.2/3, 5.
Rentenbarwertformel 3.4.2.7
Reserve, Stille 2.3.4.3
Revolving Underwriting Facility (RUF) 2.1.6.3
Risiko-Dekomposition 3.4.2.4
Rücklagen 2.2.2.2
Rückstellungen 2.3.4.3

Sachgründung 2.2.2.2
Sanierungsfinanzierung 2.1.4.3
Schütt'-aus-Hol'-wieder 2.3.4.2
Schuldscheindarlehen 2.4.4
Selbstfinanzierung 2.3.4.3
Short Term Issuance Facility (SNIF) 2.1.6.3
Sicherheiten 2.1.3.3, 2.1.4.1, 2.4.1.1, 2.6.4.4
Skonto 2.6.1.1
Solawechsel 2.6.2.1
Sprungregreß 2.6.2.1
Stammaktien 2.2.2.2
Stille Gesellschaft 2.2.1.1
Straight Bonds 2.4.1.3
Subventionsfinanzierung 2.2.3
Swaps 2.1.6.4, 2.4.1.3
Swift 1.1.1

Teilzahlungskredit 2.5.1.2
Terminmarkt 2.1.6.3/4
Transferable Revolving Underwriting Facility (TRUF) 2.1.6.3
Tratte 2.6.2.1

Umlaufvermögen 3.3.3.1, 6.1
Underpricing 2.2.2.2

Verschuldungsgrad, optimaler 4.1.1.2
Verschuldungsreserve 4.1.3.3
Vorzugaktien 2.2.2.1

Währungsrisiko 2.1.6.4/5
Wandelschuldverschreibung 2.4.2.1
Wechselkredit 2.6.2.1
Working Capital 3.3.3.1

Zerobonds 2.4.1.3
Ziele 1.1.2-4